P.-D. Pontsevrez

Principes
de
PHILOSOPHIE SCIENTIFIQUE
et de
PHILOSOPHIE MORALE

Classes de Mathématiques A et B.

PARIS
LIBRAIRIE HACHETTE & Cie
79, BOULEVARD SAINT-GERMAIN, 79
1911

3 fr.

LIBRAIRIE HACHETTE & Cie, PARIS

COURS COMPLET
de Mathématiques

RÉDIGÉ CONFORMÉMENT AUX PROGRAMMES OFFICIELS DE 1902
ET A L'ARRÊTÉ MINISTÉRIEL DU 27 JUILLET 1905
Par MM. Carlo BOURLET et Henri FERVAL
FORMAT IN-16 CARTONNÉ

CARLO BOURLET
— PROFESSEUR AU CONSERVATOIRE NATIONAL DES ARTS ET MÉTIERS —

PETIT COURS D'ARITHMÉTIQUE, conten. 376 exemp. et probl. Cl. Prépar., de 8e et de 7e. Un vol.............. 2 fr.
On vend séparément :
Cl. prépar. Nouv. éd. ref. 1 vol. 0 fr. 75
Classes élémentaires, 1 vol.. 1 fr. 50
CORRIGÉ DES EXERCICES ET PROBLÈMES DU PETIT COURS D'ARITHMÉTIQUE, par M. COLIBŒUF. 1 v. 3 fr. 50

COURS ABRÉGÉ D'ARITHMÉTIQUE, cont. 1976 exerc. et probl. 1er Cycle (6e et 5e A et B, 3e A et 4e B). Un vol..... 2 fr. 50

CORRIGÉ DES EXERCICES ET PROBLÈMES DU COURS ABRÉGÉ D'ARITHMÉTIQUE av. la collab. de M. HULOT. Un vol................ 3 fr. 50

COURS COMPLET D'ARITHMÉTIQUE, 2e Cycle (classes super. avec de nombreux exercices et problèmes. Un vol................. » »

ÉLÉMENTS DE GÉOMÉTRIE : géométrie plane et géométrie dans l'espace. 1er et 2e Cycles, édit. spéciale à l'usage de la division A. 1 vol. 2 fr. 50
CORRIGÉ DES EXERCICES ET PROBLÈMES. Un vol............... 3 fr.

COURS ABRÉGÉ DE GÉOMÉTRIE contenant de nombreux exercices théoriques et des applications au dessin géométrique. 1er et 2e Cycles. A et B. Deux vol. : Géométrie plane, 1 vol. 2 fr. 50. — Géométrie dans l'espace, 1 vol.......................... 1 fr. 50
CORRIGÉ DES EXERCICES ET PROBLÈMES :
Géométrie plane. Un vol. 3 fr. 50 — Géométrie dans l'espace. Un vol. 2 fr.

CAHIERS D'EXÉCUTION DE DESSINS GÉOMÉTRIQUES, par M. BAUDOIN. 1er cahier, 24 planches...................... 1 fr. 50
2e cahier, 35 planches........................ 2 fr. »

ÉLÉMENTS D'ALGÈBRE, contenant 631 exercices et problèmes. 1er et 2e Cycles (3e A, 2e et 1re A et B). Un vol........ 2 fr.
CORRIGÉ DES 631 EXERCICES ET PROBLÈMES DES ÉLÉMENTS D'ALGÈBRE. Un vol.............. 3 fr.

PRÉCIS D'ALGÈBRE contenant 557 exercices et problèmes 2e Cycle (3e B, 2e et 1re C et D). Nouvelle édit. Un vol. 2 fr. 50.
CORRIGÉ DES 557 EXERCICES ET PROBLÈMES DU PRÉCIS D'ALGÈBRE. Un vol............... 3 fr. 50

E. GUITTON
PROFESSEUR DU LYCÉE HENRI IV
COURS D'ALGÈBRE, contenant de nombreux exercices et problèmes (Cl. de Mathématiques). Un vol........................ » »

HENRI FERVAL
PROVISEUR AU LYCÉE DE BREST
ÉLÉMENTS DE TRIGONOMÉTRIE, 2e Cycle (2e et 1re C D et Mathém. A B) av. 556 exercices et problèmes. Un vol. 2 fr. 50
CORRIGÉ DES EXERC. ET PROBL. DES ÉLÉMENTS DE TRIGONOMÉTRIE. Un vol. 5 fr.

LIBRAIRIE HACHETTE & Cⁱᵉ, PARIS

Physique et Chimie

LES OUVRAGES CI-DESSOUS ONT ÉTÉ RÉDIGÉS, REVUS OU REFONDUS CONFORMÉMENT AUX PROGRAMMES OFFICIELS DE 1902 ET A L'ARRÊTÉ MINISTÉRIEL DU 27 JUILLET 1905

M. CHASSAGNY
INSPECTEUR DE L'ACADÉMIE DE PARIS

COURS ÉLÉMENTAIRE DE PHYSIQUE, à l'usage des candidats au Baccalauréat et aux Écoles du Gouvernement. 5ᵉ éd. (15ᵉ mille) revue, corrigée et augmentée de 147 problèmes nouv. des divers examens et concours. Un vol. in-16 avec 808 fig., cart. toile .... 8 fr.

PREMIERS ÉLÉMENTS DE PHYSIQUE, Cl. de 4ᵉ et de 3ᵉ B. Un vol. in-16 avec figures cartonné .... 4 fr.

On vend séparément :
1ᵉʳ fasc. Cl. de 4ᵉ B. 1 vol... 2 fr.
2ᵉ fasc. Cl. de 3ᵉ B. 1 vol... 2 fr.

PRÉCIS DE PHYSIQUE, 2ᵉ Cycle. Enseig. sec., cl. de 2ᵉ et 1ʳᵉ ABCD et Philosophie. Trois vol. in-16, avec fig., cartonnés.

Classe de 2ᵉ ABCD. 1 v...... 3 fr.
Classe de 1ʳᵉ ABCD. 1 v...... 4 fr.
Classe de Philosophie. 1 v...... 4 fr.

MANUEL THÉORIQUE ET PRATIQUE D'ÉLECTRICITÉ. 4 fr.

GANOT-MANEUVRIER

TRAITÉ ÉLÉMENTAIRE DE PHYSIQUE de A. Ganot, 24ᵉ éd., entièr. refond., p. M. Maneuvrier, doct. ès-sc., agr. des sc. ph. et nat. Un vol. in-16, nombr. fig., 1 planche en coul., cart. toile 8 fr. 50

PETIT COURS DE PHYSIQUE PUREMENT EXPÉRIMENTAL et sans mathém. (cand. au Baccal.), 11ᵉ édit., entièr. ref. par M. Maneuvrier. Un vol. in-16, av. fig., cart. toile. 6 fr. 50

JOLY & LESPIEAU

NOUVEAU PRÉCIS DE CHIMIE, Cl. de Lettres (3ᵉ et 4ᵉ B; 2ᵉ et 1ʳᵉ C D, Philos. A B et cand. Bac. Latin-Sciences, Scienc.-Lang. viv., Philos. Un vol. in-16, av. fig., cart. toile...................... 4 fr.

On vend séparément :
1ᵉʳ fasc. *Généralités Métalloïdes.* — (4ᵉ B et 2ᵉ C D). Un vol............ 2 fr.
2ᵉ fasc. *Métaux, Chimie organique.* — (3ᵉ B et 1ʳᵉ C D) ; Baccal. 1ʳᵉ part., Latin-Sciences. — Sciences-Langues viv. Un vol............... 2 fr.

NOUVEAU PRÉCIS DE CHIMIE. Mathématiques (Baccalauréat, Mathématiques, Écoles Navale et Saint-Cyr). Un vol. in-16 avec figures, cartonné... 4 fr.

MANIPULATIONS DE CHIMIE, par M. Blouet (1ʳᵉ et 2ᵉ C D). 2 vol. in-16, cart. Chaque volume............................... 2 fr.

COURS ÉLÉMENTAIRE DE CHIMIE. Trois vol. in-16 :
I. — *Chimie générale métalloïdes* (Mathém. spéc. Écoles Polytechnique, Normale et Centrale). Un vol. broché, 5 fr. — Cart. toile............ 5 50
II. — *Métaux, chimie organique.* Un vol. broché, 5 fr. — Cart. toile..... 5 50
III. — *Manipulations chimiques.* Un vol. broché, 2 fr. 50. — Cart. toile.. 3 fr.

PRINCIPES
DE
PHILOSOPHIE SCIENTIFIQUE
ET DE
PHILOSOPHIE MORALE

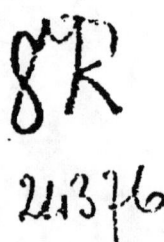

OUVRAGES DU MÊME AUTEUR
PUBLIÉS PAR LA LIBRAIRIE HACHETTE ET Cⁱᵉ

Notions morales. Ouvrage conforme aux programmes de 1902 pour l'enseignement secondaire. *Classes de quatrième et de troisième.* Un vol. in-16, cartonné. . . . . 2 fr.

Problèmes de morale (Sujets, plans et références). Un vol. in-16, cartonné. . . . . 2 fr.

PRINCIPES
DE
PHILOSOPHIE SCIENTIFIQUE
ET DE
PHILOSOPHIE MORALE

RÉDIGÉS CONFORMÉMENT AU PROGRAMME DU 31 MAI 1902

POUR LES CLASSES DE MATHÉMATIQUES A ET B

PAR

P.-D. PONTSEVREZ

Lauréat de l'Institut
Ancien professeur de philosophie au Collège et à l'École préparatoire Sainte-Barbe
Professeur de morale aux Écoles municipales supérieures de Paris
Officier de l'Instruction publique

DEUXIÈME ÉDITION

PARIS
LIBRAIRIE HACHETTE ET Cie
79, BOULEVARD SAINT-GERMAIN, 79

1911

CLASSES DE MATHÉMATIQUES A ET B

PROGRAMMES DU 31 MAI 1902

I. — Éléments de philosophie scientifique.

Introduction. — La connaissance vulgaire et la connaissance scientifique.
La science. — Classification et hiérarchie des sciences.
Méthode des sciences mathématiques. — Définition. Axiomes et postulats. Démonstration.
Méthode des sciences de la nature. — L'expérience : les méthodes d'observation et d'expérimentation. — L'hypothèse : les théories. — Rôle de l'induction et de la déduction dans les sciences de la nature. — La classification.
Méthode des sciences morales et sociales. — Les procédés de la psychologie. — Rapports de l'histoire et des sciences sociales.

II. — Éléments de philosophie morale.

Les conditions psychologiques de la vie morale. — Objet et caractère de la morale. — Les données de la conscience morale obligation et sanction. — Les mobiles de la conduite et le prix de la vie humaine : le plaisir, le sentiment et la raison. — L'intérêt personnel et l'intérêt général. — Le devoir et le bonheur. — La perfection individuelle et le progrès de l'humanité.
Morale personnelle. — Le sentiment de la responsabilité. — La dignité personnelle et l'autonomie morale.
Morale domestique. — La constitution morale et le rôle social de la famille. — L'autorité dans la famille.
Morale sociale. — Le droit : justice et charité. — La solidarité. — Les droits : respect de la vie et de la liberté individuelle. — La propriété et le travail. — La liberté de penser. — Morale civique et politique. — La nation et la loi. — La patrie. — L'État et ses fonctions. — La démocratie : l'égalité civile et politique.

PRINCIPES
DE
PHILOSOPHIE SCIENTIFIQUE
ET DE
PHILOSOPHIE MORALE

PREMIÈRE PARTIE
PRINCIPES DE PHILOSOPHIE SCIENTIFIQUE

CHAPITRE PREMIER

LA CONNAISSANCE VULGAIRE ET LA CONNAISSANCE SCIENTIFIQUE. RAPPORT DE LA LOGIQUE ET DES SCIENCES

Sommaire. — § 1ᵉʳ. La connaissance vulgaire et la connaissance scientifique. — 1. L'opinion affirme, la science démontre. — 2. L'empirisme ne connaît que le particulier, la science connaît l'universel. — 3. L'esprit scientifique. — 4. Les moyens communs de la connaissance vulgaire et de la connaissance scientifique : différence dans le mode d'emploi. — 5. La matière et la forme des sciences. ═ § 2. Objet et division de la logique. — 6. Définition. — 7. Logique scientifique et logique pratique. — 8. Place de la logique parmi les sciences. — 9. Définition de quelques termes de logique. — 10. Arguments principaux du scepticisme. — 11. Possibilité de la connaissance. — 12. Conditions de la connaissance. — 13. Caractère de la connaissance. ═ § 3. La méthode. — 14. Sa nature et son but. — 15. Deux méthodes générales : analyse et synthèse. Déduction et induction. — 16. Questions de mots et questions de choses. — 17. Trois règles de méthode générale. — 18. La méthode moderne : Bacon et Descartes. — 19. Principe de l'unité de direction. — 20. Pour affranchir l'esprit, Descartes fait table rase de toutes opinions antérieures à son examen de lui-même. — 21. Obligation de se donner à soi-même des règles pour remplacer celles qu'il a rejetées. — 22. Les quatre règles de Descartes. — 23. Importance philosophique de la Méthode cartésienne.

§ 1. — La connaissance vulgaire et la connaissance scientifique.

1. L'opinion affirme, la science démontre. — L'esprit humain, même au plus bas degré, pense naturellement, il est curieux, il veut connaître ; il a une inclination à croire, il sent un besoin de vérité ; tout ce qui l'entoure devient l'objet de la pensée.

Il y a lieu de discerner, d'une part, la *pensée* elle-même, d'autre part, l'*objet de la pensée*, et les *modes* suivant lesquels l'objet de la pensée est connu par l'esprit.

La pensée considérée en elle-même, en tant que pur phénomène, ressortit au domaine de l'étude psychologique ; considérée dans ses rapports avec les objets elle appartient au domaine de la Logique.

Il y a deux modes généraux de connaissance. L'un, empirique et conjectural, se borne aux données apparentes des sens ou aux affirmations non contrôlées soit de notre propre esprit, soit de l'esprit des autres ; c'est ce qu'on appelle la connaissance vulgaire : elle constitue l'*opinion*.

L'autre mode de connaissance consiste à n'admettre pour vrai que ce qui par soi-même est évident à la raison, ou ce qui est rendu évident, soit par une démonstration régulière, fondée ou sur des principes évidents et nécessaires, ou sur des principes antérieurement démontrés, soit par des observations et expériences méthodiquement instituées et conduites.

Ce qui encore distingue de la science la connaissance vulgaire ou opinion, c'est que celle-ci n'a pas d'autre légitimation qu'elle-même ; chacun pourrait donc professer une opinion particulière, la prétendre aussi valable que celle du voisin, sans qu'il se découvrît aucune raison convaincante pour préférer l'opinion de l'un à celle de l'autre. La science, au contraire, ne propose rien à croire qu'elle ne l'ait d'abord éprouvé, et plus rigoureuses seront les méthodes d'épreuve, plus la science aura de certitude et d'autorité, *l'opinion affirme, la science démontre.*

2. L'empirisme ne connaît que le particulier et le probable, la science connaît l'universel et le certain. — L'empirisme ne procède que des apparences ou caractères superficiels ; il constate et interprète la présence des effets, choses, ou phénomènes ; si même il aperçoit et énonce un rapport des effets et des causes, il ne connaît et n'exprime que des particularités.

La science va plus loin ; elle veut découvrir et expliquer la cause, en suivre le développement dans les effets, en reconnaître la condition universelle et constante.

Son but est de définir le *Comment* et le *Pourquoi* des choses et des phénomènes.

Le paysan a très bien pu observer la succession, la concomitance de certains phénomènes : tels, la succession et le retour des saisons, et certains degrés de lumière, de chaleur, d'humidité ou de sécheresse correspondant ordinairement à chacune d'elles ; et par suite, déterminer d'une façon empirique que telle époque est favorable à tel travail agricole, ou que telle maladie, soit des hommes, soit des bêtes, coïncide avec telle saison. Toute une série de générations pratiquera, sans en connaître la raison d'être, les préceptes légués par les ancêtres ; les dictons populaires sont en quelque sorte la formule traditionnelle de cette connaissance vulgaire. La science pénètre plus avant et plus haut, elle cherche et découvre la raison d'être, c'est-à-dire la loi de l'ordre des saisons : elle en constate la variation selon les latitudes, les altitudes, le régime des eaux, la configuration et l'exposition des terrains, les mouvements des astres ; elle en prévoit les perturbations d'après les calculs astronomiques, et les observations météorologiques : non seulement elle établit une présomption pour l'avenir d'après le passé, mais elle détermine la loi, c'est-à-dire la formule générale et constante de la nécessité de l'enchaînement des conditions phénoménales et des phénomènes. *La connaissance vulgaire ne peut apercevoir, établir que des probabilités ; la science fonde des certitudes.*

3. L'esprit scientifique. — On reconnaîtra donc tout d'abord l'esprit scientifique à ce signe :

Il ne se contente pas de l'affirmation de l'autorité, si magistrale soit-elle, ni de la notion superficielle des faits extérieurs ; il exige l'explication complète de tout phénomène, la connaissance exacte de tous ses antécédents, de toutes les circonstances concomitantes, de toutes ses conséquences déjà réalisées ou seulement possibles.

4. Les moyens communs de la connaissance vulgaire et de la connaissance scientifique : différence dans le mode d'emploi. — Ce n'est pas par les moyens de connaître que la science se distingue de la connaissance vulgaire ; c'est par la façon de les utiliser, par la *méthode*.

Les moyens sont les sens, la conscience, le raisonnement.

Les données primitives des sens peuvent être inexactes, — erreurs d'optique par exemple, — le témoignage de la conscience, quoique moins suspect, n'est cependant pas d'une certitude garantie, ni surtout d'une clarté toujours égale, — par exemple on constate des altérations dans la notion de la personnalité, ou ce qui est moins rare, des confusions de souvenirs et de perceptions présentes, etc., enfin le raisonnement peut être défectueux de mille façons.

L'homme sans éducation accepte sans critique et affirme témérairement toutes les apparences ; il risque par là de se contredire sans cesse à mesure que changent les apparences, quitte à ne plus rien croire le jour où la réflexion lui fait apercevoir le chaos de ses contradictions et l'instabilité fatale de ses opinions formées sans examen et sans méthode. Il lui paraît alors plus simple de douter que l'esprit humain soit capable de connaître, que d'avouer sa propre maladresse et le mauvais emploi des moyens naturels de connaissance.

Au contraire, la connaissance scientifique ne s'élabore que sur ces témoignages certifiés et corrigés de la perception extérieure et de la perception intime ; il est possible et nécessaire de faire l'éducation des sens et l'éducation de la conscience ; les psychologues en ont démêlé les conditions et posé les règles. De même les vices du raisonnement et leurs causes ont été reconnus et notés, et les logiciens sont parvenus à fixer les règles du raisonnement. La logique est la première science à connaître pour aborder efficacement l'étude scientifique.

5. La matière et la forme des sciences. — Dans toute science il convient de distinguer deux éléments : l'un constant, l'*objet* même de cette science, appelé aussi *matière* de la science. L'autre, variable et susceptible de progrès, l'ensemble des procédés dont use le savant pour connaître la constitution de l'objet ou matière de la science : c'est la *forme*.

Par cela même que la matière de chaque science lui est propre, il s'ensuit que la forme varie avec la nature de l'objet étudié.

Ainsi, la psychologie a pour objet, ou matière, les phénomènes de l'esprit; la physique a pour objet ou matière les phénomènes de la nature dans les êtres inorganiques; la biologie, les phénomènes de la vie organique; l'astronomie, la position et les révolutions des astres. On comprend à première inspection que la diversité des objets de la science impose des procédés très différents.

Mais la diversité des formes ou procédés ne contredit pas l'unité de l'esprit pensant; la nature de l'esprit ne change pas par suite de son application à des objets différents.

Il y a donc, distincte des sciences qui ont chacune leur objet propre, une science des formes de la pensée. Cette science c'est la *logique*.

§ 2. — OBJET ET DIVISION DE LA LOGIQUE.

6. Définition. — La logique est la science des lois de la pensée et l'art de diriger l'esprit vers la vérité.

On discutait fort au XVIIe siècle encore pour savoir si la logique est un art ou une science. Elle est l'un et l'autre, puisque d'une part elle s'enquiert de découvrir les lois naturelles de l'esprit, sa portée et sa capacité; de l'autre, elle trace des règles pratiques pour la direction de l'esprit conformément à ses lois nécessaires.

7. Logique scientifique et logique pratique. — C'est ce qui fait distinguer deux parties dans la logique, l'une scientifique, l'autre pratique.

La première scrute et tend à résoudre les problèmes de la connaissance, qu'on peut ramener à trois :

1° *Légitimité de la connaissance.* — L'esprit est-il capable d'atteindre la vérité, de discerner l'erreur ?

2° *Condition de la connaissance.* — Quelle voie doit-il et peut-il suivre pour arriver à la certitude ?

3° *Caractère de la connaissance.* — Est-il un signe indubitable auquel l'esprit puisse reconnaître qu'il a atteint la vérité ? Quel est ce signe ?

La seconde, la logique pratique, a pour mission de déterminer la méthode générale propre à la direction des facultés intellectuelles, et les méthodes particulières qui conviennent à un ordre de connaissances donné.

8. Place de la logique parmi les sciences. — On voit tout de suite l'importance capitale de la logique : elle siège, pour ainsi dire, au seuil de toutes les sciences. Il n'en est pas une qui n'ait besoin d'elle, car pas une ne peut se passer de méthode, et c'est la logique qui établit les méthodes ; pas une n'existe sans le raisonnement, et les lois du raisonnement sont du domaine de la logique. A toutes elle donne, si l'on ose dire, leur formule, et l'on n'en peut aborder aucune avec des chances sérieuses de progrès si l'on n'a d'abord pris un point d'appui sur cette science fondamentale. Elle est donc à toute science, quelle qu'elle soit, ce que l'algèbre est à la science des nombres : elle généralise, et en généralisant elle simplifie. Il y aura ainsi une logique de la physique, des mathématiques, de la médecine, du droit, etc. [1].

Considérée en elle-même, elle se range parmi les sciences *noologiques*, c'est-à-dire celles dont l'objet est l'esprit et la pensée, facultés et phénomènes. Dans la classification des sciences de Marie-André Ampère, les sciences, nous le verrons un peu plus loin, sont ou noologiques ou cosmologiques, celles-ci ayant pour objet le monde matériel.

---

1. Voir la *Logique* de Bain, traduction Compayré, t. II.

9. Définition de quelques termes de logique. — Comme toute science la logique emploie des termes, des *signes* qu'il est nécessaire de définir d'abord, afin d'éviter toute confusion.

La *vérité*, considérée dans l'objet, c'est ce qui est; considérée dans l'esprit ou sujet, c'est le rapport exact de la pensée avec la réalité. De là ces expressions : vérité objective, vérité subjective. L'*erreur* est un faux rapport entre la pensée et la réalité; et l'absence de tout rapport entre ces deux termes, c'est l'*ignorance*.

L'état de l'âme qui reconnaît clairement qu'elle possède la vérité s'appelle *certitude*. Le signe indubitable auquel on reconnaît qu'on possède la vérité se nomme critérium de certitude (*critérium* signifiant instrument pour juger). On entend par *évidence* le caractère des idées qui s'imposent à l'esprit comme expliquant la réalité.

Ainsi l'évidence est dans l'objet jugé, la certitude dans l'esprit qui juge.

L'état de l'âme qui, trouvant autant de motifs pour ne pas croire que pour croire, suspend son jugement, c'est le *doute*.

Le doute érigé en système, c'est le *scepticisme*.

10. Arguments principaux du scepticisme. — Le scepticisme, qui a été justement appelé une maladie de l'âme, se présente sous différentes formes, refusant créance tantôt à la réalité de la pensée, comme fait Pyrrhon, tantôt à la réalité du monde extérieur, à la façon de Berkeley, tantôt à la réalité du rapport entre la pensée et le monde : ainsi doutent Montaigne, Hume, Pascal, Kant.

Au fond, les arguments sont toujours les mêmes : le petit nombre de nos connaissances comparé à l'immensité de nos ignorances; la contradiction des opinions humaines; la confusion du rêve et de la veille, de l'hallucination et de la perception vraie, de la folie et du bon sens; l'impossibilité pour la raison de prouver elle-même sa propre légitimité; elle se trompe encore en affirmant qu'elle ne se trompe pas.

11. Possibilité de la connaissance. — Le premier problème de la logique scientifique est précisément la réfutation du scepticisme. Établir la possibilité de la connaissance, la légilimité de nos moyens de connaître, c'est détruire le doute systématique.

L'argument le plus immédiat et le plus invincible, c'est l'affirmation de la conscience : la notion de la personnalité dans tout esprit sain est une évidence. Personne ne doute qu'il existe et qu'il soit lui-même et non un autre. De plus, la notion de l'existence des autres nous est fournie par la perception extérieure et par l'échange des idées au moyen du langage. Encore que les sens nous puissent tromper et que le langage ne traduise pas toujours la vérité, il n'est cependant pas vrai d'affirmer qu'ils soient toujours et nécessairement dans l'erreur.

Si nous reconnaissons que nous ignorons beaucoup, c'est que nous savons un peu. La question n'est pas de prouver que nous pouvons connaître tout, mais que nous sommes capables de connaître.

La contradiction et l'erreur ne démontrent pas l'impossibilité de connaître. Comment saurait-on certainement que telle affirmation est erronée, si l'on n'avait découvert un principe plus certain. On discerne même la cause d'une erreur, et l'on a des moyens de s'en garantir.

Et puis l'attention scrupuleuse et méthodique suffit à tout homme de bonne foi pour distinguer la folie du bon sens, le rêve de la veille, etc. La pathologie de l'esprit a fait même assez de progrès pour qu'on caractérise avec précision les causes des différentes excitations cérébrales.

D'autre part, on ne peut nier la disposition naturelle à croire, ni la tendance de l'esprit vers la vérité. C'est affaire à nous de régler cette disposition et de diriger cette tendance, afin de ne pas les laisser dégénérer en une sotte crédulité qui, acceptant tout sans contrôle, nous mette dans la nécessité plus tard de rejeter beaucoup et même de rejeter tout, si nous ne sommes capable de discerner le vrai du faux. C'est de la sorte que l'esprit se décourage, et l'on aime mieux conclure qu'il est impossible de connaître la vérité que d'avouer qu'on s'y est mal pris pour la découvrir et de s'imposer une rigoureuse méthode. Enfin, s'il n'y a aucun principe certain, comment les sceptiques établissent-ils ce principe, qu'il ne faut admettre rien de certain?

12. Conditions de la connaissance. — Elles se réduisent à deux principales, mais indispensables.

La première est de ne pas prétendre tout connaître : il est nécessairement une borne à l'intelligence humaine. Il y aura toujours et toujours une part de mystère impénétrable dans l'existence du monde. Pour pénétrer dans le secret de toute chose et n'y laisser aucune obscurité, il faudrait à l'intelligence de l'homme une perfection divine.

La seconde est de ne pas confondre les domaines des divers moyens de connaissance : conscience, sens, raison; et de procéder régulièrement dans les opérations de l'esprit. De là la nécessité de connaître les lois logiques du jugement et du raisonnement.

13. Caractère de la connaissance. — A quoi reconnaître que nous possédons la certitude? A un signe tel, qu'il ne puisse être confondu avec aucun autre et que nous puissions nous y fier absolument. Ce *critérium* existe-t-il? Ce fut longtemps une question des plus débattues. Aujourd'hui l'accord s'est fait.

Tous les critériums proposés n'ont pas une même valeur.

1° L'ÉVIDENCE SENSIBLE, c'est celle de la sensation et de la perception extérieure. Il semble impossible qu'un homme à moins de mauvaise foi, nie qu'il souffre s'il souffre, ou qu'il voie ou qu'il entende s'il voit et entend. Mais ce critérium n'est point parfait, à cause des erreurs auxquelles nous expose le témoignage des sens. On peut croire voir, croire entendre, etc., sans que la forme ou le bruit soit réel.

2° LA VÉRACITÉ DIVINE. — On ne peut admettre que Dieu s'amuse à nous tromper sans cesse. Lui-même est la parfaite vérité. Ce critérium a le défaut de faire sortir l'homme de lui-même pour trouver la certitude, et de l'exposer à confondre les révélations de la foi avec les vérités de la science.

3° Le TÉMOIGNAGE UNIVERSEL, proposé par Lamennais : il n'est pas possible que le genre humain tout entier se trompe; le propre d'un principe certain est d'être universel. Sans doute il est des principes universels, mais l'universalité seule ne fait pas leur certitude : la raison individuelle les soutient, de sorte que si, par exemple, tous les autres y renonçaient, je croirais encore qu'il n'y a pas d'effet sans cause; mais dans la pratique, et pour les idées particulières, il n'est pas vrai que le témoignage universel ne puisse se trouver en défaut. Descartes a soutenu qu'un seul pouvait avoir raison contre le genre humain. Et finalement le critérium aboutit à un scepticisme pratique par l'impossibilité de consulter le genre humain.

4° L'ACCORD DE LA VÉRITÉ AVEC ELLE-MÊME, critérium proposé par Leibniz, est un plus sûr garant. Si le principe est vrai, toutes ses conséquences doivent s'accorder entre elles et avec tous les autres principes déjà admis pour certains. Leur contradiction marque la fausseté du principe.

5° L'ÉVIDENCE RATIONNELLE, critérium de Descartes, est enfin le moyen le plus complet de se mettre en garde contre l'erreur. Nous en parlerons en détail dans le chapitre suivant.

Ainsi il est possible de connaître; le tout est de procéder méthodiquement. Mais en quoi consiste la méthode?

§ 3. — LA MÉTHODE.

14. Sa nature et son but. — *Une méthode est un procédé régulier pour connaître ou démontrer la vérité.* — Par procédé régulier, on entend l'art de bien disposer une suite de plusieurs pensées. L'avantage incontestable de la méthode, c'est d'abord de donner plus de sûreté à la connaissance, en second lieu d'abréger les difficultés. Celui qui par fortune a réussi son entreprise sans en avoir prévu ni calculé les moyens se trouve fort empêché de recommencer et bien empêché aussi d'enseigner aux autres le secret de son succès, puisque lui-même l'ignore. Bien plus : s'il s'agit d'une opération où il soit nécessaire de revenir sur ses pas, comme dans un voyage, l'absence de méthode rend le retour impossible.

Un procédé régulier et une bonne disposition des parties donnent de la clarté à l'ensemble, et, s'il est possible sans méthode ou avec une mauvaise méthode de découvrir quelque vérité, ce n'est qu'avec une bonne méthode qu'elle sera démontrée certaine et solidement établie.

15. Deux méthodes générales : analyse et synthèse. — Déduction et Induction. — On aperçoit immédiatement deux sortes de méthodes, l'une pour découvrir la vérité, qu'on appelle *analyse* ou *méthode de résolution*, et qu'on peut appeler aussi méthode d'invention; et l'autre pour la faire entendre aux autres quand on l'a trouvée, qu'on appelle *synthèse* ou *méthode de composition*, et qu'on peut aussi appeler *méthode de doctrine*. Cette distinction, établie par Descartes, a été conservée par la *Logique* de Port-Royal. L'analyse décompose un tout en ses éléments constitutifs; la synthèse fait ou refait le tout par la composition de ses éléments constitutifs.

On peut aussi considérer d'une façon générale le procédé appliqué le plus ordinairement et le plus strictement à un objet de connaissance; on déterminera ainsi une autre division des méthodes, fort peu différente d'ailleurs de la première quant au résultat. En effet, ou bien on possède les lois et les principes et l'on en poursuit l'application aux faits particuliers (cette opération s'appelle *déduction*), ou bien on observe et l'on constate les faits particuliers, et il s'agit d'en retrouver la loi; c'est ce qu'on appelle l'*induction*. Par conséquent, voilà une méthode déductive et une méthode inductive. Au fond toute méthode est analyse et synthèse.

16. Questions de mots et questions de choses. — Mais toutes les questions se réduisent soit à des questions de mots, comme lorsqu'il ne s'agit que de définir les termes; soit à des questions de choses, au nombre de quatre, savoir : chercher les causes par les effets, ou les effets par les causes, ou le tout par les parties, ou bien une partie par une autre ou par le tout; il s'ensuit que *l'analyse et la synthèse, l'induction et la déduction parcourent le même chemin, mais en sens inverse.*

17. Trois règles de méthode générale. — La première règle de méthode générale, quel que soit l'objet à étudier, est de *concevoir nettement et distinctement la question*, sinon on répond à ce qu'on ne demande pas ou l'on prouve ce qu'on ne met pas en discussion; la seconde, de *se rendre exactement compte des conditions* qui marquent et désignent l'inconnu de la question, afin de n'en omettre aucune et de n'en ajouter aucune.

Enfin une troisième règle n'importe pas moins que les précédentes : c'est d'*appliquer à la question le moyen de connaissance qui lui convient*. Chaque ordre de science a son domaine propre et ses procédés spéciaux; les confondre, c'est se condamner à l'erreur, comme de vouloir expliquer tous les faits de la pensée par la physiologie, ou de n'attribuer les modifications des organismes vivants qu'à des influences psychologiques ; et dès lors étudier l'âme par les sens, et la matière par la conscience : égal excès.

18. La méthode moderne : Bacon et Descartes. — Toute la science contemporaine a son origine et son pivot dans la réforme des méthodes accomplie par l'Anglais Bacon (*Instauratio Magna* dont le *Novum Organum* est une partie) et par le Français Descartes dans la première moitié du xviie (*Discours de la méthode*, 1636). Bacon, considéré comme le précurseur du positivisme, ne fut pas un génie créateur à l'égal de Descartes. Ce fut un ordonnateur de premier ordre qui sans rien inventer recueillit les résultats du mouvement scientifique du xvie siècle et en tira des conclusions précises. Il fournit aux sciences de la nature l'instrument par excellence pour la découverte des lois physiques, la méthode d'observation et d'expérimentation ; mais il méconnut la puissance de la déduction et des hypothèses *a priori*. L'étude de la méthode des sciences expérimentales nous ramènera à son action philosophique. Descartes institua une doctrine plus large de philosophie rationnelle et son génie plus vaste conçut le plan d'un système d'explication de l'univers. Sa méthode engendra les plus féconds développements de la science spéculative, et un des plus illustres savants du xixe siècle, Claude Bernard, a proclamé combien la science expérimentale elle-même est redevable à la méthode cartésienne, bien que, par un écart de génie analogue à celui qui mena Bacon à délaisser la déduction et l'hypothèse, Descartes ait omis complètement l'induction. Son influence fut trop profonde et trop durable pour que de sa méthode il ne soit pas ici exposé l'essentiel.

19. Principe de l'unité de direction. — Dans la seconde partie du *Discours de la méthode*[1], la plus importante de l'œuvre, Descartes pose les règles qui ne sont rien moins que l'affranchissement de l'esprit, débarrassé des traditions et de l'autorité, et se prenant lui-même pour base de sa connaissance. Descartes y considère d'abord que ce qui importe le plus en toutes choses c'est l'unité de la direction; il marque par deux exemples sa véritable intention. « Les bâtiments qu'un seul architecte a entrepris et achevés ont coutume d'être plus beaux et mieux ordonnés que ceux que plusieurs ont tâché de raccommoder en faisant servir de vieilles murailles qui avaient été bâties à d'autres fins. » Et de même il remarque que, « si Sparte a été autrefois très florissante, ce n'a pas été à cause de la bonté de chacune de ses lois en particulier, vu que plusieurs étaient fort étranges et même contraires aux bonnes mœurs, mais à cause que, n'ayant été inventées que par un seul, elles tendaient toutes à même fin ».

20. Pour affranchir l'esprit, Descartes fait table rase de toutes opinions antérieures à son examen de lui-même. — Qu'est-ce que Descartes en conclut? Qu'il en est de même de la science humaine, et que les sciences des livres, s'étant composées et grossies peu à peu des opinions de diverses personnes, ne sont point si approchantes de la vérité que les simples raisonnements que peut faire naturellement un homme de bon sens, touchant les choses qui

---

1. Le *Discours de la méthode*, écrit en français en 1636, renferme le principe de toute la philosophie de Descartes. Il eut pour objet de donner de son système un aperçu rapide, et, le livre qu'il méditait devant contenir quatre parties, le *Discours de la méthode*, qui en était la première, est destiné à exposer la partie philosophique ; les trois autres traités renferment les applications de la Méthode : c'est la *Dioptrique*, qui expose la loi de la réfraction de la lumière, connue encore aujourd'hui sous le nom de loi de Descartes; elle renferme la première théorie scientifique de la vision. En second lieu, les *Météores*, où est donnée la première explication de l'arc-en-ciel double, et, si Descartes n'y découvre pas la décomposition de la lumière par le prisme, du moins a-t-il préparé l'invention de Newton. Enfin la *Géométrie* révèle la supériorité du génie mathématique du philosophe. La réforme de l'algèbre, la solution des équations du troisième et du quatrième degré, la méthode des coefficients indéterminés, la règle des signes, l'application de l'algèbre à l'étude des propriétés des lignes courbes, tels sont les progrès merveilleux que réalise Descartes.

se présentent. Il rejettera donc d'abord toute opinion antérieurement reçue et reviendra à la vérité par l'effort de la raison. Il se pourra qu'il reprenne ainsi des opinions précédemment abandonnées; mais il les reprendra comme démontrées et certaines, et non plus comme étant celles de tel ou tel maître. C'est qu'en effet Descartes est convaincu que nos jugements seraient plus purs et plus solides si nous avions eu l'usage entier de notre raison dès le jour de notre naissance et que nous n'eussions jamais été conduits que par elle. C'est là le point de départ de toute sa philosophie.

21. Obligation de se donner à soi-même des règles pour remplacer celles qu'il a rejetées. — Ayant ainsi fait table rase de toutes ses opinions et croyances, il est dans l'obligation de trouver des règles d'après lesquelles il reconstituera ses connaissances. C'est une méthode qu'il va composer. Il a lui-même appris autrefois la logique, l'analyse des géomètres et l'algèbre. La logique est celle d'Aristote, arrangée par les scolastiques. Descartes lui reproche de n'être pas une méthode d'invention, d'être bonne tout au plus à enseigner ce que l'on sait ou même, comme l'art de Lulle, à parler sans jugement et d'abondance de ce qu'on ignore.

L'analyse des géomètres, qui consiste à chercher la solution des problèmes par des constructions géométriques sans aucun recours à l'algèbre, et l'algèbre elle-même ne s'étendent qu'à des matières fort abstraites et, au temps de Descartes, étaient tombées dans une confusion stérile. Il avait réformé l'une et l'autre, et la méthode qu'il chercha dut à la fois comprendre les avantages de ces trois sciences, logique, analyse géométrique et algèbre, et être exempte de leurs défauts.

Au lieu d'un grand nombre de préceptes, il n'en voulut que quatre, qui ont suffi à renouveler le fond et la face de la philosophie.

22. Les quatre règles de Descartes : 1° règle de l'évidence rationnelle; 2° règle de l'analyse; 3° règle de la synthèse; 4° règle de l'énumération. — Descartes réduit à quatre principes toute sa Méthode :

1° Le premier est de *ne recevoir jamais aucune chose*

pour vraie qu'on ne l'ait connue évidemment telle ; c'est la règle de l'évidence rationnelle ; du même coup Descartes affranchit de deux autorités l'esprit humain : de celle de l'antiquité, encore si puissante à son époque, où l'on tranchait toutes les questions ou presque toutes par un mot d'Aristote, souvent mal interprété ; et de celle de l'Eglise, qui soumettait aux dogmes et aux choses de la foi ce qui est du domaine de la science et de la discussion, et condamnait les découvertes nouvelles comme contradictoires avec certaines assertions des Écritures sacrées.

Ce que Descartes veut surtout par ce premier principe, c'est éviter soigneusement la précipitation et la prévention : par l'une, on ne connaît qu'une partie des choses ; par l'autre, on en juge avant de les connaître ; et son but, en ne laissant entrer dans sa créance que des opinions aussi évidentes pour sa raison, c'est de s'assurer contre toute occasion de douter, car rien n'est plus propre à faire naître le doute que d'accepter inconsidérément comme vraies des propositions auxquelles plus tard il faut renoncer.

2° Le second principe est de *diviser chacune des difficultés à examiner en autant de parcelles qu'il se pourrait et qu'il serait requis pour les mieux résoudre* : c'est la règle de l'analyse ; il importe de ne pas séparer du reste la troisième proposition, sinon on tomberait dans la division à l'infini, c'est-à-dire dans la confusion, ce qui irait justement contre le but du philosophe ; l'esprit éprouve autant de peine à ressaisir les éléments séparés par une trop menue division qu'à embrasser l'ensemble d'une large question. Il ne faudra point d'ailleurs se borner à la considération de chaque partie isolée, mais rétablir le rapport de toutes les parties entre elles, chacune étant d'abord bien connue.

3° Le troisième principe ordonne de *conduire par ordre les pensées en commençant par les objets les plus simples et les plus aisés à connaître, pour monter peu à peu comme par degrés jusqu'à la connaissance des plus composés.* C'est la règle de la synthèse ; elle vise d'une façon générale l'exposition et la démonstration. Son principal mérite est d'épargner à l'esprit la fatigue et le découragement. Si l'on s'attache en effet tout d'abord à des questions trop compliquées et trop difficiles, l'insuccès presque inévitable des efforts fait douter de la puissance même de l'intelligence; et l'on renonce à toute science pour avoir ambitionné maladroitement toute la science; au contraire, ce principe de Descartes, règle de parfait bon sens, hausse peu à peu l'esprit du facile au difficile, du simple au composé, de telle sorte que, fortifié par le peu qu'il a d'abord acquis, il n'éprouve plus de gêne ni de dégoût pour acquérir davantage de jour en jour. Descartes complète ce principe en prescrivant de *supposer même de l'ordre entre les objets qui ne se précèdent point naturellement les uns les autres.*

L'avantage qu'il y voit, c'est de les coordonner pour faciliter le travail de l'esprit, qui se trouve fort soulagé par les classifications et par la généralisation; s'il lui fallait retenir isolément tous les objets sans qu'aucun rapport les reliât, il s'épuiserait dans les détails et ne s'élèverait jamais à une vue d'ensemble.

Toutefois il faut prendre garde que cet ordre supposé n'est pas toujours nécessairement vrai; ce serait un défaut grave que de rattacher arbitrairement deux faits absolument distincts, séparés et sans analogie, et de croire ensuite naturelle cette liaison : les superstitions n'ont pas d'autre origine.

4° Le dernier principe est de *faire partout des dénombrements si entiers et des revues si générales, que l'on soit assuré de ne rien omettre.*

Il peut s'appeler la règle de l'énumération : elle oblige à faire l'analyse de toute question et l'examen attentif de tous ses éléments; elle est ainsi le préservatif contre les erreurs et contre l'ignorance, dont la cause la plus commune, suivant Descartes, est l'omission de quelque élément essentiel dans les questions : par exemple si, voulant définir l'homme, on exprimait comme un caractère essentiel qu'il a la peau blanche : ce qui exclurait de l'humanité tous les hommes de couleur; ou si l'on négligeait son caractère raisonnable, ce qui n'en ferait plus qu'un ordre animal.

23. Importance philosophique de la Méthode cartésienne. — Le petit livre du *Discours de la méthode* amena une révolution dans la philosophie et dans la science, en établissant le libre examen.

Montaigne avait dit qu'il faut « tout passer par le filtre et ne rien recevoir dans notre tête par autorité et croyance »; et Bacon, qu'il « ne reste qu'une seule planche de salut : reconstruire entièrement l'intelligence humaine, abolir tout à fait les théories et les notions reçues, pour appliquer l'esprit vierge et semblable à une table rase, à l'étude de toute chose prise dans ses commencements ».

Descartes fit ce qu'ils souhaitaient, et c'est ainsi qu'il aboutit à cette certitude absolue de l'évidence rationnelle au moyen du *doute méthodique*. Rejetant toute idée, les tenant toutes pour douteuses, les siennes comme celles des autres, il restait dès lors en face de son doute. Mais douter c'est penser : *Je pense, donc je suis.* Voilà le fait indubitable.

La grande originalité, c'était de prendre son point de départ dans l'ignorance; de poser quelques règles pour raisonner et d'agir d'après ces règles; de douter systématiquement, non pour douter comme les pyrrhoniens, mais pour substituer des idées certaines aux idées vagues; et élever par là la philosophie à la valeur d'une science évidente. « Les libres penseurs du XVIe siècle, dit M. Cousin, n'étaient que des révolutionnaires; Descartes fut en outre législateur. Il ne donna pas un système, mais mieux que cela, une méthode et une direction immortelle, qui, en pénétrant dans les esprits, les tira de leur abattement et ranima la confiance de la raison en elle-même, sans lui inspirer une présomption dangereuse. »

RÉSUMÉ

La logique est une science : elle est un système de principes; et elle est un art, elle donne des préceptes pratiques. Scientifique ou pratique, elle a pour objet la connaissance de la vérité et la direction de l'esprit.

Elle est la base de toute science, en ce qu'elle fonde les lois de la connaissance et la méthode.

Elle examine pour les résoudre les problèmes soulevés par le scepticisme. Elle conclut en fixant un critérium de certitude, par lequel on distingue la vérité de l'erreur.

Au point de vue de la direction de l'esprit, la méthode est un procédé régulier qui vise soit la démonstration de vérités découvertes, soit la découverte de vérités encore inconnues.

Il est des règles de méthode générale applicables à tout ordre de connaissances, quel qu'il soit; et des méthodes particulières selon l'objet spécial que l'on poursuit.

Il y a une logique naturelle qu'on appelle le bon sens, que la logique régulière s'efforce de mettre en action et de développer.

Dans les temps modernes deux philosophes ont rénové et méthodiquement organisé la connaissance scientifique : c'est Bacon et Descartes; le premier dans le domaine des sciences de la nature, le second dans le domaine plus étendu de la direction de la pensée universelle.

Le *Discours de la méthode* n'était pas, dans la pensée de Descartes, une œuvre isolée, mais l'introduction à son système scientifique.

Il y met à jour les doutes dont il est assailli et l'insuffisance des doctrines de son temps. Il fait table rase de toutes ses notions antérieures et prend la résolution de reconstituer son esprit. Cet ouvrage, peu étendu mais plein d'idées, a commencé et lancé la réforme philosophique et scientifique.

1º Le doute méthodique est la réflexion elle-même ou le libre examen appliqué à tous les objets de la pensée et à la connaissance humaine elle-même.

2º L'évidence de la raison y est substituée à l'autorité.

3° La pensée y est prise pour point de départ des recherches philosophiques.

La seconde partie de cet ouvrage est la plus importante au point de vue de la logique. En quatre règles, Descartes y fonde sa méthode : 1° ne recevoir pour vrai que ce qui paraît évident; 2° diviser chaque question en autant de parties que faire se peut; 3° aller du simple au composé; 4° faire des dénombrements complets.

CHAPITRE II

LA SCIENCE
CLASSIFICATION ET HIÉRARCHIE DES SCIENCES

Sommaire. — 1. Définition de la science. — Les sciences. — 2. Pourquoi une classification des sciences? — 3. Classification d'Aristote. — 4. Classification de Bacon. — 5. Classification de Descartes. — 6. Classification d'Ampère. — 7. Classification d'Auguste Comte. — 8. Classification d'Herbert Spencer. — 9. Classification simplifiée. — 10. Hiérarchie des sciences.

1. Définition de la science. — *La science est la connaissance complète et certaine de tout ce qui est.*

Une telle connaissance implique la notion de ce qui fut, car on ne connaît pas bien ce qui est si l'on en ignore les antécédents qui en sont la cause totale ou partielle; elle implique aussi la prévision de ce qui sera; car si l'on connaît tout ce qui est, effets et causes, phénomènes et lois, le futur n'est plus un mystère : les mêmes causes dans les mêmes circonstances produisent les mêmes effets.

Ainsi définie, la science idéale ne peut appartenir qu'à une intelligence parfaite : l'entendement humain, même à son plus haut degré, n'y saurait prétendre : sa connaissance est restreinte et fragmentaire; il ne possède pas, il ne possédera pas la *Science*. Mais il ne faut pas de là tirer argument, comme font les sceptiques, et mettre en suspicion ce qu'il est capable de savoir sous prétexte qu'il ne peut pas savoir tout, absolument tout.

Cette conception de l'unité de la science s'impose dès le début de l'application de la pensée à la connaissance et à l'explication des choses. Dans l'antiquité, *philosophe* et *savant* c'est tout un : la doctrine de tout philosophe tend à l'explication totale de ce qui est ; elle comprend ce qu'aujourd'hui nous dénommons physique, mathématique, morale et métaphysique.

L'imperfection même de l'esprit humain a rendu nécessaire la division de l'étude de l'univers ; et naturellement aussi à mesure que sur chacun des objets de la connaissance le savoir a progressé, les esprits individuels ont dû limiter leur effort, et se concentrer sur tel ou tel objet spécial : soit le monde de la matière, soit le monde de la pensée, et dans chacun de ces deux mondes se sont nécessairement multipliées des divisions, lesquelles sont devenues des sciences spéciales ; telles, dans l'ordre de la connaissance du monde de la matière, la physique, la chimie, la biologie ; dans l'ordre de la connaissance rationnelle, la logique, la théologie, la morale, etc. A ce point de vue, *une science est un système de principes vrais touchant un ordre de connaissances donné.*

Un principe est une vérité de début, le commencement de toute enquête tendant à découvrir de nouvelles vérités, ou de toute démonstration tendant à faire comprendre les vérités découvertes.

Les caractères propres des principes scientifiques c'est qu'ils énoncent ce qu'il y a d'universel et constant dans les choses. Il n'y a pas de science du particulier, c'est l'axiome d'Aristote ; ces principes sont donc *objectifs* et *impersonnels*, c'est-à-dire qu'ils ne dépendent pas de l'état d'esprit ni des conditions individuelles de celui qui les pense. Il se peut bien qu'on attache à tel principe le nom du savant qui l'a découvert et mis en lumière : on dit les propositions d'Euclide, le principe d'Archimède, la loi de Mariotte, etc. ; ce n'est pas du tout dans le même sens que lorsqu'on dit, par exemple, la loi Grammont sur la répression des mauvais traitements infligés en public aux animaux, ou la loi Bérenger prescrivant la remise provisoire de la peine au coupable condamné pour la première fois. Ces lois-ci sont nées des considérations personnelles de leurs auteurs; elles n'ont de vigueur et d'application que par la communauté d'idées d'une majorité dans un pays; elles sont des *inventions* particulières. Les autres, les principes de géométrie ou de physique, n'ont pas été inventées mais découvertes, elles préexistaient à la découverte et leurs effets se manifestaient sans que personne pût s'y soustraire; mais les effets n'ayant pas été bien observés, le principe n'avait pas été formulé.

2. Pourquoi une classification des sciences ? — Dans l'enfance de l'humanité pensante, — comme Pascal appelle l'antiquité, — la connaissance même des plus grands génies, demeurant forcément assez étroite, conserve sans embarras une sorte d'unité : la liaison des quelques vérités aperçues est très apparente. Sans confondre ces divers domaines de la connaissance, les philosophes englobent dans un terme unique l'œuvre d'explication auquel ils vouent leurs facultés. Il ne put en être de même lorsque les progrès de la science eurent constitué dans chaque direction de l'investigation de la pensée, de considérables acquêts; l'intelligence de l'homme pour s'y reconnaître dut établir des divisions, et un classement. Le domaine de chaque science, les philosophes l'apprécient et le déterminent en établissant la classification des sciences : travail fatalement voué à de multiples recommencements : pour qu'il fût parfait, il faudrait avant tout que la science fût complète et absolue, et ensuite que la classification elle-même embrassât la parfaite vision de toutes les sciences et de leurs mutuels rapports.

3. Classification d'Aristote[1]. — Cette classification est la première en date : elle distingue trois modes possibles concomitants ou successifs, combinés ou séparés de l'évolution et du progrès d'un être intelligent : *savoir*, *agir*, *produire* : à quoi correspondent la *science*, la *pratique* et l'*art*, conséquence : trois ordres de sciences :

---

1. Aristote, 384-322 av. J.-C., né à Stagyre.

a. Sciences spéculatives, c'est-à-dire connaissance pure des principes, dégagée de toute préoccupation d'utilité autre que le développement de l'esprit même ; leur objet c'est le nécessaire et l'immuable, placé au-dessus et en dehors de la volonté, du caractère de l'homme.

b. Sciences pratiques, celles qui tendent à l'action et à la réalisation utile des principes ; celles-ci ont pour objet ce qui dépend, au moins en partie, de la volonté de l'homme, et aussi de ses moyens d'action.

c. Sciences poétiques, celles qui déterminent et règlent les moyens et conditions de production, c'est-à-dire l'art.

Ces deux derniers groupes de sciences sont séparés du premier par une différence capitale : leur objet est *contingent* et non pas *nécessaire* ; il peut être ou ne pas être, ou être de diverses façons ou se transformer. Si les sciences pratiques et les poétiques ont ce point commun, elles diffèrent en ceci que les premières ont leur fin dans l'agent lui-même, son action fait retour sur lui-même, l'augmente ou le diminue, le perfectionne ou le détériore. La fin des secondes est un objet extérieur à l'agent lui-même mais qui est issu de lui. Ainsi la fin des sciences pratiques, c'est une *action* qui peut être bonne ou mauvaise, utile ou inutile, glorieuse ou honteuse. La fin des sciences poétiques, c'est une œuvre d'art, discours, poème, tableau, statue, monument.

Aristote établit trois sciences dans chaque groupe :

a. Sciences spéculatives : la *physique*, les *mathématiques*, la *philosophie première* ou *théologie*.

b. Sciences pratiques : l'*éthique* ou *morale*, l'*économique* et la *politique*.

c. Sciences poétiques : la *poésie*, la *rhétorique*, la *dialectique*.

Il faut entendre sous le nom de poésie tous les beaux-arts.

Cette classification offre ce premier intérêt — rétrospectif, il est vrai — de nous présenter une sorte d'inventaire des connaissances humaines au temps d'Aristote. En outre elle dénote la profondeur et l'étendue de son génie investigateur et ordonnateur. Elle n'est cependant pas à l'abri de toute critique : la plus grave qui ait été faite, car elle atteint la classification au cœur, c'est que, ce qu'il appelle sciences poétiques, c'est des arts; cependant on peut défendre Aristote sur ce point : sans doute composer un poème, un drame, une symphonie, ciseler une statue, peindre un tableau, c'est faire œuvre d'art, mais n'est-il pas des principes d'esthétiques antérieurs à l'exécution de l'œuvre, tels même que celui qui les connaît acquiert la capacité de juger l'œuvre d'art, bien qu'il demeure incapable de la produire ? N'y a-t-il pas une science poétique, une science musicale, etc., qui constitue précisément le canon de la critique ? — Oui, certainement, mais il faut bien reconnaître que ce n'est pas expressément ni surtout exclusivement cette science nommée aujourd'hui *esthétique* qu'Aristote a visée, mais les arts proprement dits.

Un autre défaut de la classification d'Aristote : elle omet les sciences historiques. C'est évidemment à nos yeux un vice de la classification; ce n'est pas une très grosse faute d'Aristote : de son temps les sciences historiques ne se montraient guère : on dira qu'il aurait dû les prévoir.

Enfin si au temps d'Aristote, les trois groupes de sa classification semblaient se faire équilibre, leurs proportions se sont considérablement altérées. Tandis que les sciences pratiques et poétiques n'ont guère changé que dans les formes, leurs principes ne se modifiant guère, les sciences spéculatives se sont merveilleusement développées, les unes même rénovées, à plusieurs reprises, et leur mouvement progressif n'est pas arrêté.

4. **Classification de Bacon**[1]. — La base de la classification de Bacon, c'est la distinction des facultés de connaissance de l'esprit humain. Il les réduit à trois principales : la *mémoire*, l'*imagination*, la *raison*, à quoi correspondent l'*histoire*, la *poésie*, la *philosophie*.

L'histoire et la poésie ont pour objet les individus et les événements particuliers; mais avec cette différence : les

---

[1]. François Bacon, 1560-1626. Chancelier d'Angleterre; ses ouvrages sont écrits en latin.

individus et les événements qu'étudie et enseigne l'histoire sont *réels*, ceux que présente la poésie sont *fictifs*.

L'histoire recherchant la réalité des faits dans la nature ou dans l'homme se divise en deux sections : l'histoire *naturelle* et l'histoire *civile* ou *politique*.

La poésie se divise en trois grandes classes : l'*épique*, la *dramatique*, l'*allégorique*.

La philosophie a un triple objet : Dieu, la nature, et l'homme, de là trois parties : 1° *philosophie naturelle* ou *théologie*, 2° la *physique*, et 3° la *philosophie morale*.

Cette classification pèche d'abord par une prétention étonnante : elle repose sur une incomplète division des facultés primordiales de l'esprit humain : elle écarte la *perception*, c'est-à-dire la connaissance des êtres et des phénomènes par les sens et par la conscience. L'omission est d'autant plus étrange de la part d'un philosophe qui préconise la méthode expérimentale, observation et expérimentation ; or, sans les sens pour les objets extérieurs, sans la conscience pour les phénomènes d'idée et de sentiment, nulle observation n'est possible. En second point, il faut remarquer que la mémoire n'est pas une faculté vraiment primordiale : elle n'opère qu'à la suite des perceptions : se souvenir c'est conserver et reproduire une connaissance acquise. L'imagination aussi ne s'exerce que sur des perceptions antérieures dont elle combine et amalgame les souvenirs pour former des idées nouvelles. Il y a donc quelque chose d'arbitraire et de factice dans le fondement de la classification de Bacon.

On lui reproche encore de fonder une science, quelle qu'elle soit, sur la mémoire exclusivement : d'une part la mémoire est la condition nécessaire de toute connaissance, et pourrait alors aussi bien servir de base à n'importe quelle science ; d'autre part elle ne suffit à aucune, et si son secours paraît en effet de premier ordre dans l'histoire plus que dans quelque autre science ce n'est qu'une apparence : il n'est pas moins indispensable de retenir, par exemple, les formules en chimie que les dates en histoire. Et puis y a-t-il le moindre élément commun entre l'histoire *naturelle* et l'histoire *civile*? Bacon a été dupe d'un mot, l'une est un département de la science de la nature extérieure, l'autre se rattache à la science de l'homme moral.

Enfin — et cette observation seule est la ruine du système —, en réalité tous les pouvoirs de l'esprit concourent, en proportion variée, dans chaque espèce de science ou d'art. On ne peut donc sans abus d'abstraction partager les connaissances d'après les facultés du sujet qui connaît.

On pourrait critiquer aussi l'introduction de la poésie dans la classification des sciences, et non moins la division incomplète des genres poétiques.

La subdivision de la philosophie au contraire se légitime aisément : Dieu, la nature et l'homme sont bien les trois grands objets de la spéculation philosophique, hors de là, il n'y a rien.

Il n'est pas sans intérêt de noter que dans le discours préliminaire de l'*Encyclopédie*, Diderot et d'Alembert ont adopté, en la modifiant légèrement, la classification de Bacon; leur modification consiste surtout à en déplacer l'ordre en donnant à la raison le pas sur l'imagination.

5. Classification de Descartes[1]. — Exposant dans la Préface des *Principes de la Philosophie*, qu'il « voudrait expliquer l'ordre qu'il lui semble qu'on doit tenir pour s'instruire », Descartes prescrit à l'homme qui n'a encore que la
« connaissance vulgaire et imparfaite de tâcher de se former
« avant toute chose une morale qui puisse suffire pour
« régler les actions de sa vie, à cause que cela ne souffre
« pas de délai; après cela, il doit étudier la logique,
« apprendre à bien conduire sa raison pour découvrir les
« vérités qu'il ignore lorsqu'il s'est acquis quelque habitude
« à trouver la vérité en ces questions, il doit commencer
« tout d'abord à s'appliquer à la vraie philosophie dont la
« première partie est la *métaphysique*, qui contient les prin-
« cipes de la connaissance, entre lesquels est l'explication des
« principaux attributs de Dieu, de l'immatérialité de nos âmes
« et de toutes les notions claires et simples qui sont en nous;

1. René Descartes, 1595-1654, né à La Haye en Touraine, mort en Suède.

« la seconde est la *physique*, en laquelle, après avoir trouvé
« les vrais principes des choses matérielles, on examine en
« général comment tout l'univers est composé, puis en par-
« ticulier quelle est la nature de cette terre et de tous les
« corps qui se trouvent le plus communément autour d'elle,
« comme de l'air, de l'eau, du feu, de l'aimant et des autres
« universaux. » En suite de quoi il étudiera l'histoire naturell
« Ainsi toute la philosophie est comme un arbre dont les
« racines sont la métaphysique, le tronc est la physique,
« et les branches qui sortent de ce tronc sont toutes les
« autres sciences, qui se réduisent à trois principales, à
« savoir : la *médecine*, la *mécanique* et la *morale*. »

Descartes pour cette classification semble s'être inspiré d'Aristote qui distinguait aussi deux vastes catégories, la physique, c'est-à-dire tout ce qui concerne l'homme et le monde, et la métaphysique, c'est-à-dire ce qui doit être étudié après la connaissance acquise de toute la physique, soit la cause première et l'être absolu.

Cette classification est trop générale, trop vague, et insuffisante : les sciences historiques n'y sont pas comprises, la médecine y occupe une place excessive, même si l'on comprend que Descartes y rattache tout ce que de son temps on pouvait savoir de physiologie et de biologie; et il paraît singulier aussi de faire sortir de la physique la morale.

6. **Classification d'Ampère**[1]. — Les immenses progrès des sciences depuis le milieu du xviie siècle, ont facilité les tentatives nouvelles de classification des sciences[2] d'Ampère et des autres savants ou philosophes du xixe siècle.

Ampère divise tout l'univers connaissable en deux parties : la *matière* et la *pensée*; de là deux groupes essentiels de sciences ou règnes : les unes, appelées *cosmologiques* (en grec *cosmos*, monde), étudient le monde matériel; les autres, dénommées *noologiques* (en grec *noos*, esprit), étudient l'esprit et ses manifestations.

1. André-Marie Ampère, né à Lyon 1775, mort à Marseille 183.
2. *Essais sur la philosophie des Sciences ou Exposition analytique d'une classification naturelle de toutes les connaissances de l'esprit humain.* 1re partie 1834. 2e partie 1838.

Chaque règne se subdivise en deux sous-règnes, les sciences cosmologiques comprennent les *cosmologiques proprement dites* ou sciences de la matière inorganique et les *physiologiques* ou sciences de l'être vivant et des lois de la vie.

Les noologiques semblablement sont : 1° les *noologiques proprement dites*, qui étudient la pensée en elle-même, ses formes et ses lois ; 2° les *sciences sociales*, dont l'objet est les rapports créés entre les hommes par les manifestations diverses de l'esprit et par les besoins qui en proviennent.

Dans toute science, enseigne Ampère, deux choses sont à distinguer : 1° les *objets*, 2° les *lois*.

Exemple : en physique, on observe la dilatation des métaux par la chaleur ; c'est un fait ; — tous les faits ou phénomènes observés constituent la physique générale élémentaire ; mais allons plus loin : mesurons le rapport entre le degré des dilatations et le degré de chaleur ; nous établissons des proportions, nous déterminons des coefficients de dilatation ; c'est la loi du phénomène que nous découvrons : ainsi se constitue la *physique mathématique*.

En outre, dans l'objet et dans la loi, il y a deux points de vue : on peut considérer ou l'*apparent*, ou le *caché*.

Que vaut au fond cette classification? Sa base première est rationnelle : on peut admettre cette division générale : ce qui pense, et ce qui est l'objet de la pensée.

Les distinctions qui suivent se pratiquent moins aisément. Est-il des sciences qui se limiteraient, les unes aux *objets*, les autres aux *lois*? Si élémentaire que soit la physique, pour avoir droit au titre de science elle ne doit pas se contenter de noter des phénomènes : elle en doit énoncer la loi.

Comment aussi séparer l'apparent et le caché pour en faire des éléments distincts des sciences. Notre connaissance débute toujours par l'*apparent*, mais elle ne devient vraiment scientifique que lorsqu'elle atteint le *caché*. Seule l'astronomie peut faire exception.

Ampère a voulu appliquer à toute la science le système de classification qui convient en histoire naturelle : règnes, sous-règnes, embranchements, ordres, familles, etc.

Cette prétention l'a mené à des complications obscures ou à des divisions qui ne correspondent pas à la réalité.

7. Classification d'Auguste Comte[1]. — Les caractères propres de cette classification exposée dans la 1re leçon du *Cours de Philosophie positive* sont les suivants :

1° Distinction des *sciences* et des *arts*, de la théorie et de la pratique.

2° Dans la théorie ou spéculation, distinction des sciences *abstraites* générales, dont l'objet est la découverte des lois et des sciences *concrètes*, particulières, qui ont pour fonction l'application de ces lois aux êtres réels. La science pure n'a pas pour but l'utile, elle ne cherche que le vrai, c'est aux sciences concrètes et aux arts à tirer parti des vérités spéculatives.

3° Ascension progressive du simple au composé (en quoi Auguste Comte se relie à la méthode cartésienne).

4° Limitation de l'effort à la classification des sciences abstraites ou fondamentales.

5° Négation de toute différence entre les phénomènes de la matière et les phénomènes de l'esprit, par suite réduction des sciences morales aux sciences physiques.

6° Affirmation que l'homme ne peut et ne doit rien connaître au delà de l'univers perceptible; donc élimination de la recherche des causes premières.

En somme par ces deux derniers points Auguste Comte, comme le fait remarquer P. Janet, rejette la philosophie proprement dite.

Sur cette base quelle classification établit-il ?

Uniquement celle des sciences abstraites, et d'après le principe de la marche du simple au composé : de là division des phénomènes en deux classes : 1° phénomènes des corps bruts, 2° phénomènes des corps vivants.

Donc, deux physiques : 1° *physique inorganique*, 2° *physique organique*.

Pourquoi l'une devant l'autre ? parce que l'inorganique est plus simple et plus général que l'organique : les phéno-

---

[1]. Auguste Comte, né à Montpellier, 1798, mort à Paris en 1857.

mènes de l'être organisé, vivant, dépendent en effet des phénomènes des corps inorganiques : par exemple la vie d'un mammifère ou d'un oiseau dépend de la qualité de l'air qu'il respire.

Chacune de ces deux physiques se divise en deux parties.

A. La physique inorganique étudie d'une part : *a*. les phénomènes les plus généraux de l'univers, ou *physique céleste*, c'est-à-dire, les astres, les météores; *b*. d'autre part, les phénomènes particuliers de la terre, ou *physique terrestre*.

B. La physique organique s'applique soit à l'individu, soit à l'espèce. De là deux sciences spéciales : *a*. la *biologie* ou science de la vie dans l'individu quel qu'il soit; *b*. la *sociologie* ou *physique sociale*, ou science des conditions de la vie collective des sociétés animales et surtout de la société humaine.

Mais cette division admet des subdivisions.

La physique terrestre étudie dans les phénomènes deux ordres de conditions : les conditions *mécaniques* et les *conditions chimiques* : conséquemment deux sciences, la *physique proprement dite*, et la *chimie*.

Mais à quelle condition toutes ces sciences atteindront-elles exactement et complètement leurs objets? à la condition de pouvoir les mesurer; pas de définition sans mesure précise. Elles dépendent donc elles-mêmes d'une autre science qui a justement pour objet propre le nombre, l'étendue, le mouvement, la quantité mesurable : c'est la *mathématique*. Auguste Comte l'avait à dessein réservée, parce que l'analyse de la notion de mathématiques est plus difficile, et exige plus de précision. Cette science doit être en tête de toutes les autres pour deux raisons : 1° elle est la méthode générale suivant laquelle procèdent toutes les autres; 2° son objet est ce qu'il y a de plus général et de plus simple.

L'ordre des études scientifiques devra donc être ainsi réglé et suivi, en raison de la subordination des sciences par degrés de simplicité et de généralité. 1° Mathématique, 2° physique céleste ou astronomie, 3° physique proprement dite, 4° chimie, 5° biologie, 6° sociologie.

8. Classification d'Herbert Spencer. — L'éminent philosophe anglais a exposé sa doctrine dans un ouvrage qui porte expressément le titre de *Classification des Sciences*; elle procède de celle d'Auguste Comte, et prétend la corriger. Il faut admettre deux choses : 1° elle ne lui enlève aucune de ses imperfections, elle la laisse incomplète; le système du positivisme l'exige, il cesserait d'être si la métaphysique y trouvait sa place; 2° elle a le tort d'être passablement compliquée et obscure; la classification d'Auguste Comte a du moins le mérite d'être nette et claire.

Nous nous bornerons, sans approfondir la critique, à l'analyse très sommaire de la classification d'Herbert Spencer.

D'abord deux grandes catégories de sciences : 1° celles qui étudient les *relations des phénomènes*; 2° celles qui étudient les *phénomènes eux-mêmes*.

Les premières ayant pour objets les *formes* des phénomènes ou des choses, abstraction faite de leurs réalités positives, sont *Sciences abstraites*, soient la *Logique* et les *Mathématiques*.

Les secondes, ayant pour objet les choses elles-mêmes sont *sciences concrètes*.

Cette seconde catégorie est sujette à division.

Un phénomène est déterminé par diverses forces; *a*. Premier cas : étudier isolément chacune de ces forces dans ses différents modes; les sciences de cet ordre sont donc concrètes en tant qu'elles ont pour objet des phénomènes, mais abstraites en tant qu'elles s'appliquent à connaître chacune des formes déterminantes, à l'exclusion des autres, et les forces en général, indépendamment des phénomènes qui en résultent; elles forment la division des sciences abstraites-concrètes.

b. Second cas : étudier les forces composées dont l'action commune produit le phénomène et les phénomènes eux-mêmes en tant que résultant de cette communication : les sciences de cet ordre sont *concrètes*.

Il faut remarquer que dans la langue d'Herbert Spencer le mot *abstrait* n'a pas le même sens que dans celle d'Auguste Comte. Pour celui-ci, c'est le point de vue considéré qui engendre la symétrie entre abstrait et concret : abstrait serait synonyme « de général »; la science généralisée est abstraite; appliquée à des objets particuliers, elle devient concrète : il y aurait ainsi une mathématique abstraite, une mathématique concrète. Herbert Spencer entend par *abstrait* ce qui est détaché de la somme des circonstances phénoménales qui déterminent ou accompagnent un phénomène particulier.

Toute science, abstraite ou concrète, contient des vérités universelles et des vérités non universelles.

A. Le groupe des sciences *abstraites* en comprend deux :
a. la science qui a pour objet ce qu'il y a de commun à toutes les relations en général, sans tenir compte ni de la qualité ni de la quantité des termes; c'est la *Logique*;

b. les sciences dans lesquelles on fait considération de la quantité des termes (et, par *quantité*, Herbert Spencer entend la place occupée dans l'espace et le moment occupé dans le temps) : ce sont les *Mathématiques*.

B. Les sciences *abstraites-concrètes* étudient « *les réalités telles qu'elles se manifestent dans leurs modes différents lorsque ceux-ci sont artificiellement séparés les uns des autres* ». Ainsi se constituent : *a.* la *Mécanique*, *b.* la *Physique*, *c.* la *Chimie*, qui ont au fond un seul et même objet : la matière inorganique, considérée sous des modes différents : chaleur, mouvement, lumière, électricité, magnétisme, qui en réalité coexistent constamment.

C. Les sciences *concrètes* ont pour objet le réel, la totalité des antécédents et des conséquents, autrement dit, des causes et des effets.

Dans ce groupe se trouvent aussi des vérités universelles relatives aux phénomènes considérés dans leurs *éléments* et des vérités non universelles, relatives aux phénomènes considérés dans leur *totalité*; par conséquent deux ordres de sciences : *a.* la science des lois de l'évolution en général; *b.* les sciences, telles que l'astronomie, la minéralogie, la météorologie, la géologie, la physiologie, la psychologie, la sociologie, etc.

9. Classification simplifiée. — Aucune des tentatives

méritoires des savants et des philosophes pour constituer la classification des sciences n'a complètement réussi. Cet insuccès partiel a peut-être pour cause un vice originel : la préoccupation de faire concorder cette classification avec un système philosophique préalablement conçu.

Bornons-nous modestement à dégager ce qui ressort le plus clairement de l'inventaire actuel des connaissances humaines.

La division fondamentale d'Ampère peut être conservée : sciences *cosmologiques*, et sciences *noologiques*.

A. Les SCIENCES COSMOLOGIQUES ayant pour objet la connaissance du monde extérieur, comprendront :

a. Les *mathématiques*, dont l'objet est la *quantité*, c'est-à-dire tout ce qui est susceptible d'*augmentation* ou de *diminution* et de *mesure*; la quantité mathématique doit être comparable à une quantité fixe appelée *unité* : le nombre, l'espace et le mouvement, sont les quantités mathématiques. Chacune de ces quantités est la matière d'une science spéciale : 1° le *nombre* est la matière de l'*arithmétique*; 2° l'*espace* est la matière de la *géométrie*; 3° le *mouvement* est la matière de la *mécanique*.

Ces sciences sont *particulières* : il y a une science qui a pour objet, la *quantité en général*, sans distinction de nombre, d'espace ou de mouvement, c'est l'*algèbre*; par cela même qu'elle généralise tous les calculs, elle sert de méthode et d'instrument aux autres sciences mathématiques; le calcul *infinitésimal* en est la partie la plus haute.

b. Les *sciences physiques et naturelles*. Elles ont ceci de commun que leur objet c'est le réel des choses, les *corps*. Les corps sont ou bruts, inertes, ou vivants ; de là une distinction : les sciences physiques s'occupent des corps bruts, les sciences naturelles des corps vivants.

L'étude des corps bruts se peut faire à deux points de vue : ou les phénomènes étudiés ne changent pas la composition des corps, alors c'est la *physique*; ou ils changent la composition des corps, alors c'est la *chimie*.

L'étude des corps vivants s'appelle *biologie*. Il y a deux espèces d'organisme vivants, les plantes et les animaux : d'où biologie végétale ou *botanique* et biologie animale ou *zoologie*.

Les sciences *naturelles* ne bornent pas là leur domaine : les plantes et les animaux vivent sur la terre, ou dans l'eau ; le globe terrestre considéré synthétiquement est un astre, et nous reconnaissons tout autour de celui que nous habitons une immense quantité d'astres. L'étude s'en rattache aux sciences naturelles : celle de la terre s'appelle *géologie*, celle des autres astres, *astronomie* ; ces astres, y compris la terre, sont composés de substances matérielles nommées *minéraux* ; la science qui en étudie la structure et les propriétés, c'est la *minéralogie*.

B. Les SCIENCES NOOLOGIQUES ont pour objet et pour domaine la connaissance de l'*esprit humain*, de sa nature et des phénomènes par lesquels il se manifeste, pensée, sentiment, volonté. Ses manifestations révèlent ses tendances et manières d'être habituelles ou héréditaires, ses *mœurs*. On distinguera en se plaçant au point de vue des individus :

a. Les sciences *morales* ; et, en se plaçant au point de vue des groupements humains et de leurs relations :

b. Les sciences *sociales*.

[*a*]. A la première section appartiennent : 1° la science de la nature de l'esprit et des phénomènes qu'il subit ou produit, — *psychologie* ; 2° la science de la direction de la pensée, ayant pour but le vrai, — *logique* ; 3° la science de la direction des actes vers le bien, — *morale* ; 4° la science de la direction des sentiments, du goût, et de la production artistique, ayant pour but le beau, — *esthétique*.

[*b*]. A la seconde section appartiennent : 1° la science de l'éducation — *pédagogie* ; 2° la science de l'organisation des sociétés humaines, — *politique* ou *sociologie* ; 3° la science du langage, — *linguistique* et *philologie* ; 4° la science des conditions pratiques de la production, de la circulation et de la consommation des richesses, ayant pour but le bien-être, — *économie* ; l'économie est, à trois degrés : domestique, politique, sociale ; 5° la science des lois que se donnent les hommes en société, — *droit* ou *jurisprudence* ; 6° enfin la science des événements humains et des causes morales,

politiques, économiques qui les déterminent, — *histoire*.

Il faut remarquer que certaines sciences de la seconde section ont leur racine et leur principe dans telle ou telle science ou même dans plusieurs sciences de la première section, et s'y subordonnent : la pédagogie par exemple est issue tout à la fois de la psychologie, de la logique et de la morale : la politique n'en est pas indépendante, si elle ne se borne pas à un grossier empirisme.

C. Mais en fait chacune des sciences particulières étudie une fraction de la nature comme si la division était réellement possible. La nature au contraire est *une*, et l'unité de l'ensemble échappe à celui qui ne s'attache que successivement aux parties artificiellement séparées. Une synthèse est nécessaire, et il nous faut ici adjoindre à la classification dérivée de celle d'Ampère, une science supérieure qu'a fort bien vue et déterminée Aristote : la science des *premiers principes*, ou *lois*, et la science des *causes*; chaque science spéciale n'étudie que les cas et les causes de ce qui est son objet propre; l'esprit conçoit nécessairement des *lois générales* et des *causes premières*. La science qui étudie ce qu'il y a de plus général dans toutes les autres, qui étudie l'*être* en tant qu'*être*, indépendamment de ses déterminations particulières et contingentes dans le temps et l'espace, c'est la *Métaphysique*.

En résumé, tout ce qui est connaissable se réduit à trois objets : le *monde*, l'*homme*, et la cause première de l'homme et du monde, *Dieu*. Les sciences cosmologiques nous font connaître le monde, les sciences noologiques, l'homme, la métaphysique, Dieu.

La connaissance de l'homme et de Dieu est l'objet de la *Philosophie*.

Ou bien encore, si l'on néglige les divisions secondaires fondées sur les caractères spéciaux, on peut répartir les sciences en trois groupes généraux : 1° les sciences *mathématiques*, ayant pour objet les nombres et les figures; 2° les sciences *physiques*, ayant pour objet les phénomènes de la nature inerte et de la nature vivante; 3° les sciences *morales*, qui ont pour objet l'homme et les événements humains.

10. Hiérarchie des sciences. — Que veut-on entendre par hiérarchie des sciences? l'ordre d'importance et de dignité de chacune d'elles, la prééminence de l'une par rapport aux autres? ainsi posée, la question n'a ni intérêt ni solution possible.

Veut-on déterminer l'ordre dans lequel il sera le plus utile d'en aborder l'étude? le problème n'est pas insoluble; mais les conceptions diverses des systèmes d'éducation lui donnent des solutions différentes, suivant que l'on prétend rendre les esprits plus positifs ou plus spéculatifs, et il faudrait alors décider s'il est meilleur de façonner les jeunes intelligences en vue de la connaissance spéculative ou en vue des connaissances pratiques. Question à laquelle la réponse la plus sûre est qu'il n'y a pas de réponse universelle et absolue, et que le premier soin de l'éducateur doit être de discerner l'aptitude naturelle de celui qu'il a mission d'élever.

Descartes a émis son avis (page 23). Auguste Comte recommande de procéder ainsi : 1° les mathématiques; 2° l'astronomie; 3° la physique; 4° la chimie; 5° la biologie; 6° la sociologie.

Mais assurément Descartes est mieux avisé quand il conseille de commencer toujours par la morale; rien n'importe plus en effet à tout homme que de savoir régler sa vie, sa conduite, et pour sa dignité et pour son bonheur, et pour le respect et le bonheur des autres hommes, avec qui la vie le solidarise.

Et l'on devra donner le pas sur les autres sciences non seulement à la morale proprement dite, mais aux sciences qui de façon générale préparent l'homme à vivre parmi les hommes, en sachant la nature de ses rapports avec eux : *que rien de ce qui est humain ne lui soit étranger.*

Pour le reste, encore qu'il soit fort bon qu'il l'apprenne et le comprenne, ce n'est pas d'égale nécessité, car il se trouvera qu'un assez grand nombre d'hommes, qui s'adonneront spécialement à l'une ou à l'autre des sciences de l'ordre cosmologique, feront pour celui qui les ignore ce qu'il lui importe qui soit fait; et pareillement pour les arts pratiques et les métiers.

RÉSUMÉ

La classification des sciences équivaut à un inventaire synthétique des connaissances humaines. La science est un système de vérités touchant un ordre de connaissances donné.

La plus ancienne classification des sciences a été faite par Aristote : il les divise en sciences spéculatives, sciences pratiques, sciences poétiques. Chaque groupe se subdivise en trois sciences particulières. Le premier comprend : la physique, la mathématique, la philosophie première ou théologie. Le second, l'éthique ou morale, l'économie et la politique, le troisième, la poésie, la rhétorique, la dialectique.

Le chancelier Bacon donne pour base à sa classification la distinction des facultés principales de l'esprit qui sont, selon lui, la mémoire, l'imagination, la raison; auxquelles correspondent respectivement l'histoire, la poésie, la philosophie.

Descartes distingue d'abord la physique, ou science du contingent et du relatif, et la métaphysique ou science du nécessaire et de l'absolu; puis divise la philosophie en trois parties, la médecine, la mécanique, la morale.

Au XIXe siècle Ampère propose une classification dont la base est la distinction de ce qui est extérieur à la pensée (sciences cosmologiques) et de ce qui est la pensée elle-même (sciences noologiques).

Après Ampère, Auguste Comte détermine une classification plus complexe : il distingue la théorie ou spéculation et la pratique, c'est-à-dire la science pure et ses applications ou arts, et dans la spéculation, les sciences abstraites et les sciences concrètes; il rejette toute métaphysique et nie toute différence entre les phénomènes de la matière et ceux de l'esprit; tous les phénomènes se répartissent en deux classes, ceux des corps bruts et ceux des corps vivants. La physique inorganique comprend la physique céleste (astronomie) et la physique terrestre. La physique organique embrasse la biologie et la sociologie. L'analyse de la science aboutit à la constitution de six sciences en tête desquelles est la mathématique, suivie de la physique céleste, la physique proprement dite, la chimie, la biologie, la sociologie.

Herbert Spencer a repris, pour la corriger, la classification d'Auguste Comte : il n'a guère réussi qu'à l'obscurcir.

La classification la plus logique semble bien celle qui prend pour base les trois objets essentiels de la connaissance : le monde que l'esprit humain connaît par les sens aidés du raisonnement, l'homme en tant que raisonnable, qui se connaît par la conscience, et Dieu, c'est-à-dire la cause première et le premier principe, connu par la raison.

CHAPITRE III

MÉTHODE DES SCIENCES MATHÉMATIQUES

Sommaire. — § 1ᵉʳ. La science déductive. — 1. Objet et caractère des sciences mathématiques. — 2. Toute science s'appuie sur les lois formelles de la pensée. — 3. La démonstration. — 4. Principes communs et principes propres. = § 2. Les axiomes. — 5. Les axiomes. — 6. Les théorèmes et les postulats. — 7. Règles de Pascal. = § 3. La définition. — 8. Définir, c'est classer et spécifier. — 9. Extension et compréhension. — 10. Classification et division. — 11. Définition de mot et définition de chose. — 12. Caractères d'une bonne définition. —

13. Règles de Pascal pour les définitions. — 14. On ne connaît bien que par définition. — 15. Importance, origine et caractères des définitions mathématiques. = § 4. Le raisonnement déductif. — 16. Nature et objet de la déduction. — 17. Le syllogisme : sa constitution. — 18. Formes différentes du raisonnement déductif. — 19. Syllogismes simples et syllogismes conjonctifs. — 20. Règles du syllogisme d'après Port-Royal. — 21. Axiomes fondamentaux. — 22. Règles d'Hamilton. — 23. Règle unique. — 24. Figures et modes du syllogisme. —. 25. Rôle et valeur du syllogisme. = § 5. La démonstration. — 26. Définition. — 27. Fondement de la démonstration. — 28. Règles de Pascal. — 29. Deux ordres de démonstration. — 30. Démonstration par l'action. — 31. L'évidence mathématique. — 32. Caractère propre des démonstrations mathématiques. — 33. Démonstration analytique et démonstration synthétique.

§ 1er. — La science déductive.

1. Objet et caractère des sciences mathématiques. — Les sciences mathématiques, considèrent les rapports les plus généraux des choses, abstraction faite de la réalité positive des choses elles-mêmes. Si la science traite des rapports de l'étendue vide et des corps qui y occupent certaines positions sous certaines figures, on l'appelle *géométrie*; quand elle traite des nombres, *arithmétique*; quand elle a pour objet le mouvement, *mécanique*, et *algèbre* si, au lieu d'opérer sur des nombres déterminés, on opère sur des quantités quelconques non définies. Si enfin on applique de même l'algèbre à la géométrie, on fait de la géométrie analytique. La partie la plus élevée de l'algèbre est *le calcul différentiel et intégral*, et le *calcul des probabilités* s'y rattache. On appelle *abstraites* ces sciences parce qu'elles négligent toute réalité sensible ; on les qualifie aussi d'*exactes* à cause de la certitude de leurs principes et de la rigoureuse précision de leur démonstration.

Elles reposent sur des *axiomes* et sur des *définitions de mot*, lesquelles, étant arbitraires, sont incontestables ; et tout leur effort est d'en chercher les applications; elles rentrent donc dans la catégorie des sciences qui possèdent les principes et en poursuivent l'application aux cas particuliers; elles sont donc *déductives*.

Les procédés qu'emploie la méthode déductive sont la définition, le raisonnement syllogistique et la démonstration.

2. Toute science s'appuie sur les lois formelles de la pensée. — Le but commun de toutes les sciences c'est l'explication des choses : les expliquer c'est en découvrir les causes, en déterminer les lois. L'objet particulier de chaque science étant différent, la voie pour atteindre le but, à savoir les causes et les lois dont dépend cet objet, varie. Mais l'esprit qui les étudie est un, c'est le même esprit qui s'applique aux mathématiques, à la physique, à la morale. Il y a des lois formelles de la pensée qui président à toutes les recherches de l'esprit, et le guident dans la découverte et le contrôle des vérités.

Ces lois ou principes sont au nombre de trois.

a. Le principe d'identité : *Ce qui est est*. Il pose d'une part la nécessité de l'identité totale d'une notion et de tous ses éléments constitutifs, et d'autre part la nécessité de l'identité partielle d'une notion et de chacun de ses éléments constitutifs.

b. Le principe de contradiction : *Une chose ne peut pas à la fois être et n'être pas*. Soit une notion déterminée par un certain caractère ou attribut. Il est impossible à l'esprit de penser que cette notion reste la même quand ce caractère ou cet attribut lui manque ou en est nié.

c. Le principe du milieu exclu : *Toute chose doit être ou ne pas être*. Deux notions contradictoires ne peuvent coexister; soit un attribut quelconque et un sujet donné. De toute nécessité il faut que j'affirme que cet attribut convient ou ne convient pas à ce sujet : pas de milieu.

Il faut bien observer qu'en cela l'opposition logique n'est pas entre des degrés d'un même attribut exprimés par des mots différents, comme *chaud* et *froid* avec *tiède* pour intermédiaire ; l'opposition est entre chaud et non chaud, froid et non froid.

En thèse générale tout attribut énoncé a la propriété de partager aussitôt l'universalité des choses réelles ou possibles en deux catégories : celles auxquelles convient l'attribut, celles auxquelles il ne convient pas.

3. La démonstration : principes communs et principes propres. — La méthode des sciences mathématiques c'est la *démonstration*. Aristote la définit : le *syllogisme du nécessaire*. Au point de vue des caractères de nécessité ou de contingence il y a deux sortes de propositions : celles dont le sujet et l'attribut, ou prédicat, sont liés par un rapport qui ne peut pas ne pas être, sont nécessaires; au contraire celles dont le sujet et le prédicat sont liés par un rapport accidentel, passager, sont contingentes. *Tous les rayons du cercle sont égaux*, proposition nécessaire; *Paris est la capitale de la France*, proposition contingente :

La démonstration a pour but d'établir des vérités nécessaires; elle n'y peut réussir que par l'emploi exclusif de propositions nécessaires dont elle montre l'enchaînement et la génération logiques; Aristote a dit : « Le syllogisme est une suite de paroles telles que, certaines choses étant posées, il en résulte nécessairement quelque autre chose par cela seul qu'elles sont posées ».

Mais cette nécessité n'est que logique dans le syllogisme vulgaire, et chacune de ses propositions peut être contingente sans que le syllogisme soit faux. Il n'y a de nécessaire que l'exactitude des rapports entre les termes.

En disant « syllogisme du nécessaire », Aristote a parfaitement caractérisé la démonstration.

Il en a de même limité la marche; en montrant que dans la régression des vérités démontrées il *faut s'arrêter quelque part*. Si l'on veut en effet remonter à l'infini, plus de démonstration possible : il faut de toute nécessité admettre une vérité fondamentale indémontrable, qui s'impose sans démonstration et confère précisément leur valeur de vérités démontrées aux propositions qui en sont extraites par le procédé déductif. Le populaire dit avec raison : « qui prouve tout ne prouve rien ».

4. Principes communs et principes propres. — Ces vérités nécessaires et initiales, évidentes par elles-mêmes, d'où part toute démonstration, ce sont les *Principes*. Il en est de deux sortes, suivant Aristote. La fonction des uns est restreinte à former la tête d'un ordre unique de vérités;

d'autres ont plus d'étendue et dominent sur plusieurs ordres de vérités. Dire : « le nombre est la synthèse de l'unité et de la multiplicité », c'est énoncer un principe qui n'a son application qu'en arithmétique ; dire : « un angle est l'espace compris entre deux lignes qui se coupent », c'est énoncer un principe qui n'a son application qu'en géométrie. Ces deux principes sont des *définitions* : les définitions sont des principes *propres*. Dire maintenant : « Deux quantités égales à une troisième sont égales entre elles », cela est vrai des nombres comme des figures, le principe est *commun* à l'arithmétique et à la géométrie : c'est *un axiome*. Examinons donc les éléments préalables de la démonstration : les axiomes ou principes communs et les définitions ou principes propres.

§ 2. — Les axiomes.

5. Les axiomes. — Un axiome est une proposition *nécessaire* et *évidente*, qui par conséquent ne supporte pas de démonstration, mais au contraire est la base et la condition de la démonstration.

L'axiome mathématique n'est pas suffisamment caractérisé par l'évidence et la nécessité : il faut de plus qu'il *énonce un rapport entre des grandeurs indéterminées*. On doit admettre par exemple comme axiomes les sept premières propositions d'Euclide, qu'il dénomme notions communes :

1° Les grandeurs égales à une même grandeur sont égales entre elles.

2° Si à des grandeurs égales on ajoute des grandeurs égales, les sommes sont égales.

3° Si de grandeurs égales on retranche des grandeurs égales, les restes sont égaux.

4° Si à des grandeurs inégales on ajoute des grandeurs égales, les sommes sont inégales.

5° Si de grandeurs inégales on retranche des grandeurs égales, les restes sont inégaux.

6° Les grandeurs qui sont doubles d'une même grandeur sont égales entre elles.

7° Les grandeurs qui sont les moitiés d'une même grandeur sont égales entre elles.

6. Les théorèmes et les postulats. — En mathématiques on appelle *théorème* toute proposition — évidente ou non — qui énonce *une propriété spéciale à une grandeur déterminée*. Il se peut qu'un théorème se passe de démonstration; telle la quatrième proposition de Legendre : « D'un point à un autre on ne peut mener qu'une seule ligne droite ». Cette proposition n'est pas un axiome; ce qu'elle énonce n'est, non pas un rapport entre grandeurs indéterminées, mais une propriété spéciale que possède une grandeur déterminée, la ligne droite. Le théorème démontré devient principe; il sert en effet de point de départ et de point d'appui à un enchaînement de théorèmes qu'il faut démontrer.

Il y a une troisième espèce de propositions mathématiques, *les postulats*. Un postulat est une proposition indémontrable, nécessaire, dont l'évidence est parfois contestable, et que cependant on ne peut excepter sans couper court à l'enchaînement des démonstrations. Soit par exemple la proposition d'Euclide : « Par un point on ne peut mener qu'une parallèle à une droite donnée ».

Ce n'est pas un axiome, puisque ce n'est pas un principe commun; ce n'est pas un théorème puisque la démonstration est impossible. C'est un principe cependant. On *demande* alors (en latin *chose demandée = postulatum*) qu'il soit accordé sans démonstration.

7. Règles de Pascal pour les axiomes. — Il est deux règles données par Pascal relatives aux axiomes :

La première : n'omettre aucun principe nécessaire sans avoir demandé si on l'accorde, quelque clair et évident qu'il puisse être.

La seconde : ne demander en axiomes que des choses parfaitement évidentes d'elles-mêmes.

Si en effet, après la démonstration établie, on remet en question le principe fondamental qui lui sert de point de départ et d'assise, tout le travail demeure inutile et on ne sortira jamais d'une question. Lorsqu'au contraire l'accord s'est fait sur les propositions premières réclamées comme axiomes, il n'est plus possible de revenir en arrière, à moins d'une mauvaise foi flagrante. Telle est la valeur de la première règle.

La seconde n'est pas moins importante. S'il arrive qu'on demande en axiome une proposition quelque peu douteuse ou seulement obscure, on infirme d'avance toute la démonstration, qui dans tout son développement conserve ce vice originel. En outre, par des prétentions abusives et inconsidérées, on arrive à rendre suspects de véritables axiomes.

§ 3. — LA DÉFINITION.

8. Définir, c'est classer et spécifier. — Littéralement, définir, c'est délimiter, circonscrire. La définition est un procédé logique qui consiste à classer et à spécifier tout à la fois une idée ou un objet.

Les *classer*, c'est les faire entrer d'abord dans un genre en considérant les caractères communs qui les rattachent aux individus de ce genre; les *spécifier*, c'est les séparer de leurs collatéraux dans le genre, en marquant leur caractère propre. Ainsi, définir l'homme « un animal raisonnable », c'est d'abord le faire entrer dans le genre des êtres qui respirent et se meuvent, puis lui marquer dans ce genre une place à part en exprimant le caractère que seul parmi les animaux il possède.

9. Extension et compréhension. — Pour bien comprendre l'œuvre de la définition, il est nécessaire de savoir ceci: les notions sont représentées par des *termes*: si un terme représente la notion d'un objet radicalement unique, *César*, *Napoléon*, le *Colisée*, le *Panthéon*, il est *singulier*; si au contraire la notion qu'il représente comprend plusieurs objets, il est général.

Les termes qui ne sont pas singuliers peuvent être plus ou moins généraux.

Un terme général peut s'appliquer à un plus ou moins grand nombre d'objets ou d'individus. Il y aura donc des degrés de généralité ou d'*extension*. Un terme est d'autant plus étendu que plus grand est le nombre des individus ou objets auxquels il s'applique. Ainsi le terme *Français* a plus d'extension que le terme *Parisien* et moins d'extension que le terme *Européen*. Mais, par contre, plus l'extension d'un terme se restreint, plus augmente le nombre des qualités propres aux individus ou objets représentés par ce terme. Le terme *Européen*, par exemple, implique moins de qualités précises que le terme *Français*, puisque le Français porte les qualités communes à tous les Européens plus les qualités propres aux Français; mais il implique plus de qualités que le terme *Parisien*, lequel implique l'idée des qualités communes aux Français, mais en plus, les qualités spéciales aux Parisiens. La *compréhension* est donc le plus ou moins grand nombre de qualités qui conviennent aux objets représentés par le terme, et l'extension, le plus ou moins grand nombre d'objets et d'individus représentés par le même terme. D'où cette loi logique que l'extension et la compréhension varient en raison inverse.

10. La classification et la division. — La conséquence immédiate est que les notions peuvent se distribuer en groupes hiérarchiques conformes aux degrés d'extension : le groupe le plus étendu est le *genre*, le groupe moins étendu qui lui est immédiatement subordonné, c'est l'*espèce*. Mais ce groupe relativement inférieur peut être supérieur à un autre moins étendu, par rapport auquel il devient genre.

Le genre se constitue par les qualités communes à tous les individus du groupe : l'ensemble des qualités qui s'ajoutent au genre pour constituer l'espèce, c'est la *différence spécifique*.

Il est facile d'entendre maintenant ce principe de la définition qu' « elle se fait par genre prochain et différence spécifique ».

Il faut encore observer que dans les sujets existent deux sortes de qualités : les unes *essentielles*, c'est-à-dire telles que c'est par elles que les individus d'un genre sont ce qu'ils sont. Les autres, *accidentelles*, peuvent être ou ne pas être dans l'individu, y apparaître ou en disparaître sans que sa nature générique soit détruite ou changée : l'homme est essentiellement raisonnable, et accidentellement chauve ou chevelu.

Il suit de là que la définition ne se doit jamais faire au moyen de l'*accident*.

L'opération par laquelle on distingue les espèces d'un genre donné, est la DIVISION ; donc une qualité générique ne peut être la base de la division d'un genre en espèces puisqu'on la retrouve dans toutes les espèces.

Trois règles de la division.

1° Qu'elle soit complète, la somme des espèces entre lesquelles le genre est divisé doit être égale au genre;

2° Que les espèces constitutives d'un genre s'excluent l'une l'autre;

3° Que la division repose sur un principe unique, sinon c'est la confusion.

Le procédé de division logique par excellence est la *dichotomie* ou division de chaque genre en deux espèces au moyen d'une seule différence, puis de l'espèce la plus étroite, prise comme genre, par le même moyen, etc.

11. Définition de mot et définition de chose. — La définition porte sur les mots ou sur les choses : sur les mots quand on en fixe le sens et que l'on attribue à un terme le pouvoir de représenter une idée; sur les choses quand on prétend exprimer leur nature, leur origine, leur réalité ou leur possibilité.

Les définitions de choses *ne sont pas arbitraires*; il n'est pas permis à chacun de les définir à son gré, pas plus qu'il ne lui est possible de modifier leur nature, d'engendrer leur réalité ou de supprimer leur possibilité. De là les discussions nombreuses que suscitent les définitions de choses, chacun de ceux qui discutent pouvant se former de la chose une idée différente qu'il n'a pas le droit d'imposer aux autres.

Les définitions de mots au contraire, excepté celles du dictionnaire, qui donne la signification adoptée et consacrée par l'usage, dépendent de celui qui les fait, pourvu qu'il prévienne du sens qu'il adapte au mot.

Nul ne peut prouver en effet à un géomètre qu'il n'entend pas par ligne droite le plus court chemin d'un point à un autre, puisque toutes les fois qu'on dit ligne droite il est bien entendu qu'on veut dire plus court chemin d'un point à un autre. La définition de mot est donc arbitraire et, comme telle, peut être prise pour principe.

12. Caractères d'une bonne définition. — Elle doit être claire, précise, complète.

Il faut qu'elle soit *claire*, puisque le but est précisément de mieux faire connaître l'objet, l'idée.

Cette condition sera remplie si chacun des termes employés est par lui-même très clair, sans équivoque ou déjà expliqué et accepté.

Il faut que la définition soit *précise*, c'est-à-dire qu'elle ne s'applique qu'au seul objet défini; si elle peut servir pour plusieurs objets d'ordre différent, elle est inutile et même nuisible, car elle entretient la confusion.

Il faut qu'elle soit *complète*, c'est-à-dire qu'elle embrasse tout le défini et qu'elle en marque tous les caractères essentiels.

Ce qui s'exprime en disant qu'il faut définir *par genre prochain et différence spécifique*, et encore que la définition doit s'appliquer à tout le défini et au seul défini.

13. Règles de Pascal pour les définitions. — Dans son fragment connu sous le nom d'*Art de persuader*, Pascal a fixé pour les définitions les trois règles suivantes :

1° N'entreprendre de définir aucune des choses tellement connues d'elles-mêmes qu'on n'ait point de termes plus clairs pour les expliquer.

2° N'omettre aucun des termes un peu obscurs et équivoques, sans les définir.

3° N'employer, dans la définition des termes, que des mots parfaitement connus ou déjà expliqués.

14. « On ne connaît bien que par définition. » — Ce principe d'Aristote veut dire avec une double vérité qu'on ne connaît pas bien une chose si l'on n'est pas capable d'exprimer ses qualités générales et ses attributs personnels; et que c'est un excellent moyen de faire connaître à celui qui l'ignore ce qu'est une chose, en lui montrant le rapport qui la relie à un genre plus facilement connu et ce par quoi elle se distingue de ce genre.

15. Importance, origine, caractères des définitions mathématiques. — *a.* D'après Dugald Stewart, les véritables principes de la démonstration mathématique sont les définitions plutôt que les axiomes. Ceux-ci sont nécessaires en tant que *condition* du raisonnement, mais par eux-mêmes ils n'engendrent rien. Affirmer que deux quantités égales à une troisième sont égales entre elles, à quoi cela mène-t-il s'il n'est pas donné des quantités comparables entre elles? Tandis qu'une fois posée la définition du triangle, du cercle, de la sphère ou du nombre, toutes leurs propriétés en découlent comme d'une source naturelle.

b. L'origine des notions mathématiques est encore l'objet de vives contestations. Sont-elles des prototypes créés par l'esprit et imposés par lui aux réalités extérieures? Sont-elles au contraire issues de l'expérience sensible, et seulement généralisées par abstraction? Il suffit de signaler les deux thèses; nous n'avons pas ici à les discuter à fond, ni à décider pour l'une ou pour l'autre.

Une double constatation est seulement indispensable : 1° en fait, les notions mathématiques ne sont pas des représentations absolument exactes des réalités sensibles : l'unité mathématique parce qu'elle est idéale, abstraite, est divisible en parties égales; la moitié, le quart d'un objet concret ne sera jamais rigoureusement égal à l'autre moitié ou à un autre quart. Il est impossible de réaliser un cercle parfait, une sphère parfaite, et cependant le géomètre conçoit tous les rayons du cercle absolument égaux, tous les points de la surface de la sphère à distance parfaitement égale du centre; 2° nous concevons mathématiquement des nombres, des figures dont jamais la réalité ne nous donna d'exemples : soit un polygone de dix mille côtés? et le géomètre en détermine les propriétés avec une même rigoureuse précision, une aussi sévère exactitude que s'il s'agissait du plus simple des triangles. De même les nombres croissent à l'infini, mais non pas les objets *numérables*.

Qu'est-ce que cela signifie? que même si les notions mathématiques puisent leur premier élément dans les données de l'expérience, c'est l'esprit qui les transforme, leur imprime leur essentielle condition : les notions mathématiques sont, selon l'expression de Kant, des CONSTRUCTIONS élaborées par l'esprit suivant des lois déterminées par l'esprit lui-même.

En effet : le nombre, avons-nous dit, est la synthèse de l'unité et de la multiplicité? Comment se crée un nombre? L'unité n'est pas un nombre, c'est l'élément originel de tous les nombres : le premier nombre est formé par l'unité ajoutée à elle-même; c'est *deux*; *trois*, c'est l'unité ajoutée au nombre *deux*, et ainsi de suite.

Qu'est-ce qu'une figure géométrique? la *construction* créée par le mouvement du point mathématique dans l'espace.

Pour le nombre et pour la figure, la loi de composition à laquelle il doit d'exister est posée par l'esprit, et non par les choses extérieures.

Les caractères des définitions mathématiques ressortent de ce qui précède.

1° La définition mathématique se fait par *génération*; exemples : le nombre 2 est le nombre engendré par la composition de l'unité avec elle-même; le nombre 3 est le nombre engendré par la composition de l'unité avec le nombre 2; la circonférence est la figure engendrée par le mouvement d'un point qui se meut à une distance toujours égale d'un point fixe intérieur.

2° Les définitions mathématiques sont *définitives* et *immuables*, parce qu'elles « émanent de la génération d'un nombre ou d'une figure et par suite sont parfaites dès que cette loi-là est reçue et exposée par l'esprit ». Au contraire les définitions des choses concrètes sont sujettes à d'incessantes révisions et réformations, parce que l'expérience renouvelle sans cesse et transforme la notion que nous en avions antérieurement.

3° Dans toute définition on unit plusieurs éléments. Si je dis : « l'homme est un animal raisonnable », cela revient à lier ensemble pour en faire une seule notion complexe trois notions : homme, animal, raisonnable. Est-il nécessaire que ces trois notions soient liées, et indissolublement liées? Pas du tout. Au contraire les éléments qui entrent dans la définition mathématique ne peuvent pas n'y pas être, le lien qui, dans le nombre, unit une somme définie d'unités, est *nécessaire*, celui qui dans la figure géométrique maintient le système des rapports entre ses limites, est *nécessaire*.

La définition mathématique exprime donc ces rapports *nécessaires*.

4° Par cela même que les objets mathématiques n'ont pas de réalité positive, et que l'esprit qui les conçoit est partout de même nature, on procède suivant les mêmes lois formelles : les définitions mathématiques sont *universelles*.

5° Enfin, comme il a été dit, à supposer que les matériaux bruts des notions mathématiques soient tirés de l'expérience, leurs formes précises sont des constructions de l'esprit : les définitions mathématiques sont donc rationnelles ou *a priori*, du moins de façon relative.

§ 4. — Le raisonnement déductif.

16. Nature et objet de la déduction. — La déduction est le raisonnement par lequel l'esprit descend du général au particulier, et d'un principe tire les conséquences.

La déduction a pour fondement ce principe : Tout ce qui est vrai d'une proposition générale est vrai des propositions particulières qu'elle contient.

Ainsi la force du raisonnement déductif consiste à trouver une proposition qui contienne en soi celle dont on veut faire la preuve. Par exemple, ce qui convient à un homme sage en général convient à chaque homme sage. Et de même, si nous admettons le principe que tous les citoyens d'un État doivent participer aux charges et aux avantages de l'association politique, nous déterminons du même coup les devoirs et les droits de chaque citoyen particulier.

La déduction ne tend donc pas à élargir par de nouvelles découvertes le domaine de la science humaine, mais à mettre en œuvre les connaissances acquises, à en retirer tout le fruit, et en même temps elle fournit les moyens de communiquer les principes à ceux qui les ignorent. Elle est à la fois méthode d'application et méthode d'enseignement.

La forme du raisonnement déductif est le *syllogisme*.

17. Le syllogisme : sa constitution. — Le syllogisme

est un argument composé de trois *propositions* disposées de telle sorte que l'une des deux premières contient nécessairement la troisième, et l'autre fait voir qu'elle la contient.

Les deux premières propositions se nomment *prémisses*, parce qu'elles sont pour ainsi dire envoyées en avant, afin de préparer l'établissement de la troisième, qui est la *conclusion*.

Tout syllogisme renferme trois *termes* ou idées. Son but est de fixer le rapport de ces idées entre elles.

Les idées sont plus ou moins étendues; le terme qui représente celle qui l'est le plus s'appelle *grand terme*, le terme qui représente celle qui l'est le moins *petit terme*, et l'on appelle *moyen terme* celui qui exprime l'idée intermédiaire qui sert à relier le grand terme au petit.

On voit tout de suite que le raisonnement déductif n'a d'autre raison d'être et d'autre but, que de suppléer à la faiblesse de l'esprit, qui n'aperçoit pas immédiatement la vérité, c'est-à-dire le rapport certain du grand et du petit terme. Le moyen terme est comme un pont jeté entre deux rives éloignées.

Chacune des propositions du syllogisme renferme deux termes; on appelle *majeure* celle qui renferme le grand et le moyen, et *mineure* celle qui renferme le moyen et le petit.

L'opération intellectuelle de la déduction repose sur ce principe, que *deux idées qui conviennent à une troisième se conviennent entre elles*.

18. Formes différentes du raisonnement déductif. — Tous les syllogismes ne sont pas *catégoriques*, c'est-à-dire constitués avec leurs trois propositions. Les autres formes sont :

1° *L'enthymème*, qui supprime une des deux prémisses que l'esprit peut sous-entendre aisément.

2° *L'épichérème*, dans lequel chaque prémisse ou seulement l'une d'elles est accompagnée de sa preuve.

3° Le *dilemme* ou double syllogisme, dans lequel on pose deux majeures contradictoires qui aboutissent à une même conclusion, en sorte que, si l'on rejette l'une, on est forcé d'admettre l'autre.

4° Le *polysyllogisme*, composé de cinq propositions ou

plutôt de deux syllogismes combinés de telle sorte que la conclusion du premier, appelé *prosyllogisme*, est la majeure de l'autre appelé *épisyllogisme* : la géométrie n'est qu'une série de polysyllogismes.

5° Le *sorite*, enchaînement de propositions dans lesquelles l'attribut de la première devient le sujet de la seconde, et ainsi de suite jusqu'à la conclusion, qui comprend le sujet de la première et l'attribut de la dernière.

19. Syllogismes simples et syllogismes conjonctifs. — Les syllogismes sont simples ou conjonctifs.

Dans les syllogismes simples, la majeure contient la conclusion implicitement.

Dans les syllogismes conjonctifs, la majeure les contient explicitement. On peut réduire à trois genres les syllogismes conjonctifs : les conditionnels, les disjonctifs et les copulatifs.

1° Les syllogismes *conditionnels* sont ceux où la majeure est une proposition conditionnelle qui contient toute la conclusion.

Exemple :

Si l'état de société est un bienfait pour l'individu, il faut respecter les lois de la société.
Or c'est un bienfait,
Donc, etc.

2° Les syllogismes *disjonctifs* sont ceux dont la première proposition est composée de deux ou plusieurs parties qui s'opposent.

Exemple :

Ceux qui ont tué César sont parricides ou défenseurs de la liberté.
Or ils ne sont point parricides,
Donc ils sont défenseurs de la liberté.

3° Les syllogismes *copulatifs* sont ceux où, la majeure étant une proposition négative renfermant plusieurs idées incompatibles, on établit une partie pour prouver l'autre.

Exemple :

On n'est pas tout ensemble attaché à la vertu et idolâtre de l'argent.
Or l'avare est idolâtre de l'argent,
Donc il n'est pas attaché à la vertu.

20. Règles du syllogisme d'après Port-Royal. — Les règles du syllogisme ont d'abord été posées par Aristote, puis réduites par Arnauld, de Port-Royal, resserrées encore plus tard par Hamilton et finalement renfermées en une seule.

21. Axiomes fondamentaux. — Il est tout d'abord deux axiomes :

1° L'attribut d'une proposition affirmative est toujours pris particulièrement.

2° L'attribut d'une proposition négative est toujours universel.

Si je dis en effet : *Les hommes sont mortels*, je restreins le sens de « mortel » dans cette application particulière à « hommes ». Si au contraire je dis : *César ne fut pas juste*, je laisse à l'attribut « juste » toute son extension, en retirant César de la catégorie des êtres qui respectent la justice.

Les scolastiques donnaient huit règles, dont la *Logique* de Port-Royal supprime les deux premières, qui sont :

1° Tout syllogisme doit contenir trois termes : le grand, le moyen et le petit.

2° La conclusion ne doit jamais contenir le moyen terme.

Arnauld les trouve superflues. Ce ne sont pas des règles, mais les conditions d'existence du syllogisme. Il s'en tient aux six règles suivantes :

1° *Le moyen terme doit être pris au moins une fois universellement.*

Son rôle est en effet d'établir la relation du grand et du petit terme. Il ne le remplit nullement s'il ne s'applique à chacun d'eux que d'une façon et dans une circonstance particulière, de telle sorte qu'il semble n'être pas le même dans les deux prémisses ; car de ce qu'il convient à quelques sujets, il n'est pas juste d'inférer qu'il convient nécessairement à tous. Par exemple, on aboutirait à des raisonnements de la sorte :

Quelques hommes sont rois,
Tous les animaux qui font la cuisine sont des hommes,
Tous les animaux qui font la cuisine sont des rois.

Ou encore :

Toutes les planètes sont rondes,
Une roue est ronde,
Donc une roue est une planète.

Le défaut de ce raisonnement est évident ; le terme *rond* ne marque qu'une seule qualité semblable de *planète* et de *roue* : ce qui ne suffit pas pour établir une identité ; mais, si l'on affirmait que tous les corps ronds sont des planètes, une roue étant ronde, on pourrait dans la forme affirmer qu'elle est une planète, mais dans le fond ce serait parfaitement faux, la majeure étant elle-même des plus fausses.

2° *Les termes de la conclusion ne peuvent être pris plus universellement que dans les prémisses.*

En effet, ce que l'on peut affirmer ou admettre comme vrai dans un cas particulier et pour une partie d'un tout n'est pas nécessairement vrai dans tous les cas ni pour le tout lui-même.

L'extension donnée dans la conclusion aux termes posés dans les prémisses les dénature forcément et détruit l'effet des prémisses.

3° *On ne peut rien conclure de deux propositions négatives.*

Deux propositions négatives séparent du moyen terme le grand terme, puis du moyen le petit. De ce que deux choses sont séparées de la même chose, il ne s'ensuit ni qu'elles soient, ni qu'elles ne soient pas accordées ensemble. De ce que les Espagnols ne sont pas Turcs, et de ce que les Turcs ne sont pas chrétiens, il ne s'ensuit pas que les Espagnols nécessairement soient ou ne soient pas chrétiens.

4° *De deux affirmations on ne peut conclure une négation.*

En effet, de ce que les deux termes de la conclusion sont unis chacun séparément avec un troisième, on ne peut pas prouver qu'ils soient désunis entre eux.

5° *La conclusion suit toujours la partie la plus faible.*

C'est-à-dire que, si l'une des prémisses est négative, la conclusion doit être négative ; s'il y en a une particulière, elle doit être particulière.

Si en effet il y a une prémisse négative, le moyen est désuni de l'une des parties de la conclusion, et ainsi il est incapable de l'unir à l'autre : ce qui est nécessaire pour conclure affirmativement. Et, s'il y a une proposition particulière, la conclusion ne peut être générale, car il faudrait y donner à l'un des termes plus d'extension que dans les prémisses : ce qui est interdit par la deuxième règle.

6° *De deux propositions particulières il ne s'ensuit rien.*

Si en effet toutes deux sont affirmatives, le moyen y sera pris deux fois particulièrement : ce qui est impossible d'après la première règle.

Si toutes deux sont négatives, on ne peut rien conclure, d'après la troisième règle.

Si l'une est négative et l'autre affirmative, étant particulières toutes deux, il n'est pas de conclusion possible, car le moyen est attribué au grand terme et refusé au petit, ou *vice versa*. Quel rapport est établi par là entre le grand et le petit terme? Aucun.

22. Règles d'Hamilton. — Le philosophe anglais Hamilton a ramené à trois seulement les règles du syllogisme :

1° La première embrasse celles qui sont relatives aux trois termes et aux trois propositions.

Les deux autres sont les suivantes :

2° Des deux prémisses la majeure doit être en quantité *définie*, c'est-à-dire universelle ou singulière; la mineure doit être en qualité *affirmative*.

Comme Hamilton entend par la *majeure* la proposition universelle et fondamentale du syllogisme, et par la *mineure* a proposition qui applique, cette règle ne fait qu'établir et exposer les caractères essentiels de tout syllogisme. Il est évident que, malgré la diversité des formes syllogistiques, il doit toujours y avoir une proposition universelle, ou encore une proposition singulière et une proposition affirmative. Sinon, nous l'avons vu dans le détail des règles précédentes, le syllogisme constitué de deux prémisses particulières ou de deux prémisses négatives ne peut mener à aucune conclusion.

3° La conclusion doit correspondre en qualité avec la majeure, et en quantité avec la mineure.

Ce qui veut dire : si la majeure est affirmative, la conclusion affirme; négative, elle nie.

Et, d'un autre côté, la quantité de la mineure détermine celle de la conclusion, qui doit être universelle si la mineure est universelle, particulière si elle est particulière. Ces deux règles d'Hamilton ont l'avantage de faire ressortir avec netteté la structure du raisonnement déductif; mais elles ne sont pas facilement applicables, dit M. Bain, aux figures qui s'écartent le plus sensiblement du type primitif [1].

23. **Règle unique.** — Il faut que la majeure contienne implicitement la conclusion, et que la mineure fasse voir qu'elle la contient *nécessairement*.

24. **Figures et modes du syllogisme.** — La figure du syllogisme est déterminée selon la place qu'occupe le moyen. Il y a en tout quatre figures, car le moyen terme ne peut se trouver que dans les deux prémisses, et dans chacune d'elles comme *sujet* ou comme *prédicat* (c'est-à-dire attribut).

Les syllogismes peuvent s'établir avec un certain nombre de formes distinctes, qu'on appelle *modes*. La différence des modes est déterminée par la différence des propositions qui les forment et qui peuvent varier quant à la quantité et quant à la qualité, c'est-à-dire être universelles ou particulières, affirmatives ou négatives. Les combinaisons de particulières affirmatives ou négatives, d'universelles négatives ou affirmatives, donnent un nombre possible de soixante-quatre modes, mais dix seulement sont légitimes et concluants, les autres péchant nécessairement contre l'une ou l'autre des règles énoncées.

25. **Rôle et valeur du syllogisme.** — *Il n'est pas une pétition de principe.* — Il ne faut pas croire qu'il suffise d'établir un enchaînement syllogistique de propositions pour avoir du même coup fondé une vérité. L'abus du syllogisme

---

1. Ce type primitif, ce serait la forme régulière et typique du syllogisme; Hamilton se plaint justement qu'on n'ait pas pris soin de le distinguer tout d'abord. On est cependant convenu de le reconnaître dans la figure que les logiciens nomment la première et dans laquelle le moyen terme est sujet de la majeure et prédicat de la mineure. Ex. $Y = Z$; $X = Y$; donc $X = Z$.

tourne au sophisme. Mais, d'autre part, le syllogisme fut attaqué comme n'étant qu'un pur sophisme, une pétition de principe, dans son essence et sa forme. Par exemple, dans le syllogisme : « Les hommes sont mortels, les rois sont des hommes, les rois sont mortels, » la conclusion paraît déjà dans les prémisses.

Sans doute, à cause de cette évidence, on ne peut repousser la conclusion sans se mettre en contradiction avec soi-même. Mais n'est-ce pas ainsi dire deux fois la même chose, de sorte qu'il n'y a pas un progrès, un pas du connu vers l'inconnu.

Bien plus, supposez que la conclusion soit douteuse pour tous; comment alors dans la majeure affirmez-vous que tous les *hommes* sont mortels en y comprenant les rois?

Il faudra donc avoir établi la vérité de la conclusion par d'autres moyens pour avoir le droit d'affirmer la majeure. Mais alors la conclusion servant à établir cette majeure, qui justement sert à l'établir elle-même, il y a cercle vicieux.

Ce point obscur du syllogisme, M. Stuart Mill l'a expliqué et éclairé.

Il a fait voir que toute majeure est composée de deux parties distinctes, l'une qui est un fait acquis par l'expérience, l'autre une inférence inductive fondée sur la ressemblance la plus grande des sujets ; les propositions universelles confondent généralement dans le domaine qu'elles embrassent les faits observés et les faits non observés. Ainsi, quand je dis : « Tous les hommes sont mortels, » j'affirme la mortalité de ceux qui sont morts en effet — côté de l'observation — et la mortalité des vivants actuels qui mourront à cause de leur ressemblance complète avec ceux qui sont morts — côté de l'inférence inductive.

Un des grands services que rend la forme syllogistique, c'est d'analyser, de mettre dans tout leur jour et de présenter à un examen séparé les parties différentes d'une série ou d'une chaîne de raisonnements.

Le raisonnement est beaucoup plus clair quand le principe général est établi en premier lieu, le cas particulier indiqué immédiatement après, et la conclusion déduite.

§ 5. — La démonstration.

26. Définition. — Démontrer, c'est rendre claire et autant que possible évidente une proposition qui n'est pas un axiome.

De là deux espèces de démonstrations, pour ainsi dire, différentes non pas par leurs procédés, mais par la nature des propositions à démontrer.

1° Démontrer peut consister simplement à éclaircir ou à justifier par des arguments mis en ordre une notion acquise; c'est dans ce sens que l'on donne la démonstration de la liberté humaine, de la possibilité de la certitude, de l'unité et de l'identité du principe pensant, etc.

2° Au point de vue scientifique, démontrer, c'est établir que certaine vérité particulière, non évidente par elle-même, dérive d'une vérité universelle, c'est-à-dire d'un axiome ou premier principe.

27. Fondement de la démonstration. — Quelle qu'elle soit, la démonstration repose sur ce principe absolu, que « tout ce qui est vrai d'une proposition générale est vrai d'une proposition particulière qu'elle contient ».

La condition nécessaire pour qu'elle soit valable est que d'une part il n'y ait rien que d'indubitable dans chaque proposition, et d'autre part rien de vicieux dans la manière d'argumenter, autrement dit d'enchaîner ces propositions.

28. Règles de Pascal. — Ces conditions seront remplies dès l'instant que vous observerez les règles que Pascal a tracées :

1° N'entreprendre de démontrer aucune des choses qui sont tellement évidentes d'elles-mêmes, qu'on n'ait rien de plus clair pour les prouver.

2° Prouver toutes les propositions un peu obscures et n'employer à leur preuve que des axiomes ou des propositions déjà démontrées.

3° Substituer toujours dans le cours de la démonstration les définitions aux définis pour ne pas se laisser tromper par l'équivoque des termes.

La première de ces règles est d'une nécessité absolue. Qui voudrait tout prouver s'ôterait à soi-même le moyen de rien prouver. Il faut admettre des principes certains sans démonstration, afin qu'ils puissent justement servir de base à ce qui a besoin d'être démontré.

La seconde et la troisième règle ont pour objet d'empêcher, une fois la démonstration terminée, que l'adversaire ne revienne en arrière et ne rouvre la discussion, soit en contestant une des propositions qui sont pour ainsi dire la trame de la démonstration, soit en abusant de l'obscurité ou de l'ambiguïté d'un terme.

29. **Deux ordres de démonstration.** — La démonstration est *directe* ou *indirecte*.

La première consiste à prouver qu'une proposition est vraie et pourquoi elle est vraie en la considérant dans son essence propre.

La seconde, partant de l'hypothèse contraire au théorème, tire les conséquences de cette hypothèse et en montre la fausseté en les menant jusqu'à l'absurde.

Cette démonstration, dite *par l'absurde*, repose sur le principe que de deux propositions contradictoires, si l'une est vraie, l'autre est fausse, et réciproquement : elle est inférieure à la première, car elle ne donne pas la raison d'être de la proposition énoncée; elle fait voir seulement que la proposition contraire ne peut se concilier avec des principes certains.

Toutefois elle supplée au besoin la démonstration directe.

30. **Démonstration par l'action.** — Il existe une troisième forme de démonstration, qui consiste à exécuter la chose en question, comme par exemple si l'on nous conteste la possibilité de franchir un espace déterminé dans un temps donné et que nous parcourions la distance conformément au problème. Mais on conçoit que cette démonstration n'est pas toujours possible. Elle n'a d'ailleurs qu'une valeur restreinte, puisqu'il faut tenir compte non seulement des conditions générales, mais surtout des circonstances particulières et des qualités individuelles, qui ont permis l'exécution de la chose. Si l'on n'y prenait garde, on transformerait une exception en règle universelle.

31. L'évidence mathématique. — D'où provient le caractère de certitude des démonstrations mathématiques qui a valu aux sciences mathématiques ce titre d'*exactes*?

Condillac l'attribue à ceci que tout raisonnement mathématique tend et aboutit à établir l'identité des termes, et repose sur le principe que le *même est le même*?

Dugald Stewart [1], Kant et Duhamel [2] rejettent cette explication. Dugald Stewart remarque que les mathématiques établissent des *égalités* et non des identités. Ainsi 2 + 2 *égalent* 4, mais *ne sont pas* 4; « l'aire d'un cercle est égale à celle d'un triangle qui aurait pour base la circonférence et pour hauteur le rayon; ne serait-ce pas un flagrant paralogisme, dit le philosophe écossais, que d'inférer de là que le triangle et le cercle sont une seule et même chose ». Il n'y a pas d'identité en effet. Duhamel objecte contre la thèse de Condillac cet argument : de deux propositions fausses on peut conclure une proposition vraie; s'ensuit-il qu'une proposition fausse est identique à une proposition vraie?

Pour Dugald Stewart c'est aux *définitions* que les mathématiques sont redevables de leur exactitude et de leur évidence; ces définitions sont, dit-il, des *hypothèses*. Elles ont pour but non de constater des vérités concernant des existences réelles, comme les définitions de choses, mais de déterminer la filiation logique des conséquences qui découlent d'une hypothèse donnée. Si, partant de cette hypothèse, nous raisonnons avec exactitude sans pécher contre aucune règle du syllogisme, il est manifeste que rien ne pourra manquer à l'évidence du résultat.

La plus satisfaisante explication est celle de Kant : elle n'est pas en opposition avec celle de Dugald Stewart. Il la complète en considérant que les concepts mathématiques sont, comme nous l'avons montré plus haut, des *constructions* de l'esprit, et que seul le concept de *quantité* admet une construction *a priori*; dans tout autre, il subsiste de l'indétermination, on ne pourrait donc pas, contrairement à l'opinion de Dugald Stewart, assurer la rigueur mathéma-

---

1. Dugald Stewart, *Éléments*.
2. Duhamel, *Des méthodes dans les sciences de raisonnement*.

tique et son évidence à tout autre objet de connaissance, par cela seul qu'on partirait de définitions libres ou arbitraires.

32. Caractère propre des démonstrations mathématiques. — La démonstration mathématique a pour but de découvrir et de faire voir la liaison nécessaire de plusieurs notions données.

Bien que les notions mathématiques, comme les autres, se distribuent, à la rigueur, en genres et en espèces (ainsi le carré est une espèce du genre rectangle, qui lui-même est une espèce du genre surface), la démonstration mathématique ne va pas, en général, comme le syllogisme, du genre à l'espèce; elle cherche à mettre en lumière les propriétés particulières d'une grandeur déterminée. Kant a vu et fait voir que les propositions mathématiques sont des *synthèses*, ou liaisons, de grandeurs égales ou équivalentes.

Tout l'effort de la démonstration sera donc d'établir ces égalités ou ces équivalences. Deux cas généraux peuvent se présenter : ou la synthèse est immédiate sans moyen terme, en raison même de la position des termes, comme lorsque s'énonce cette proposition : « la ligne droite est le plus court chemin d'un point à un autre ».

Ou bien elle est médiate, c'est-à-dire qu'elle doit recourir à un intermédiaire ou à plusieurs : alors la démonstration procède par *substitution*.

En géométrie, le procédé par substitution peut se ramener à trois formes : 1° superposition des figures ; 2° décomposition de la figure sans changement de forme ; 3° déformation de la figure sans changement de grandeur.

33. Démonstration analytique et démonstration synthétique. — S'agit-il de découvrir la vérité cachée, le mathématicien emploie l'analyse, méthode de décomposition ou de résolution ; s'agit-il de faire connaître la vérité découverte, il emploie la méthode synthétique.

« L'analyse est le chemin qui, partant de la chose demandée, que l'on accorde pour le moment, mène, par une suite de conséquences à quelque chose de connu antérieurement, ou mis au nombre des principes reconnus pour vrais; cette méthode nous fait donc remonter d'une vérité ou d'une proposition à des antécédents, et nous la nommons *analyse* ou *résolution*, c'est-à-dire solution en sens inverse. Dans la synthèse, au contraire, nous partons de la proposition qui se trouve la dernière dans l'analyse ; déduisant d'après leur nature les antécédents qui plus haut se présentaient comme des conséquents et les combinant entre eux, nous arrivons au but cherché dont nous étions partis dans le premier cas. » (Pappus. Géomètre grec, — *Collec. Mathémat.*, préface).

Les deux méthodes peuvent s'appliquer à la démonstration des théorèmes et à la solution des problèmes.

Pour la démonstration des théorèmes « l'analyse consiste à établir une chaîne de propositions commençant à celle qu'on veut démontrer, finissant à une proposition connue, et telle qu'en partant de la première, chacune soit une conséquence nécessaire de celle qui la suit : d'où il résulte que la première est une conséquence de la dernière, et par conséquent vraie comme elle (Duhamel).

Pour la solution des problèmes, l'analyse conduit par la même voie. « Dans un ordre quelconque de choses l'objet d'un *problème* est de déterminer une ou plusieurs choses d'espèces données, ayant des rapports désignés avec des choses données, ou, en d'autres termes, satisfaisant à des conditions données. Or on aura évidemment des choses de l'espèce désignée qui y satisferont, si on en trouve de cette même espèce assujetties à de nouveaux rapports qui entraînent les premiers comme conséquences nécessaires. Si ce nouveau problème est plus facile à résoudre que le premier, la question sera avancée.

« Et l'on pourra même ne pas s'assujettir à prendre pour objet de la recherche des choses de l'espèce demandée ; il suffira que la connaissance des nouvelles choses entraîne immédiatement celle des proposées. Il sera alors indifférent de déterminer les unes ou les autres et l'on sera moins gêné pour la transformation de la question. On aura ainsi ramené le problème à un autre, où de nouveaux rapports seront imposés à de nouvelles choses.

« Si le second problème ne peut être immédiatement résolu, on cherchera de la même manière à le ramener à un troisième, dont toutes les solutions en fourniront du second comme celles du second en fournissaient du premier. Et ainsi de suite jusqu'à ce que l'on parvienne à un problème que l'on sache résoudre. Alors chacune de ces solutions en fera connaître du précédent, chacune de celles-ci en fera connaître du problème qui précède, et en remontant ainsi jusqu'au premier on voit que chaque solution du dernier problème en fournit du premier. » DUHAMEL.

Par la méthode synthétique on suit la marche inverse, aussi bien pour la démonstration des théorèmes que pour la solution des problèmes. On part de propositions reconnues vraies, on en déduit d'autres comme conséquences nécessaires, de celles-ci de nouvelles, et ainsi de suite jusqu'à ce que l'on parvienne à la proposée, qui se trouve alors reconnue elle-même comme vraie. La méthode synthétique n'est donc autre chose qu'une méthode de déduction. D'où l'on voit que de la démonstration analytique d'un théorème, ou de la solution analytique d'un problème, on obtiendrait immédiatement la démonstration ou solution synthétique en renversant l'ordre des propositions.

La difficulté pour cette méthode, remarque Émile Charles, c'est de savoir par où commencer, et quelle proposition prendre pour point de départ; il faut déjà qu'il y ait eu une analyse plus ou moins explicite.

RÉSUMÉ

Les sciences mathématiques sont essentiellement abstraites; la rigueur de leur méthode leur a fait attribuer la qualification d'exactes. Elles spéculent sur les rapports les plus généraux des êtres, sans tenir compte des formes et qualités particulières. Leur méthode est absolument déductive; c'est la démonstration; elle consiste à passer de principes universels et d'idées générales à des applications particulières.

Les moyens employés sont : 1° les axiomes, ou vérités nécessaires et évidentes; 2° les définitions qui classent et spécifient les idées et les objets, c'est-à-dire en expriment le genre et l'espèce; 3° le raisonnement déductif, dont le type complet est le syllogisme : celui-ci est soumis à des règles qui, bien mises en usage, en font l'instrument de vérification le plus sûr et le plus lumineux; 4° la démonstration, qui consiste à éclairer des propositions contestées en les rapprochant des axiomes ou d'autres propositions déjà démontrées et en faisant voir leur liaison nécessaire.

Toute la valeur du raisonnement déductif provient du principe rationnel que tout ce qui est affirmé du genre l'est aussi de tout ce que contient le genre.

CHAPITRE IV

MÉTHODE DES SCIENCES PHYSIQUES

Sommaire. — 1. Objet et nature de ces sciences. — 2. Les lois de la nature. = § 1ᵉʳ. L'observation. — 3. Ce qu'est l'observation. — 4. Règles de l'observation. — 5. Rôle de l'analyse dans l'observation. = § 2. L'expérimentation. — 6. Ce qu'elle est. A quoi elle sert. — 7. Comparaison de l'observation et de l'expérimentation. — 8. Règles de l'expérimentation. = § 3. L'induction. — 9. Objet et caractère de l'induction. — 10. Fondement rationnel de l'induction. — 11. L'induction agrandit le domaine de la connaissance. — 12. Condition première de l'induction. — 13. Toute science inductive tend à devenir déductive. — 14. Règles de Bacon. — 15. Règles de l'induction d'après Stuart Mill. — 16. L'analyse et la synthèse dans les sciences expérimentales. = § 4. L'hypothèse et les théories. — 17. Définition. — 18. Avantages et dangers de l'hypothèse. — 19. Règles de l'hypothèse. — 20. Part de la déduction dans les sciences expérimentales. — 21. Légitimité de l'hypothèse scientifique. — 22. Les théories. = § 5. L'analogie. — 23. L'analogie est une induction imparfaite. — 24. Elle ne vaut que par l'exactitude des ressemblances de relation. — 25. L'analogie ne donne pas la certitude, mais seulement la probabilité. Règle d'appréciation.

1. Objet et nature de ces sciences. — Les sciences physiques ont pour objet d'étudier les phénomènes de la matière afin d'en découvrir les lois.

La méthode qui leur convient est donc celle qui d'abord nous donne la connaissance exacte des faits et de l'ordre de leur succession, puis de ces éléments nous permet de nous élever à leur principe ou à leur cause, et aux lois qui les régissent.

Les moyens qu'elle emploie pour la connaissance des faits sont l'observation, l'expérimentation et pour la connaissance des lois l'induction, ce qui leur a fait donner le nom de *sciences expérimentales* et de *sciences inductives*.

2. **Les lois de la nature.** — A. Les faits ou phénomènes ne sont que des *indices* des lois. Il n'est pas un point de l'espace, pas un instant du temps où ne s'accomplisse un phénomène. L'immense multiplicité des phénomènes, aucune intelligence humaine n'est capable de la saisir; chacun de nous ne vit que pendant une durée très courte et dans une étendue fort restreinte; et encore ne peut-il connaître tous les phénomènes s'accomplissant dans le même moment en lui et autour de lui.

La science serait impossible si l'esprit n'était capable de connaître que des phénomènes. Il se perdrait fatalement dans la confusion des accidents particuliers.

Les sciences de la nature ont pour mission de *réduire à l'unité la multiplicité et la diversité des phénomènes naturels*. Pourquoi avons-nous la prétention d'y parvenir? parce que pour divers et innombrables que sont les phénomènes, ils *se ressemblent par catégories*; les catégories sont déterminées par des rapports fixes que nous découvrons dans les façons et circonstances qui précèdent, accompagnent ou suivent les phénomènes, et dans l'ordre suivant lequel ils se suivent et s'entre-croisent.

Dès lors il n'y a plus le moindre intérêt à s'attacher à la connaissance de *tous* les phénomènes; il suffit d'en avoir étudié quelques-uns : tous ceux de même catégorie se ressemblent.

B. *Ce rapport constant et général* qui unifie les phénomènes, *c'est la loi*.

On distingue deux types de lois dans la nature : *lois de coexistence* et *lois de succession*.

a. Les phénomènes dont la loi est la formule convenue peuvent être simultanés : voici un mammifère, un poisson, un reptile, un oiseau, un batracien; ce qui d'abord nous frappe c'est leurs différences; mais nous ne sommes pas moins frappés ensuite de leur trouver ce caractère commun : ils ont des vertèbres, et tous les mammifères, tous les poissons, etc., que nous analysons, ont des vertèbres. Le caractère des vertèbres coexiste avec les caractères spécifiques. Nous concluons que, *tout vertébré est mammifère, oiseau, reptile, poisson ou batracien* : c'est une LOI DE COEXISTENCE.

b. Autre type : les phénomènes sont successifs, et l'antécédent paraît la cause du conséquent, telle l'élévation de température d'un morceau de métal, et l'accroissement de son volume. Toutes fois que le premier phénomène se produit, le second le suit; nous énonçons ce rapport général abstrait : « la chaleur dilate les métaux » : C'EST UNE LOI DE SUCCESSION.

c. Qu'avons-nous affirmé en énonçant ces lois? non seulement la condition des phénomènes passés, mais celle des phénomènes futurs? Tous les mammifères à naître seront vertébrés; toutes les fois que dans l'avenir le plus lointain on soumettra un métal à l'action de la chaleur, son volume augmentera. *La loi est une proposition universelle.*

d. Les phénomènes ont des *causes* : Galilée, avant Bacon, et Descartes après lui mais par une autre méthode, ont montré que les causes des phénomènes sont des phénomènes ; le problème général des sciences de la nature se ramène à ceci : « Étant donné un phénomène, découvrir le phénomène ou le groupe de phénomènes qui le détermine et l'explique [1]. »

L'explication complète a deux stades : au premier degré elle *rend compte du rapport* entre le phénomène déter-

---

[1]. On verra plus loin que les méthodes de recherches expérimentales de Stuart Mill ne sont autre chose que la mise en œuvre de cette formule.

miné et le déterminant, c'est une simple constatation de fait : par exemple dilatation du métal sous l'influence de la chaleur. Au second degré elle *mesure le rapport*.

Chaque métal sera l'objet d'une expérience particulière, et l'on observera le progrès de l'accroissement de son volume à mesure que s'élèveront les degrés de température auxquels il est soumis; et l'on pourra ainsi donner une table des coefficients de dilatation des métaux.

§ 1er. — L'OBSERVATION.

3. Ce qu'est l'observation. — Observer, c'est fixer l'attention sur un objet pendant le temps et les circonstances nécessaires à le bien connaître.

Personne ne doute que les objets se révèlent à nous plus ou moins clairement et plus ou moins complètement selon que nous y appliquons avec soin et à propos les sens et l'esprit ou qu'au contraire nous nous bornons à une constatation rapide et fugitive.

En prolongeant l'attention, nous obtenons graduellement la perception des détails qui, tout d'abord confondus dans l'ensemble, nous échappaient; mais il est une mesure exacte qu'il ne faut pas dépasser.

Si, au delà de cette mesure, nous maintenons obstinément l'attention d'un sens ou d'une faculté sur le même objet il se produit une lassitude, puis un trouble, et l'objet redevient obscur et confus.

4. Règles de l'observation. — 1° La première règle de l'observation est donc de *n'observer que le temps convenable*, que sa durée ne soit ni trop brève ni trop longue.

2° Mais, selon le milieu où on les place, les objets prennent des aspects différents. Les influences de température, d'humidité ou de sécheresse, etc., peuvent en altérer les caractères, affaiblir ou renforcer les phénomènes. Il importe donc (et c'est la seconde règle) d'*observer le même objet ou le même phénomène dans des lieux et dans des circonstances variés*.

3° Il se peut même que, toutes circonstances égales d'ailleurs, l'objet se modifie sous la seule loi du temps. Les divers moments de sa durée peuvent présenter des variations de son état. Si l'on ajoute que certains individus d'un même genre peuvent posséder des caractères propres, on voit tout de suite, pour éviter les méprises, la troisième règle, qui est de *multiplier les observations*.

4° Enfin la quatrième ordonne de *tenir compte de l'état de l'observateur ;* ses conditions personnelles de santé physique et morale ne sont pas indifférentes au résultat de l'observation. Ainsi parfois il ne percevra point tel son, telle couleur, telle odeur, bien qu'ils existent, parce que son sens est incomplet ou malade ; d'autres fois il confondra les perceptions, comme ceux, par exemple, dont la vue est atteinte de daltonisme.

5. **Rôle de l'analyse dans l'observation.** — Un fragment du chap. II de la *Logique* de Condillac décrit judicieusement le rôle de l'analyse dans l'observation, et fait apercevoir en surplus : 1° que la raison d'être de l'analyse est tout entière dans la faiblesse de nos facultés en regard de la complexité des objets ; 2° que l'analyse est tout à fait naturelle à l'esprit humain. Il est vrai que la synthèse ne l'est pas moins ; et le même exemple que nous allons voir pourrait servir à le prouver, quoique ce ne soit pas l'opinion de Condillac.

« Je suppose, dit-il, un château qui donne sur une campagne vaste, abondante, où la nature s'est plu à répandre la variété et où l'on a su profiter des situations pour les varier et les embellir encore. Nous arrivons à ce château pendant la nuit. Le lendemain, les fenêtres s'ouvrent au moment où le soleil commence à dorer l'horizon et elles se referment aussitôt.

« Quoique cette campagne ne se soit montrée à nous qu'un instant, il est certain que nous avons vu tout ce qu'elle renferme. Dans un second instant nous n'aurions fait que recevoir les mêmes impressions que les objets ont faites sur nous dans le premier. Il en serait de même dans un troisième. Par conséquent, si l'on n'avait pas refermé les fenêtres nous n'aurions continué de voir que ce que nous avons déjà vu.

« Mais le premier instant ne suffit pas pour nous faire

connaître cette campagne, c'est-à-dire pour nous faire démêler les objets qu'elle renferme; c'est pourquoi, lorsque les fenêtres se sont refermées, aucun de nous n'aurait pu rendre compte de ce qu'il a vu. Voilà comme on peut voir beaucoup de choses et ne rien apprendre.

« Enfin les fenêtres se rouvrent pour ne plus se fermer tant que le soleil sera sur l'horizon, et nous revoyons longtemps tout ce que nous avons d'abord vu. Mais si, semblables à des hommes en extase, nous continuons, comme au premier instant, de voir à la fois cette multitude d'objets différents, nous n'en saurons pas plus lorsque la nuit viendra, que nous n'en savions lorsque les fenêtres qui venaient de s'ouvrir se sont tout à coup refermées.

« Pour avoir une connaissance de cette campagne, il ne suffit donc pas de la voir toute à la fois : il faut en voir chaque partie l'une après l'autre, et au lieu de tout embrasser d'un coup d'œil, il faut arrêter ses regards successivement d'un objet sur un objet. Voilà ce que la nature nous apprend à voir. Si elle nous a donné la faculté de voir une multitude de choses à la fois, elle nous a aussi donné la faculté de n'en regarder qu'une, c'est-à-dire de diriger nos yeux sur une seule, et c'est à cette faculté qui est une suite de notre organisation que nous devons toutes les connaissances que nous acquérons par la vue. »

Il en est de même de toutes les connaissances acquises par les autres sens; par exemple l'ouïe du chef d'orchestre analyse la masse sonore des instruments qui jouent ensemble et reconnaît le son de chacun d'eux.

§ 2. — L'EXPÉRIMENTATION.

6. Ce qu'elle est. A quoi elle sert. — Il n'est pas toujours facile d'observer directement les phénomènes naturels, soit qu'ils se produisent à de longs intervalles, soit que nous ne puissions exactement distinguer leur développement depuis leurs causes jusqu'à leurs effets, soit enfin que l'observation ne soit pas exempte de dangers.

Pour remédier à ces inconvénients, les savants recourent à la production artificielle des phénomènes, c'est l'expérimentation.

Son importance et son utilité sont manifestes : elle permet de multiplier et de coordonner les observations. Par elle, la volonté de l'homme domine les phénomènes, les provoque, les combine ou les arrête à son gré, et par là son intelligence en pénètre les secrets.

7. Comparaison de l'observation et de l'expérimentation. — Cuvier a dit : « L'observateur scrute la nature, l'expérimentateur l'interroge et la force à se dévoiler. »

En pressant un peu le sens de la formule ne semble-t-il pas que la fonction de l'observateur soit passive en comparaison de la fonction active de l'expérimentateur? Sur ce point Claude Bernard a écrit dans l'*Introduction à l'étude de la médecine expérimentale*, un morceau d'une magnifique clarté : qu'il nous soit permis de le citer, pour l'honneur de l'illustre maître et surtout pour le profit de nos élèves.

« Au premier abord, et quand on considère les choses d'une manière générale, cette distinction entre l'activité de l'expérimentateur et la passivité de l'observateur paraît claire et semble devoir être facile à établir. Mais dès qu'on descend dans la pratique expérimentale, on trouve que dans beaucoup de cas cette séparation est très difficile à faire et que parfois même elle entraîne de l'obscurité. Cela résulte, ce me semble, de ce qu'on confond l'art de l'investigation, qui recherche et constate les faits, avec l'art du raisonnement, qui les met en œuvre logiquement pour la recherche de la vérité. Or, dans l'investigation, il peut y avoir à la fois activité de l'esprit et des sens, soit pour faire des observations, soit pour faire des expériences.

« En effet, si l'on voulait admettre que l'observation est caractérisée par cela seul que le savant constate des phénomènes que la nature a produits spontanément et sans son intervention, on ne pourrait cependant pas trouver que l'esprit comme la main reste toujours inactif dans l'observation et l'on serait amené à distinguer sous ce rapport deux sortes d'observations : les unes *passives* et les autres *actives*. Je suppose par exemple, ce qui est souvent arrivé, qu'une maladie endémique quelconque survienne dans un pays et s'offre à l'observation du médecin. C'est là une observation spontanée ou passive que le médecin fait par hasard et sans y être conduit par aucune idée préconçue. Mais si, après avoir observé les premiers cas, il vient à l'idée du médecin que la production de cette maladie pourrait bien être en rapport avec certaines circonstances météorologiques ou hygiéniques spéciales, alors le médecin va en voyage et se transporte dans d'autres pays où règne la même maladie pour voir si elle s'y développe dans les mêmes conditions. Cette seconde observation, faite en vue d'une idée préconçue sur la nature et la cause de la maladie, est ce qu'il faudrait évidemment appeler une observation provoquée ou *active*. J'en dirai autant d'un astronome qui, regardant le ciel, découvre une planète qui passe par hasard devant sa lunette, il a fait une observation fortuite et *passive*, c'est-à-dire, sans idée préconçue. Mais si, après avoir constaté les perturbations d'une planète, l'astronome en est venu à faire des observations pour en rechercher la raison, je dirai qu'alors l'astronome fait des observations actives, c'est-à-dire des observations provoquées par une idée préconçue sur la cause de la perturbation. On pourrait multiplier à l'infini les citations de ce genre pour prouver que dans la constatation des phénomènes naturels qui s'offrent à nous, l'esprit est tantôt passif[1], ce qui signifie, en d'autres termes, que l'observation se fait tantôt sans idée préconçue et par hasard, et tantôt avec idée préconçue, c'est-à-dire avec intention de vérifier l'exactitude d'une vue de l'esprit.

« D'un autre côté, si l'on admettait, comme il a été dit plus haut, que l'*expérience* est caractérisée par cela seul que le savant constate des phénomènes qu'il a provoqués artificiellement, et qui naturellement ne se présenteraient pas à lui, on ne saurait trouver non plus que la main de l'expérimentateur doive toujours intervenir activement pour opérer l'apparition de ces phénomènes. On a vu en effet, dans certains cas, des accidents où la nature agissait pour lui, et là encore nous serions obligés de distinguer, au point de vue de l'intervention manuelle, des expériences *actives* et des expériences *passives*. Je suppose qu'un physiologiste

1. Il ne faut pas se méprendre sur la signification spéciale du *passif* dans cette analyse de Claude Bernard. L'esprit est proprement toujours *actif* en ce sens qu'il pense; mais dans l'espèce Claude Bernard le considère comme passif quand il ne fait que recevoir le fait qu'il transforme en notion au lieu d'aller au-devant.

veuille étudier la digestion et savoir ce qui se passe dans l'estomac d'un animal vivant, il divisera les parois du ventre et de l'estomac d'après des règles opératoires connues, et il établira ce qu'on appelle une fistule gastrique. Le physiologiste croira certainement avoir fait une expérience parce qu'il est intervenu activement pour faire apparaître des phénomènes qui ne s'offraient pas naturellement à ses yeux. Mais maintenant je demanderai : le docteur W. Beaumont fit-il une expérience quand il rencontra le jeune chasseur canadien qui, après avoir reçu à bout portant un coup de fusil dans l'hypocondre gauche, conserva à la chute de l'eschare une large fistule de l'estomac par laquelle on pouvait voir dans l'intérieur de cet organe? Pendant plusieurs années, le docteur Beaumont, qui avait pris cet homme à son service, put étudier *de visu* les phénomènes de la digestion gastrique, ainsi qu'il nous l'a fait connaître dans l'intéressant journal qu'il nous a donné à ce sujet. Dans le premier cas le physiologiste a agi en vertu de l'idée préconçue d'étudier les phénomènes digestifs, et il a fait une expérience *active*. Dans le second cas un accident a opéré la fistule à l'estomac, et elle s'est présentée fortuitement au docteur Beaumont, qui, dans notre définition, aurait fait une expérience *passive* s'il est permis d'ainsi parler. Ces exemples prouvent donc que dans la constatation des phénomènes qualifiée d'expériences, l'activité manuelle de l'expérimentateur n'intervient pas toujours, puisqu'il arrive que ces phénomènes peuvent, ainsi que nous le voyons, se présenter comme des *observations passives* ou fortuites. »

Au demeurant l'expérimentation est non seulement l'auxiliaire, mais la servante, et, si l'on permet de dire, la pourvoyeuse de l'observation. Elle a sa fin dans l'observation, et l'observation a sa fin dans l'induction.

8. **Règles de l'expérimentation.** — Les règles de l'expérimentation ont été posées par *François Bacon*, qui fut, sinon le créateur, au moins le réorganisateur des sciences de la nature. Le but de l'expérimentation étant de faciliter les observations, on comprend qu'elles auront des règles communes :

1° *Multiplier l'expérience*, afin de s'assurer qu'on n'a pas été dupe d'une apparence et que ce qu'on admet comme caractère général du phénomène n'est pas une forme accidentelle.

2° *Varier l'expérience*, afin de constater si la différence des sujets n'amène pas des différences du phénomène, de sorte qu'en tout cas on puisse saisir la loi des variations. Par exemple, Pascal expérimente successivement sur des liquides de différentes densités.

3° *Renverser l'expérience*, c'est-à-dire la recommencer en sens inverse, afin de contrôler les observations recueillies : par exemple, ayant fait d'abord l'analyse, on refait la synthèse.

4° *Déplacer l'expérience*, c'est-à-dire la transporter d'un lieu dans un autre pour comparer les modifications que provoque la différence de température, d'altitude, etc. : par exemple, Pascal encore expérimentant tantôt sur le Puy de Dôme, tantôt à Rouen.

5° *Étendre l'expérience*, c'est-à-dire en augmenter les proportions, car ce qui est vrai d'une petite quantité peut ne l'être plus d'une plus grande. Il est nécessaire de suivre les proportions et de rectifier les expériences, témoin la loi de Mariotte.

§ 3. — L'INDUCTION.

9. Objet et caractère de l'Induction. — L'induction est le raisonnement qui s'élève du particulier au général, des simples faits à la loi.

C'est un des actes les plus audacieux de l'esprit. L'expérience nous a révélé que tel phénomène se produit dans des circonstances déterminées, et nous affirmons que ces circonstances sont la loi du phénomène, nous le relions aux phénomènes qui l'ont précédé, et nous transformons un rapport de succession en un rapport de causalité. Ayant observé, par exemple, dix, vingt ou cent fois que des corps abandonnés dans le vide tombent avec une égale vitesse et suivant une même direction, nous concluons qu'il en sera toujours de même pour tous les corps.

10. Fondement rationnel de l'Induction. — Comment cela s'est-il pu faire? La science expérimentale dépasse ici les données simples de l'expérience; au delà du fait, nous découvrons la loi. Un phénomène s'est répété un certain nombre de fois en des circonstances déterminées. De quel droit affirmer qu'il s'accomplira toujours quand les mêmes antécédents se produiront? C'est en vertu d'un principe rationnel. Nous sommes, sans démonstration, convaincus de la stabilité des lois de la nature, ou plutôt l'idée même de la loi est l'idée de la stabilité, et le fondement rationnel de l'induction n'est autre que le principe d'*identité* doublé du principe de *raison suffisante*, celui-ci exprimé de la sorte : « *Rien n'est qui ne porte en soi-même l'explication de son existence et du mode de son existence* », et celui-là exprimé ainsi : « *Dans les mêmes circonstances, les mêmes causes produisent les mêmes effets* », la même chose ne pouvant pas à la fois être et n'être pas. Sous une forme plus simple, ces deux principes sont enfermés dans le principe de l'*uniformité des lois de la nature*[1].

11. L'induction agrandit le domaine de la connaissance. — L'induction est donc une méthode de conquête : c'est elle qui élargit et approfondit le domaine de la science.

L'observation et l'expérimentation n'ont de valeur que par elle. Que nous importerait en effet d'avoir vu un nombre de fois quelconque un phénomène apparaître et se développer, si pour nous tout se bornait là et si nous devions nous en tenir à cet aveu : « J'ai vu vingt fois un corps abandonné à lui-même dans le vide tomber en ligne droite. »

12. Condition première de l'induction. — La première condition d'une bonne induction est évidemment d'avoir d'abord la *connaissance exacte et complète des phénomènes*

---

1. Signalons ici, sans entrer dans la discussion qui excéderait notre cadre, la théorie positiviste de Stuart Mill : selon lui, la génération du principe général de l'induction, qu'il nomme *principe de la causalité universelle*, est le résultat d'une accumulation d'expériences uniformes. A force d'avoir vu tels antécédents déterminer tels conséquents corrélatifs, nous concluons qu'il existe un principe supérieur à l'expérience en vertu duquel s'accomplit la génération des phénomènes.
Il avoue cependant quelque part que « ce n'est pas assez d'avoir observé que les choses ont toujours été telles ou telles; il faut faire voir qu'elles le *seront*, » ce à quoi on répond avec M. Ravaisson : « Si nous croyons d'une croyance assurée et réfléchie que ce qui a été sera, c'est seulement dans le cas où nous jugeons qu'à cela il y a une *raison*. »

dont on cherche la loi. Une bonne observation et l'expérimentation régulière sont indispensables, mais elles ne sont pas suffisantes; elles préparent l'induction, mais c'est le *raisonnement* qui la termine. Plus d'une fois, un raisonnement mal fait attribua à un faux principe, comme par exemple l'horreur du vide, des phénomènes bien étudiés en eux-mêmes.

13. Toute science inductive tend à devenir déductive. — Quand Stuart Mill a formulé cette proposition, il a parfaitement déterminé la valeur et le but de l'induction. Elle est parfaite en effet lorsqu'elle a découvert la loi vraie et complète; il ne reste plus dès lors qu'à l'appliquer.

Lorsque par conséquent la science inductive aura supprimé toutes nos ignorances des causes, ramené tous les phénomènes à des lois et toutes ces lois diverses à quelques lois très simples, elle aura achevé sa carrière, elle deviendra forcément déductive dans son ensemble comme elle l'est déjà devenue partiellement.

Les règles de l'induction ont été établies par François Bacon et par M. Stuart Mill.

14. Règles de Bacon: *les tables de présence, d'absence et de comparaison.* — D'après lui, le principal obstacle aux progrès de l'esprit dans la connaissance de la nature, ce sont, d'une part, les spéculations légères, de l'autre les notions abstraites témérairement conçues. Pour le repousser, Bacon trace un plan méthodique rapportant à trois catégories les procédés propres à éclairer la vérité par la comparaison des cas particuliers. Il recommande de dresser trois tables parallèles.

La première comprend les exemples qui s'accordent en ce qu'ils présentent tous le phénomène qu'on examine : c'est ce qu'il appelle la table d'*essence* ou de *présence*.

La seconde est destinée à contenir les cas où le phénomène manque, quoiqu'on y trouve toutes les circonstances qui en général accompagnent le phénomène, chaque cas nouveau étant choisi de façon à correspondre le plus possible aux exemples de la première table; c'est ce que Bacon appelle la table de *déviation* ou d'*absence* dans des cas analogues.

La troisième table contient les cas où le phénomène se

1. Stuart Mill, né à Londres 1806, mort en 1873.

présente sous différentes proportions : elle est appelée table des *degrés* ou de *comparaison*.

C'est en l'appliquant à des recherches sur la chaleur, ajoute M. Bain, que Bacon a éclairé par des exemples la méthode des trois tables. Dans ces recherches, il a recueilli 27 cas où la chaleur se produit, 32 où elle ne se produit pas, enfin 41 où elle se manifeste à différents degrés.

15. Règles de l'induction d'après Stuart Mill : *quatre méthodes de recherche expérimentale.* — L'illustre philosophe anglais suivit les traces de Bacon et perfectionna sa méthode de recherche expérimentale. Il ramène d'abord à deux les modes les plus simples et les plus familiers de détacher du groupe des circonstances qui précèdent ou suivent un phénomène celles auxquelles il est réellement lié par une loi invariable : l'un consiste à comparer les différents cas dans lesquels le phénomène se présente : c'est la *méthode de concordance* ; l'autre, à comparer les cas où le phénomène a lieu avec des cas semblables sous d'autres rapports, mais dans lesquels il n'a pas lieu : c'est la *méthode de différence*.

Jusque-là M. Stuart Mill ne s'écarte pas des principes de Bacon.

a. Il fait reposer la méthode de Concordance sur cet axiome : « Une circonstance qui peut être exclue sans préjudicier au phénomène, ou qui peut être absente quand le phénomène est présent, n'y est pas liée par causation. »

Première règle ou canon. — Et la règle qu'il en donne est celle-ci : « Si deux cas ou plus du phénomène objet de la recherche ont seulement une circonstance en commun, la circonstance dans laquelle seule tous les cas concordent est la cause (ou l'effet) du phénomène. »

Comme exemple de l'application de cette règle, il cite l'expérience de Liebig pour rechercher la cause immédiate de la mort produite par les poisons métalliques, recherche qui aboutit à prouver que la mort est produite par la conversion de la substance animale (en conséquence de sa combinaison avec le poison) en un composé chimique capable de résister à l'action des causes ordinaires de décomposition. Or, la vie organique consistant en un état de décomposition

1. Stuart Mill, *Système de Logique*, liv. III.

et de recomposition continuelles des organes et des tissus, tout ce qui met obstacle à cette décomposition détruit la vie.

b. Dans la méthode de Différence, il faut trouver deux cas qui, semblables sous tous les autres rapports, diffèrent par la présence ou l'absence du phénomène étudié.

Les axiomes impliqués dans cette méthode sont : 1° un antécédent qui ne peut être exclu sans supprimer le phénomène est la cause ou une condition de ce phénomène ; 2° un conséquent qui peut être exclu sans qu'il y ait d'autre différence dans les antécédents que l'absence de l'un d'eux est l'effet de cet antécédent-là.

Deuxième règle ou canon. — La règle donnée est celle-ci : « Si un cas dans lequel un phénomène se présente et un cas où il ne se présente pas ont toutes leurs circonstances communes, hors une seule, celle-ci se présentant seulement dans le premier cas, la circonstance par laquelle seule les deux cas diffèrent est l'effet ou la cause, ou partie indispensable de la cause du phénomène. »

Et comme exemple il rappelle l'expérience de Faraday sur l'électricité induite, montrant qu'une des espèces d'électricité ne peut être excitée sans que l'électricité contraire le soit en même temps.

Ces deux méthodes, — Concordance et Différence, — sont des méthodes d'*élimination*. Et il est bien évident que l'on peut les conjoindre, pour le plus avantageux perfectionnement de la première.

Troisième règle ou canon. — La règle de cet emploi des deux méthodes conjointes est celle-ci : « Si deux cas ou plus dans lesquels le phénomène a lieu ont une seule circonstance commune, tandis que deux cas ou plus dans lesquels il n'a pas lieu n'ont rien de commun que l'absence de cette circonstance, la circonstance par laquelle seule les deux groupes des cas diffèrent est l'effet, ou la cause, ou une partie nécessaire de la cause du phénomène. »

c. Deux autres méthodes complètent la somme des moyens que possèdent les hommes pour explorer les lois de la nature par l'observation scientifique et l'expérience.

La première a été nommée *méthode des Résidus.* Voici

son principe : « En retranchant d'un phénomène donné tout ce qui en vertu d'inductions antérieures peut être attribué à des causes connues, ce qui restera sera l'effet des antécédents qui ont été négligés ou dont l'effet était encore une quantité inconnue. »

La méthode des Résidus est au fond une modification particulière de la méthode de Différence. Elle participe à sa certitude, pourvu que les inductions préalables soient obtenues par le même procédé et qu'on soit certain que l'on tient bien exactement le seul antécédent auquel le phénomène résidu peut être rapporté, et que cet antécédent est le seul agent dont l'effet n'ait pas été calculé déjà et exclu. Mais cette certitude, on ne peut jamais l'acquérir absolument. La preuve donnée par la méthode des Résidus demeure donc incomplète, à moins de pouvoir obtenir artificiellement et expérimenter séparément l'antécédent dont il s'agit, ou à moins que son action, une fois indiquée, ne puisse être expliquée et déduite de lois connues.

Toutefois la méthode des Résidus est un des plus importants instruments de découverte, et le plus fertile en résultats inattendus. Elle élève à une pleine lumière des successions dans lesquelles l'effet et la cause n'étaient pas assez manifestes pour attirer l'attention de l'observateur.

Stuart Mill en cite, d'après *Les Esquisses d'astronomie* de Herschell, des exemples probants. « La découverte de la précession des équinoxes résulte uniquement, à titre de résidu, de l'explication incomplète du retour du soleil aux mêmes lieux apparents par rapport aux étoiles fixes. De même l'aberration et la nutation paraissent des résidus fournis par ce qui dans les changements de position apparents des étoiles fixes, restait inexplicable par la précession. Et de même aussi les mouvements propres apparents des étoiles sont les résidus observés de leurs mouvements apparents non expliqués par le calcul rigoureux des effets de la précession, de la nutation et de l'aberration. »

Quatrième règle ou canon. — Voici quel en est le canon : Retrancher d'un phénomène la partie qu'on sait, par des inductions antérieures, être l'effet de certains antécédents, et le résidu du phénomène est l'effet des antécédents restants.

M. Stuart Mill appelle à l'appui de cette méthode le témoignage de John Herschell, qui lui attribue le succès de ses travaux astronomiques, particulièrement en ce qui concerne le retour de la comète annoncée par le professeur Encke.

d. Restent les lois de ces causes permanentes, de ces agents naturels indestructibles qu'il est à la fois impossible d'exclure et d'isoler. Par exemple, le pendule peut être soustrait à l'influence de la montagne, mais il ne peut être soustrait à l'influence de la terre. Nous ne pouvons éloigner le pendule de la terre, ni la terre du pendule, pour voir s'il continuerait à osciller après suppression de l'action que la terre exerce sur lui. Sur quelle preuve donc attribue-t-on ses vibrations à l'influence de la terre?

Ce n'est pas sur une preuve sanctionnée par la méthode de Différence, car un des deux cas, le négatif, manque; ce n'est pas non plus par la méthode de Concordance, car, bien que tous les pendules concordent en ce que, pendant leurs oscillations, la terre est toujours présente, ne pourrait-on pas tout aussi bien attribuer le phénomène au soleil, qui est également un fait coexistant dans toutes les expériences?

Mais, quoiqu'il soit impossible d'exclure entièrement un antécédent, nous pouvons le modifier plus ou moins, ou la nature même le modifie plus ou moins, de sorte que les changements survenus dans l'antécédent, sans aller jusqu'à sa suppression totale, amènent des changements correspondants dans un effet déterminé, les autres effets demeurant les mêmes.

Par exemple, on ne peut pas exclure la lune pour voir quels phénomènes terrestres son absence ferait cesser. Mais quand on trouve que toutes les variations dans la *position* de la lune sont suivies de variations correspondantes de lieu et de temps dans la marée haute, le lieu étant toujours la partie de la terre la plus rapprochée et la plus éloignée de la lune, on a pleinement la preuve que la lune est, en totalité ou en partie, la cause qui produit les marées.

Cette méthode peut être appelée méthode des *Variations concomitantes.*

Cinquième règle ou canon. — La règle est ainsi

exprimée : « Un phénomène qui varie d'une certaine manière toutes les fois qu'un autre phénomène varie de la même manière est ou une cause, ou un effet du phénomène; ou y est lié par quelque fait de causation. »

Cette dernière clause a sa raison d'être en ce que, deux phénomènes s'accompagnant toujours dans leurs variations, il ne s'ensuit pas nécessairement que l'un est la cause de l'autre. Mais ils sont peut-être seulement deux effets différents d'une cause commune.

Par exemple, nous augmentons le volume d'un corps en élevant sa température; mais, en augmentant son volume, on n'élève pas sa température.

La méthode des variations concomitantes suppose cette proposition :

« Une chose dont les modifications ont toujours pour conséquents les modifications d'un effet doit être la cause (ou doit être liée à la cause) de cet effet. »

16. L'analyse et la synthèse dans les sciences expérimentales. Ni l'analyse seule, ni la synthèse seule, ne saurait conférer la certitude scientifique au résultat de l'expérience, c'est par un mutuel contrôle que ces deux procédés assurent leur autorité : par la pile électrique je décompose l'eau en hydrogène et oxygène; comment vérifier l'exactitude de l'analyse? en recomposant l'expérience par la combinaison des volumes déterminés de ces deux gaz au moyen de l'eudiomètre.

« D'une manière générale, dit très précisément M. Louis Liard[1], la science expérimentale, toute différence d'objet mise de côté, est le produit d'une *analyse inductive* et d'une *synthèse déductive*. Soit une loi, par exemple, la loi de la chute des corps : les corps abandonnés à eux-mêmes tombent vers le centre de la terre, avec une vitesse proportionnelle au temps écoulé depuis l'origine de la chute, c'est de l'observation des faits que ce rapport a été dégagé; mais l'observation passive de la nature n'aurait pu le découvrir; pour le mettre au jour, il a fallu expérimenter sur des phénomènes différents, en des milieux divers, dans des circons-

---

1. Louis Liard, *Logique.*

tances variées ; on a fait l'expérience avec des solides, avec des liquides, dans l'air et dans le vide, à des hauteurs et sous des pressions différentes ; chacune de ces expériences était une somme complexe de phénomènes, où l'élément à dégager était mêlé à d'autres éléments. Ces éléments étrangers variables et accidentels, l'expérience les a éliminés et elle en a extrait l'élément essentiel et commun ; elle a fait œuvre *analytique*. Mais si la formule obtenue énonce les résultats d'une analyse expérimentale, en même temps elle la dépasse. Toute loi est une proposition générale ; le rapport qu'elle exprime est vrai dans tout l'espace, et dans le temps tout entier. L'expérience, si répétée qu'elle soit, est limitée dans l'espace, dans le temps. Pourtant nous ne laissons pas d'en étendre, par la pensée, les résultats à tout l'espace et à tout le temps. Nous ne disons pas : jusqu'ici les corps abandonnés à eux-mêmes sont tombés vers le centre de la terre ; nous disons, sans aucune réserve, comme si notre formule était supérieure aux conditions particulières que l'espace et le temps imposent aux phénomènes : Tous les corps tombent vers le centre de la terre. A l'analyse qui décompose les *touts* complexes donnés à l'observation et en isole les éléments divers, survit donc l'induction qui étendra à l'espace et au temps tout entier les résultats de l'analyse.

« Mais une fois en possession des éléments généraux des choses, il faut se représenter les combinaisons par lesquelles ils les forment. Avec l'unité tirée de la multiplicité, il faut composer la multiplicité, avec les lois extraites des phénomènes, il faut en quelque sorte créer les phénomènes particuliers. Cette opération, où il est facile de reconnaître la *synthèse*, est inverse de la première ; elle part des propositions générales auxquelles celle-ci aboutissait, et aboutit à des propositions particulières semblables à celles d'où l'autre partait. A cette *synthèse* est unie la *déduction*, comme l'induction était tout à l'heure alliée à l'analyse. »

§ 4. — L'hypothèse et les théories.

17. Définition. — L'hypothèse est une explication anticipée qui supplée à une loi inconnue.

Elle est œuvre d'imagination et, comme telle, ne peut être acceptée que provisoirement.

Ainsi, les anciens ayant observé que l'eau monte dans un tube, mais ne découvrant pas la cause qui la faisait monter, imaginèrent que la nature a horreur du vide. Un physicien reconnut qu'au-dessus de 32 pieds l'eau ne s'élève pas; la nature n'aurait plus horreur du vide au delà de cette hauteur? L'hypothèse était donc une erreur; Pascal et Torricelli reprennent les expériences, les comparent et aboutissent à la conception d'une autre cause, la pression de l'atmosphère; ils en suivent l'influence dans tous les phénomènes du même ordre et découvrent la relation constante entre le principe et les effets; ils posent alors une loi, qui n'est plus une hypothèse, mais une induction.

L'hypothèse, d'ailleurs, n'est pas toujours et nécessairement inexacte; il arrive qu'elle rencontre juste. Si elle est *scientifique*, c'est-à-dire établie méthodiquement, elle doit même aboutir à la vérité. Mais il faut se garder de l'accepter trop tôt pour une formule définitive et ne se garder pas moins de multiplier les hypothèses, alors qu'une induction régulière serait possible : l'hypothèse n'est qu'un procédé d'abréviation. *L'hypothèse expérimentale doit toujours être fondée sur une observation antérieure.*

18. Avantages et dangers de l'hypothèse. — Ses avantages sont d'abord de satisfaire l'esprit, auquel elle offre momentanément un repos dans ses recherches, un point d'appui dans ses incertitudes; en second lieu, elle mène indirectement à la vérité par la constatation de sa propre vanité. Voici comment : lorsqu'on a examiné et vérifié toutes les hypothèses possibles, toutes moins une ayant été rejetées comme insuffisantes, on a circonscrit le champ de l'erreur, et la dernière hypothèse a beaucoup de chances d'être la vérité.

Mais il est encore un danger possible : c'est que la facilité de résoudre des questions difficiles par des explications imaginées ne séduise et n'entraîne l'esprit, qui dès lors se détourne du travail plus long et plus pénible de l'observation et de l'expérimentation.

« Ceux qui ont condamné l'emploi des hypothèses[1] et des idées préconçues dans la méthode expérimentale, dit Claude Bernard, ont eu tort de confondre l'invention de l'expérience avec la constatation de ses résultats. Il est vrai de dire qu'il faut constater les résultats de l'expérience avec un esprit dépouillé d'hypothèses et d'idées préconçues. Mais il faudrait bien se garder de proscrire l'usage des hypothèses et des idées quand il s'agit d'instituer l'expérience ou d'imaginer les moyens d'observation. On doit au contraire donner libre carrière à son imagination, c'est l'*idée* qui est le principe de tout raisonnement et de toute invention; c'est à elle que revient toute espèce d'initiative. On ne saurait la chasser sous prétexte qu'elle peut nuire, il ne faut que la régler et lui donner un critérium, ce qui est bien différent.

« Le savant complet est celui qui embrasse à la fois la théorie et la pratique expérimentale : 1° il constate un fait; 2° à propos de ce fait, une *idée* naît dans son esprit; 3° en vue de cette idée il raisonne, institue une expérience, en imagine et en réalise les conditions matérielles; 4° de cette expérience résultent de nouveaux phénomènes qu'il faut observer, et ainsi de suite. L'esprit du savant se trouve en quelque sorte toujours placé entre deux observations : l'une qui sert de point de départ au raisonnement, l'autre qui lui sert de conclusion. Une idée anticipée ou une hypothèse est donc le point de départ nécessaire de tout raisonnement expérimental. »

19. Règles de l'hypothèse. — Pour être admise, l'hypothèse doit répondre aux conditions suivantes :

1° Être *utile* par elle-même, ce qui veut dire : n'y avoir recours que si toute induction régulière est impossible.

2° Être *possible*; si elle est en contradiction avec les lois de l'univers que nous connaissons comme certaines, elle ne mérite pas d'être prise en considération.

3° Être *vraisemblable*, et par là on entend qu'elle doit toujours se rattacher au moins par quelque côté à des prin-

---

[1] Et c'est, depuis Bacon, presque tous les philosophes partisans de la méthode expérimentale.

cipes ou à des faits qui pour nous sont la vérité; toutefois il faut laisser une certaine extension à la vraisemblance, car, si l'on en resserre trop les limites, l'hypothèse est anéantie, et l'on se prive ainsi d'un moyen scientifique important.

4° Etre *efficace* : c'est-à-dire expliquer tous les faits de même ordre qui doivent dépendre du principe supposé. Il ne se peut pas en effet qu'un principe ne contienne pas toutes les conséquences, à moins qu'il ne soit lui-même incomplet ou inexact, auquel cas il faut le rejeter.

5° Etre *éprouvée*. L'hypothèse n'acquiert sa valeur définitive qu'après vérification; jusque-là elle demeure un fait d'imagination, par conséquent suspecte; elle est une anticipation, un provisoire, et ce n'est pas son moindre danger que la séduction qu'elle exerce sur les esprits plus vifs que patients, entraînés à ériger trop tôt en lois des conclusions prématurées. C'est pourquoi Newton se défendait de faire des hypothèses, non pas que sa découverte de la gravitation universelle n'eût débuté par là, mais parce qu'il n'émit ses propositions qu'après une rigoureuse vérification de ses hypothèses, vérification qui les avait pour ainsi dire purifiées et certifiées. D'où il suit que, si l'hypothèse est telle, qu'elle ne puisse, par aucun moyen d'exploration ni d'observation, être éprouvée et contrôlée, elle est vicieuse : telle l'hypothèse des tourbillons de Descartes.

20. Part de la déduction dans les sciences expérimentales. — C'est là surtout qu'apparaît le mutuel échange des sciences inductives et des sciences déductives; la vérification des inventions, inductions ou hypothèses s'opère par voie déductive. On s'assure de la certitude du principe en poursuivant toutes ses conséquences jusqu'à la plus lointaine; s'il ne surgit aucune contradiction soit de ces conséquences entre elles, soit de l'une d'elles avec un axiome ou une proposition démontrée, c'est que le principe ne renferme rien que d'indubitable[1]; si au contraire quelque erreur s'y est introduite et dissimulée, elle reparaît plus manifeste dans cette épreuve; c'est ainsi que les sciences expérimentales

1. *L'accord de la vérité avec elle-même* est un principe dont Leibniz a fait son critérium de certitude.

reçoivent leur consécration de l'application des procédés déductifs à leurs découvertes.

« Si l'esprit de l'expérimentateur, dit Claude Bernard, procède ordinairement en partant d'observations particulières pour remonter à des principes, à des lois, ou à des propositions générales, il procède aussi nécessairement de ces mêmes propositions générales ou lois pour aller à des faits particuliers qu'il tire légitimement de ces principes. Seulement, quand la certitude du principe n'est pas absolue, il s'agit toujours d'une déduction provisoire qui réclame la vérification expérimentale. Toutes les variétés apparentes du raisonnement ne tiennent qu'à la nature du sujet que l'on traite et à sa plus ou moins grande complexité. Mais dans tous les cas l'esprit de l'homme fonctionne toujours de même par syllogisme. Il ne pourrait pas se conduire autrement. »

En regard de cette opinion de Claude Bernard, il est convenable de placer l'opinion contraire : d'autres savants logiciens prétendent que l'esprit fonctionne toujours par induction et que la déduction est une contre-épreuve de la première opération. Ainsi l'induction nous apprend que tous les corps sont pesants. Cette vérité générale explique que tel corps, l'air, par exemple, est pesant ; la déduction dégage cette vérité particulière de l'autre, où elle était confondue et comme enveloppée (ÉMILE CHARLES).

21. Légitimité de l'hypothèse scientifique. — M. Stuart Mill présente ainsi le principe : Pour découvrir la cause d'un phénomène par la méthode déductive, le procédé consiste en trois parties : l'induction, pour déterminer les lois des causes ; le raisonnement, pour calculer d'après ces lois comment les causes agiront dans la combinaison particulière connue du cas dont on s'occupe ; la vérification, par la comparaison de l'effet calculé avec le phénomène actuel. La méthode hypothétique supprime la première. La loi dont on déduit des conséquences est supposée au lieu d'être prouvée.

Ce procédé peut évidemment être légitimé à une condition, à savoir que la nature du cas soit telle, que l'opération finale, la *vérification*, équivaudra à une induction complète. Si la loi hypothétiquement établie conduit à des résultats vrais, ce sera la preuve qu'elle est elle-même vraie, pourvu que le cas soit tel qu'une loi fausse ne puisse pas conduire aussi à un résultat vrai, et qu'aucune loi autre que la loi supposée ne conduise aux mêmes conclusions[1].

22. Les théories. — Chaque loi de la nature découverte par l'observation ou l'expérimentation ne fait qu'expliquer un ordre particulier de phénomènes. L'esprit humain ne se contente pas de cette connaissance fragmentaire. Comme il a voulu pénétrer le rapport des phénomènes, il veut saisir et comprendre le rapport des lois entre elles. Il *pressent* une simplification possible, c'est-à-dire l'ascension à la connaissance de lois de plus en plus générales, voire la réduction de toutes les lois à un principe unique, qui serait la suprême explication de l'univers.

Cette explication systématique non plus d'un ordre de phénomènes mais d'un groupe de lois, c'est ce qu'on nomme une *théorie*.

On distingue des théories de différents degrés, selon que le groupe ou les groupes des lois qu'elles englobent sont plus ou moins étendues. C'est ainsi que, en physique, on établit les *théories* de la lumière, de la chaleur, de l'électricité, etc.; en astronomie, une *théorie* du ciel; en physiologie une *théorie* de la circulation du sang, etc., en psychologie, une *théorie* de la perception, ou de la sensation, ou de la volonté. Toute théorie existe par une idée fondamentale qui en est le *principe*.

Or, remarquons-le avec attention, ce principe peut n'être qu'une hypothèse : il participe donc, et toute la théorie avec lui, aux chances d'erreur ou de vérité inhérentes à l'hypothèse. La théorie elle-même consiste à prouver l'accord des conséquences qui pour la pensée se déduisent du principe des phénomènes réels que révèle l'expérience. Il adviendra parfois qu'une théorie après avoir paru pendant un certain temps donner toute garantie de certitude sera renversée par une expérience nouvelle. Exemple : J.-B. Dumas, ayant observé un grand nombre de faits concordants, crut pouvoir avancer la théorie d'une distinction radicale des végétaux et

[1]. Stuart Mill, *Système de logique*, liv. III, ch. xiv (trad. Peisse).

des animaux fondée sur ce principe que les premiers produisent des composés chimiques que détruisent les seconds. Arrive Claude Bernard qui découvre la production du glucose par le foie, et montre par là que tels organes animaux produisent des composés de même nature que certains de ceux qui se trouvent dans les végétaux : renversement de la théorie de J.-B. Dumas.

Le sort des théories n'est pas toujours si malheureux. En contraste avec le mécompte du grand chimiste Dumas, se place le retour de fortune d'une théorie de Descartes. L'illustre philosophe avait affirmé le *mécanisme* universel; les phénomènes vitaux eux-mêmes n'étaient pour lui que des mouvements, ce qui le conduisit au système de l'automatisme des bêtes. D'où provenait son hypothèse? non pas de l'observation des phénomènes et de leurs actions et réactions réciproques; elle provenait de spéculations rationnelles. C'était une construction purement idéale, *a priori*. — Deux siècles passent, et la théorie cartésienne, longtemps contestée, trouve sa confirmation par la science expérimentale; elle s'appelle la *théorie de l'unité des forces physiques* dont le principe est — comme dans la pensée de Descartes, — l'identité fondamentale de tous les phénomènes matériels : tous les ordres de faits sont équivalents, et la même force se transforme et devient successivement et tour à tour, suivant des conditions et proportions définies, mouvement, lumière, chaleur, électricité, son, couleur, etc., la différence apparente des phénomènes n'étant autre chose que nos différentes façons de sentir les impressions produites par le monde extérieur.

C'est une hypothèse : la vérification expérimentale n'en est pas faite dans sa totalité, mais hypothèse combien plus étendue que la modeste conjecture expliquant par anticipation une espèce de phénomènes. De là, distinction entre les hypothèses *spéciales*, et les hypothèses *générales* qui sont les génératrices des théories.

D'autres grandes hypothèses[1] sont célèbres dans la science contemporaine.

1. Ces grandes hypothèses qui embrassent en système une large

1° Celle de Laplace sur l'origine du système solaire, qui consiste essentiellement à supposer que le soleil et toutes les planètes qui gravitent autour de lui faisaient primitivement partie de la même nébuleuse; celle-ci, ayant éclaté dans son mouvement giratoire, se divisa et s'éparpilla, et chaque morceau conserva le même mouvement qui animait la nébuleuse.

2° L'hypothèse des *corrélations organiques* de Cuvier qu'il énonce simplement : « Tout être organisé forme un ensemble, un système dont toutes les parties se correspondent mutuellement et concourent à une même action définitive par une réaction réciproque ». Partant de là, d'après la dent d'un animal il reconstitue la structure de l'animal entier.

3° L'hypothèse des *connexions* de Geoffroy Saint-Hilaire : un organe est toujours dans un rapport défini et invariable avec tel autre organe donné, celui-ci de même avec un troisième, et tous les organes semblablement par rapport de l'un à l'autre. L'organisme est une sorte d'engrenage; d'où suit que la situation peut servir à reconnaître l'organe, sous quelque forme qu'il se présente.

4° L'hypothèse du *transformisme* posée par Lamarck, reprise et modifiée par Darwin. Le principe le plus général de Lamarck est que *la fonction fait l'organe*, contrairement à l'idée que l'organe préexiste à la fonction pour qu'elle puisse s'accomplir; la fonction elle-même est provoquée ou transformée par trois causes : le *milieu*, l'*habitude* et le *besoin*.

Darwin prend pour base de sa théorie de l'origine des espèces le principe de *sélection naturelle*, et le principe de *concurrence vitale*. Le premier ordonne que les individus les mieux doués de qualités, qui peuvent être diverses, se recherchent, s'accouplent et lèguent à leurs rejetons plus ou moins de leurs qualités respectives, ce qui fait déjà un type

partie ou la totalité de l'univers sont appelées par M. Liard *hypothèses générales*, par opposition aux *hypothèses spéciales*, et par M. Janet *hypothèses métaphysiques*, par opposition aux *hypothèses scientifiques* ou expérimentales : celles-ci sont tirées immédiatement des faits, les autres vont au delà.

spécial, différant de ses parents par quelques côtés, leur ressemblant par d'autres ; ce type spécial suivra la même loi de sélection, et engendrera un nouveau type diversifié, et toujours ainsi de génération en génération.

Le principe de la *concurrence vitale*, ou de la lutte pour la vie [1] (*struggle for life*) impose à tous les êtres la nécessité de s'efforcer de subsister en se procurant la nourriture. Le plus fort mange le plus faible, et fait ainsi œuvre d'assainissement des espèces dont il prévient les dégénérescences.

5° La théorie de l'*évolution* présentée et soutenue par Herbert Spencer et par Haeckel. — Elle procède du *principe de continuité*, enseigné par Leibnitz. La nature ne fait pas de bonds ; il existe un enchaînement ininterrompu, graduel, entre toutes ses manifestations. Cette idée, les philosophes évolutionnistes du XIX° siècle la reprennent et lui donnent cette forme : Rien ne se produit d'abord en sa forme complète et définitive ; tout passe par une série de degrés et à chaque degré amende sa forme primitive. La loi générale de l'évolution comprend deux lois particulières : 1° la loi d'*intégration*, ou de progrès lent et continu de l'être qui de l'état rudimentaire s'élève à l'état complet et parfait ; 2° la loi de *dissolution*, ou de décadence et destruction de l'être qui repasse en sens inverse par les degrés parcourus pour atteindre à son parachèvement. La loi d'évolution, selon ses partisans, domine l'univers total, l'existence du monde physique et l'existence du monde moral.

§ 5. — L'ANALOGIE.

23. L'analogie est une induction imparfaite. — Dans tout raisonnement, on infère d'un objet ou d'un fait connu à un autre fait ou à un autre objet, lequel peut être de même nature que le premier. Mais il peut aussi être de nature différente, et c'est proprement le rôle du raisonnement par

---

1. Il est intéressant de rapprocher ce principe de l'idée de Spinoza, *l'effort de tout être pour persévérer dans son être*. Darwin ne prend qu'au sens physique ce qui chez Spinoza s'étend au sens métaphysique.

analogie de passer d'un sujet à un autre d'une espèce différente.

Quelle est la base de toute inférence? Une ressemblance. Si l'on peut envelopper dans un même jugement tous les hommes pour affirmer qu'ils sont mortels, c'est que la ressemblance entre eux est complète quant à leurs conditions biologiques; et dès lors, tous les hommes qui nous précédèrent étant morts, nous sommes en droit d'inférer que pas un homme n'est immortel. Ici la ressemblance est totale, c'est une inférence par *identité*, c'est une *induction parfaite*.

Mais dire « qu'il y a dans les affaires humaines comme un mouvement de flux et de reflux », c'est rapprocher deux sujets très différents, l'humanité et la mer; cependant les phénomènes de la marche de l'humanité et du mouvement des marées peuvent se ressembler exactement. Voilà donc deux sujets de nature distincte, qui se ressemblent en un point particulier. Pourvu qu'on ne dépasse pas cette limite dans l'assimilation, l'inférence est légitime; mais ce n'est qu'une *ressemblance de relations*, c'est-à-dire une *analogie*.

La différence est que dans le cas d'une induction complète on a dû précédemment, par une comparaison régulière, constater une liaison invariable entre la propriété ou les propriétés communes et la propriété donnée, ou bien entre le cas ou les cas communs et le cas proposé, tandis que dans le raisonnement analogique cette liaison n'a pas été démontrée.

Kant, dans sa *Logique* a écrit ces *observations*, qui expriment la différence entre l'induction et l'analogie:

« L'induction conclut du particulier au général dans le principe de la généralisation qui est ainsi conçu : Ce qui convient à plusieurs choses d'un genre convient aussi à toutes les autres choses du même genre. »

« L'analogie conclut de la ressemblance particulière de deux choses à la ressemblance totale d'après le principe de la spécification.

« L'induction va des données empiriques du particulier au général par rapport à *plusieurs objets*. — L'analogie, au contraire, passe des qualités données d'une chose à un plus grand nombre des qualités de la même chose. — Une seule chose dans un grand nombre de sujets, donc dans tous : *induction*. Plusieurs choses dans un sujet (qui sont aussi dans un autre), donc aussi le reste dans le même sujet : *analogie*. »

24. Elle ne vaut que par l'exactitude des ressemblances de relation. — L'analogie n'est pas nécessairement exacte. Sa valeur dépend du plus ou moins de ressemblance des relations.

« Quand on donne à un pays qui a envoyé des colonies au dehors le nom de mère patrie, cette expression est analogique, en ce qu'elle signifie que les colonies d'un pays sont avec lui dans la même *relation* que les enfants avec leurs parents. Et si l'on tire quelque conclusion de cette ressemblance de relation, par exemple que les colonies doivent obéissance et affection à la mère patrie, cela s'appelle raisonner par analogie [1]. » Et dans ce cas l'analogie est exacte.

Mais que les Chinois prétendent fonder leur gouvernement sur le principe de l'autorité paternelle et justifier la forme particulière de leur despotisme par la ressemblance de l'État avec la famille, le point essentiel fait défaut. Malgré une ressemblance partielle et importante, à savoir que le fait du gouvernement implique l'autorité, la supériorité, le droit de punir, puissance et prérogative que doit posséder le père de famille, les deux cas ne s'accordent pas sur le point d'où dérive le despotisme : dans la famille, les sujets du gouvernement ne sont que des enfants ; dans l'État, ce sont des hommes faits, ils sont les égaux des gouvernants. Nous savons du reste que l'autorité paternelle suit elle-même une marche décroissante à mesure que l'enfant devient homme. Il faudrait donc supposer un état où tous les hommes seraient ignorants et dégradés, et pour cette cause gouvernés par des hommes sages et d'un esprit élevé [2]. L'analogie est donc défectueuse.

De même, quand Platon veut ranger les citoyens en trois catégories, correspondant aux trois fonctions essentielles de l'esprit. L'organisation d'un État n'a rien de commun avec les divisions et l'analyse des facultés mentales de l'homme.

Tandis que, pour déterminer expérimentalement l'action du mercure, on a opéré sur des chiens, et de là justement inféré

---

1. Stuart Mill, *Système de logique*, liv. III, ch. xx.
2. Bain, *Logique*, liv. III, ch. xv.

ce que produit le mercure sur l'homme, parce qu'on a pris soin d'abord d'établir que les chiens ressemblent aux hommes pour le symptôme mercuriel de la salivation.

25. L'analogie ne donne pas la certitude, mais seulement la probabilité. Règle d'appréciation. — Aucune analogie ne peut s'élever jusqu'à l'évidence complète : il y en a même très peu qui arrivent à une haute probabilité.

« L'analogie, dit Reid[1], peut nous procurer un degré de probabilité plus ou moins grand selon que les objets comparés sont plus ou moins semblables. » La proposition de Reid marque en même temps la limite de l'analogie et la mesure de son appréciation.

La probabilité se mesure par la comparaison du nombre et l'importance des points de ressemblance avec le nombre et l'importance des points de différence, en tenant compte du nombre des propriétés inconnues relativement aux propriétés connues.

On voit par là combien est dangereux le raisonnement par analogie, qui ne procède pas d'une minutieuse étude des caractères de chacun des êtres comparés. « D'après un seul, connais-les tous, » est le plus souvent une formule exagérée et injuste.

RÉSUMÉ

Les sciences physiques sont concrètes : elles vont à la découverte des lois de la nature en étudiant les phénomènes. Elles remontent des effets aux causes, du particulier au général. Cette méthode est inductive.

L'induction est un raisonnement qui dépasse l'expérience ; elle donne la formule universelle de tous les faits possibles, en s'appuyant sur un petit nombre de faits connus.

Mais ces faits ont dû être bien connus au moyen de l'observation et de l'expérimentation. Tous les phénomènes ne peuvent être soumis à l'expérimentation, tous ne peuvent même être suffisamment observés. On y

---

1. Thomas Reid, philosophe écossais, 1710-1796. *Recherches sur l'entendement humain d'après les principes du sens commun.*

suppléé par le secours de l'imagination, qui crée l'hypothèse. Celle-ci n'est pas sans dangers; elle peut détourner l'esprit des voies scientifiques : elle offre trop de séductions et de facilités. On n'y doit recourir que par nécessité et n'y avoir confiance qu'après vérification.

Observation, expérimentation ou hypothèse, rien ne vaut que pour aboutir à une induction régulière. Le fondement rationnel de toute induction est le principe de l'uniformité des lois de la nature. Bacon et Stuart Mill ont institué les règles de ce raisonnement et marqué sa valeur. Il conduit à la certitude.

Il est un procédé inductif qui diffère de l'induction proprement dite, en ce qu'il ne repose pas sur une observation ou une expérience complète : c'est l'analogie. Elle n'est pas sans utilité pour faciliter la recherche, mais elle n'a qu'une valeur de probabilité.

CHAPITRE V

MÉTHODE DES SCIENCES NATURELLES

LA CLASSIFICATION

SOMMAIRE. — 1. Objet des sciences naturelles. — 2. Ce qu'est la classification : idées et termes plus ou moins généraux. — 3. Utilité de la classification. — 4. Deux modes de classification. — 5. Règles de la classification.

1. Objet des sciences naturelles. — Les sciences naturelles, qu'on appelle aussi sciences *concrètes*, ont pour objet le réel des choses, et elles se distinguent des sciences physiques proprement dites en ce que le calcul n'y a aucune part. Elles sont surtout descriptives, et leur but est de former d'après les caractères généraux des êtres, des groupes : c'est ce qu'on appelle la *classification*.

Ces sciences sont : la minéralogie, qui étudie, décrit et classe les minéraux ; la géologie, qui étudie les couches terrestres et la formation des terrains ; la botanique, qui étudie les plantes ; la zoologie, qui étudie les animaux.

2. **Ce qu'est la classification : idées et termes plus ou moins généraux.** — La méthode qui convient à ces sciences se rattache à la méthode expérimentale, en ce qu'il faut d'abord observer, comparer et enfin généraliser. L'ensemble de ces opérations s'appelle *classification*. La classification admet plusieurs degrés, selon que l'on considère des caractères plus ou moins généraux. Le terme le plus général qui soit, puisqu'il est universel, c'est l'*Être*. Il est certainement le plus abstrait, puisqu'il ne contient la détermination d'aucun caractère précis. Si l'on s'attache aux caractères les plus apparents des êtres, aux différences les plus vulgaires, on forme le *règne*. Dans le règne, si nous saisissons un trait essentiel qui distingue certains individus des autres, nous créons les *embranchements* : ainsi dans le règne animal nous séparons les vertébrés des annelés, d'après la présence ou l'absence du système cérébro-spinal.

L'embranchement lui-même donnera lieu à une classification nouvelle, d'après le mode de génération et d'après le procédé de nutrition des rejetons. On distinguera, par exemple, les mammifères des ovipares, et l'on formera ainsi des *classes*.

En poursuivant l'analyse des caractères, on remarque une structure différente des mâchoires, une disposition différente des intestins, un régime alimentaire distinct ; c'est ainsi qu'on établit dans la classe les *ordres*, ceux des carnassiers, des herbivores.

Tous les carnassiers ne sont pas absolument semblables ; pour un caractère commun il y en a beaucoup d'autres dissemblables ; d'après ces différences se forme le *genre*. C'est ainsi que le lion et le loup, tous deux carnassiers, ne sont pas du même genre. Le genre est donc l'idée générale qui comprend un plus ou moins grand nombre d'espèces, offrant des caractères essentiels communs.

L'*espèce* est inférieure au genre : elle se constitue en

choisissant dans le genre les individus qui, en plus ou moins grand nombre, possèdent un ou plusieurs caractères qui les distinguent du reste. Etant donné par exemple le genre félin, on y discernera l'espèce *chat*, l'espèce *tigre*, l'espèce *panthère*, etc., et de même, dans le genre canin, on discernera l'espèce *chien*, l'espèce *loup*, l'espèce *renard*. Enfin l'espèce elle-même n'est pas le dernier mot de la classification et elle supporte encore des différences de *races* : ainsi, parmi les chiens, les uns ont le poil long et soyeux, les oreilles longues et pendantes, la queue longue, une intelligence plus grande, une aptitude marquée à arrêter et à rapporter, ils forment une race, celle de l'*épagneul*; d'autres au contraire, au poil ras, au système musculaire développé, avec un museau aplati et les dents en crocs, sont fidèles gardiens et d'humeur batailleuse, ils forment une autre race, celle des *dogues*, etc.

2. **Utilité de la classification.** — Le grand avantage de la classification est d'introduire dans la science l'*ordre* et l'*unité*. La nature, au lieu d'être un chaos d'individus dont la multiplicité impose à la mémoire un travail excessif et vain, devient pour nous un tout harmonieux : et, sans avoir à résoudre la question de la distinction réelle des espèces et des genres ou de la transformation perpétuelle des espèces par la sélection, il n'est pas moins certain que la science éprouve le besoin de ces catégories.

3. **Deux modes de classification.** — Les classifications sont ou naturelles ou artificielles : *naturelles* si les distinctions d'après lesquelles on les établit sont celles que la nature indique elle-même et qui sont le trait essentiel qui relie les individus ; *artificielles* si le naturaliste choisit arbitrairement les distinctions, non pas même parmi les caractères essentiels, mais parmi les caractères apparents des êtres [1].

4. **Règles de la classification.** — Les règles de la classification sont celles-ci :

---

[1]. Comparer pour l'exemple les classifications de Tournefort, de Jussieu et de Linné.

1° Les caractères descriptifs doivent être exposés d'après l'ordre naturel qui les rattache l'un à l'autre.

2° En distribuant les êtres en classes, on doit se fonder sur le maximum de ressemblance.

3° Pour éviter les répétitions, la classification doit procéder par *degrés* successifs.

4° Il faut tenir compte du nombre des caractères et ne déterminer les groupes que d'après des ressemblances et des différences bien constatées.

RÉSUMÉ

Les sciences naturelles sont essentiellement descriptives. Elles tendent à rattacher par leurs communs caractères les êtres les uns aux autres et à former des groupes. Le but est de mettre en lumière l'origine des espèces, et d'autre part de faciliter le travail de l'esprit : la classification crée les règnes, genres, espèces, etc. Elle repose sur une observation exacte et une comparaison complète. Elle est artificielle ou naturelle.

CHAPITRE VI

MÉTHODE DES SCIENCES MORALES ET SOCIALES

Sommaire. — 1. Quelles sont ces sciences. — 2. Caractère pratique des sciences morales. — 3. Comment la méthode est appliquée à chacune d'elles : induction et déduction successivement. — 4. Ces sciences ont été justement dénommées sciences mixtes. — MÉTHODE APPLICABLE AUX SCIENCES HISTORIQUES. — 5. L'histoire est une science : quels sont ses éléments. — 6. Règles de la critique historique.

1. Quelles sont ces sciences. — Les sciences morales ont été définies celles qui « ont pour objet de découvrir les lois des produits conscients ou inconscients de l'activité humaine ». Elles traitent particulièrement de l'âme humaine, de ses actes, de ses lois, de ses croyances, d'où viennent ses mœurs ou manières d'être habituelles. Elles comprennent la psychologie, la morale, le droit, la pédagogie, la politique, l'économie politique, l'esthétique et l'histoire.

2. Caractère pratique des sciences morales. — Les sciences inductives ou déductives, métaphysique, chimie, ou géométrie analytique, gardent le caractère *spéculatif*, c'est-à-dire que celui qui s'y adonne ne cherche d'autre satisfaction que celle de l'esprit poursuivant la vérité : connaître pour connaître. Les sciences morales sont bien autres : les problèmes qu'elles soulèvent et qu'elles s'efforcent de résoudre ne sont pas une simple occupation de la pensée. Elles tendent à l'action, elles sont *pratiques*; connaître pour agir, voilà leur but.

3. Comment la méthode est appliquée à chacune d'elles, induction et déduction successivement. — I. La *psychologie* est très importante comme fondement et condition des autres sciences de l'esprit. Si les phénomènes de l'âme sont mal connus, ses facultés et ses lois mal définies, il n'est pas possible de les diriger ni de découvrir leur but ou destinée : de là les utopies politiques et les systèmes erronés de morale.

La méthode qui convient à la psychologie est avant tout la méthode d'observation. Mais ici le moyen d'observation, c'est la conscience.

Cette science possède l'avantage de mettre constamment à notre portée le sujet à étudier et le moyen d'étude, puisque nous sommes à la fois le théâtre et le spectateur des phénomènes.

L'observation peut aussi s'exercer sur les autres, mais elle offre moins de certitude, pour deux raisons : nous pouvons n'apercevoir qu'une partie du phénomène, nous méprendre même sur sa manifestation; et de plus l'individu observé peut nous avoir trompé en simulant les opinions, les sentiments, les passions qui ne sont pas vraiment les siens.

Quant à l'expérimentation, elle est presque impossible en psychologie. La production d'un phénomène n'est utile que si on peut l'observer. Pour bien observer, il faut être *maître de soi*. Si donc nous provoquons en nous des phénomènes importants, nous risquons fort de n'être plus capable de les analyser. Si nous essayons de les provoquer chez les autres, une grande incertitude enveloppe le résultat, car nous pouvons encore nous méprendre ou être dupes.

Toutefois la mémoire est d'un secours puissant pour l'analyse psychologique; elle permet de ressaisir les phénomènes accomplis, de restituer l'ordre de leur succession et elle fournit ainsi un nouvel élément à notre observation, de telle sorte que l'induction régulièrement conduite donne à la psychologie autant de certitude qu'aux sciences physiques : elle découvre les lois des facultés, dont l'application par voie déductive est d'une incontestable valeur : témoin les progrès de la pathologie de l'esprit, qui ne sont pas dus exclusivement aux observations physiologiques.

S'il s'agit des problèmes métaphysiques de la nature de l'âme, la psychologie n'est plus expérimentale, mais rationnelle; elle rentre par ce côté spéculatif dans la catégorie des sciences déductives.

II. La *morale*, pour établir la formule de ses lois, s'appuie à la fois sur des axiomes et sur des faits. Il y a, dit Leibniz, des axiomes de morale aussi solides que ceux de la géométrie. Elle recourt donc en même temps à la méthode inductive et à la méthode déductive. Les phénomènes dont elle tient compte sont ceux de la conscience morale. Les principes qui lui servent de base sont les principes nécessaires et absolus de la raison, et, une fois la loi d'action découverte, son application aux diverses personnes et circonstances est affaire de déduction.

III. La *pédagogie* est la science de l'éducation ; elle tire donc ses principes les plus généraux de la psychologie et de la morale par méthode déductive; mais elle exige aussi, pour discerner le mode d'application de ces principes, l'observation attentive des mœurs générales de la société et de l'époque, non moins que des dispositions individuelles de ceux qu'il s'agit de former et d'élever.

IV. Le *droit* naturel ou positif prend sa source aux mêmes principes que la morale, ou plutôt il n'est qu'une extension déductive de la morale elle-même et procède par les mêmes voies que la morale théorique, avec cette différence. que la morale se préoccupe surtout des devoirs et l'autre des droits réels. Il faut ajouter pour le droit positif l'étude et l'interprétation des textes de lois, ce qui rend nécessaire, outre la déduction, l'emploi de la méthode critique.

V. La *politique*, considérée comme science, est une application de la morale et, si l'on ose dire, de la pédagogie. Elle tire ses règles de ces deux sciences, puisqu'elle a pour but de diriger les hommes constitués en Etat. Mais elle a besoin aussi d'être soutenue par la connaissance de l'*économie*. Celle-ci elle même est la science de la richesse des nations : elle étudie la production, la consommation et la répartition de la fortune privée et de la fortune publique. Et cette étude est fondée sur l'observation des faits particuliers à telle époque, à tel peuple, à telle classe, et sur des lois premières dérivées du calcul rationnel. Mais la politique est essentiellement pratique, il est vrai; comme science, elle se borne à la *sociologie*, c'est-à-dire à l'examen des conditions générales nécessaires à la formation et au progrès des sociétés.

Le développement du régime de liberté chez les peuples européens et américains a favorisé l'extension des études politiques, et les facilités, sans cesse augmentées, des relations des peuples entre eux ont élargi le cadre des sciences politiques, en permettant les comparaisons des diverses organisations. On en est venu à restreindre le sens de *sciences politiques* à l'étude des problèmes engendrés par le rapport de l'autorité et de la liberté; et on a donné le nom de *sciences sociales* à celles qui ont pour objet les conditions d'organisation et d'amélioration des groupements sociaux, indépendamment des formes politiques. A la vérité la morale ne cesse pas d'être la base essentielle de ces sciences, mais l'*économie*, avec ses dépendances *statistique, science financière, géographie industrielle et commerciale,* y joue un très grand rôle : les problèmes qui tendent surtout à résoudre les sciences sociales sont la détermination du rapport du capital et du travail, l'organisation de l'assistance sociale, et les institutions de prévoyance.

VI. L'*esthétique*, ou science du beau, pose les principes absolus de toute expression artistique de la pensée. Elle est la philosophie de l'art. La méthode qui lui convient procède à la fois de l'observation et de la déduction : l'examen des œuvres et la recherche des circonstances qui ont présidé à leur composition, voilà la partie inductive ; la déduction reparaît lorsqu'il s'agit d'appliquer les principes d'ordre, de proportion, de convenance qui dérivent de la raison.

VII. Enfin l'*histoire* a sa méthode propre, la critique des témoignages, où la sagacité de l'induction et du raisonnement par analogie n'est pas moins nécessaire que la rigueur du raisonnement pour déduire d'un fait premier, considéré comme cause, tous les faits secondaires qui en sont les conséquences ou effets.

4. Ces sciences ont été justement dénommées sciences mixtes. — C'est l'emploi des deux méthodes se contrôlant et se suppléant l'une l'autre dans toutes les sciences morales, qui leur a fait attribuer le nom de *sciences mixtes*. Mais il ne faudrait pas croire qu'on peut indifféremment mêler les méthodes. Sciences mixtes veut bien dire sciences participant des deux régimes, mais dans chacune d'elles il est pour ainsi dire deux sections, l'une complètement soumise aux procédés déductifs, l'autre entièrement portée par les moyens d'induction.

MÉTHODE APPLICABLE AUX SCIENCES HISTORIQUES.

5. L'histoire est une science : quels sont ses éléments. — L'histoire est le récit méthodique et authentique des événements du passé. Son but est plus haut que la satisfaction d'une vaine curiosité ; par la connaissance des événements antérieurs et l'analyse des circonstances qui les ont provoqués ou accompagnés, elle a le double avantage d'aider la psychologie générale et de faciliter la prévision des destinées.

Quand nous disons que l'histoire est la science des événements du passé, il importe de donner à ce mot *événements* un sens à la fois très étendu et très précis : nous entendons tous les événements humains, c'est-à-dire tous ceux qui touchent à la vie intellectuelle et morale de l'humanité, aussi bien qu'à ses transformations politiques.

Il convient donc de comprendre dans l'histoire générale,

l'histoire des évolutions de la pensée sous toutes ses formes, science, philosophie, linguistique, littérature, art, religion. Par là, l'histoire est intimement liée à toutes les sciences sociales, et sa méthode propre leur apporte par les résultats positifs de son investigation une contribution des plus précieuses. Elle devient l'histoire de la civilisation.

La connaissance des événements et de leurs causes immédiates n'est que le premier degré de la recherche historique; le degré supérieur, la philosophie de l'histoire, est la découverte des lois qui régissent les états de société et leurs transformations. Toutefois ces lois historiques restent des « généralisations empiriques, » perfectionnées par leur rattachement aux lois de la nature humaine en général[1]. Elles ne fondent pour l'avenir que des probabilités.

La valeur de l'histoire est dans la sincérité et l'authenticité du témoignage. La grande difficulté et en même temps la chose la plus importante, c'est la *critique des témoignages*. Les sources de l'histoire sont la tradition orale et la légende; puis les monuments, les médailles, etc., et enfin les écrits. La *légende* est un récit mêlé de merveilleux qui assurément doit être séparé de l'histoire. Elle est plus imaginaire que véridique; cependant il n'en faut point faire fi absolument; car, le plus souvent, la légende a pris naissance d'un fait réel, qui mal expliqué a frappé les esprits, et le récit, passant de bouche en bouche sans contrôle, s'est peu à peu enjolivé et d'autant plus détourné de la simple réalité, qu'il était plus difficile de retenir et de charmer les esprits avec un sujet déjà connu. En élaguant tout ce que l'imagination a disposé autour du fait, on en peut retrouver l'origine et la signification. La légende peut être symbolique et envelopper un fait réel que les contemporains n'auraient pu sans danger raconter dans une forme positive.

La *tradition* diffère de la légende en ce qu'elle n'est plus un récit destiné à captiver ou à réjouir l'esprit, mais simplement un fait qui, raconté de génération en génération, peut être vrai, bien qu'il manque de la consécration que reçoit du temps lui-même un écrit qui n'est pas contesté.

1. Voir Stuart Mill, *Système de logique*, liv. VI, ch. VII.

Généralement cependant, la tradition représente ce qui fut l'opinion commune, de sorte que pour l'historien elle est précieuse. Si elle n'explique pas l'événement, si même elle ne prouve pas qu'il ait eu lieu, elle témoigne du moins ce qu'on en a cru, et l'état d'esprit d'une époque et d'un groupe.

Les *monuments* sont de deux ordres : les uns sont historiques *par destination*, les autres le deviennent *par circonstance*. Ainsi les arcs de triomphe, les colonnes, les trophées, les temples, les médailles commémoratives, etc., ont pour but évident de léguer à la postérité le souvenir et la preuve du grand événement auquel ils se rapportent. D'autres servent à l'histoire, sans que l'intention de leurs auteurs ait été d'établir un témoignage : tels sont les édifices particuliers, les monnaies, les armes, les ustensiles même les plus vulgaires qui, découverts en tel ou tel lieu, marquent les relations entre divers peuples.

Les *écrits* comprennent les œuvres historiques proprement dites, travail de ceux qui se sont donné la tâche de démêler les origines et de suivre les vicissitudes de la fortune des peuples ; puis les mémoires, les lettres, qui sont plus personnelles et se restreignent à un petit espace d'années ; enfin les ouvrages littéraires eux-mêmes, qui n'ont pas pour but direct de suppléer ou de compléter l'histoire et qui cependant lui sont un auxiliaire très utile, parce qu'ils reflètent les idées, les mœurs, les façons d'être et d'agir d'une époque et d'un milieu.

6. **Règles de la critique historique.** — Ces règles portent sur les *faits* et sur les *témoins*.

Critique des faits. — Les faits doivent être *possibles, vraisemblables, non contradictoires :* possibles, c'est-à-dire conformes aux lois générales de l'univers ; vraisemblables, c'est-à-dire conformes à ce que nous avons le plus souvent reconnu comme certain ; et enfin tels que, de deux faits également affirmés, la réalité de l'un ne soit pas une cause nécessaire d'impossibilité pour l'autre.

Critique des témoignages. — A l'égard des témoignages il faut considérer les témoins en eux-mêmes, les autorités sur lesquelles ils s'appuient, et la forme du témoignage; la *clarté* en est la qualité indispensable. Le témoin est-il *sincère?* Il pourrait vouloir nous tromper. C'est une question de bonne foi à examiner. Est-il *véridique?* La passion, l'intérêt peuvent égarer son jugement et fausser ses appréciations, même s'il est de bonne foi. Est-il *capable,* éclairé? car lui-même pourrait avoir été dupe. Enfin *a-t-il autorité?* sa situation, ses mœurs lui permettaient elles de savoir pertinemment ce qu'il rapporte. La règle suprême du témoignage est qu'il doit être *contemporain* de l'événement ou tout au moins reçu de la bouche des contemporains.

Critique des documents. — Quant aux écrits, ils nécessitent une critique particulière et des connaissances spéciales, afin d'en reconnaître l'*authenticité* et l'*intégrité;* sont-ils bien de ceux à qui on les attribue? N'ont-ils subi aucune altération, soit qu'on ait supprimé ou interpolé des mots ou des phrases qui dénaturent la pensée de l'auteur, soit même qu'on ait falsifié des mots qui donnent un tout autre sens à l'idée?

L'historien a donc le devoir de ne rien affirmer au hasard; il faut qu'il ait comparé les témoignages et affiné sa critique, en songeant qu'il exerce une sorte de magistrature; il s'institue le juge du passé, détermine ou réforme les jugements de la postérité et touche par conséquent à ce bien idéal, le plus précieux pour les âmes nobles, la réputation et la gloire.

RÉSUMÉ

Les sciences qui ont pour objet le moral de l'homme, ses facultés et les moyens de les gouverner, les éléments de son développement individuel et social, empruntent leur méthode à la fois à l'induction et à la déduction. Dans toutes il y a une part d'observation et une part de raisonnement fondé sur des principes premiers. Pour cette cause on les nomme sciences mixtes.

L'histoire est soumise à une méthode particulière, qui s'appelle critique historique, c'est-à-dire analyse et discussion de la valeur des témoignages.

CHAPITRE VII

ERREUR, SOPHISME ET PRÉJUGÉ

SOMMAIRE. — 1. Se tromper est le propre d'un esprit qui pense imparfaitement. — 2. L'erreur n'est pas nécessaire, on peut s'en préserver ou la corriger. — 3. Causes vulgaires de l'erreur : l'inattention, l'ignorance et la passion. — 4. Sources de l'erreur d'après Fr. Bacon. — 5. Le sophisme procède ordinairement de l'intention de tromper. — 6. Formes fréquentes des sophismes : classification d'après la logique de Port-Royal. — 7. Des mauvais raisonnements que l'on commet dans la vie civile et dans les discours ordinaires. — 8. Classification des sophismes d'après Stuart Mill. — 9. Le préjugé.

1. Se tromper est le propre d'un esprit qui pense imparfaitement. — L'erreur est un faux rapport établi par l'esprit entre sa pensée et la réalité. L'esprit humain est le seul qui soit sujet à se tromper : c'est la marque de sa puissance et de sa faiblesse en même temps. L'esprit divin ne peut pas se tromper; il possède parfaitement la vérité parfaite. La bête ne se trompe pas; son instinct la conduit sûrement, mais sans mérite.

L'homme peut se tromper; aussi a-t-il du mérite à éviter l'erreur; mais il n'est pas nécessaire qu'il se trompe; c'est à lui de prendre connaissance de son esprit, de découvrir et d'appliquer les moyens de le diriger. Pour que l'homme fût exempt d'erreur, il faudrait que toutes ses pensées et tous ses actes fussent réglés exactement comme les mouvements d'une horloge; et dès lors il cesserait d'être libre.

2. L'erreur n'est pas nécessaire, on peut s'en préserver ou la corriger. — L'erreur n'est point d'ailleurs un mal absolu, puisqu'il nous est possible d'en discerner les causes et d'y porter remède. Tout d'abord, on peut admettre qu'il est une science certaine que l'esprit peut atteindre et qu'il est d'autres choses qui dépassent la portée de l'esprit humain et dans lesquelles il est sage de ne point s'aventurer, puisqu'on n'en trouvera point la solution et que, l'eût on trouvée, elle ne servirait de rien. La première précaution est donc, l'esprit étant borné dans sa puissance, de borner son effort et ses prétentions.

3. Causes vulgaires de l'erreur : l'inattention, l'ignorance et la passion. — Dans le train ordinaire de la vie, la première cause d'erreur est une insuffisante attention, d'où vient un jugement précipité. Le remède est tout auprès du mal, il suffit de s'appliquer plus longuement et plus méthodiquement, afin de ne juger qu'en connaissance complète.

Souvent aussi il arrive que l'ordre dans lequel on enchaîne les idées aboutit à une fausse conclusion. Mais cela vient d'une mauvaise construction logique, que l'on corrige en étudiant et en appliquant les règles du raisonnement, que l'homme a été capable d'établir.

Fréquemment aussi la passion, se jetant à la traverse du jugement, le fausse et le corrompt. Mais cet accident n'est pas nécessaire, non plus qu'inévitable ou bien irréparable ; que si nous ne pouvons empêcher tout à fait la passion, au moins pouvons-nous prendre garde qu'elle apporte cet inconvénient de troubler la clarté de l'intelligence, et par conséquent n'accepter que sous réserve les affirmations qu'elle suggère, soit en nous-mêmes, soit chez les autres.

Quant aux erreurs des sens, elles sont un fait indéniable mais, à proprement parler, les sens ne nous trompent pas ; ils ne sont que l'occasion d'erreurs commises par l'esprit, à cause d'un imparfait examen. Il ne faut demander aux sens que ce qu'ils peuvent donner. Pourquoi accuser l'œil de nous tromper sur les distances ? Il n'est pas destiné à nous donner leurs valeurs géométriques. C'est à nous de faire l'éducation des sens en multipliant et en combinant les expériences, en ne demandant à chaque sens que ce qu'il peut donner, mais en les complétant l'un par l'autre.

4. Sources de l'erreur d'après Fr. Bacon. — Bacon a distribué les principales causes d'erreur en quatre groupes, qu'il appelle *idola*, c'est-à-dire *fantômes, fausses apparences*.

1° *Les fantômes de notre propre esprit* (*idola specus*). — Ils sont la conséquence de notre tempérament, de notre caractère, de nos habitudes, à cause desquelles nous sommes portés à juger toutes choses non comme elles sont et par rapport à l'ordre universel, mais par rapport à nous-mêmes.

2° *Les fausses apparences de la tribu ou de la caste* (*idola tribus*). — Ce sont des erreurs inhérentes à notre condition sociale, qui sont pour ainsi dire le propre de certaines catégories, de certains milieux; les grands, par exemple, n'ayant pas les mêmes façons de voir et de juger que le menu peuple.

3° *Les fausses apparences de la place publique* (*idola fori*), et par là Bacon entend les erreurs qui naissent du langage, de l'inexacte interprétation des mots et des idées, des mauvaises définitions, de l'inobservation même des règles grammaticales, qui dénature le sens et le mouvement des idées.

4° *Enfin les fausses apparences de la scène ou de la chaire* (*idola theatri*). — Il s'agit ici des faux jugements qui dérivent de l'autorité : on accepte pour vrai non pas ce qu'on a reconnu tel, mais ce qui sort de la bouche du maître. Or il n'est point seulement des autorités légitimes et des maîtres autorisés; il est de fausses autorités, les esprits paresseux préfèrent les croire plutôt que les contrôler.

Indiquer ces sources d'erreur, c'est du même coup désigner le remède : affranchissons l'esprit de toutes ces servitudes, formons notre raisonnement à se rapprocher de la raison universelle par le libre examen, et revenons au principe de Descartes, l'évidence rationnelle.

5. Le sophisme procède ordinairement de l'intention de tromper. — L'erreur provient généralement d'un mauvais raisonnement, mais involontaire. Le sophisme en diffère en ce que la forme du raisonnement peut être régulière, et cependant la démonstration est fausse, et que de plus l'inexactitude est intentionnelle; aussi, tout en définissant le sophisme un faux raisonnement revêtu d'une apparence régulière, on a cru bon de distinguer les *paralogismes*, dans lesquels l'argumentateur peut être de bonne foi, et les *sophismes* proprement dits, lorsque sa bonne foi est suspecte ou sa mauvaise foi évidente; de là le caractère injurieux du mot « sophiste ».

6. Formes fréquentes des sophismes. — *Classification d'après la logique de Port-Royal.* — Voici les principales formes des sophismes les plus ordinaires :

1° *Prouver autre chose que ce qui est en question.* — Il se commet fréquemment dans la chaleur de la dispute : on ne s'entend pas l'un l'autre ; par passion ou par mauvaise foi, on attribue à son adversaire ce qui est éloigné de son sentiment pour le combattre avec plus d'avantage ; on lui impute les conséquences qu'on s'imagine pouvoir tirer de sa doctrine, quoiqu'il les désavoue et qu'il les nie.

2° *Supposer vrai ce qui est en question.* — C'est ce qu'on appelle la pétition de principe, comme par exemple lorsque Aristote veut prouver par cet argument que la terre est le centre du monde :

« La nature des choses pesantes est de tendre au centre du monde et des choses légères de s'en éloigner.

« Or l'expérience nous fait voir que les choses pesantes tendent au centre de la terre et que les choses légères s'en éloignent.

« Donc le centre de la terre est le centre du monde. »

Mais où Aristote a-t-il vu que les choses pesantes tendent au centre du monde, s'il ne suppose d'abord que le centre de la terre est le même que le centre du monde, ce qui justement est en question ? On peut rapporter à ce sophisme tous les raisonnements où l'on prouve une chose inconnue par une chose qui ne l'est pas moins, ou une chose incertaine par une autre qui est autant ou plus incertaine.

3° *Prendre pour cause ce qui n'est point cause.* — La première origine de ce sophisme est la simple ignorance des véritables causes. Ainsi Aristote veut prouver que le monde est parfait par cette raison :

« Le monde est parfait parce qu'il contient des corps, le corps est parfait parce qu'il a trois dimensions, les trois dimensions sont parfaites parce que trois sont *tout*, et trois sont tout parce qu'on ne se sert pas du mot *tout* quand il n'y a qu'une chose ou deux, mais seulement quand il y en a trois. »

L'autre cause qui fait tomber les hommes dans ce sophisme est la sotte vanité qui nous fait avoir honte de reconnaître notre ignorance. On préfère former des causes imaginaires, plutôt que renoncer modestement à l'explication de certains faits; de là quantité de fausses opinions, de superstitions, de préjugés, comme d'attribuer au cours des astres une influence sur les actions des hommes. A cette source aussi se rattache le sophisme dit de *concomitance*, qui consiste à relier comme appartenant à la même cause deux phénomènes, par cela seul qu'ils se produisent en même temps; et cet autre qui consiste à dire : Cela est arrivé ensuite de telle chose, il faut donc que cette chose en soit la cause.

De là les superstitions et préjugés populaires : sel renversé, miroir brisé, mauvais œil, etc.

4° *Le dénombrement imparfait.* — Lorsqu'on ne considère pas assez toutes les manières dont une chose peut être ou arriver, on conclut témérairement ou qu'elle n'est pas du tout, parce qu'elle n'est pas d'une certaine manière, quoiqu'elle puisse être d'une autre; ou qu'elle est de telle ou telle façon, quoiqu'elle puisse être encore d'une autre manière que l'on n'a pas considérée (voir Descartes, *Règle de l'énumération*).

5° *Juger d'une chose par ce qui ne lui convient que par accident.* — On commet ce sophisme lorsque l'on tire une conclusion absolue, simple et sans restriction de ce qui n'est vrai que dans un cas particulier, à l'égard de telle personne ou de telle chose; ainsi font ceux qui attribuent à l'éloquence tous les mauvais effets que produisent certains orateurs plus ambitieux qu'honnêtes, ou à la médecine les fautes de quelques médecins ignorants.

6° *Passer du sens divisé au sens composé, et du sens composé au sens divisé.* — Ce qui arrive lorsque, celui qui parle n'affirmant ce qu'il dit que pour quelques sujets d'un genre, on interprète sa pensée comme s'appliquant au genre entier, ou inversement s'il parle d'un genre et qu'on l'interprète spécialement pour quelques individus; ainsi, l'Évangile disant : les aveugles voient, les boiteux marchent droit, les sourds entendent, cela ne peut être vrai que dans le sens divisé, car les aveugles ne voyaient pas demeurant aveugles et les sourds n'entendaient pas demeurant sourds; mais, cessant d'être aveugles ou sourds, ils voyaient et entendaient.

Dans un sens opposé, quand saint Paul dit que les médisants, les fornicateurs, les avares n'entreront point dans le royaume des cieux, il excepte ceux qui ayant eu ces vices s'en seront corrigés et purifiés. Le sophisme consisterait à passer de l'un à l'autre de ces sens.

7° *Passer de ce qui est vrai à quelque égard à ce qui est vrai simplement.* — Ainsi on peut admettre que la forme humaine soit la plus belle, mais seulement au regard des corps. Il ne s'ensuit pas, comme le voulaient les Epicuriens, qu'elle doive être en Dieu, parce que toutes les perfections sont en Dieu, car il n'a que des perfections simples et absolues, tandis que la perfection de la forme humaine est relative.

8° *Abuser de l'ambiguïté des mots.* — Par là on comprend tout ce qui peut faire changer le sens d'un mot, comme l'emploi successif d'un mot dans un sens propre et dans un sens figuré, et en général tous les syllogismes vicieux, soit parce qu'on y introduit quatre termes, soit parce que le moyen terme y est pris deux fois particulièrement, ou enfin parce que les termes de la conclusion ne sont pas pris dans le même sens ou la même extension que dans les prémisses.

9° *Tirer une conclusion générale d'une induction défectueuse.* — L'induction a pour but de découvrir la loi d'un phénomène; si le phénomène a été mal observé, les expériences insuffisantes ou incomplètes, l'induction est nécessairement défectueuse et la loi inexacte; ainsi, avant les expériences de Pascal, on admettait qu'un corps de pompe étant bien bouché, il était impossible d'en tirer le piston sans le faire crever, et que l'on pouvait faire monter de l'eau si haut qu'on voudrait par des pompes aspirantes; mais de nouvelles expériences ont démontré l'erreur et fait voir que le piston d'une pompe, quelque bouchée qu'elle fût, pouvait toujours se tirer, pourvu qu'on employât une force égale au poids d'une colonne d'eau de plus de trente-trois pieds de haut de la grosseur de la pompe, et qu'on ne saurait, d'autre part, élever de l'eau par une pompe aspirante à plus de trente-deux ou trente-trois pieds.

7. Des mauvais raisonnements que l'on commet dans la vie civile et dans les discours ordinaires[1]. — Ces sophismes, Nicole les range sous deux chefs principaux :

1° Sophismes provenant d'une cause intérieure qui est le dérèglement de la volonté, qui trouble et dérègle le jugement;

2° Sophismes provenant d'une cause extérieure qui consiste en les objets dont on juge ou qui trompent notre esprit par une fausse apparence.

Les deux causes se joignent le plus souvent; il y a néanmoins des erreurs où l'un paraît plus que l'autre. Aussi distingue-t-il les sophismes d'amour-propre, d'intérêt et de passion, d'avec ceux qui naissent des objets mêmes. Dans la première catégorie, il en découvre neuf espèces, et dans la seconde huit.

1re catégorie. — I. Juger des choses non par ce qu'elles sont en elles-mêmes, mais par ce qu'elles sont à notre égard : soumettre la vérité à l'utilité.

II. Les illusions du cœur : ceux que nous aimons n'ont à nos yeux que des qualités; nous sommes aveugles aux qualités de ceux que nous haïssons; nous tournons même leurs qualités en défauts.

III. Prétendre d'abord qu'on connaît parfaitement la vérité. Tous ceux qui sont d'un avis contraire au nôtre sont dès lors nécessairement réputés dans l'erreur.

IV. Ne pas admettre qu'une chose puisse être, parce qu'on en a ignoré l'existence et qu'on est convaincu de tout savoir.

V. Traiter d'opiniâtre celui qui ne se rend pas à nos raisons, alors qu'il n'est pas prouvé que nos raisons soient meilleures que les siennes par autre chose sinon qu'elles sont nôtres. L'adversaire en dit autant, et rien n'avance.

VI. Dédaigner par jalousie et envie ce qu'inventent ou proposent les autres. « C'est un autre que moi qui l'a dit, donc c'est faux. »

VII. L'esprit de dispute et de contradiction. On trouve toujours, quand on en est affecté, à repartir et à se défendre, parce qu'on a pour but d'éviter non l'erreur, mais le silence,

---

[1]. Voir *Logique de Port-Royal*, III° partie, chap. xx.

et qu'on croit qu'il est moins honteux de se tromper toujours que d'avouer qu'on s'est trompé.

VIII. La complaisance à ne rien contredire, à tout approuver : cette accoutumance à prendre, ou faire mine de prendre pour vrai tout ce qu'on dit, corrompt premièrement le discours, et ensuite l'esprit.

IX. L'entraînement à soutenir quelque opinion à laquelle on s'est attaché par d'autres considérations que par celles de la vérité.

2º *catégorie*. — I. Abuser de ce que dans la plupart des choses il y a un mélange d'erreur et de vérité, de vice et de vertu, de perfection et d'imperfection, pour les confondre et les faire passer l'un pour l'autre.

II. Former un vain ouvrage de paroles pompeuses par goût de rhétorique plutôt que fonder un bon raisonnement par amour et respect de la vérité. « Combien le désir de faire une pointe a-t-il fait produire de fausses pensées ! Combien la rime a-t-elle engagé de gens à mentir ! »

III. Juger témérairement des actions et des intentions des autres (ce qui se rattache aux sophismes des causes fausses ou incomplètes).

IV. Les fausses inductions.

V. Juger des conseils et des desseins par les événements, de sorte qu'on identifie heureux et prudent, malheureux et coupable ; bien plus, on identifie le droit et le succès.

VI. Juger témérairement de la vérité des choses par une autorité qui n'est pas suffisante pour nous en assurer, ou en décidant du fond par la manière (sophisme d'autorité et sophisme de manière).

VII. Se laisser influencer, pour juger de ce que dit un homme, par sa condition, sa richesse, sa dignité ou sa réputation.

VIII. Croire qu'un homme a raison lorsqu'il parle avec grâce, avec facilité, avec modération et avec douceur, et croire au contraire qu'un homme a tort lorsqu'il parle désagréablement ou qu'il fait paraître de l'emportement, de l'aigreur, de la présomption dans ses actions et dans ses paroles.

8. Classification des sophismes d'après Stuart Mill.

— Stuart Mill propose de distribuer les sophismes en deux grandes classes : sophismes de *simple inspection* et sophismes d'*inférence*.

Par sophismes de simple inspection il entend ceux qui consistent à soutenir un point de fait ou de doctrine par une présomption immédiate, à laquelle on s'abandonne sans pousser plus loin ses recherches : les préjugés naturels sont compris dans cette catégorie.

Par sophismes d'inférence il désigne les conclusions énoncées qui dérivent de principes supposés vrais ; cette seconde catégorie se subdivise selon que l'évidence apparente du sophisme relève de l'induction ou de la déduction.

Enfin, sous le titre de sophismes de *confusion*, il forme une division spéciale des raisonnements où l'erreur résulte non du lien établi entre les prémisses et la conclusion, mais de l'incorrection et de l'irrégularité des prémisses elles-mêmes.

En dressant le tableau qui suit, M. Mill montre que tous les sophismes sont répartis en cinq classes :

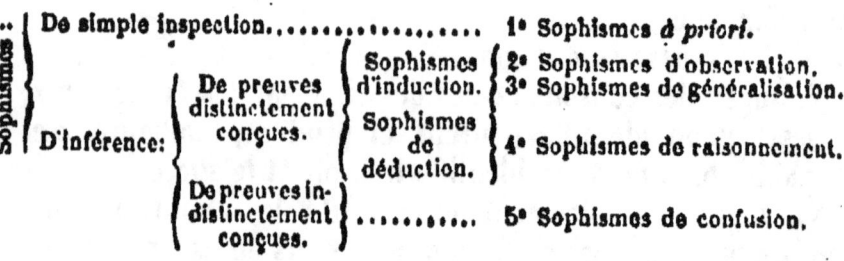

I. *Sophismes à priori ou de simple inspection*. — M. Mill en donne comme exemple : les superstitions populaires et les entraînements de l'esprit, qui de simples conceptions infère l'existence d'objets correspondant à ces conceptions.

II. *Sophismes d'observation*. — Ce sont ceux que l'on commet par suite d'omissions ou d'erreurs lorsqu'on recueille des faits que l'on veut généraliser ; ils peuvent être de non-observation ou de mauvaise observation : les uns omettent des cas essentiels, les autres défigurent et dénaturent ce qui a été observé.

III. *Sophismes de généralisation*. — Ces sophismes sont

surtout la conséquence des fausses analogies, des mauvaises classifications, des liaisons arbitraires de deux faits distincts, mais simultanés, pour faire de l'un la cause de l'autre.

IV. *Sophismes de raisonnement.* — Ce sont toutes les erreurs commises par violation des lois du syllogisme. M. Mill désigne spécialement le sophisme qui consiste à soutenir une doctrine parce que ses conséquences sont vraies, au lieu de la critiquer dans ses principes essentiels.

V. *Sophismes de confusion.* — D'abord ceux qui résultent de l'ambiguïté des termes; puis la pétition de principe ou cercle vicieux, enfin l'ignorance même de la question.

La classification de Stuart Mill est plus scientifique que celle de la *Logique* de Port-Royal. Mais ce sont les mêmes sophismes qu'elle classe.

9. **Le préjugé.** — Ce terme représente un jugement que nous prononçons ou que nous acceptons sans examen et qui devient la base de jugements ultérieurs. Ce défaut de réflexion et d'examen fait considérer un tel jugement comme évident.

Il faut qu'il y ait la double condition d'*irréflexion* et d'*erreur* pour que ce soit un préjugé. Car il est des jugements qui n'en sont pas moins faux pour avoir été longuement médités et préparés. Et d'autre part il n'est pas impossible qu'un jugement immédiat, irréfléchi, porté sans délai par la conscience, soit exact.

Toute erreur n'est donc pas un préjugé, mais tout préjugé tient à l'erreur. C'est une erreur résultant des conditions et notions personnelles.

Les sources d'erreur signalées par Bacon sont à proprement parler des préjugés. Ce sont les conditions de jugement adhérentes à notre personne, à notre fortune, à notre éducation, à notre classe, à notre société. Elles nous prédisposent à mal juger, mais ne nécessitent aucun mauvais jugement.

On peut les éliminer par la réflexion, par une sévère discipline intellectuelle, en s'exerçant et s'habituant à juger les choses et les hommes en eux-mêmes, les unes d'après leur manifestation naturelle, les autres d'après leurs actions et la suite de leur conduite.

Y parvient-on aisément ? Non certes ; comme le plus sourent les préjugés datent de loin dans notre vie psychique, ce n'est que par des efforts répétés et une persévérance soutenue, une surveillance scrupuleuse de nos jugements, que nous réussissons à nous affranchir de ces servitudes de la pensée.

RÉSUMÉ

L'esprit humain est sujet à l'erreur, mais il n'y est pas nécessairement condamné. Il est capable de connaître la vérité et d'acquérir la certitude. L'erreur est une condition naturelle d'une intelligence imparfaite, qui pour s'en préserver doit user de méthode et de précaution. Il est possible d'ailleurs de démêler les causes d'erreur et de les combattre. L'homme se trompe le plus souvent par sa faute. Bacon, Nicole, Stuart Mill ont analysé et classé les principales sources d'erreurs et les principales formes des sophismes. Ces causes sont les unes intérieures, ce sont nos passions, nos intérêts, notre amour-propre, notre ignorance; les autres, extérieures, tiennent aux objets mêmes que nous voulons juger.

La pratique régulière de la méthode et l'application stricte des règles du raisonnement sont un préservatif et un correctif des erreurs.

Le préjugé est une forme de l'erreur qui consiste à accepter ou à proposer des jugements anticipés, c'est-à-dire irréfléchis et appuyés sur de mauvais antécédents.

DEUXIÈME PARTIE
PHILOSOPHIE MORALE

LIVRE PREMIER
Conditions psychologiques de la vie morale.

CHAPITRE PREMIER
DISTINCTION DES FACULTÉS

Sommaire. — 1. Nature animale et nature spirituelle. — 2. La vie physiologique. — 3. La vie psychologique. — 4. Une faculté est une cause personnelle. — 5. Lois des philosophes écossais pour la distinction des facultés. — 6. Application de ces lois. — 7. Résultat : distinction de trois facultés spéciales. — 8. Unité de la vie psychique.

1. Nature animale et nature spirituelle. — Il y a manifestement en l'homme une double nature : par son corps, il est animal et subit les nécessités de la vie animale; par son âme, il s'élève au-dessus de la nature animale et sort du cercle des phénomènes de la matière pour entrer dans la sphère des idées.

Il importe donc de bien délimiter le domaine de ces deux principes, corps et âme. Les phénomènes qui constituent la vie animale sont appelés physiologiques; ceux de la vie intellectuelle et morale sont appelés psychologiques. La physiologie est la science du corps vivant, la psychologie, la science de l'âme.

2. La vie physiologique. — Les phénomènes physiologiques ont pour caractères :

1° *De s'accomplir dans une durée déterminée et à un point déterminé de l'espace*, puisque leur siège est un organe du corps. Par exemple, le phénomène de la digestion ou celui de la circulation du sang. — On sait le temps nécessaire pour que la nourriture ingérée soit transformée en bol alimentaire et pour que l'assimilation soit achevée ; et l'on reconnaît exactement l'organe spécial, l'estomac, chargé de cette élaboration. De même pour la circulation du sang ; on peut suivre le trajet d'un globule sanguin, on voit par quels canaux il passe et en combien de temps il part du cœur et y revient.

Ces phénomènes sont, comme on dit, *localisés*.

2° *De modifier la substance et la forme du corps.* — Nul doute, pour garder notre exemple, que le corps doive son accroissement à la nourriture ; selon qu'il en prend une quantité suffisante, ou insuffisante, ou exagérée, il se comporte différemment. Et ses formes extérieures traduisent l'effet des produits absorbés. La perturbation que causent certains poisons dans l'organisme est marquée tout à la fois par la décomposition des tissus, la contorsion des membres, des muscles et des nerfs, et la destruction des organes et des chairs.

3° *De pouvoir être observés au moyen des sens extérieurs.* — Ces phénomènes apparaissent extérieurement ; l'extérieur est tout ce qui n'est pas le principe pensant lui-même. Pour que la connaissance en parvienne à l'esprit, il est donc nécessaire qu'elle passe par un intermédiaire, que le moyen de connaître soit en rapport avec l'objet de la connaissance et puisse être touché par les phénomènes : ce moyen, ce sont les sens.

3. La vie psychologique. — Les phénomènes psychologiques se distinguent profondément des autres par leurs caractères spéciaux.

1° *Ils ne peuvent être localisés* [1] : c'est-à-dire qu'on ne

---

[1]. Les localisations cérébrales enseignées par la physiologie contemporaine démontrent la nécessité de certains ébranlements des masses

peut désigner l'endroit précis où s'accomplit une sensation, où se forme une idée ou un jugement. On ne peut non plus limiter leur durée. Ils peuvent être ou très brefs ou très prolongés, sans que même souvent on soit capable de noter l'instant où ils prennent naissance, ni l'instant où ils cessent, ni la cause de leur durée.

2° *Ils ne causent aucune modification essentielle dans la substance de l'âme ni dans sa forme.* — Dans sa forme, puisqu'elle n'en a pas, étant immatérielle; dans sa substance, puisqu'elle est une force identique à elle-même. Ils marquent seulement des changements d'état, les manières diverses par lesquelles l'âme agit.

3° *Ils ne peuvent donc être connus par les sens extérieurs.* — C'est une faculté spéciale, la *conscience*, qui les observe. L'esprit est donc ainsi à la fois sujet et objet : acteur et spectateur. L'âme agit, produit des phénomènes, et c'est elle-même qui assiste à leur production : spontanément, elle cause le phénomène; par réflexion, elle en prend connaissance.

4. **Une faculté est une cause personnelle.** — Les phénomènes de l'âme sont des effets dont les causes sont des facultés. Une faculté est une force propre de l'âme produisant un ordre distinct de phénomènes.

Une faculté est bien différente de la propriété d'un corps. Celle-ci n'est que le rapport entre les qualités passives de ce corps et celles d'un autre; et ces propriétés ne se manifestent qu'à la condition de mettre en présence, en contact les deux corps.

L'analyse des phénomènes psychologiques, la comparaison des circonstances dans lesquelles ils se produisent ont permis de discerner plusieurs facultés générales irréductibles.

C'est à la méthode et aux lois posées par l'école écossaise et ses deux maîtres, Thomas Reid et Dugald-Stewart, que l'on doit la classification des faits psychologiques, et aussi la détermination des facultés de l'âme.

nerveuses pour qu'une telle sensation se produise. Ils ne prouvent pas que la douleur ou le plaisir qui en résulte y soit enfermé.

5. Lois des philosophes écossais pour la distinction des facultés. — Ces lois sont les suivantes, résultat de nombreuses et délicates observations :

1° Lorsque deux phénomènes apparaissent toujours ensemble sans que l'on puisse empêcher l'un quand l'autre se produit, ils appartiennent à une même cause ou faculté.

2° Si deux phénomènes peuvent apparaitre l'un sans l'autre, ils appartiennent à des causes ou facultés différentes.

3° Si deux phénomènes apparaissent en même temps, mais en suivant une marche inverse, de sorte que l'un décroît à mesure que l'autre se développe, leurs causes sont différentes.

6. Application de ces lois. — L'homme pense : il se représente les objets, en forme l'idée, et il combine ces idées. Il en éprouve de l'agrément ou du déplaisir ; et, selon cette émotion pénible ou agréable, il agit pour rapprocher ou pour éloigner l'objet ou l'idée. Toute la vie intellectuelle tient dans ces trois termes : penser, sentir, agir. Mais sont-ce bien trois états distincts provenant chacun d'une faculté spéciale ? Il faut, pour que cela soit, que l'un de ces états ne soit pas nécessairement la cause ou l'effet de l'autre ou des autres.

Or on remarque ceci : s'il est possible d'éprouver du plaisir de la part d'un objet en même temps qu'on l'étudie, les deux phénomènes de plaisir et de pensée ne vont pas de pair, à moins qu'ils ne soient faibles l'un et l'autre. Dès que l'un devient plus intense, le plaisir si l'on veut, l'autre décroît, la pensée s'obscurcit. Au contraire, si la pensée se développe, si l'esprit s'attache davantage aux idées, à leur suite, à leurs rapports, le plaisir ou la douleur diminue d'abord et disparaît même tout à fait. Ainsi un malade se procure du soulagement par la lecture ; et, par contre, une douleur brusque interrompt le cours des pensées, une douleur violente empêche de s'appliquer à l'étude.

De même, tant que nous restons dans l'état de délibération, nous n'agissons pas, et, dès la résolution prise, nous passons à l'exécution et, tout entiers à l'action, nous ne nous apercevons plus de nos idées ni de nos émotions. Dans la chaleur de la bataille, un soldat ne reconnaît pas la voix de celui qui lui parle, il ne distingue pas précisément le visage de son adversaire; bien plus, il ne sent pas la douleur de la blessure reçue.

Mais, dès qu'il est calmé, la douleur reparaît.

Voilà donc trois faits qui se produisent dans des conditions d'indépendance les uns envers les autres. Mais nous remarquons aussi une condition générale pour que l'esprit s'aperçoive de ses pensées, de ses émotions ou de ses résolutions : c'est la *possession de l'âme par elle-même*.

7. Résultat : distinction de trois facultés spéciales. — Nous sommes donc en droit de distinguer :

Une faculté de jouir et de souffrir, on l'appelle : *sensibilité*;

Une faculté de former et de combiner des idées, c'est l'*intelligence*;

Une faculté de produire des actes, c'est l'*activité*.

8. Unité de la vie psychique. — Chaque faculté a ses caractères propres, mais il ne faut pas se laisser tromper par l'abstraction où nous oblige l'analyse. Nous étudions chaque faculté séparément; mais, dans la vie de l'âme, elles sont toutes dans un perpétuel commerce, un incessant échange d'influence. Il n'est pas un homme en qui les facultés ne se trouvent unies pour le mener à son but, bien que l'une puisse prédominer, et de beaucoup, dans sa constitution morale. L'intelligence affine la sensibilité et la dirige; la sensibilité à son tour réagit sur l'intelligence, la favorise ou l'embarrasse, et elle est aussi le stimulant de l'activité. Mais l'activité humaine ne peut se passer de l'intelligence, qui l'éclaire sur la valeur des moyens et des fins. Et, grâce aux mouvements que nous permet l'activité, nous étendons le champ de l'intelligence, et nous procurons des émotions à la sensibilité; grâce à la volonté, nous sommes capables de fixer l'intelligence sur l'objet d'étude et d'imposer un frein aux emportements de la sensibilité.

RÉSUMÉ

La psychologie étudie l'âme, ses facultés, ses phénomènes; elle détermine les facultés d'après l'observation des phénomènes, au moyen de la conscience. La physiologie ne s'occupe que des transformations de la matière animale connue au moyen des sens.

Une faculté est une force personnelle produisant un ordre de phénomènes distinct. Les lois des philosophes de l'école écossaise permettent d'établir la distinction des trois facultés primordiales : sensibilité, intelligence, activité. Mais la vie psychique ne perd cependant pas son unité. Ce ne sont pas trois âmes, mais trois manières d'agir ou d'être de la même âme.

CHAPITRE II

LA SENSIBILITÉ

SOMMAIRE. — 1er. Définition. = § 1er. SENSIBILITÉ PHYSIQUE. — A. *Les appétits*. — 2. Leurs caractères et leur but. — 3. L'appétit perverti, c'est le vice. — B. *La sensation*. — 4. Définition. - 5. Analyse du phénomène : phase physiologique, phase mixte, phase psychologique. — 6. Conditions nécessaires : 1° santé de l'organisme et du système nerveux; 2° attention de l'âme. = §II. SENSIBILITÉ MORALE. — A. *Les inclinations*. — 7. Définition et classification. — B. *Le sentiment*. — 8. Définition. — 9. Distinction du sentiment et de la sensation. — C. *La passion*. — 10. Définition. — 11. Eléments de la passion. — 12. Deux mouvements passionnels, réductibles à un seul. — 13. La passion est-elle bonne ou mauvaise?

1. **Définition.** *La sensibilité est la faculté d'éprouver du plaisir et de la douleur.* — Le plaisir est un état conforme à la nature, la douleur un état contraire à la nature. La nature d'un être vivant, c'est de continuer de vivre : donc, tout ce qui en nous paraît augmenter la force vitale, à savoir, le repos, la nourriture, le mouvement régulier, est cause de plaisir; les manifestations de la force nous causent aussi du plaisir; parce que c'est la preuve de notre existence active. Au contraire, toute déperdition de force, dont nous

avons conscience comme d'une perte, devient une douleur. C'est pourquoi le plaisir, lorsqu'il consiste dans une dépense considérable de la force acquise, engendre une douleur. Ainsi une promenade mesurée, après une occupation sédentaire, nous procure un réel plaisir; si nous prolongeons la marche pendant plusieurs heures, il s'ensuit une fatigue, une douleur.

Cette conscience qu'a l'animal de sa force ou de sa faiblesse a une grande influence sur ses dispositions morales, en prenant cette expression dans son sens le plus large : un animal jeune et bien portant est gai, il porte bien la tête, il gambade; un animal vieux ou malade baisse la tête, s'abandonne : dans toutes les langues, animal triste veut dire animal malade [1].

C'est sur cette conformité essentielle du plaisir avec la nature que se fonderont Épicure et Aristippe pour identifier le souverain bien et le plaisir, et indiquer celui-ci comme le terme du bonheur et le but de la vie.

De la double nature de l'homme, physique et morale, il suit que la sensibilité est physique ou morale, c'est-à-dire excitée soit par des phénomènes corporels, soit par des phénomènes spirituels.

Mais ce ne sont pas deux facultés de sentir : c'est bien la même; l'origine de l'émotion diffère, le siège du phénomène initial varie, mais le plaisir et la douleur sont toujours des émotions psychiques.

Ce n'est ni le bras ni la jambe qui souffre quand on coupe ou quand on brûle le bras ou la jambe. Par elle-même, la chair est inerte; la contraction des nerfs n'est pas une preuve de la jouissance ou de la souffrance du membre : une grenouille écorchée manifeste des contractions nerveuses sous l'action d'un courant électrique.

§ Ier. — SENSIBILITÉ PHYSIQUE.

La sensibilité physique se manifeste à l'occasion du corps, du jeu des organes, et des fonctions de la vie animale.

---

1. Voir Léon Dumont, *Théorie scientifique de la sensibilité.*

Les phénomènes qui en dépendent se classent en deux grandes catégories : les appétits et les sensations.

A. — *Les appétits.*

2. Leurs caractères et leur but. — Les appétits sont des tendances naturelles vers des objets conformes à la nature du corps. Il ne faut pas les confondre avec les besoins, qui peuvent être factices.

L'appétit est simple et vague : appétit de nourriture, appétit de sommeil, de repos, de mouvement.

Le besoin est complexe et précis.

Ainsi la constitution de l'estomac provoque l'appétit des nourritures sans déterminer l'espèce de nourriture. Mais des circonstances particulières s'y ajoutent et exigent du lait, du pain, du vin, de la viande, etc.

L'appétit est toujours *primitif*; il est la conséquence immédiate de l'existence de l'organisme. Le besoin est *secondaire* : le fumeur éprouve le besoin de fumer; mais fumer n'est pas dans l'ordre des faits de la nature.

En outre, l'appétit est périodique; il n'est pas le moins du monde pénible; et l'acte qu'il détermine est accompagné de plaisir.

Le besoin, au contraire, se renouvelle à intervalles variables, il s'accroît, s'irrite, est accompagné de malaise : c'est un *manque*.

Mais, lorsque l'appétit n'est pas satisfait à propos, il peut devenir un besoin : l'appétit de nourriture devient la faim ; la souffrance naît et va s'accentuant, à mesure que les forces diminuent, jusqu'à ce que la douleur, trop forte pour être sentie tout entière, amène la syncope.

3. L'appétit perverti, c'est le vice. — Au contraire, l'appétit satisfait est accompagné de plaisir, avons-nous dit. C'est de là que par excès prennent naissance certains vices. La sensibilité a été flattée. Nous voulons renouveler le plaisir éprouvé. Nous provoquons l'appétit par des moyens artificiels, ou nous n'attendons pas même que l'appétit reparaisse. De l'appétit de nourriture nous faisons la gourmandise, de l'appétit de repos la paresse, etc.

De sorte que nous tournons l'appétit contre son but naturel, qui est la conservation de l'être et l'avertissement du danger qu'il peut courir par suite de la déperdition des forces. Le vice ainsi contracté fatigue et engourdit le corps, en même temps qu'il amoindrit et déprécie les facultés supérieures.

B. — *La sensation.*

4. Définition. — La sensation est un plaisir ou une douleur positive éprouvée par l'âme à la suite d'une impression organique.

5. Analyse du phénomène : phase physiologique, phase mixte, phase psychologique. — Les éléments d'une sensation sont donc :

1° L'impression d'un objet extérieur sur l'organe.

2° La transmission de cette impression au centre nerveux, qui est le cerveau, par les nerfs de la périphérie.

Jusqu'ici, le phénomène est purement physiologique.

3° Le passage de l'impression du cerveau à l'âme : c'est le point obscur, inexplicable, que les matérialistes expliquent à leur profit en supprimant l'un des deux pôles, l'âme.

4° L'âme a reçu l'émotion ; grâce à la conscience, elle est avertie, elle fait retour sur elle-même, et seulement alors le phénomène est senti comme agréable ou pénible.

6. Conditions nécessaires : 1° santé de l'organisme et du système nerveux; 2° attention de l'âme. — Mais à quelles conditions le phénomène se développe-t-il ainsi? On voit tout de suite qu'il en est deux, l'une afférente au corps, l'autre à l'âme.

Que l'organe soit paralysé, insensibilisé, et l'impression reste sans effet; que l'engourdissement se porte sur le cerveau au lieu d'affecter l'organe touché, le résultat est aussi nul. C'est pourquoi le chirurgien, autrefois, isolait le membre de toute communication avec le cerveau, soit par des ligatures, soit par des réfrigérants ; aujourd'hui c'est le cerveau qu'on endort artificiellement par le chloroforme ou par quelque autre anesthésique.

D'autre part, si l'âme n'est pas attentive, si d'autres impressions l'occupent, elle ne sent pas l'impression nouvelle. C'est ainsi que les malades sont soulagés par la conversation, la lecture, la vue d'images, etc. L'âme distraite ne sent plus momentanément la douleur ; la maladie n'est pas guérie ; mais le répit ainsi obtenu rend de la force et du courage au malade.

§ II. — Sensibilité morale.

Les forces de l'âme, comme celles du corps, se dépensent : il est indispensable de les entretenir, les réparer, les accroître, sous peine d'affaissement et de destruction. Leur alimentation, ce sont les idées. Mais l'âme possède cet avantage supérieur de produire elle-même les idées.

Selon que celles-ci représentent l'accroissement ou la diminution de la force psychique, il en résulte des états agréables ou pénibles.

La sensibilité morale est donc celle qui est excitée par les idées sans intervention directe des sens.

Nous disons sans intervention directe, car, en remontant au fait initial, on peut parfois retrouver une impression sensorielle qui a été la cause non pas *efficiente*, mais *occasionnelle* du plaisir ou de la douleur morale.

Les phénomènes par lesquels se manifeste la sensibilité morale se rangent en trois groupes : 1° les inclinations, 2° les sentiments, 3° les passions.

A. — *Les inclinations.*

7. Définition et classification. — Les facultés de l'âme, forces naturelles, suivent des pentes naturelles aussi. Les inclinations sont les mouvements naturels de la sensibilité vers des objets conformes à la nature de l'âme.

Les inclinations jouent dans la vie psychique le même rôle que les appétits dans la vie physiologique.

Elles restent vagues; c'est affaire à nous de les comprendre et de les diriger vers un objet précis.

Leur classification varie selon deux points de vue : l'*extension* et la *compréhension*. L'extension dépend de l'unité ou de la pluralité des objets vers lesquels elles nous portent; la compréhension dépend des caractères intrinsèques de ces objets.

Au point de vue de l'extension, elles sont *égoïstes*, si elles font retour sur la personne même, et c'est alors le désir de conservation personnelle, qui comprend l'amour et l'estime de soi; le désir d'accroissement, qui s'appelle ambition. Ou bien elles sont *altruistes*, si elles nous portent vers les autres : c'est alors la sociabilité, l'amour de la famille, de la patrie, des amis, de l'humanité, la fraternité, la charité, le dévouement.

Tous ces mouvements de la sensibilité ne sauraient être mauvais en principe, puisqu'ils dérivent de la nature essentielle de l'âme. Toutefois l'éducation doit les régler, les développer et les corriger; sinon, comme les appétits, ils risqueraient parfois de faire fausse route.

Ainsi, quoi de plus légitime que le sentiment de l'honneur, l'estime de soi-même fondé sur la conscience de la dignité de la vie et le mérite des œuvres accomplies? Cependant cette inclination faussée ou exagérée devient la susceptibilité, la fatuité, la présomption, l'égoïsme froid et étroit.

De même, l'amour de l'humanité, si noble qu'il soit, devient dangereux et contraire à la nature, s'il surpasse et supprime l'amour de la patrie et nous entraîne à oublier la famille.

Au point de vue de la compréhension, elles sont :

Intellectuelles : c'est le désir de connaître, l'attrait qu'exerce sur l'esprit la *vérité*; c'est la *curiosité* dans l'acception la plus noble et la plus délicate du mot; d'où nous viennent la joie de la science, la tristesse et la souffrance du doute et de l'ignorance;

Morales, lorsque leur objet est le *bien*; elles nous poussent à la vie active, et de là naissent les émotions de la conscience, satisfaction, regrets, remords, sympathie, antipathie;

Esthétiques, lorsque leur objet est le *beau*; elles engendrent la joie de produire et de contempler des œuvres belles, et aussi la souffrance particulière du goût choqué par des représentations laides et grossières;

Religieuses enfin, lorsqu'elles aspirent vers un être supérieur par l'intelligence, la bonté et la puissance résumées dans l'idée de l'infinie perfection.

Satisfaites ou contrariées, elles donnent naissance à des états de conscience agréables ou pénibles, qui sont des sentiments.

B. — *Le sentiment.*

8. Définition. — Le sentiment est maintenant facile à définir : c'est l'émotion agréable ou pénible excitée par une idée.

9. Distinction du sentiment et de la sensation. — Un exemple connu marquera bien la différence entre le sentiment et la sensation.

Une lettre arrive : j'en tâte le papier, j'en examine le format, l'écriture, le timbre, etc.; je lis, et me voilà triste.

Une heure après, autre lettre : même papier, même écriture, même expéditeur, toutes les circonstances matérielles qui affectent mes sens sont semblables et égales; je lis : revirement de la sensibilité : me voilà gai, joyeux.

La première lettre annonçait la ruine, la maladie, la mort d'un parent, d'un ami; la seconde dément la nouvelle et m'apprend au contraire le succès. Ma tristesse, ma joie, voilà des sentiments, provoqués non par le papier ou la couleur de l'encre, mais par l'idée exprimée.

Deux remarques encore achèveront de rendre évidente cette distinction :

1° La sensation est toujours *localisée*, c'est-à-dire que l'on reporte à tel organe, à tel point du corps affecté par l'objet extérieur, l'origine de la douleur ou du plaisir. Le sentiment ne peut être localisé, pas plus que l'idée dont il vient.

2° La sensation ne survit pas à sa cause; quand la modification de l'organe affecté cesse de parvenir au cerveau ou du cerveau à la conscience, la douleur ou le plaisir s'éteint. La sensation d'ailleurs graduellement s'émousse à la longue; le sentiment survit à l'idée qui premièrement l'a fait naître, et, loin de s'affaiblir, il se fortifie et s'approfondit avec le temps : telle l'amitié.

C. — *La passion.*

10. Définition. — L'état de plus haute excitation où parvienne la sensibilité, c'est la passion; Bossuet la définit :

Un mouvement de l'âme qui, touchée du plaisir ou de la douleur ressentie ou imaginée dans un objet, le poursuit ou s'en éloigne.

11. Éléments de la passion. — Toute passion suppose un antécédent : une douleur ou un plaisir. Quel motif en effet de rechercher l'objet avec cette impétuosité qu'indiquent ici les mots *mouvement, poursuit, s'éloigne*, sinon un fait de sensibilité qui signale déjà à l'âme une source de satisfaction ou de contrariété?

Mais ce plaisir ou cette douleur, est-il besoin qu'ils aient été réellement sentis? Non; imaginés, c'est suffisant. L'imagination en effet attribue à tel objet des qualités qui ne lui sont pas propres; elle n'est pas un instrument de jugement; et puis elle agrandit et transforme l'objet en exaltant l'esprit [1]. C'est souvent l'histoire des bâtons flottant sur l'onde :

De loin c'est quelque chose, et de près ce n'est rien.

De là les déceptions cruelles qui maintes fois succèdent à la possession de l'objet poursuivi avec passion, et les regrets non moins déchirants de celui que nous avons écarté violemment sans le bien connaître.

La cause en est que les inclinations agissent et nous poussent; mais, nous l'avons dit, elles sont vagues; d'autre part, une passion sans objet ne se comprend pas. Alors, sans examen suffisant, nous adoptons un objet de rencontre pour but

---

1. Lire les vers de Molière imités de Lucrèce. — *Misanthrope*, acte II, scène v.

de la passion. Est-il ou n'est-il pas vraiment doué des qualités qui provoquent le mouvement de l'âme? L'imagination intervient et fait le reste.

12. Deux mouvements passionnels, réductibles à un seul. — Puisque tous les phénomènes de sensibilité se résument à deux états, plaisir et douleur, il n'existera que deux mouvements de passion : vers l'objet d'où naît ou paraît naître le plaisir, loin de l'objet qui engendre ou paraît engendrer la douleur, c'est-à-dire amour et haine. Mais la haine elle-même n'est pas un mouvement primitif. L'aspiration première est toujours de nous rapprocher de la source de notre plaisir : c'est seulement lorsqu'un obstacle surgit et s'interpose que la passion se retourne contre lui pour l'éloigner ou l'abattre.

Otez l'amour, dit Bossuet avec grande vérité, vous supprimez toutes les passions; posez l'amour, vous les faites naître toutes.

13. La passion est-elle bonne ou mauvaise. — En soi-même, la passion n'est pas mauvaise; elle est un stimulant énergique de l'activité. Quand le froid raisonnement ne persuade pas, elle échauffe l'âme et l'entraîne aux grandes choses. L'amour de la patrie fait plus de héros que la démonstration raisonnée de l'intérêt commun. Il serait aussi funeste d'éteindre en soi toute passion que de laisser une seule se déchaîner : la fable du Scythe qui coupe le bon avec le mauvais bois n'a pas d'autre sens.

Ce qui fait la valeur de la passion, c'est la valeur de l'objet qu'elle poursuit. L'objet est-il noble, honnête, la passion est admirable. La vertu, n'est-ce pas l'*amour de bien agir*? Si l'objet est abject, honteux, la passion est méprisable.

A quoi donc faut-il prendre garde? A l'origine de la passion; car nous ne serons pas capables de l'arrêter une fois en mouvement; et aussi n'oublions pas que, devenue maîtresse absolue de l'âme, elle nous mène aveuglément, étouffe l'intelligence, paralyse la volonté, substitue la spontanéité à la réflexion et par conséquent amoindrit le mérite des bonnes actions, sans atténuer beaucoup le démérite des mauvaises.

RÉSUMÉ

La sensibilité est la faculté d'éprouver du plaisir et de la douleur.

Le plaisir est un état conforme à la nature, la douleur un état contraire à la nature. Le plaisir résulte de l'acquisition ou de la manifestation de la force; la douleur, de la déperdition de la force. C'est pourquoi un plaisir peut engendrer une douleur.

La nature de l'homme étant à la fois corporelle et spirituelle, la sensibilité est double aussi. Mais, que le siège du phénomène soit physique ou moral, c'est toujours l'âme qui jouit ou qui souffre.

La sensibilité physique se manifeste à l'occasion du corps, et c'est dans l'organe que s'accomplit le phénomène qui excite le plaisir ou la douleur. Les phénomènes qui dépendent de la sensibilité physique sont : 1º les appétits ; 2º les sensations.

La sensibilité morale est excitée par les idées sans l'intervention des sens. Elle produit trois ordres de phénomènes : 1º les inclinations; 2º les sentiments; 3º les passions.

Les inclinations peuvent être classées selon leur extension (égoïstes ou altruistes) et selon leur compréhension (intellectuelles, morales, esthétiques, religieuses).

Le sentiment diffère de la sensation et par son origine et par sa durée ; il peut survivre à sa cause, tandis que la sensation est toujours tout actuelle.

La passion se ramène à deux mouvements, amour et haine, réductibles eux-mêmes au seul amour.

Toutes ces impulsions de la sensibilité sont naturelles et favorisent comme un stimulant l'activité humaine. Mais l'éducation doit les régler et les guider vers l'honnêteté. Sinon elles compromettent le bonheur et la dignité en devenant les vices.

CHAPITRE III

L'INTELLIGENCE

Sommaire. — § I. Les puissances intellectuelles. — 1. Définition. — 2. Perception et conception. — I. La perception. — 3. Deux ordres de perceptions. — A. *La perception extérieure.* — 4. Définition. — 5. Les notions fournies par la perception extérieure sont celles des qualités de la matière. — 6. Que valent les notions fournies par les sens? — B. *La perception intime.* — 7. Définition. — 8. Défaillances de la conscience : elle ne connaît pas tous les phénomènes de l'âme. — 9. Idées venues de la conscience.
II. La conception. — 10. Trois ordres de conceptions. — A. *La mémoire.* — 11. Définition. — 12. Conditions et lois de la mémoire. — 13. Souvenir et réminiscence. — B. *L'imagination.* — 14. Définition. — 15. Éléments qui enrichissent l'imagination. — C. *La raison.* — 16. Définition. — 17. Idées innées, notions premières. — 18. Caractères de la raison.
§ II. — Les opérations intellectuelles. — A. *La formation de l'idée.* — 19. Clarté ou confusion, vérité ou fausseté des idées. — 20. Classification cartésienne. — B. *L'association des idées.* — 21. Les idées se relient entre elles naturellement. — 22. Principaux rapports déterminant la liaison des idées; identité, analogie, filiation, contraste. — 23. Influence de l'association des idées sur la vie intellectuelle et morale. — 24. Les préjugés et superstitions sont de fausses associations d'idées. — C. *Le jugement et le raisonnement.* — 25. Ce sont des opérations complexes de l'esprit. Définitions.
§ III. Les procédés de l'intelligence. — 26. L'abstraction. — 27. La généralisation. — 28. La comparaison. — 29. Le langage.

§ I. — Les puissances intellectuelles.

1. Définition. — L'intelligence est la faculté générale de former et de coordonner des idées, en un mot de penser.

L'idée est la représentation d'un objet dans l'esprit. Mais, par objet, il ne faut pas entendre seulement ce qui est matériel et pourvu d'attributs sensibles, comme l'étendue, la couleur, le son, etc. Objet a une signification plus large; c'est *tout ce qui peut être pensé* : ainsi le temps, l'espace, l'unité absolue, etc., qui ne peuvent être sentis, sont cependant des objets.

2. Perception et conception. — L'esprit pense des objets présents ou des objets absents. De là deux modes de la pensée :

La perception, ou connaissance des objets présents ;
La conception, ou connaissance des objets absents.

I. — LA PERCEPTION.

3. Deux ordres de perceptions. *Perception extérieure et perception intime.* — La perception s'exerce sur deux ordres distincts d'objets : les objets matériels et extérieurs, les corps ; les objets immatériels et intimes, les phénomènes de l'âme. Dans le premier cas, c'est la perception extérieure ; dans l'autre, c'est la perception intime.

A. — *La perception extérieure.*

4. Définition. — La perception extérieure nous fait connaître le monde de la matière au moyen des sens.

Les sens. — Les sens sont l'ouïe, l'odorat, le goût, le toucher et la vue. Gardons-nous de confondre le sens avec l'organe : le sens est une puissance intellectuelle qui s'exerce par l'organe ; la puissance peut disparaître, sans que l'organe cesse absolument d'exister. Par exemple, un sourd conserve ses oreilles après qu'il a perdu l'ouïe.

5. Les notions fournies par la perception extérieure sont celles des qualités de la matière. — Que nous font connaître les sens ? les qualités de la matière, non pas son essence. Je sais quelle est la forme, la couleur, la résistance d'une branche d'arbre ; j'ignore pourquoi elle possède cette forme, cette couleur et cette résistance.

Les qualités de la matière ont de plus été souvent distinguées en qualités premières et qualités secondes.

Les *qualités premières* sont celles sans lesquelles il n'est pas possible même de concevoir l'existence des corps et qui frappent tous les hommes de la même impression.

Ce sont : l'étendue et l'impénétrabilité.

Les *qualités secondes* sont celles sans lesquelles on peut encore avoir l'idée d'un corps et qui du reste ne laissent pas toujours la même impression chez les hommes : la couleur, le son, la saveur, la forme en tant que plus ou moins ronde, ovale, longue, large, profonde, etc.

6. Que valent les notions fournies par les sens ? — Les sens nous rendent-ils un compte exact de la réalité extérieure ? Ils nous transmettent l'impression qu'ils ont ressentie. Si la lune pour l'enfant est un disque plat, également lumineux en tous ses points, et d'une dimension très restreinte, c'est qu'en effet son sens visuel a reçu telle l'impression de l'astre. Si la réfraction est cause qu'un bâton droit plongé dans l'eau me donne l'image d'un bâton brisé au niveau de l'eau, ce n'est pas mon œil qui se trompe. L'erreur provient d'un jugement trop prompt, trop peu réfléchi. D'une apparence, conclure à une réalité, voilà la source fréquente de l'erreur.

Éducation des sens. — Plus tard, quand l'astronome a appris à l'enfant devenu jeune homme que la lune est sphérique, que sa surface est inégale, que tous ses points ne sont pas également éclairés, il n'en continue pas moins à voir l'astre comme autrefois. Mais il ne porte plus le même jugement : il a fait par le raisonnement l'éducation du sens.

De même, un sens vient au secours de l'autre et en corrige les données. Le toucher rectifie et complète la vue, qui sans lui n'aurait qu'imparfaitement, et peut-être n'aurait pas du tout, la notion de la perspective. On fait donc aussi l'éducation d'un sens par un autre.

C'est là ce qu'on appelle la connaissance expérimentale.

B. — *La perception intime.*

7. Définition. — La perception intime est la connaissance des phénomènes de l'âme au moyen de la conscience.

Ces phénomènes sont dits psychologiques ou psychiques.

8. Défaillances de la conscience : elle ne connaît pas tous les phénomènes de l'âme. — La conscience est la faculté propre, qui observe et connaît les faits produits par les autres facultés. Il se peut, quand la conscience nous manque, que les facultés agissent encore, et c'est plus que probable; mais nous l'ignorons.

La conscience ne recueille donc pas tous les phénomènes psychiques; soit à cause de leur rapidité, soit à cause de leur complexité, soit même à cause de leur ténuité, il en est qui lui échappent.

Parmi ceux-là, certains sont plus tard ressaisis par la réflexion; c'est qu'ils n'ont pas été tout à fait ignorés de la conscience; elle en eut une aperception confuse au milieu d'autres perceptions plus vives et plus claires. En y reportant l'attention, elle les renouvelle en quelque sorte.

Ainsi l'attention et la réflexion rendent pour la connaissance des phénomènes subtils de l'âme le même service que le microscope ou le microphone pour la perception des phénomènes ou des corps du monde extérieur.

La conscience ne peut ni se tromper ni nous tromper. Mais, si nous jugeons sur des données imparfaites, il en sera comme pour les erreurs que nous fondons sur les données des sens.

Il y a une éducation de la conscience : elle consiste dans l'habitude de la réflexion et de la critique de nos propres impressions.

9. **Idées venues de la conscience.** — Trois idées principales nous viennent de la conscience : l'idée de *cause personnelle*, l'idée de *durée* jointe à l'idée d'*identité*.

II. — LA CONCEPTION.

10. **Trois ordres de conceptions.** — Concevoir, c'est penser un objet inaccessible aux sens : 1° soit par absence; 2° soit par nature. — 1. L'objet peut être absent, après avoir été présent; ou bien n'avoir jamais été présent intégralement, quoique composé de parties d'objets antérieurement présents; 2. ou enfin n'être jamais présent pour les facultés empiriques, bien que nous le concevions nécessaire à la perception comme à la conception de tout le reste.

De là trois ordres de conceptions : la mémoire, l'imagination, la raison.

A. — *La mémoire.*

11. Définition. — La mémoire est la faculté qui conserve et reproduit les idées.

C'est la plus simple des facultés de conception ; celle qui se développe le plus, et le plus facilement. Naturellement, elle suppose des perceptions antérieures.

12. Conditions et lois de la mémoire [1]. — A quelles conditions fonctionne-t-elle ?

Ces conditions sont de deux ordres, les unes physiologiques les autres psychologiques.

a. CONDITIONS PHYSIOLOGIQUES. 1° *L'âge,* 2° *l'état de veille,* 3° *la santé,* 4° *la sobriété.*

C'est dans l'adolescence et la jeunesse que la mémoire retient et reproduit le mieux le souvenir des idées, sentiments, volitions qu'elle a enregistrés. La mémoire de l'enfant manque pour ainsi dire de consistance, celle du vieillard s'est pour ainsi dire trop durcie : les souvenirs nouveaux ne s'y gravent pas assez profondément pour durer.

Dans l'assoupissement, dans le sommeil, le ralentissement général des fonctions réagit sur la mémoire, et l'engourdit ; aussi ne nous souvenons-nous des rêves que de façon vague et confuse le plus souvent. Au contraire le plein éveil des facultés favorise la double action de la mémoire : acquisition, reproduction.

L'état de santé influe énormément sur la capacité de la mémoire. La vigueur physique et l'équilibre des forces vitales sont une condition nécessaire du bon fonctionnement de cette faculté. Nulle autre n'est plus tributaire et dépendante des états physiologiques. Dans la maladie, elle s'obscurcit, et devient impropre à rien conserver, très fréquents sont les cas de disparition totale ou partielle de la mémoire (*amnésie*) consécutifs à de graves maladies, des fièvres surtout, ou de violentes commotions ou blessures à la tête.

Les excès de tout genre sont naturellement funestes à la mémoire, puisque, comme la maladie, ils déterminent un affaiblissement de l'organisme ; l'ivresse est tout particulière-

---

[1]. Lecture recommandée : *Les maladies de la mémoire,* par Th. Ribot.

me.. l'ennemie mortelle de la mémoire; la sobriété au contraire et la continence en sont les premières gardiennes et les aides incontestés.

b. CONDITIONS PSYCHOLOGIQUES : Le développement, l'arrêt, la perte partielle ou totale de la mémoire dépendent naturellement de la santé mentale. Les troubles de l'esprit, chagrin, passion, etc., sont défavorables à l'enregistrement et au rappel des impressions.

Il faut que, pour y demeurer, l'idée pénètre assez avant dans l'esprit libre et frais. La première condition est donc l'*attention*, qui fixe l'esprit sur l'idée quand elle se présente.

L'idée sera d'autant mieux retenue qu'elle aura produit une impression soit plus vive et soudaine, soit plus fréquente et graduelle.

Ainsi : 1° la *force* et la *nouveauté*; 2° d'autre part, la *répétition* de l'idée; ce qui a permis de dire que la mémoire est une habitude des idées;

3° l'*ordre* dans lequel s'enchaînent les idées facilite singulièrement la mémoire.

Tous les systèmes mnémotechniques se fondent sur l'une de ces trois conditions : nouveauté, répétition, ordre, souvent même sur toutes trois ensemble.

4° Enfin la mémoire est la faculté qui se développe le plus par l'*exercice*.

13. Souvenir et réminiscence. — Le phénomène complet de mémoire, c'est le *souvenir*. Lorsque l'idée antérieurement perçue est ramenée à l'esprit sans que nous ayons conscience de la perception antérieure, le phénomène se nomme *réminiscence*.

La mémoire joue un rôle prépondérant dans la vie intellectuelle. Sans elle, il n'y a aucune science possible. Sans elle, l'esprit ressemblerait au tonneau des Danaïdes.

B. — *L'imagination.*

14. Définition. — L'imagination est la faculté de combiner des idées perçues pour en former l'idée nouvelle d'un objet non perçu.

Il se pourra même que ces objets ainsi conçus n'aient aucune réalité extérieure.

Par exemple, l'artiste qui a imaginé le sphinx n'avait point rencontré d'être de cette forme. Mais il avait vu dans la nature chacune des parties dont il a formé son œuvre : une tête de femme, un corps de lion, etc.

De même se forme l'idée de montagne d'or, de cheval ailé, de fleuve de lait, etc.

L'imagination ne crée pas nécessairement des œuvres d'une réalité impossible. Le poète dramatique, le romancier rassemble et coordonne des observations faites sur des êtres réels; il concentre en un seul ce qu'il a remarqué en plusieurs, et sa création peut n'être pas cependant en désaccord avec un personnage vivant qu'il n'a pas vu, mais que d'autres reconnaissent.

L'œuvre d'imagination est d'autant supérieure que précisément elle se rapproche davantage, sinon de la vérité positive et tangible, du moins de la vérité logique, c'est-à-dire du vraisemblable.

15. Éléments qui enrichissent l'imagination. — Si l'imagination est par essence une faculté de combinaison, son rapport avec la mémoire et la perception est évident. Elle sera d'autant plus riche qu'elle aura plus d'éléments à choisir parmi ce qui a été connu par la perception et conservé par la mémoire.

Avoir beaucoup appris et beaucoup retenu, telle est la condition de la puissance d'imaginer.

Il ne faut pas dédaigner l'imagination, tout en se méfiant de ses écarts. Elle est une des facultés les plus actives, les plus fécondes et les plus charmantes. Non seulement elle engendre les œuvres d'art qui nous émeuvent des plus nobles émotions; mais, dans la science elle-même, son travail est très important, très utile, comme nous le verrons dans l'examen des méthodes.

C. — *La raison.*

16. Définition. — La raison est la faculté de penser le parfait et l'absolu.

Le parfait, c'est ce qui ne subit aucune limitation, l'absolu ce qui n'est soumis à aucune condition.

Connaissons-nous l'absolu et le parfait? Non, ou du moins nous ne les connaissons pas d'une façon précise et adéquate dans les objets; mais nous les pensons, et ils sont pour l'esprit la loi nécessaire de toute connaissance.

17. Idées innées, notions premières. — C'est pourquoi les idées de la raison sont dites *idées innées* ou *notions premières*.

Elles sont telles que les sens ou le pur raisonnement ne sauraient nous les fournir, si elles n'existaient *virtuellement* avant toute expérience. Ce sont les idées de l'unité, du nécessaire, de l'universel, du temps, de l'espace, du beau, du vrai, du bien, — ces trois dernières désignées sous le nom d'*idées morales*, parce qu'elles sont le fondement de toute règle de vie. L'expérience, sens et raisonnement, ne nous permet de connaître que le composé, le contingent, le relatif, le particulier, la durée, l'étendue des objets plus ou moins beaux, des principes plus ou moins vrais, des actes plus ou moins conformes au bien. Mais elle éveille les idées de la raison, comme les coups de ciseau du statuaire, en suivant rigoureusement les veines naturelles d'un bloc de marbre, en dégageraient une statue qui y serait implicitement enfermée.

18. Caractères de la raison. — La raison se distingue de toute autre faculté par des caractères propres. Elle est *universelle* et *identique*; tous les hommes la possèdent, et de la même façon; ce sont les mêmes idées premières qu'elle leur révèle à tous et dans tous les temps. Elle est *impersonnelle*; nul ne peut la transformer; elle est en nous, non à nous; ce qui est personnel, c'est l'usage que nous en faisons. Tous les hommes ne sont pas d'accord, par exemple, pour louer ou blâmer les mêmes actes. Mais tous louent ou blâment au nom du principe rationnel du bien.

Elle est *nécessaire*; elle s'impose, elle ne peut pas ne pas être dans une intelligence humaine. Mais celui qui dans la pratique s'en écarte le plus ne parvient pas à s'affranchir des lois de la raison. Il les invoque en les corrompant pour expliquer ses jugements et ses actions.

Enfin le mode de connaissance par la raison est bien distinct de tout autre : c'est l'*évidence*.

§ II. — Les opérations intellectuelles.

Nous venons de voir les puissances de l'intelligence; voyons les opérations qu'elles produisent.

Ces opérations se divisent en deux groupes : elles sont spontanées ou réfléchies.

Spontanées, c'est la formation même et l'association naturelle des idées.

Réfléchies, c'est le jugement et le raisonnement.

A. — *La formation de l'idée.*

19. Clarté ou confusion, vérité ou fausseté des idées. — Nous avons déjà défini l'idée; c'est l'acte le plus simple de l'esprit.

Il suffira d'indiquer comment les idées peuvent se classer, sans entrer dans la critique des classifications proposées.

D'abord au point de vue de leur clarté : ainsi on a l'idée claire d'un triangle; mais, à mesure que l'on augmente les côtés de la figure jusqu'à énoncer un hectogone, l'idée s'obscurcit dans sa forme, bien que géométriquement nous en concevions la possibilité.

Puis au point de vue de leur vérité ou fausseté.

Mais c'est là une classification arbitraire plus que toute autre, car ce qui paraît faux à l'un peut être vrai pour l'autre; le même peut successivement accepter pour vraie et rejeter comme fausse après examen la même idée; et aussi la clarté augmente ou diminue selon le degré d'attention ou de science acquise.

20. Classification cartésienne. — Bornons-nous à la classification de Descartes, qui est fondée sur l'origine des idées. Il en admet ainsi trois catégories :

1° Les idées *adventices*, qui viennent du dehors de l'esprit et sont le fruit de l'expérience sensible.

2° Les idées *factices*, qui sont élaborées par l'esprit lui-même, soit par l'imagination, soit par le raisonnement.

3° Les idées *innées* ou notions premières, qui résident naturellement dans la raison, comme le feu dans les veines du silex.

B. — *L'association des idées.*

21. Les idées se relient entre elles naturellement. — Une idée n'est jamais complètement isolée : elle succède à d'autres idées, elle-même en provoque d'autres encore.

Elles ne se réveillent pas ainsi l'une par l'autre sans être liées par des rapports.

Un esprit superficiel n'aperçoit pas ces rapports. Ils n'en existent pas moins ; un peu de réflexion suffit à les constater dans leurs lois générales, sinon dans leurs formes particulières.

Ce phénomène de spontanéité intellectuelle a reçu le nom d'association ou de liaison des idées.

Classer tous les rapports d'après lesquels peuvent s'associer les idées serait entreprendre un travail interminable et une classification arbitraire. Il n'est pas en effet d'idées si éloignées que ne puisse unir quelque rapport, et il n'est pas de rapport si vétilleux qui ne puisse unir deux idées : le *coq-à-l'âne* le plus imprévu et le plus grotesque a son explication ; les auteurs comiques l'ont bien aperçu, en ont profité, et c'est pourquoi ils en obtiennent des effets de rire et de gaieté.

22. Principaux rapports déterminant la liaison des idées : Identité, analogie, filiation, contraste. — Cependant on peut indiquer les principales lois de ces rapports : la ressemblance ou le contraste, l'analogie, la juxtaposition, le rapport de cause à effet et de principe à conséquence.

Ainsi la chaleur amène l'idée de son contraire le froid, ou l'idée d'une autre chaleur ; le fils réveille l'idée du père, et réciproquement ; de deux objets que nous avons connus en même temps dans le même lieu, la vue de l'un rappelle le souvenir de l'autre, etc.

Pourtant il n'est pas indifférent que le rapport soit naturel ou forcé.

Plus il sera direct, par ressemblance ou analogie, plus l'attention est circonscrite, et par conséquent mieux l'idée se dégage, comme dans un tableau l'œil et l'esprit s'arrêtent et se fixent à la partie lumineuse, en laissant le reste dans le lointain et dans l'ombre.

23. Influence de l'association des idées sur la vie intellectuelle et morale. — Mais ces phénomènes ne sont pas seulement curieux. Ils vont prendre une importance capitale si nous considérons leur influence sur la vie intellectuelle et morale.

L'esprit contracte des habitudes, tout comme les organes. Eh bien, selon que dès l'enfance on l'a accoutumé aux liaisons naturelles et logiques fondées sur les rapports d'identité, de principe à conséquence, qui constituent le raisonnement méthodique, systématique, il sera prédisposé à rechercher toujours cette marche régulière, qui est le propre de la science.

Au contraire, supposez que d'abord l'enfant a été frappé par des rapports éloignés, imprévus, par des rapports de contraste ou de juxtaposition, il prendra plaisir à ces liaisons accidentelles et soudaines; il se produira comme des chocs d'idées dans son esprit.

L'un sera homme de raisonnement, l'autre homme d'esprit, comme on dit vulgairement : l'un sera de sage conseil, l'autre d'agréable conversation.

Sur le goût et sur la conscience, les associations d'idées ont une semblable et une égale influence.

Pourquoi l'exemple des aïeux exerce-t-il un si grand pouvoir d'inspiration sur leurs descendants? Parce qu'à l'idée de l'ancêtre aimé et vénéré s'associe l'idée de ce qu'il a fait. Dès lors, la notion morale pénètre dans l'esprit, nous imiterons l'action, et, si l'on dit qu'elle est mauvaise, nous invoquerons comme raison supérieure et comme argument justificateur : Mon père ou mon aïeul l'a fait.

Notre conception du bien et du mal se formera d'après ce type.

Et c'est justement en cela que la lecture des vies des hommes illustres est un puissant moyen de moralisation.

Par contre, la dépravation peut résulter naturellement de la même cause, si l'exemple proposé est immoral.

La célébrité malsaine que donnent aux criminels les débats publics des salles d'assises et les articles de journaux, a plus d'une fois dérangé et perverti des cœurs simples où se glissait l'ambition de faire parler de soi.

Les défaillances de la conscience et les préjugés dérivent le plus souvent de fausses associations d'idées.

24. Les préjugés et superstitions sont de fausses associations d'idées. — C'est par exemple une fausse association d'idées qui a donné naissance à la superstition et au préjugé : telle la superstition du sel renversé, du treizième à table, tel le préjugé qui attribue l'estime ou le mépris non à la personne éprouvée, mais au costume, au nom, à la fonction, etc. Dans la voie de l'absurde et du chimérique, il n'y a pas de terme. Montaigne cite des ordonnances des médecins de son temps prescrivant, entre autres bizarreries, du sang tiré de l'aile gauche d'un pigeon blanc.

C. — *Le jugement et le raisonnement.*

25. Ce sont des opérations complexes de l'esprit. — Définitions. — Considérés au point de vue psychologique, le jugement et le raisonnement marquent l'activité réfléchie de l'intelligence. Juger et conclure sont des actes d'adhésion, qui ont même pu donner de l'illusion à certains philosophes jusqu'à leur faire croire qu'ils dépendent de la volonté.

Le jugement est l'acte de l'esprit qui établit un rapport entre deux idées. L'énoncé du jugement, c'est la proposition, dans laquelle il y a nécessairement un sujet et un verbe d'existence, et souvent un attribut, soit distinct du verbe, soit contenu dans le verbe.

Le raisonnement est l'opération de l'esprit qui rapproche deux ou plusieurs jugements afin d'en tirer un nouveau qui soit la conclusion des précédents.

Le raisonnement a toujours pour objet le rapprochement

de deux idées extrêmes grâce à une idée intermédiaire. Il marque à la fois la force et la faiblesse de l'esprit humain : sa force, puisqu'il parvient à saisir des rapports aussi éloignés; sa faiblesse, puisqu'il a besoin d'un appui intermédiaire pour franchir la distance. — On conçoit donc l'existence d'intelligences inférieures, incapables de raisonner, chez lesquelles les idées ne se présentent qu'isolément, sans ordre et sans lien; et d'une intelligence absolument supérieure, pour qui raisonner est inutile : elle aperçoit d'un seul trait la conséquence dans le principe.

Le raisonnement n'est pas nécessairement l'application exacte de la raison : l'erreur y peut entrer par diverses ouvertures. Elle peut s'insinuer dans chacun des jugements dont il se compose, et aussi dans la façon de les relier.

La logique nous met en garde contre ces erreurs. L'étude des lois et conditions du jugement et du raisonnement est de son domaine.

§ III. — Les procédés de l'intelligence.

Pour achever le tableau de la vie intellectuelle, il est indispensable de reconnaître sommairement les procédés au moyen desquels s'opèrent la formation et l'association des idées, des jugements et des raisonnements.

26. **L'abstraction.** — Nous pouvons considérer l'âme sans le corps, c'est ce que fait le psychologue; et réciproquement le corps sans l'âme, c'est ce que fait le physiologiste; nous examinons la couleur, le son, l'étendue, etc., indépendamment de l'objet coloré, sonore, étendu; de même, nous spéculons sur la quantité arithmétique ou algébrique sans désignation d'objets déterminés.

C'est là ce qu'on appelle abstraire : l'abstraction est le procédé par lequel l'esprit considère à part ce qui n'est pas séparé dans la réalité.

27. **La généralisation.** — Nous constatons un caractère, un attribut, dans un objet; nous le retrouvons dans un second, un troisième, etc. Ce caractère ou attribut se dégage de tous les autres : nous ne gardons que l'idée de celui-là,

et c'est par lui que nous désignons communément les objets où nous l'avons rencontré. C'est là généraliser, qui consiste à ranger en catégories distinctes d'après leurs caractères communs des individus ou objets multiples. Ainsi se forment les idées du genre, de l'espèce, de la famille, etc.

28. La comparaison. — C'est une double attention. L'esprit se porte successivement sur divers objets; il note leurs caractères, rapproche ceux de l'un et ceux de l'autre, et par ce rapport ainsi établi il prépare le jugement qui les affirmera dissemblables ou semblables, analogues ou contraires.

29. Le langage. — C'est un système de signes qui représentent et fixent les idées. *Système* et non pas *ensemble*, car il faut que ces signes s'enchaînent les uns aux autres par leur nature même, soit par l'unité du caractère conventionnellement adopté. Le langage a un double rôle : il facilite le travail de la mémoire en généralisant les idées; et il accroît le domaine de l'esprit humain en permettant de communiquer les idées et les sentiments, et de constituer ainsi un fonds commun de richesses intellectuelles ou morales. Il est *naturel* ou *artificiel*, selon que les signes employés sont inspirés par la nature même, ou qu'ils sont le résultat de conventions et d'habitudes établies par les hommes.

RÉSUMÉ

L'intelligence est la faculté générale de former et de coordonner des idées. — L'idée est la représentation d'un objet dans l'esprit. Il y a deux modes généraux de la pensée : 1° percevoir, qui est penser un objet présent; 2° concevoir, qui est penser un objet absent.

La perception se présente sous deux formes : 1° perception extérieure, ou connaissance des corps au moyen des sens; 2° perception intime, ou connaissance des phénomènes psychiques au moyen de la conscience.

On reconnaît trois formes de la conception : la mémoire, l'imagination, la raison.

Les opérations intellectuelles sont les efforts mêmes de l'intelligence produisant ou associant des idées. Il en est trois principales : 1° l'idée, 2° le jugement, 3° le raisonnement. Les conditions nécessaires pour qu'une opération soit exacte sont l'attention et la réflexion.

L'intelligence accomplit ces opérations au moyen de procédés naturels, que la logique s'occupe de régulariser. C'est l'abstraction, la généralisation, la comparaison et le langage.

CHAPITRE IV

L'ACTIVITÉ

SOMMAIRE. — 1. Définition et division : activité spontanée et activité réfléchie. = § 1ᵉʳ. L'INSTINCT. — 2. Définition. — 3. Caractères de l'instinct. — 4. L'instinct et l'appétit. — 5. Y a-t-il de mauvais instincts? = § 2. LA VOLONTÉ. — 6. Définition. — 7. Caractère général de la volonté. — 8. Analyse du fait volontaire. — 9. Caractères propres de la volonté. = § 3. L'HABITUDE. — 10. Définition. — 11. Origine. — 12. Habitude du corps et habitude de l'esprit. — 13. Effets de l'habitude. — 14. Lois de l'habitude. — 15. Caractère moral de l'habitude.

1. Définition et division : activité spontanée et activité réfléchie. — L'activité est la faculté que possède l'homme d'être la cause de ses actes.

L'animal aussi est doué d'activité, il exécute des mouvements, mais sans en connaître la cause ni le but, sans discerner par comparaison si l'un de ces mouvements convient mieux que l'autre à la circonstance présente.

L'activité vraiment humaine est au contraire consciente et réfléchie : elle est guidée par l'intelligence. Mais, comme l'homme participe de la nature animale, il n'est pas dépourvu tout à fait de cette activité qui meut les animaux.

Nous distinguons donc deux formes de l'activité : elle est *spontanée* ou *réfléchie*.

L'activité spontanée elle-même se présente sous deux aspects : l'instinct et l'habitude.

L'activité réfléchie n'existe que sous le mode de la volonté.

Mais il faut tout de suite séparer de l'instinct l'habitude, qui est une conséquence de la volonté ou parfois de l'instinct même.

§ 1er. — L'INSTINCT.

2. Définition. — L'instinct est une impulsion naturelle qui fait agir l'animal sans réflexion et sans connaissance du but ni de la cause.

3. Caractères de l'instinct. — Les caractères de l'instinct ont été très complètement étudiés et décrits par Cuvier et Flourens.

Il est :

1° *Universel.* — Aucun animal n'en est dépourvu ; il est la condition essentielle de tout être animé, et chez tous il tend au même but général, qui est d'assurer la vie et d'écarter la douleur.

2° *Spécial.* — Chaque classe d'êtres possède, outre l'instinct général de conservation, un instinct qui lui est propre et grâce auquel elle produit des actes dont sont incapables les êtres d'une autre espèce ; c'est ainsi que l'abeille produit son miel, que l'araignée tisse sa toile, que le castor construit sa hutte. Mais en même temps il est identique chez tous les individus d'une même classe. Toutes les abeilles font et ne font que du miel, tous les castors construisent des huttes de la même façon.

3° *Parfait.* — Ce que l'animal exécute par instinct ne saurait être mieux exécuté même par la plus subtile intelligence. L'instinct est infaillible : il conduit l'être juste au point où il faut et au moment qu'il faut. L'enfant et l'homme ivre qui tombent sans se faire de mal, à quoi doivent-ils cette immunité, sinon à l'instinct qui tout de suite dispose leurs membres de la meilleure façon pour amortir la chute et leur enlever toute raideur ? Qui jamais a réussi à fabriquer du miel ou un nid d'oiseau, non pas mieux mais aussi bien que l'animal dont c'est l'instinct.

4° *Imperfectible.* — C'est la conséquence même de sa perfection. Qu'y pourrait-on ajouter? Mais il faut bien entendre que cette imperfectibilité de l'instinct n'est tout à fait vraie que de l'instinct spécial et dans chaque individu déjà existant.

L'école naturaliste nouvelle, dont le maître et le fondateur est Darwin, suivi de Hæckel, enseigne la perfectibilité et la transformation de l'instinct dans les races par suite des croisements, qui mélangent les dispositions naturelles, et par suite aussi des habitudes héréditaires, qui de génération en génération ajoutent une quantité variable à la quantité fixe que chaque être, en tant qu'animal, reçoit de la nature au moment de sa formation. Par exemple, au bout de quelques générations, les canards sauvages élevés à la basse-cour deviennent des canards domestiques. Dans certains pays, les abeilles, qui savent que le papillon Tête de Mort est leur ennemi mortel, rétrécissent l'ouverture de leur ruche. Et l'on a remarqué qu'elles se dispensent de faire leur cire lorsqu'on leur fournit les matériaux propres à la remplacer (Marion). La cause principale de la variation de l'instinct, c'est la nécessité; et sous la même influence s'accomplit aussi la variation des formes.

5° *Nécessaire.* — Nécessaire veut dire qui ne peut pas ne pas être. Et en effet il est impossible de supprimer l'instinct; tout au plus peut-on le comprimer et le faire servir à l'exécution d'actes que de lui-même il n'inspirerait pas.

Ce qu'on appelle le *dressage* n'est pas autre chose. Et l'on parvient ainsi, en imposant à l'animal des habitudes, à utiliser même ses instincts les plus dangereux ou les plus désagréables. Nous voyons ainsi dans les cirques des chevaux ruer à la volonté du dresseur; ils font merveille comme spectacle; mais en réalité ce sont les chevaux réputés vicieux, dont les ruades instinctives rendraient l'usage fort périlleux, qui deviennent les plus habiles à cet exercice.

Mais que la domination du maître cesse, que les circonstances qui compriment l'instinct disparaissent, aussitôt il se redresse; et les dompteurs dévorés par leurs fauves en sont un triste exemple.

6º *Inversement proportionnel à l'intelligence*. — De tous les animaux, celui dont l'instinct est le moins développé, c'est l'homme, et les moins intelligents parmi les hommes sont pourvus d'un instinct plus vif. « Ainsi, quand deux hommes de races différentes sont en présence, la difficulté qu'ils ont à se comprendre est d'autant plus grande que la différence de leur culture intellectuelle est plus sensible. Un sauvage se fait mieux et plus tôt comprendre des matelots que du capitaine. C'est que plus on est inculte, plus le fonds commun à tout être humain est resté intact. » (Marion.) Il est naturel et juste qu'il en soit ainsi : doué d'intelligence, de raison, capable de plus d'atteindre une fin morale, l'homme n'a besoin de l'instinct que pour le rappeler aux soins matériels de la vie. Si l'instinct prenait une plus large part de l'activité humaine, notre mérite en diminuerait d'autant, et aussi notre bonheur. L'animal au contraire, dont l'intelligence est tout inférieure, chez certains même presque nulle, l'animal, qui ne peut se perfectionner par l'expérience ni par la réflexion, a un besoin plus urgent de cette impulsion naturelle qui le met en garde contre le danger et contre la destruction.

4. L'instinct et l'appétit. — Aucun acte de l'animal n'est désintéressé : écarter une douleur, atteindre un plaisir : tout est là. L'instinct fait produire l'acte, mais souvent il est éveillé par un fait sensible, par l'appétit. Nous verrons de même que dans les êtres supérieurs la volonté est mise en mouvement par une inclination. C'est qu'en effet aucune des forces d'un être n'est absolument indépendante des autres : la vie est une harmonie des forces.

5. Y a-t-il de mauvais instincts? — Dès lors comment distinguer de bons et de mauvais instincts, puisque tous ils sont dans la nature, tous appropriés à la constitution et au rôle de l'animal?

C'est que précisément ils sont de la *nature animale*, et nous ne parlons de bons ou de mauvais instincts que dans leur rapport avec la moralité humaine. Comme l'appétit, l'instinct est bon quand il empêche l'homme d'oublier trop les exigences inévitables de son corps et qu'il l'engage à surveiller, à soigner et à développer ses organes, instruments au service de sa volonté et de son intelligence.

Il devient mauvais lorsque, empiétant sur la raison, il ravale la nature morale au bas niveau de la bête, étouffe la conscience et ne laisse plus de place à la réflexion.

§ 2. — La volonté.

6. Définition. — La volonté est la faculté de se déterminer librement.

Se déterminer librement, c'est être maître de choisir le motif de son acte.

7. Caractère général de la volonté. — L'activité volontaire est purement *morale, intérieure;* l'action extérieure en est la manifestation possible, mais non nécessaire. D'une part, la fièvre peut agiter les membres, surexciter les nerfs et faire émettre des paroles, sans que la volonté y soit pour rien; d'autre part, la paralysie empêche les mouvements, bien que la volonté ordonne.

8. Analyse du fait volontaire. — Le fait volontaire se décompose en plusieurs phases, qu'il est indispensable de connaître pour apprécier le rôle et l'importance de la faculté elle-même.

1° *Excitation sensible.* — Toute action est provoquée par un plaisir ou par une douleur, ressentie ou imaginée.

2° *Transformation du fait sensible en fait intellectuel.* — La conscience aperçoit le plaisir ou la douleur présente ou future, et en même temps le premier mouvement spontané qui nous en éloigne ou nous y pousse. Aussitôt l'idée contraire surgit, par une loi naturelle de l'intelligence. — J'allais vers le plaisir; si je m'arrêtais ou m'éloignais? Je fuyais la douleur; si je la supportais? Je connais; je ne suis plus seulement passivement ému. Le fait sensible est devenu intellectuel : il est, au point de vue de l'activité raisonnable, un *motif*.

3° *Délibération.* — Toute idée est au moins accompagnée d'une autre idée, qui en est la contradiction. L'idée de me mouvoir est contrebalancée par l'idée du repos; action ou abstention, cette alternative existe toujours. L'intelligence compare les motifs et prépare ainsi l'acte propre de la volonté.

4° *Résolution*. — C'est l'adoption définitive du motif. La volonté apparaît dans toute son énergie, et décrète l'exécution de l'acte choisi.

De là découle la responsabilité.

5° *Action*. — Elle est la manifestation extérieure de la résolution; mais elle n'est pas toujours dépendante de la volonté. Elle a besoin en effet des organes. Or, parmi les organes, les uns, tous ceux qui assurent la vie, ceux de la digestion, de la circulation, de la respiration, des sécrétions, sont tout à fait soustraits à la volonté; les autres, ceux de la vie de relation, ne dépendent d'elle qu'imparfaitement et souvent même, par quelque cause de maladie, lui échappent complètement.

Ainsi donc, dans le développement d'un fait volontaire, ce qui appartient clairement à la volonté, c'est la résolution.

9. Caractères propres de la volonté. — La volonté possède d'ailleurs des caractères essentiels qu'aucune autre faculté ne partage avec elle et qui permettent de la considérer comme la véritable marque de la personnalité.

1° *Elle est une*. — C'est la même volonté qui veut et ne veut pas; ce ne sont pas deux principes différents qui s'opposent. Ne pas vouloir, c'est simplement vouloir le contraire d'une proposition.

Au contraire, la sensibilité et l'intelligence sont multiples (sensibilité physique et sensibilité morale, — perception et conception).

2° *Elle est simple*. — On ne peut vouloir de différentes façons. La résolution peut demeurer plus ou moins longtemps en suspens; cela dépend de la délibération, mais c'est toujours de même que la volonté agit. Au contraire, la sensibilité et l'intelligence sont complexes et se manifestent par des phénomènes très variés (sensations, sentiments, passions, etc. ; idées, jugements, raisonnements, etc.).

3° *Elle est identique*. — La volonté ne varie pas; telle elle est dans l'enfant, telle elle se retrouve dans l'homme et dans le vieillard. L'enfant déploie une aussi ferme volonté pour s'emparer de son jouet que l'homme pour conquérir une position, une fortune, etc.; tandis que l'intelligence et la sensibilité s'accroissent, diminuent ou se modifient suivant l'âge, la santé, etc. S'il apparaît des modifications du vouloir dans certaines maladies, c'est que l'intelligence est atteinte, la délibération ne se fait plus aussi nette. Dès qu'un motif peut être adopté, la volonté agit.

4° *Elle est égale chez tous les hommes.* — Il n'est peut-être pas deux individus également doués d'intelligence, également pourvus de sensibilité. Les différences sont infiniment variées. Au contraire, tous les hommes possèdent une égale volonté. La même puissance est à la disposition de tous. Mais ils en font un usage différent : les uns la concentrent, les autres l'éparpillent; pareillement, donnez une même somme d'argent à trente ou cinquante individus, vous les verrez la dépenser de trente ou cinquante manières différentes.

5° *Elle est libre.* — On peut contraindre les actes extérieurs par la violence physique et la violence morale. La résolution demeure indépendante. M'enfermer, c'est m'empêcher de sortir, mais non de vouloir sortir. Par contre, on ne peut nier une certaine fatalité des idées, des associations d'idées, et des phénomènes de douleur et de plaisir. La volonté possède donc seule ce caractère de faculté libre.

6° *Elle est infinie.* — Il n'est rien qui l'arrête : on peut vouloir les choses les plus éloignées, les plus difficiles, tout ce que conçoit l'imagination, et les vouloir longtemps, les vouloir toujours, sans que la volonté se lasse. Il n'en est pas de même de l'intelligence, qui est bornée par des ignorances invincibles, découragée par des doutes insolubles; ni de la sensibilité, qui, au delà d'une certaine mesure d'excitation, s'émousse et disparaît, souvent après avoir passé par une crise d'exaltation qui bannit la raison et accélère la paralysie.

De l'étude de ces caractères il suit que rien n'est plus important que de savoir ce qu'on doit vouloir : c'est l'objet de l'éducation, et de se tenir avec persévérance à ce qu'on veut : c'est la formation du caractère. Mais il s'agit de ne pas confondre la volonté et l'entêtement. L'une est éclairée, l'autre aveugle. L'une consiste à se fixer à la meilleure raison après examen, l'autre à se refuser à toute raison par préjugé, par ignorance ou par orgueil.

§ 3. — L'HABITUDE.

10. Définition. — L'habitude est la répétition fréquente et involontaire d'un acte. Ainsi il ne suffit pas qu'une action soit accomplie une fois par mégarde; il faut qu'elle soit renouvelée; et il ne suffit pas davantage qu'elle soit renouvelée plus ou moins périodiquement; si à chaque fois la réflexion, l'attention est nécessaire, ce n'est pas une habitude.

11. Origine. — Les deux conditions sont indispensables: fréquence de l'acte et absence d'attention. Mais l'origine quelle est-elle? La volonté. Nos habitudes les plus ordinaires, les plus banales n'ont été contractées qu'à la suite d'efforts répétés. L'homme se tient en équilibre, marche, danse, court; se souvient-il de la peine que lui ont coûtée ses premiers pas? Nous lisons, nous écrivons couramment, mais que de soins, que d'attention dépensée pour discerner les caractères, les assembler, les reproduire, retrouver leur sens, etc. Tout est habitude, et sans elle nous ne pourrions rien ou seulement peu de chose. La plus futile action exigerait une volonté précise et une application fatigante.

Parfois l'instinct semble l'origine de l'habitude, il n'en est pas l'origine immédiate. Ainsi, instinctivement, un enfant gêné dans son maillot crie et pleure. Ses cris et ses pleurs font qu'on s'occupe de lui; on le soulage, on lui donne du lait, un jouet, etc. Le plaisir qu'il ressent l'engage à reproduire volontairement les appels que lui dictait son instinct. Puis, si le succès répond à son désir, il renouvelle de plus en plus souvent ces pleurs et ces cris. Et il en vient à crier et à pleurer pour des riens, sans même savoir pourquoi.

12. Habitude du corps et habitude de l'esprit. — Nous acquérons l'habitude et pour le corps et pour l'esprit. Les membres s'assouplissent, les organes se règlent et se modérent par l'habitude, et l'esprit de même prend certaines directions par l'influence de la répétition. C'est ainsi qu'on a pu dire en une double proposition : l'habitude est la mémoire des organes, la mémoire est une habitude des idées.

On contracte l'habitude d'associer les idées suivant certains rapports, de préférence à d'autres ; c'est ce qui donne aux écrivains, aux artistes, leur caractère propre, leur originalité, parfois aussi la monotonie.

13. Effets de l'habitude. — *Plus grande facilité d'action, tendance croissante à reproduire l'acte.* — L'ignorance des mouvements propres à l'accomplissement de l'acte a pour conséquence une dépense plus grande de forces. De là une répugnance naturelle à produire des actes nouveaux. Au contraire, à mesure qu'il s'est renouvelé, le mouvement s'exécute plus régulièrement, plus facilement ; l'habitude est donc excellente déjà en ceci qu'elle est une économie de forces, et qu'elle fait accomplir l'action plus rapidement, ce qui est encore une économie de temps. Mais une autre conséquence découle de la première. Ce qui exige de nous le moins de peine est ce qui nous plaît le mieux. L'acte habituel aura pour nous de l'attrait ; bien plus, cet attrait lui-même n'est plus senti directement. Un jour vient où machinalement nous agissons, sans aucune attention, sans aucune variation du mouvement. Et plus nous reproduisons l'action, plus augmente la tendance à la répéter. C'est là le bon et le mauvais côté de l'habitude. Elle est devenue, suivant le mot d'Aristote, une seconde nature, mais une seconde nature qui peut être tyrannique et restreindre par trop le champ de la volonté.

14. Lois de l'habitude. — Il suit immédiatement de là que la première loi de l'habitude est d'accroître l'activité : elle multiplie les actions.

Une autre loi apparaît non moins clairement : elle émousse la sensibilité. N'allons pas jusqu'à dire que les malheureux ne sentent plus leur malheur à la longue. Mais nul de nous n'ignore, par sa propre expérience, que le plaisir comme la douleur sont d'autant plus vifs qu'ils sont nouveaux ou imprévus. Renouvelés fréquemment ou longtemps prolongés, ils s'amoindrissent et nous deviennent indifférents, ou peu s'en faut. Si dans certains cas, comme l'audition d'un opéra ou l'inspection d'un tableau, ce plaisir augmente avec la répétition : c'est qu'à chaque fois nous apercevons quelque chose qui d'abord nous avait échappé, et devient pour nous un plaisir tout nouveau.

15. Caractère moral de l'habitude. — Au point de vue de la moralité, comment juger l'habitude? L'acte habituel est presque inconscient, il est tout à fait involontaire; dès lors il n'impliquerait aucune responsabilité de l'agent, et il n'y aurait ni vice ni vertu, mais seulement par-ci par-là des actes volontaires isolés, bons ou mauvais.

Sans doute l'habitude est une circonstance atténuante de l'acte particulier qu'elle fait accomplir à tel moment précis. Mais la responsabilité remonte plus haut. D'où vient l'habitude? De la volonté. Elle n'a été contractée que par la répétition volontaire de l'acte. On est donc responsable de l'habitude tout entière.

RÉSUMÉ

L'activité est la faculté que possède l'homme d'être la cause de ses actes. Elle est spontanée ou réfléchie. Spontanée, elle a deux formes, l'instinct et l'habitude. L'unique forme de l'activité réfléchie est la volonté.

L'instinct est une impulsion naturelle qui fait agir l'animal sans réflexion et sans connaissance du but lointain. A peine l'animal a-t-il une vague aperception du but prochain, immédiat. L'instinct est universel, spécial, nécessaire, parfait pour son objet, inversement proportionnel à l'intelligence. Immuable dans chaque individu, il peut être transformé, perfectionné par les habitudes héréditaires. Il est en rapport direct avec l'appétit, et tous deux concourent à la conservation de l'individu et de l'espèce. Au point de vue de la nature, il n'est pas proprement de mauvais instinct. C'est lorsque dans l'homme les instincts luttent contre la raison qu'on les qualifie de mauvais.

La volonté est la faculté de se déterminer librement, c'est-à-dire d'être maître du choix de son acte. Elle implique donc nécessairement l'intelligence. Un fait volontaire se décompose en cinq phases : 1° excitation sensible ; 2° transformation du fait sensible en fait intellectuel ; 3° délibération ; 4° résolution : c'est le point capital pour la moralité; 5° l'action, qui est plus ou moins exactement la manifestation de la résolution.

Les caractères de la volonté sont très spéciaux : 1° l'unité, 2° la simplicité, 3° l'identité, 4° l'égalité chez tous les hommes, 5° la liberté, 6° l'infinité.

L'habitude est la répétition fréquente et involontaire d'un acte, avec une disposition croissante à le reproduire.

Son origine est un acte volontaire, parfois même un acte instinctif. L'esprit et le corps sont semblablement aptes à contracter des habitudes. Et l'on est responsable des habitudes contractées.

CHAPITRE V

NOTIONS SOMMAIRES DE PSYCHOLOGIE COMPARÉE
L'AME HUMAINE ET L'ESPRIT DES BÊTES.

Sommaire. — 1. L'animal partage-t-il les attributs et facultés de l'âme humaine? — 2. Signification du problème. — 3. L'animal prétendu l'égal de l'homme. — 4. L'animal-machine, automatisme des bêtes. — 5. Présomption en faveur de l'âme des bêtes. — 6. Opérations psychologiques possibles à l'animal. — 7. Ce qui manque à l'âme des bêtes.

1. L'animal partage-t-il les attributs et facultés de l'âme humaine? — Question mainte fois discutée, que des penseurs n'ont pas craint de résoudre par des systèmes aussi catégoriques et extrêmes dans un sens que dans l'autre. Pour les uns, (ce sont en général de beaux esprits qui se font un jeu d'un paradoxe, l'animal doit être mis de pair avec l'homme; pour d'autres, au contraire, l'animal est dépourvu de toute capacité de connaître et même de sentir, il n'est ni plus ni moins qu'une machine.

Entre ces opinions excessives il est possible et raisonnable de placer une opinion modérée, fondée sur l'observation des faits naturels et sur l'expérience de l'éducation des animaux; elle consiste à reconnaître dans la bête, à des degrés variés selon le perfectionnement de l'organisme des espèces, certaines capacités psychologiques qui lui sont communes avec l'homme.

2. **Signification du problème.** — Avant d'examiner le pour et le contre de ces opinions opposées, il n'est pas sans utilité de préciser en quoi la question intéresse.

Si l'animal possède les caractères psychologiques de l'homme, nous devons, pour n'être pas illogiques, lui attribuer les conséquences de ces caractères ou facultés, c'est-à-dire la responsabilité et la destinée morales.

Or l'homme s'arroge un droit de maître sur les animaux; il les asservit, il les met à mort, il en fait sa nourriture.

Donc s'il n'est entre l'animal et l'homme aucune différence d'essence spirituelle, s'il ne faut retenir qu'une différence d'éducation, l'homme exerce sur l'animal un empire inique et criminel.

3. **L'animal prétendu l'égal de l'homme.** — A vrai dire, cette opinion n'a guère été soutenue que par des sceptiques ou par des humoristes, se plaisant avec le paradoxe à humilier l'orgueil de l'homme et à lui faire honte de ses vices et de ses crimes.

Tel Montaigne se demandant avec plus de bonne humeur que de sérieux si quand il se gausse de son oie ce n'est pas elle qui se gausse de lui.

Tel Rorario, cet Italien du xvi° siècle qui écrivit en latin sur l'intelligence des animaux un livre se réduisant à une antithèse développée des mœurs féroces des hommes qui multiplient les iniquités, les exactions, les meurtres, les supplices et des mœurs paisibles et loyales des animaux, pratiquant la clémence, la reconnaissance, la chasteté, toutes les vertus enfin. Le crédit d'une pareille thèse est aussitôt jugé quand on voit son auteur relater à titre d'exemple convaincant qu'un serpent a, comme Brutus, immolé son fils coupable d'avoir violé les lois de l'hospitalité, ou qu'un cheval s'est noyé de désespoir pour avoir, comme Œdipe, été conduit à l'inceste par la fatalité.

Au fond, si l'on avance sérieusement cette opinion que l'animal doit être considéré comme doué des mêmes facultés que l'homme, c'est en lui donnant pour base et pour justification la merveilleuse industrie que déploient les animaux en certaines formes de leur activité, l'appropriation parfaite de certaines de leurs opérations à un but, ce qui fait d'abord supposer qu'elle est raisonnée et voulue.

Réfutation. — Par un plus attentif examen on s'aperçoit que cette part de l'intelligence individuelle dans l'appropriation de l'acte au but n'est qu'apparente, car dans les mêmes conditions tous les animaux de la même espèce exécutent avec une égale perfection l'opération propre à cette espèce.

Or nous reconnaissons la marque distinctive du travail humain à son originalité; chaque artiste, chaque artisan imprime à son œuvre son cachet, sa manière, quel que soit le mérite de l'œuvre.

En second lieu, les œuvres humaines dénotent un perfectionnement successif, ce qui implique un progrès de l'intelligence. — L'œuvre de l'animal atteint du premier coup sa perfection et l'animal ne progresse pas dans son industrie, preuve qu'il n'y applique pas une intelligence semblable à celle de l'homme, laquelle se développe par l'expérience, la réflexion et l'éducation.

Ensuite cette aptitude de l'animal est limitée à une opération ou série d'opérations spéciales; hors de là son ineptie est manifeste, preuve que son industrie n'est pas comme celle de l'homme guidée par la raison. Le propre de l'intelligence de l'homme est de s'ouvrir à des idées infiniment variées et de le rendre par suite capable de s'adonner à toute sorte d'occupations.

Enfin, dans la comparaison de l'homme et de l'animal, il n'est pas permis de ne regarder celui-ci que dans l'exercice parfait de son industrie spéciale; il est nécessaire de suivre les deux êtres dans les essais parallèles d'une même éducation ou d'un même apprentissage. Si le principe intellectuel était analogue dans les deux sujets, on apercevrait une analogie dans les progrès et les résultats; or l'expérience est faite; elle démontre, sans contestation possible, une radicale différence. L'homme, même de la race la plus brute, est capable de se civiliser, de se moraliser; l'animal de la race la mieux douée, non.

4. **L'animal-machine, automatisme des bêtes** — La théorie célèbre de *l'automatisme des bêtes* appartient à Descartes, elle découle directement de sa métaphysique : il divise l'univers en deux catégories, d'une part la pensée telle qu'elle est en nous, de l'autre la matière inerte soumise aux lois générales du mouvement; entre les deux, point d'intermédiaire. Tout ce qui n'est pas la pensée se range dans les substances étendues; celles-ci sont absolument soumises aux lois de la mécanique. Donc toutes les modifications dérivant de la vie physiologique, impressions produites sur le cerveau, sensations, passions, ne sont et ne peuvent être qu'un pur mécanisme; ces phénomènes sont les effets des mouvements des fibres, des fluides, de ces prétendus *esprits animaux* qui, selon ce qu'imagine Descartes, vont et viennent entre le cerveau et le cœur par les nerfs et les muscles. Tel est un corps séparé de la pensée, tel est l'animal. Il est semblable à une horloge qui se meut par le jeu des roues, des poids et contre-poids, et de ressorts plus ou moins compliqués.

Ainsi conçu l'animal est dépourvu de pensée et, qui plus est, de sensibilité même physique.

Comme preuves Descartes allègue : 1° l'absence de toute combinaison de signes dans la vie de relation des animaux; 2° le contraste entre la capacité de l'animal de produire certains actes toujours les mêmes et son inaptitude absolue en toute autre chose [1].

---

[1]. Voir l'ingénieuse réplique de La Fontaine à la théorie de Descartes, livre X, fable I, *Les deux rats, le renard et l'œuf*.

Réfutation. — L'argumentation de Descartes pèche sur plusieurs points, dont le moindre est capital.

1° Il n'est pas vrai qu'il ne puisse exister un intermédiaire entre la pensée telle qu'elle est en nous et la matière brute; Descartes l'affirme, il ne le démontre pas. A cette affirmation de Descartes s'oppose le principe de Leibniz appelé *loi de continuité*, par lequel le philosophe allemand établit que la nature *ne procède pas par bonds*. Une gradation infinie allant de la plus puissante intelligence humaine jusqu'au plus rudimentaire animal est parfaitement concevable; les faits prouvent qu'elle est non seulement possible, mais réelle.

2° Sur quelles observations repose l'affirmation de Descartes que les animaux ne peuvent combiner des signes?

Plus d'un naturaliste, observateur sagace et digne de foi, assure avoir reconnu chez certains animaux l'*usage intentionnel de quelques signes assemblés dans un ordre particulier.*

3° L'animal n'est pas aussi complètement incapable que le prétend Descartes de s'écarter d'un cercle d'actions mécaniques. Entre mille exemples, on cite l'araignée réparant sa toile endommagée : si elle n'était qu'une machine, elle ferait la toile mais ne la réparerait pas.

4° En concédant même à Descartes que l'animal ne pourrait ni combiner des signes ni varier ses actions, on lui refusera encore ses conclusions qui dépassent ses prémisses; car ces inapacité n'interdisent pas à l'animal certaines fonctions d'ordre psychologique, la sensation (plaisir et douleur), la mémoire, l'imagination.

5. Présomptions en faveur de l'âme des bêtes. — L'opinion moyenne consiste à attribuer à l'animal une âme incomplète en comparaison de celle de l'homme, mais telle cependant qu'elle a plus d'une relation avec la nôtre.

De la similitude des organes on a droit de conclure à l'analogie des sens, et par conséquent à l'analogie des sensations et des perceptions. La fin de l'organe est précisément de procurer au sens des sensations; comment n'en serait-il pas de même chez l'animal? Comment prétendre avec bon sens que, chez l'homme, l'oreille étant destinée à la perception des sons, l'œil à la perception des étendues colorées, l'animal ayant des yeux et des oreilles ne verrait ni n'entendrait pas?

Chez l'homme les phénomènes psychiques sont accompagnés d'actions qui sont non pas une concomitance, mais une conséquence. Par exemple la vue subite d'un objet, ne fût-il pas effrayant en soi, nous fait faire un écart ou un recul; un bruit soudain nous fait sursauter; un cheval peureux en fait autant en pareille occurrence; pourquoi le même effet si une cause semblable n'agit pas? Ne discernez-vous pas les cris de joie d'un chien qui revoit son maître des cris de douleur du même chien s'il a la patte écrasée? Ces phénomènes sont donc *significatifs* et signifient *des états de conscience*.

D'où l'on peut admettre dans l'animal une capacité de sentir, une *conscience* où se centralisent sans se confondre toutes les impressions qu'il reçoit par les sens.

296. **Opérations psychologiques possibles à l'animal.** — Cela posé, il s'ensuit naturellement que tous les faits de sensibilité physique reconnus dans l'homme, besoins, appétits, plaisirs, douleurs, que toutes les opérations intellectuelles qui ont pour origine les sens, l'animal en est virtuellement capable; non pas tous les animaux *au même degré*. Mais tous les hommes sont-ils au même degré sensibles et intelligents? Les opérations possibles à la bête sont : la perception extérieure et les associations d'idées, en tant qu'idées images, les souvenirs, les imaginations rudimentaires. C'est là le fonds commun à l'homme et à l'animal, et par lequel ils entrent en relation.

7. **Ce qui manque à l'âme des bêtes.** — La différence entre l'âme humaine et l'âme de l'animal reste néanmoins évidente et ineffaçable, les opérations *sensitives* laissent l'animal au seuil de la véritable vie intellectuelle; celle-ci commence avec la *perception expresse des rapports* et s'élève jusqu'à la *volonté*.

Or, l'animal ne fait rien qui donne le droit de lui supposer cette puissance de lier la cause et l'effet, de reconnaître la condition universelle, nécessaire et suffisante d'un phénomène, encore que, grâce à sa mémoire et à l'association des idées, il s'attende à l'apparition de ce phénomène à la suite d'un phénomène antécédent.

Aussi n'agit-il que par *instinct*.

Pour saisir la condition *universelle* des phénomènes il faut la faculté suprême de l'intelligence, la *raison* ; pour agir avec prévoyance et choix, autrement dit par *volonté*, il faut cette même *raison*.

Et l'on fait implicitement le départ entre la nature animale et la nature humaine en disant : *L'homme est un animal raisonnable*. La raison ôtée, il reste que l'animal peut posséder ce que l'homme possède dans l'ordre des phénomènes sensitifs et des opérations psychiques qu'ils engendrent.

RÉSUMÉ

Entre deux opinions extrêmes, l'une élevant la bête au niveau de l'homme, l'autre lui refusant toute capacité de connaître et même de sentir, il est sage de se former, d'après l'observation sérieuse et l'interprétation prudente des faits de la vie des animaux, une opinion moyenne. On peut sans compromettre aucune grave question admettre dans l'animal une vie psychique rudimentaire, limitée aux sens, aux opérations sensitives et aux facultés intellectuelles auxquelles ces opérations correspondent, perception extérieure, association des idées-images, mémoire, imagination. L'esprit de l'animal diffère de l'esprit de l'homme et par l'infériorité des facultés qui leur sont communes et surtout par l'absence de la raison. Or, sans la raison, pas de moralité. Être capable de moralité ou ne pas l'être, c'est une distinction capitale. Par là se justifie l'empire de l'homme sur l'animal.

CHAPITRE VI

THÈSE DE LA LIBERTÉ

Sommaire. — § 1er. Définition et division. — 1. La liberté est le premier élément de la moralité. — 2. Deux sens du mot liberté. — 3. La liberté est limitée, et sa limite variable. — 4. Définition de Kant. — 5. La liberté est intérieure et morale. — 6. Les formes extérieures de la liberté. = § 2. Preuves de la liberté. — 7. Deux ordres de preuves directes et indirectes. — 8. A Preuves intrinsèques. — 9. B Preuves extrinsèques. — 10. Preuves indirectes.

§ 1er. — Définition et division.

1. La liberté est le premier élément de la moralité. — Pas de liberté, pas de responsabilité, par conséquent pas de moralité. L'agent qui subit une nécessité sans la pouvoir combattre est en dehors de toute loi morale. Il n'y a pour lui ni mérite ni démérite; il y a seulement pour les autres un avantage ou un préjudice résultant de son action. Tel sera le cas d'un bon chien de garde, et par contre le cas d'un loup dérobant et dévorant un mouton.

Qu'est-ce donc que la liberté?

La liberté est le pouvoir que possède un être intelligent de *choisir le motif de son acte*.

Nous ne disons pas de produire son acte; la manifestation de la volonté dépend en effet d'autres causes que de nous-mêmes. Mais, puisque la responsabilité morale découle de l'intention, sommes-nous libres de nos intentions plus que nous ne le sommes de nos mouvements? Là est la question qui de tout temps a préoccupé les philosophes et les moralistes.

2. Deux sens du mot liberté. — *Libre arbitre et libre examen.* — D'abord il convient de distinguer deux sens du mot liberté : le sens de *libre arbitre*, et celui de *libre examen.*

Libre arbitre ou libre choix, c'est le pouvoir qu'aurait la volonté humaine de se décider avec une spontanéité absolue, sans contrainte, sans suggestion, sans autre raison que son vouloir.

Par libre examen, il faut entendre le plus ou moins d'aptitude à choisir en connaissance de cause.

La différence est notable : le libre arbitre fait partie de la constitution essentielle de l'âme humaine, par cela seul qu'elle est douée de volonté. « Je veux cette chose parce que je la veux : » telle serait sa formule.

Mais on voit tout de suite qu'il est nécessaire d'aller plus loin et d'expliquer l'origine et la cause de cette volition. « Je veux cette chose parce qu'elle est, à mon jugement, la meilleure, la plus noble, la plus belle ou la plus agréable de celles qui me sont proposées : » telle serait la formule du libre examen.

3. La liberté est limitée, et sa limite variable. — Cette formule du libre examen marque en même temps la limite de la liberté et la variabilité de cette limite. Plus nombreuses seront les choses proposées, plus étendu sera mon choix, moins pèseront sur ma décision les caractères de chacune, contrebalancés par les caractères et qualités des autres.

On comprend aussitôt que ceux-là s'affranchiront le mieux qui, soit naturellement, soit par l'effort de l'étude et de la réflexion, possèdent une intelligence plus large et plus ferme.

Mais la liberté n'est jamais nulle dans un être humain; il reste toujours au moins cette alternative : consentir ou refuser, ne fût-ce que par une raison vague. Toujours un homme dans son état normal pourra préférer l'un ou l'autre, trouver l'un meilleur que l'autre, même s'il est dans l'incapacité d'expliquer nettement en quoi et pourquoi.

C'est que toute la vie intellectuelle et morale est dominée par la raison, d'où nous viennent les idées du bien, du beau, du vrai. L'expérience, plus tard, nous apprend à discerner les actions bonnes, les œuvres belles, les principes vrais. Mais l'idée même qu'existent le bien, le beau et le vrai est commune à tous les hommes; elle est une loi universelle et une condition nécessaire de toute connaissance.

4. Définition de Kant. — C'est la raison qui s'oppose au penchant; le *penchant* dérive de la nature animale et nous y ramène. La morale a pour but de nous soustraire à la domination des penchants. Aussi Kant a-t-il pu définir la liberté : *la faculté de vaincre le penchant par la raison*.

5. La liberté est intérieure et morale. — Pour bien comprendre et pour résoudre les objections qui se sont élevées contre elle, il faut d'abord écarter toute fausse conception de la liberté. Il s'agit de liberté morale. Donc ne la cherchons pas où elle ne peut être.

La liberté n'est pas dans l'action extérieure. — L'action est exécutée par les organes. La volonté n'a sur eux qu'une prise très indirecte.

Tous les organes essentiels de la vie physique sont soustraits à la direction de la volonté. La circulation du sang, la digestion, s'accomplissent suivant les lois fatales de la nature animale. C'est même une garantie de notre existence. Quelle misérable situation serait la nôtre si chaque fonction d'un organe exigeait une attention spéciale et une intervention de la volonté. Quels risques ne courrions-nous pas si la vie était à la merci d'une étourderie, d'une distraction ou d'un caprice?

Les organes de la vie de relation sont davantage au service de la volonté. Je veux mouvoir mon bras, et je le meus; je veux marcher, parler, je marche, je parle. Toujours? Non. A la condition que la santé soit bonne, l'organe sain. Survienne la paralysie, momentanée ou permanente, et mon pouvoir d'agir cesse aussitôt. Ma volonté ordonne encore, le membre n'obéit pas.

Mais immédiatement, dans ce fait même, reparaît ce qui est libre en moi. Un paralytique ne peut ni marcher ni se soulever. Cette infirmité ne l'empêchera pas de vouloir poursuivre son ennemi qui le raille, ou sauver de la mort son enfant qui se noie.

De ce que vous enfermez dans une prison un malfaiteur, lui avez-vous enlevé le pouvoir de se résoudre à de mauvaises actions? ne peut-il plus méditer et vouloir le meurtre et le vol? Il ne peut les perpétrer, voilà tout.

Cependant, dites-vous, il n'est pas libre?

Il n'est pas libre dans le sens de la liberté physique ; on lui rendra cette liberté en ouvrant la porte de sa prison. Mais son intention n'en sera ni plus ni moins libre.

La liberté n'est pas dans les émotions sensibles. — Il est bien certain que la fatalité nous tient par quelque côté; et fatalité veut dire ici simplement la loi naturelle de l'univers.

Il n'est pas en mon pouvoir d'échapper aux douleurs que comporte ma nature d'homme. Dans mon corps et dans mon âme, je souffre et je jouis. Un fer rouge appliqué sur la chair consume les tissus, sèche le sang, corrode le nerf, et la douleur est cruelle. La ruine d'une espérance, le danger ou la mort d'une personne qui m'est chère, me frappe de tristesse, et, jusqu'à l'accomplissement du malheur que je redoute et qui me plonge dans la prostration, l'angoisse du doute étreint et surexcite ma pensée. Tout cela, c'est fatal, c'est-à-dire dans l'ordre naturel, de même que le désir de posséder de belles statues, de beaux tableaux, de beaux chevaux, dont je me promets de tirer un grand plaisir, de même que la joie ressentie à l'annonce d'un succès, ou la sensation agréable que cause un verre d'un vin généreux quand le froid ou la fatigue engourdit mon corps.

C'est sans le concours de la volonté, contre la volonté parfois, que s'accomplissent ces phénomènes. Qu'est-ce que cela prouve? Que la sensibilité est fatale, mais non pas que la volonté n'est pas libre, puisqu'au contraire nous constatons l'énergie de la volonté se redressant contre le phénomène sensible et s'efforçant de le repousser.

La liberté n'est pas dans la perception ni dans la conception des idées. — L'intelligence n'est pas non plus absolument maîtresse d'elle-même. Il est des idées qui s'imposent. Les objets qui m'entourent impressionnent tous mes sens et par là s'insinuent, sous forme d'images ou d'idées, dans mon esprit. La mémoire retient ces idées, les reproduit; l'imagination les combine; et l'on connaît fort bien le phénomène de l'obsession, ce retour opiniâtre d'une idée que rien ne peut chasser pendant un certain temps. D'autres fois, l'intelligence, également rebelle à la volonté, mais d'une autre façon, se refuse à recevoir ou à garder l'idée, et la mémoire infidèle ne la ramène pas à la conscience.

Qu'avons-nous le droit d'en conclure? Que nous ne sommes nullement libres? Non pas, mais que nous ne sommes *pas toujours libres intellectuellement*. Aussi souvent au moins, l'homme dans son état normal dirige ses pensées, les choisit, les rejette ou les reprend selon leur opportunité.

La liberté réside dans le vouloir. — Les instincts, les penchants, les inclinations sont des éléments naturels; les passions, les idées entrent dans l'âme par des causes fatales. Mais on peut corriger les uns, diriger les autres. La passion, par un habile traitement moral, se détourne et s'amortit; les idées s'enchaînent en jugements, les jugements en raisonnements. Par quelle force réduisons-nous ces forces fatales? Par une force libre assurément, par la volonté. Nul ne peut me contraindre à vouloir ce que je réprouve. Vous parlez, je vous entends; vos idées pénètrent dans mon esprit; mais, pour que j'y donne mon acquiescement, il faut que ma volonté le permette. Quand vous me persuadez, ce n'est pas une suppression de ma liberté, c'en est la preuve, car, tant que je n'accepte pas votre argument, vous admettez bien que mon acte reste indépendant de votre pouvoir; faudra-t-il moins de puissance pour consentir que pour résister? Non certes. C'est ma volonté qui se décide sans nul doute par l'inspiration de l'intelligence : elle n'est pas une force brute; c'est elle qui est libre, et infiniment libre. Qui dira pendant combien de temps un homme peut vouloir la même chose? qui dira où s'arrête la limite des choses qu'il peut vouloir?

6. Les formes extérieures de la liberté. — Il faut se garder encore de confondre la liberté elle-même avec les formes extérieures, autrement dit avec les usages de la liberté.

Nous avons parlé incidemment de la liberté physique, qui n'est que la puissance matérielle d'agir au moyen des organes.

Les autres formes tiennent sans doute à la nature même de l'homme et représentent autant de droits dont on ne peut le priver sans injustice. Toutefois, comme elles se manifestent dans la vie sociale, les hommes ont dû, dans leur propre intérêt, les définir, les circonscrire, les soumettre à des règles consenties en commun :

1° La liberté de *conscience*, qui est le droit non seulement de penser ce que notre raison nous révèle comme vrai, d'admirer ce qu'elle nous indique comme beau et comme bon, mais aussi le droit d'exprimer notre pensée et notre admiration ;

2° La liberté *civile*, qui est le droit pour chacun d'administrer ses affaires et sa vie selon son gré et ses goûts, et de disposer de sa personne en se conformant aux lois du pays qu'il habite ;

3° La liberté *politique*, qui est le droit pour les citoyens d'un État de surveiller les intérêts communs et de participer à leur administration ;

4° La liberté *commerciale*, qui est le droit de vendre et d'acheter ce que l'on veut, et comme on veut ;

Il est nécessaire, pour l'ordre et la prospérité de l'État, que chacun abandonne un peu de ces libertés individuelles pour assurer les libertés publiques, empêcher l'empiétement des prétentions des uns sur les droits réels des autres.

Selon les régimes de gouvernement, ces libertés sont élargies ou restreintes. Mais la liberté morale demeure intacte, égale.

L'esclave grec ou romain, le nègre d'Amérique avant l'abolition de l'esclavage n'a rien en propre, ne peut que subir les caprices de son maître ; mais il garde au moins dans sa conscience, comme dans un impénétrable sanctuaire, le caractère auguste de l'humanité qui le distingue des bêtes dont il partage les travaux et souvent les mauvais traitements, sa liberté morale ; sa volonté est à lui.

§ 2. — Preuves de la liberté.

7. Deux ordres de preuves. — Nous avons défini la liberté : la chose en elle-même, le mot dans ses diverses acceptions. Mais n'est-ce point qu'une idée, une illusion ? Ne peut-on se demander : La liberté serait cela si elle existait, mais existe-t-elle ? Il est donc indispensable de ressaisir les faits qui la prouvent ; et ces preuves sont de deux ordres :

1º *Preuves directes* subdivisées en : *a*. Preuves intrinsèques, tirées de l'âme humaine et de ses états.

b. Preuves extrinsèques, tirées du dehors de la personne et des conditions sociales ;

2º *Preuves indirectes*, tirées des conséquences de la négation de la liberté.

8. A Preuves Intrinsèques. a. *L'affirmation de la conscience.* — Un père ordonne à son enfant de quitter le jeu pour l'étude ; un patron recommande à son employé d'exécuter un travail pressant. L'enfant et l'employé désobéissent. Leur désobéissance, c'est la preuve de leur liberté. D'où leur en est venue la notion ? De la conscience, de cette faculté de connaissance intime qui nous avertit des phénomènes et des puissances de l'âme.

Ainsi voilà le fait tout nu, tout simple. On dit : « Je ne veux pas, » ou : « Si je veux. » C'est qu'on se croit libre ; sinon à quoi bon ?

Se croire libre, c'est commencer de l'être. Ce n'est pas là une opinion fabriquée en quelque sorte par l'éducation. C'est un fait primitif, naturel. Rien ne prévaut contre lui.

b. Les phénomènes moraux. — Aussitôt s'éveille l'idée de la responsabilité. Est-ce tort ou raison d'avoir voulu cet acte plutôt que son contraire ? menti plutôt que dit la vérité ? dérobé le bien d'autrui plutôt que donner du sien aux pauvres ?

Un jugement est porté par la conscience morale, approbation ou blâme, estime ou mépris. Pourquoi, si la liberté n'est qu'un mot? Un sentiment est issu de ce jugement : satisfaction ou remords, sympathie ou antipathie, admiration ou horreur. Pourquoi, si l'acte est fatal, s'il est indifférent, ni bon ni mauvais?

Loin de là; il est possible de passer outre au jugement et au sentiment moral, de dédaigner l'avis de la conscience; mais le nier, jamais.

9. B **Preuves extrinsèques.** a. *Opinion publique;* b. *la loi positive;* c. *la loi pénale;* d. *les pratiques de la vie ordinaire.* — a. Ce n'est pas la conscience individuelle seule qui sanctionne ainsi les actions libres. La conscience collective reproduit les mêmes jugements, les mêmes sentiments, en les agrandissant : c'est ce qu'on nomme l'opinion publique.

Il importe peu de savoir si dans ces appréciations elle est exacte et équitable. Ce qui nous intéresse, c'est le fait. Elle *juge;* elle corrobore l'opinion individuelle, un seul homme pourrait se méprendre; le genre humain tout entier se méprendrait-il sur un fait si simple?

b. Et le genre humain est si bien convaincu de cette liberté, qu'il traduit son opinion en fait : il institue des règles, des coutumes, des conventions, des lois. Que vaudrait une loi qui m'oblige à déclarer mon domicile, à déclarer la naissance de mes enfants, à faire enregistrer les baux que je signe, si le législateur n'était assuré que j'ai la liberté nécessaire pour obéir? Et quel besoin de la loi, s'il n'était supposable que j'agirais peut-être autrement? Elle a précisément pour but non de détruire ma liberté, mais de la diriger. Pour la diriger, il faut qu'elle soit.

c. D'autant plus que le législateur ne se borne pas à prescrire un acte, à en interdire un autre. Il pose une sanction à la loi : il prévoit le cas où ma liberté ne se soumettra pas. Il édicte une peine. Il m'infligera une souffrance, physique ou morale. Quelle singulière contradiction, s'il ne croit pas que j'étais maître de me conformer ou de manquer à la loi!

Et à quoi bon la punition, si, l'homme n'étant pas libre, elle ne sert pas à l'améliorer, à le détourner de la faute?

d. Tous les jours nous donnons et nous recevons des con-

seuls. Quel sens peuvent-ils avoir, sinon que, l'agent choisissant le motif de son acte, c'est augmenter sa liberté que de lui ouvrir un avis de plus?

On s'engage par des *promesses*, par des *contrats*, dans le but évident de lier la liberté; c'est parce qu'on croit celui qui s'engage capable de modifier sa résolution qu'on exige de lui un acte constatant son engagement, et du même coup on le suppose aussi libre de vouloir plus tard ce qu'il veut actuellement. Sinon quelle comédie! quel non-sens! quelle duperie!

10. Preuves indirectes *tirées des conséquences de la négation de la liberté.* — La liberté supprimée, tous les actes deviennent indifférents au point de vue moral. Ils ne peuvent être ni bons ni mauvais, il n'existe ni mérite ni démérite, ni châtiment ni récompense. L'agent humain n'est plus qu'une machine automatique, produisant un travail utile ou agréable, comme un métier mû par la vapeur; mais que la machine se dérange, ne fonctionne plus, éclate, brise tout et tue le conducteur, elle en est bien irresponsable. L'homme serait de même. C'est la destruction de l'ordre moral.

Dès lors, point de direction à lui donner : comment lui parler de droit et de devoir? La force, la force seule, brutale et irréfléchie, le dirige; il n'est ni mensonge, ni calomnie, ni vol, ni meurtre que l'on puisse réprimer au nom d'un principe de droit. Les êtres seront en état de guerre naturelle : c'est la destruction de l'ordre social.

Et quel Dieu est-il permis de concevoir dans ce déchaînement de forces brutales? Ou, s'il est intelligent et tout-puissant, c'est un tyran cruel, sans moralité; ou, s'il n'est lui-même qu'une force inconsciente, quelle action peut-il avoir sur le monde, sinon une action comparable à celle d'un vent ou d'un feu plus violents que les autres? Dans l'une ou dans l'autre hypothèse, il n'est pas le Dieu parfait conçu par la raison. Et, ce Dieu parfait étant impossible dans un tel système, c'est la destruction de tout ordre religieux.

RÉSUMÉ

Le mot liberté est pris dans deux sens : 1º sens de libre arbitre; 2º sens de libre examen.

Le libre arbitre serait le pouvoir qu'aurait la volonté humaine de se décider avec une spontanéité absolue, sans autre raison que son vouloir. Par le libre examen, il faut entendre le plus ou moins d'aptitude à choisir en connaissance de cause.

La liberté est fondée sur l'intelligence; Kant a même pu la définir le pouvoir de vaincre le penchant par la raison.

Mais il ne faut pas chercher la liberté où elle n'est pas : elle n'est ni dans le fonctionnement des organes, ni dans la sensibilité, ni même dans les idées. Elle est purement morale et réside dans la volonté.

Ce serait un tort semblablement de confondre la liberté morale avec les formes extérieures de la liberté pratique : liberté civile, liberté politique, commerciale, religieuse, etc., qui sont l'usage de la liberté, réglé par des conventions ou lois humaines.

On peut prouver la liberté par deux ordres d'arguments : 1º Les preuves directes, qui comprennent :

a Les preuves intrinsèques, tirées de l'âme humaine : à savoir la notion même de la liberté révélée par la conscience, et les phénomènes du jugement moral et du sentiment moral;

b Les preuves extrinsèques, l'opinion publique; les lois positives et spécialement les lois pénales; les pratiques ordinaires de la vie, conseils, contrats, promesses.

2º Les preuves indirectes, tirées des conséquences de la négation de la liberté : destruction de l'ordre moral, de l'ordre social et de tout ordre religieux, par l'anéantissement de la responsabilité.

CHAPITRE VII

LES SYSTÈMES CONTRAIRES A LA LIBERTÉ

FATALISME. — DÉTERMINISME. — LIBERTÉ D'INDIFFÉRENCE

SOMMAIRE. — 1. Objections contre la liberté. — § 1ᵉʳ. FATALISME. — 2. Fatalisme oriental ou mahométan. — 3. Fatalisme de Spinoza. — 4. Réfutation. — 5. Fatalisme théologique. — 6. Solution de la difficulté. — 7. Autre solution optimiste. — § 2. DÉTERMINISME. — 8. Déterminisme physique. — 9. Critique de ce système. — 10. Conclusion. — 11. Déterminisme psychologique. — 12. Critique. — 13. Solution complète. = § 3. LA LIBERTÉ D'INDIFFÉRENCE. — 14. Négation du principe de raison suffisante; réfutation.

1. Objections contre la liberté. — Toutes les objections contre la liberté peuvent se réduire à trois :

1° L'homme n'est pas libre, car, au lieu de commander au monde physique, il lui obéit.

2° L'homme n'est pas libre, car, lorsqu'il croit n'obéir qu'à sa volonté, il cède fatalement à l'influence de la raison ou de la passion.

3° L'homme n'est pas libre, car, la liberté humaine est incompatible avec la prescience de Dieu.

Ces objections sont présentées et développées dans différents systèmes qu'on dénomme fatalisme, déterminisme, liberté d'indifférence.

Le fatalisme est la doctrine qui prétend que les actions humaines sont régies par une nécessité extérieure et supérieure au monde, une volonté infaillible ou un ordre immuable.

Le déterminisme voit l'obstacle à la liberté humaine dans les lois mêmes du monde et de l'âme humaine.

La liberté d'indifférence consisterait dans l'égalité des motifs qui nous sollicitent, et dans le pouvoir d'agir sans préférence de l'un plutôt que de l'autre.

§ 1ᵉʳ. — Fatalisme.

Le fatalisme se présente sous trois formes principales :
1° Le fatalisme oriental ou mahométan ;
2° Le fatalisme panthéistique de Spinoza ;
3° Le fatalisme théologique.

2. Fatalisme oriental ou mahométan : *C'était écrit.*

— Ce système consiste à penser que tout ce qui arrive devait arriver, tout ce qui arrive est écrit d'avance.

Je suis malade, c'était écrit ; je ne me soignerai que si c'est écrit ; si je ne me soigne pas, c'est qu'il était écrit que je ne me soignerais pas. S'il est écrit que je dois guérir, me soigner n'a pas d'importance ; et, s'il est écrit que je dois mourir, c'est peine perdue que de me soigner.

Leibniz [1] l'appelle — avec raison — sophisme paresseux, nom que lui donnaient déjà les anciens.

Si ceux qui le veulent pratiquer étaient logiques jusqu'au bout, ils tomberaient dans l'inertie complète et de là rapidement dans la mort.

Son bon côté apparent, c'est la résignation, ou courage passif ; mais c'est une fausse résignation. La vraie provient au contraire de l'énergie de la volonté, qui se met d'accord avec les événements sur un point et reporte son effort sur un autre point.

La résignation exclut l'envie. Et M. Stuart Mill a remarqué que les gens les plus envieux du monde sont les Orientaux.

Logiquement d'ailleurs le système est faux. — Oui, ce qui doit être sera, mais ce que sera ce qui doit être, c'est ce que nous aurons voulu, mais voulu d'une volonté claire et persévérante, non pas toujours par une volonté immédiate, mais par une volonté antérieure. Notre enfance influe sur notre jeunesse, notre jeunesse sur l'âge mûr et la vieillesse. Rien n'est indifférent de tout ce que nous décidons. Et la responsabilité s'étend sur toute notre vie, du premier jour où la conscience s'éveille jusqu'au dernier instant de lucidité.

---

1. Leibniz, *Essai de théodicée*, 1ʳᵉ partie, n° 55 (à lire).

De là l'importance immense de l'éducation.

3. Fatalisme de Spinoza. — Le fatalisme est la conséquence du panthéisme qu'a conçu et exposé Spinoza. Il procède géométriquement par axiomes, définitions et démonstrations.

De la définition de la substance [1] il déduit la nécessité de Dieu; et de la définition de l'attribut [2], la perfection infinie de Dieu; cette perfection infinie, c'est la pensée parfaite et l'étendue parfaite.

Mais l'étendue parfaite et la pensée parfaite sont infiniment modifiées. Les modes ou déterminations de la pensée parfaite, ce sont les âmes; les modes ou déterminations de l'étendue parfaite, ce sont les corps. Aucune modification de la substance ne peut être en dehors de la substance. La substance, c'est Dieu; donc en Dieu sont tous les corps et toutes les âmes.

L'homme n'est pas dans la nature comme un empire dans un empire, mais comme une partie dans un tout. Tout découle de l'essence, même Dieu. Il n'y a donc pas de volonté libre. Il n'y a ni bien ni mal; tout est dans l'ordre nécessaire de la perfection, attribut nécessaire de la substance nécessaire. L'homme n'est donc autre chose qu'un automate spirituel.

4. Réfutation. — Spinoza, séduit par la rigueur des démonstrations géométriques, tombe dans l'excès, par conséquent dans l'erreur. Il confond deux ordres de nécessité: la nécessité mathématique et géométrique et la nécessité de convenance ou morale.

Sans doute un triangle ne peut pas n'être pas une figure à trois côtés et à trois angles; mais peut-il être dit de même qu'il est nécessaire pour un homme d'être vertueux ou criminel? Ne voit-on pas que le triangle n'a pas la possibilité d'être autre chose, mais que l'homme a déjà cette possibilité de préférer un état à un autre?

Et par exemple: il est nécessaire que je rende le salut

---

1. « J'entends par substance ce qui est en soi et est conçu par soi. »
2. « J'entends par attribut ce que la raison conçoit dans la substance comme constituant son essence. »

qu'on me donne si je veux être poli, que je restitue le dépôt confié si je veux être honnête. Mais il n'est pas absolument nécessaire que je sois ni poli ni honnête.

Et puis, comme dit M. Fouillée [1], refuser à Dieu la puissance créatrice d'autres puissances, la volonté productive d'autres volontés, la liberté posant en face d'elle d'autres libertés pour les appeler à soi, c'est imposer des conditions, des relations et des limites à un Dieu qu'on déclare pourtant absolu, inconditionnel et infini.

5. **Fatalisme théologique.** — Il est tiré de la prescience divine. — Dieu n'est plus lui-même soumis à la nécessité, comme dans la thèse spinoziste. Il possède la parfaite intelligence, la parfaite puissance; mais si, par définition, Dieu est parfait, il sait tout. L'ignorance même d'un seul acte serait une limitation, une négation de sa perfection intellectuelle : ce qui a été, ce qui est, ce qui sera, rien ne lui échappe.

Donc sa prescience ou connaissance de l'avenir enchaîne la liberté humaine. L'homme ne peut pas ne pas faire ce que Dieu a prévu; il ne peut pas davantage faire ce que Dieu n'a pas prévu. Car pour Dieu l'avoir prévu, c'est l'avoir voulu du même coup. La liberté de l'homme mettrait par conséquent en défaut l'intelligence et la puissance de Dieu.

6. **Solution de la difficulté.** — a. *Solution de Bossuet.* — Elle est bien simple, mais bien insuffisante : admettre comme également certaines la liberté morale, d'une part, et, de l'autre, la prescience divine, sans essayer de les concilier.

Cette solution n'est qu'un aveu d'ignorance.

b. *Solution de Leibniz* — Pour Dieu, tout existe dans un même moment; c'est l'insuffisance de notre intelligence et la durée successive de nos jours qui nous obligent à morceler le temps en passé, présent, avenir. Dieu *éternel* voit et ne prévoit pas nos actes. Prévoir marque une force d'intelligence, mais une force relative, limitée ; l'intelligence divine est absolue, c'est-à-dire déliée de tout empêchement. Donc Dieu ne nécessite pas nos actes : il voit libre ce qui sera libre [2].

1. *Histoire de la philosophie*, p. 290, sur Spinoza.
2. Lire dans *Le Devoir* de M. Jules Simon (Hachette, édit.) liv. I, ch. II.

Pour hausser l'esprit à l'intellection de cette connaissance unique, prenons une comparaison. Au pied de la montagne, vous ne voyez qu'un horizon borné; le regard est arrêté court par les objets voisins. A mesure que vous gravissez la pente, le regard passe au-dessus des obstacles, l'horizon s'élargit et s'approfondit, mais successivement, un à un, les plans se prolongent et se complètent. Quand vous êtes parvenu au sommet, un seul coup d'œil embrasse l'ensemble des choses, l'étendue tout entière, non plus d'un seul côté, mais tout autour.

De même aussi par la mémoire nous ressuscitons et nous ressaisissons dans un même moment de la pensée les temps les plus lointains.

La pensée divine affranchie de toute loi de temps et d'espace ne subit donc aucune division de durée, aucune succession.

7. Autre solution. — *Solution optimiste.* — Dieu n'était pas forcé de créer l'homme. Il a jugé que son œuvre serait plus belle s'il faisait l'homme libre, et il a volontairement limité sa prescience, renoncé à la prévision des actes libres, sans pour cela cesser d'être parfait, puisque c'était pour embellir son œuvre, manifestation volontaire de sa puissance; et que cette renonciation ne lui était imposée par aucune autre cause que sa propre volonté.

§ 2. — Déterminisme.

Le système du déterminisme ne nous entraîne pas en dehors de la nature humaine dans des spéculations qui touchent à la nature de Dieu et à son action sur le monde.

Son postulat se réduit à ceci : tout dans l'homme, y compris ses résolutions et ses actes, serait déterminé par les lois de la nature en général et par les lois de sa nature en particulier.

Le déterminisme revêt deux formes, selon qu'il puise ses arguments dans la nature physique ou dans la nature morale, dans les phénomènes physiologiques ou dans les phénomènes psychologiques.

Il est donc ou physique et matérialiste, ou psychologique.

8. Déterminisme physique. — Il s'appuie tout d'abord sur le *principe de raison suffisante* et sur le *principe de causalité*. Le premier comprend que rien n'existe qui n'ait la raison suffisante de son existence pour l'expliquer; le second, qu'il n'est point d'effet sans cause.

Thèse. — Il n'y a point de fait sans cause, tout a une raison d'être; aucun phénomène n'est isolé : tout phénomène est cause ou effet, selon que l'on considère le phénomène qui l'a amené ou celui qui lui succède. La *loi de continuité* apparaît à tout instant dans la nature; comme disait Leibniz, la nature ne procède points par bonds, ni dans la chaîne des phénomènes, ni dans celle des êtres.

De plus, les lois de la nature sont immuables; la certitude absolue de la prévision scientifique, qui fixe dix, vingt ou cent ans à l'avance l'apparition d'un astre, en est la preuve, et elle serait impossible sans cette immutabilité. Or, si la science n'est possible qu'avec le déterminisme universel, comment la liberté trouverait-elle place dans un tel monde, l'homme n'étant d'ailleurs qu'une parcelle de l'univers?

Des causes extérieures et intérieures déterminent et nécessitent nos actes. Les premières sont : le climat, le milieu physique.

Les déterministes se complaisent à mettre en opposition les hommes du Nord et les hommes du Midi; à retrouver dans les œuvres l'influence des circonstances ambiantes : le soleil, la chaleur, la limpidité du ciel, l'éclat des couleurs des régions méridionales pénètrent dans la nature de l'homme, comme la température froide et brumeuse, la teinte grise du ciel brouillé des contrées septentrionales.

De là deux races déjà distinctes : l'une ardente et prompte, l'autre plus calme et réfléchie.

Les secondes, les causes intérieures et personnelles, sont : la complexion individuelle, les prédispositions héréditaires, l'état de santé ou de maladie, l'alimentation, les occupations habituelles, etc.

Tous ne vont pas jusqu'aux exagérations des fantaisistes qui attribuent positivement à tel aliment le développement de telle faculté spéciale, telle influence précise et graduée sur la mémoire par exemple, ou l'imagination, etc. Mais tous affirment la dépendance complète de la volonté, et, selon le mot de Pascal, nous ne sommes à leur compte que machines et automates.

9. Critique de ce système. — Tout d'abord, il est muni d'une apparence scientifique qui impose. Mais il ne faut pas que le respect de la science devienne une superstition, et surtout il ne faut pas confondre le domaine et la méthode des différentes sciences.

Il n'y a pas de fait sans cause, nul n'en doute. Mais la volonté n'est-elle pas une cause suffisante, et la moralité de l'homme n'est-elle pas la raison suffisante de sa volonté; autrement dit, le mérite ou le démérite possible d'un agent, cela ne vaut-il pas la peine qu'on lui accorde une volonté?

Et puis il s'agit de ne pas mêler le monde physique, où tout est successif, avec le monde moral, où trouve place la spontanéité intelligente. On ne saurait assimiler le cours des actions humaines au cours des astres. Si l'astronome peut prédire longtemps à l'avance l'apparition d'une étoile, ou le passage d'une comète, ou la conjonction de deux planètes, quel est le moraliste qui osera prophétiser l'action que j'accomplirai demain? Que si l'on peut affirmer certains actes futurs, ce n'est que dans une catégorie d'actes bien déterminés, dépendant de la constitution inévitable de l'organisme et de cette nécessité d'existence que personne ne nie. Ce ne sont pas des actes moraux.

Cet imprévu incontestable des actions humaines, les savants tentent de l'expliquer à leur profit. « C'est, disent-ils, qu'on ne connaît pas bien toutes les influences qui agissent sur les hommes. » Eh quoi! vous, savants, arguer d'une ignorance pour nier ce qu'affirme la conscience!

Enfin les causes soi-disant déterminantes, le climat, la santé, etc., ne sont que des conditions générales desquelles dépend plus ou moins le résultat final. Soit, elles participeront aux motifs qui sollicitent la volonté. Nul doute qu'une force intelligente et libre ne se décide pas sans motif. Mais elle examine les motifs, et parmi eux elle choisit. Donc ces causes déterminantes ne suffisent pas à elles seules; la cause initiale, c'est la volonté. Et si l'on objecte l'influence de l'alimentation, du tempérament, etc., la réponse est assez facile. On peut régler son alimentation et ses habitudes; l'expérience nous enseigne l'usage qu'il convient de faire de certaines boissons comme l'alcool ou de certaines substances comme le tabac. L'hygiène a tout justement pour objet de former ou de réformer le tempérament.

Il ne s'agit pas d'ailleurs d'une liberté absolue, illimitée, comme le serait celle de Dieu. Mais la limite, elle est seulement dans l'intelligence capable de concevoir un plus ou moins grand nombre de motifs. La limite peut donc être reculée par l'accroissement de l'intelligence ou rapprochée par son obscurcissement. Qu'en pouvons-nous conclure? L'obligation de la vigilance sur nous-même et de l'indulgence pour autrui. Et nous avons fait la part de ces restrictions de la liberté quand nous avons admis des circonstances atténuantes pour la responsabilité.

Leibniz va plus loin : il ne permet pas d'identifier les lois nécessaires de la nature avec la nécessité absolue. Elles ne sont que d'une nécessité de convenance : Le monde aurait pu ne pas être, ou être sous d'autres lois. Dieu parmi tous les possibles a choisi le meilleur, celui où la liberté et la moralité pouvaient exister dans l'homme.

10. Conclusion. — Donc scientifiquement la liberté est possible, moralement elle est nécessaire.

11. Déterminisme psychologique. — C'est du même principe de raison suffisante que sort l'objection du déterminisme psychologique, et plus encore que l'autre elle est spécieuse; elle porte la difficulté dans l'âme elle-même, dans l'examen des motifs sans lesquels la volonté n'agirait pas. Le déterminisme psychologique laisse subsister la volonté, mais soumise au poids des penchants, des passions, des idées, et soumise inévitablement et toujours.

Thèse. — L'âme est un automate spirituel; ses ressorts sont les motifs, ses poids et contrepoids sont les pensées et les sentiments.

La délibération n'est qu'illusoire; ce n'est pas l'âme elle-même qui la dirige; les idées naissent en nous sans notre volonté, et sans notre volonté deviennent les motifs de nos actes; les sentiments et les passions se développent par une loi nécessaire de la sensibilité, et leur production initiale dépend des circonstances que nous sommes incapables de prévoir, incapables d'esquiver. L'esprit lui-même porte en soi des lois d'association d'idées qui dominent nos jugements, nos raisonnements.

On agit toujours conformément à son caractère, à son éducation, aux idées reçues dans le milieu où l'on vit.

Bref on n'agit pas sans motif, et c'est toujours le motif le plus fort qui l'emporte.

12. Critique. — Ici encore il faut commencer par accorder une part de vérité au système. L'erreur est d'abuser de cette part de vérité pour légitimer le système tout entier.

Loin de nier que les idées et les sentiments sont jusqu'à un certain point involontaires, nous l'avons établi nous-même. Ce n'est pas triompher de nous que de conquérir ce que nous avons d'abord concédé. Il est bien certain aussi que l'exemple d'un entourage vertueux est plus propre à nous porter, non pas à la vertu, qui doit être raisonnée et volontaire, mais à l'imitation d'actes de vertu. Par contre, vivez parmi des gens sans honneur, sans probité, sans délicatesse, leur vice déteindra sur vous; peu à peu, sans vous en apercevoir, vous glissez à leur bassesse.

L'éducation imprimera une direction générale aux pensées, et par suite aux actions. Le caractère prédisposera à supporter plus ou moins patiemment les incidents multiples de la vie.

Nous faisons donc beau jeu au déterminisme psychologique; mais reprenons de près ces arguments.

Les idées, sensations, sentiments et passions deviennent des motifs ou des mobiles : en quoi la délibération demeure-t-elle illusoire ? Nous parlons d'un homme sain d'esprit : il apprécie ce que vaut tel motif, tel mobile; sans doute il en préfère un, c'est en quoi il est libre. Sa délibération s'étend à un plus ou moins grand nombre d'objets qui le sollicitent; mais, fussent-ils deux ou fussent-ils cent, sa résolution est identique. Il sait pourquoi il repousse les uns au profit d'un seul. L'éducation le détermine? elle ne nécessite pas le choix. Si je veux vivre conformément à une règle d'éducation, c'est-à-dire si je trouve avantage à conformer ma conduite à celle qu'admet la société où je vis, j'agis en conséquence. Mais notez bien, c'est *si je veux*. Et je me sens capable de vouloir le contraire, et enfin telle éducation mauvaise peut se corriger, s'amender; telle bonne éducation peut se perfectionner ou se gâter. Ce n'est pas une quantité fixe, nécessaire et immuable.

Le caractère? mais ce n'est pas une unité. C'est très complexe le caractère; c'est l'ensemble d'une infinie variété de dispositions naturelles et acquises; il y a toujours possibilité de mettre telle nuance en opposition avec telle autre, d'obtenir ainsi un équilibre que les déterministes nous refusent. Et puis le caractère n'est pas entier du jour au lendemain, instantanément. S'il se forme graduellement, il peut se réformer. Et en fait il se réforme.

Enfin que répondre à cette objection : le motif le plus fort l'emporte et nous détermine : il plie la volonté?

Solution imparfaite de M. Jouffroy. — Pour y répondre, M. Th. Jouffroy établit une ingénieuse distinction des motifs et des mobiles.

Les motifs sont des pensées, des réflexions, des calculs de l'esprit.

Les mobiles sont des mouvements du cœur, les affections, les passions.

On ne peut donc savoir ce qui l'emporte, du motif ou du mobile; ce sont des quantités de nature différente; elles n'ont pas de commune mesure, de comparaison possible.

Comment établir une équation dont les facteurs seront, d'une part, l'idée de l'honneur et du devoir, de l'autre le plaisir de la gourmandise ou de la paresse?

La distinction est juste, mais non absolue. Un motif peut accompagner un mobile, et réciproquement. Le désir de se venger naît d'une offense reçue, qui a lésé soit notre honneur, qui est une idée, soit notre amour-propre, qui est un sentiment. Le désir de se venger mène à l'idée de la vengeance, au calcul des moyens de vengeance.

Par contre, l'idée du devoir se fortifie de l'amour de la vertu. On accomplit plus facilement, plus régulièrement un devoir qu'on aime. Quoi de plus facile, en tant que vouloir, que de secourir nos parents en détresse? Nous savons que c'est un devoir; notre première idée est d'obéir à ce devoir; mais l'obéissance est douce, parce que nous les aimons.

13. Solution complète. — Les motifs ne viennent pas du dehors : ils n'existent que pour l'esprit qui les conçoit; c'est lui qui les examine, les compare et les adopte ou les repousse.

Ce n'est donc pas parce qu'il est le plus fort qu'un motif est choisi. Avant le choix, pourriez-vous dire quel est le plus fort? C'est justement notre choix qui le fait le plus fort en écartant les autres.

La liberté ne consiste pas à agir sans motif, mais à se déterminer par la raison; la moralité ne consiste pas à agir contre toutes raisons, mais habituellement selon les meilleures. Et en fin de compte il dépend de nous de modifier nos habitudes, de régler le travail de notre esprit, de former et de discipliner notre caractère, de nous soustraire à tel milieu, à telle compagnie.

Si nous ne le faisons, c'est que nous préférons les agréments qui en résultent pour nous, c'est que nous préférons le calme de la paresse d'esprit à l'effort énergique.

Cette préférence est volontaire; nous en portons la responsabilité, c'est justice; ce que nous en recueillons, c'est ce que nous avons préparé.

§ 3. — LA LIBERTÉ D'INDIFFÉRENCE.

14. Négation du principe de raison suffisante. Réfutation. — La liberté d'indifférence est une réfutation du déterminisme, mais une mauvaise réponse, bien qu'autorisée des noms de Bossuet et de Thomas Reid.

Elle consiste à rejeter le principe de raison suffisante : il y aurait des actions sans cause, et par cela même libres.

Ce n'est pas là notre liberté : si elle était telle, aucune moralité ne l'accompagnerait.

S'il y a des actions indifférentes au point de vue de la

moralité, elles ne nous intéressent pas, puisqu'elles n'engagent pas la responsabilité.

Un homme dans une rue peut suivre sans raison apparente le côté gauche ou le côté droit : c'est moralement indifférent ; car, ainsi faisant, il n'est en contradiction avec aucune loi, et il n'accomplit aucun effort méritoire.

Mais il n'est pas vrai qu'il y ait des actions absolument indifférentes : on retrouve toujours des raisons, des motifs qui ont précédé nos actes et que nous avons pu connaître, que même nous avons connus, mais légèrement, sans attention suffisante pour les percevoir sur le moment même.

L'homme qui marche à droite ou à gauche de la chaussée a eu quelque raison de choisir ce côté, moins d'encombrement, un sol plus égal, la situation de la maison d'où il sort ou à laquelle il se rend ; que sais-je ? cette série de causes insignifiantes à nos yeux, parce qu'elles sont familières, mais qui n'en sont pas moins réelles. Et le fameux exemple de Reid, qui demande pourquoi, dans une bourse remplie de guinées, il prend l'une plutôt que l'autre, n'établit pas davantage la liberté d'indifférence.

Ce n'est pas toujours une cause directe, immédiate, mais une série de causes, qui amène la production de l'acte[1] ; toujours dans l'état normal de l'être intelligent, c'est la volonté qui ordonne le mouvement.

Le hasard est l'ignorance des causes. Mais il n'est pas permis de croire, malgré Bayle et Spinoza, que la liberté est imaginaire et n'est que l'ignorance des influences qui agissent sur nous.

RÉSUMÉ

Les systèmes contraires à la liberté sont le fatalisme et le déterminisme.

Le fatalisme est la doctrine qui prétend que toutes les actions humaines sont réglées par une nécessité exté-

---

1. Jules Simon, *Le Devoir*, 1re partie, ch. II, p. 50, analyse d'une série de causes aboutissant à un dernier effet.

rieure et supérieure au monde. Le déterminisme voit l'obstacle à la liberté humaine dans les lois mêmes du monde et de l'âme humaine. Le fatalisme se présente sous trois formes : fatalisme mahométan, fatalisme panthéistique, fatalisme théologique.

Les mahométans confondent ce qui doit être et ce qui peut être; Spinoza confond la nécessité mathématique et la nécessité morale ou de convenance. Enfin la prescience divine, base du fatalisme théologique, n'est qu'un mot mal employé. Et de plus Dieu a pu vouloir l'homme libre.

Le déterminisme revêt deux formes : il est matérialiste ou psychologique.

Matérialiste, il objecte l'invariabilité et l'uniformité des lois de la nature : il abuse de la nécessité d'une cause à tout acte et ne remarque pas que la volonté est une cause suffisante. Il allègue encore la santé, le climat, le tempérament, etc. Ce sont là des conditions générales, mais non pas des influences nécessairement déterminantes.

Le déterminisme psychologique suit la même méthode en faisant porter ses objections sur la fatalité des passions, des sentiments, des idées, des motifs, du caractère, etc.

Mais là non plus nous ne rencontrons point de forces obligeant nécessairement la volonté. Le motif le plus fort l'emporte, mais il est le plus fort parce qu'il a été choisi, à l'exclusion des autres.

Quant à la liberté d'indifférence, elle n'existe pas, et, si elle existait, ce serait pour des actes dépourvus de moralité, et dès lors sans valeur à notre jugement.

LIVRE II

La science morale.

INTRODUCTION

OBJET ET DIVISION DE LA MORALE

Sommaire. — 1. Définition. — 2. Division. — 3. Fondements de la morale. — 4. La Responsabilité. — 5. Le fait et l'intention. — 6. Conditions de la responsabilité : intelligence et liberté. — 7. Variabilité de la responsabilité morale. — 8. Responsabilité directe ou indirecte. — 9. La conscience morale : faits de conscience dans lesquels est impliquée la notion de responsabilité.

1. Définition. — *La morale est la science des principes qui dirigent l'homme vers sa fin.* Connaître sa fin, c'est-à-dire le but auquel il doit mener ses facultés, et la réaliser, c'est ce que la morale enseigne à l'homme. Réaliser sa fin, c'est mettre en pratique les principes de la morale ; et, comme tout être qui réalise sa fin et atteint par là le but propre que voulait sa nature se trouve satisfait dans toutes ses aspirations, on définit aussi justement la Morale l'*art d'être heureux*.

2. Division. — De là deux parties dans la morale : l'une, scientifique ou théorique, qui analyse les motifs d'action et les tendances, afin de découvrir le principe vrai ou règle de conduite qu'on nomme la *loi morale*; l'autre pratique, qui détermine les actions qu'il est bien ou mal d'accomplir, selon le cas et la personne.

3. Fondements de la morale. — Les fondements de la morale se trouvent dans l'homme lui-même, dans ses facultés, dans sa raison.

1° *Respect de la dignité des facultés humaines.* — Doué de facultés qui le distinguent de l'animal brut, l'homme trouve en elles sa supériorité, mais une supériorité variable, tantôt croissante, tantôt décroissante, selon qu'il use de ces facultés pour le bien ou pour le mal. Il doit respecter en lui-même et dans autrui ces forces spirituelles, s'efforcer de les développer et de les diriger vers la justice.

2° *L'idée du bien.* — Tous les hommes, malgré les différences de caractère et d'intelligence, possèdent une faculté commune qui est le propre d'une âme humaine, la *raison*. C'est elle qui nous donne l'idée du bien ; il n'est personne qui, dès que son intelligence est éveillée, n'admette la distinction du bien et du mal, du vrai et du faux, du beau et du laid. L'idée du bien est le fondement rationnel de la morale. Cette idée est intimement unie, comme provenant de la même source, à l'idée du beau et à l'idée du vrai. De là vient qu'on dit d'une même action qu'elle est belle et qu'elle est bonne, et que bien agir c'est être dans le vrai.

La diversité des jugements ne prouve pas contre le principe rationnel du bien. — L'idée du bien est *universelle*; tous les hommes la conçoivent ; elle est *nécessaire*; il n'est pas possible qu'elle ne soit pas conçue par eux, elle s'impose à l'esprit. Mais l'application de cette idée aux actes pour les qualifier peut varier suivant le temps, le lieu, les mœurs. Une action n'est pas nécessairement, partout et toujours, jugée bonne ou mauvaise. Mais il faut bien le remarquer : ce jugement ne dépend que de l'usage fait par les hommes de leur faculté de juger ; et c'est toujours au nom du principe du bien qu'ils approuvent ou condamnent la même action différemment interprétée.

3° *Le principe de la responsabilité.* — L'homme étant par sa nature capable de connaître sa fin, ne peut justement, s'il s'en éloigne, invoquer l'ignorance comme excuse : ignorer sa fin et les moyens de la réaliser est une première faute. S'en détourner, quand on la connaît, en est une autre et plus grave. De l'une et de l'autre l'homme est *responsable*, c'est-à-dire qu'il encourt des châtiments, dont le premier et le plus terrible est la perte de sa dignité d'homme.

Le *principe de la responsabilité* personnelle est le troisième fondement de la morale. Nous allons voir qu'il est complexe et suppose l'intelligence et la liberté.

4. La Responsabilité. — La responsabilité est le caractère d'un être qui doit *rendre compte de ses actions et en recevoir le prix*, une récompense si l'action est bonne et méritoire, une punition si elle est mauvaise et dégradante. Mais n'est-on responsable que de l'action? Toute action ne suppose-t-elle pas une intention? Chez les êtres intelligents, oui; par conséquent il y a une double responsabilité, pour le fait et pour l'intention dont il a été la suite.

5. Le fait et l'intention. — La responsabilité morale est celle qui résulte de l'intention. Nous voyons ainsi qu'un même fait prend, selon l'intention qui le précède et l'accompagne, des caractères différents. Qu'un malfaiteur embusqué dans un bois tue pour se venger un gendarme qui autrefois l'arrêta et le conduisit devant le juge, — et qu'un chasseur, par erreur ou maladresse, tue un garde-chasse, il y a bien deux faits analogues, deux hommes tués. Mais les meurtriers ont agi avec des intentions bien distinctes. L'un est un assassin, responsable moralement, qui mérite un châtiment; l'autre un homicide, mais non pas un criminel; moralement il n'est ni responsable ni coupable.

Toutefois n'est-il tenu à aucune réparation? Si, mais à une réparation matérielle, car on ne lui impute qu'une faute matérielle. Il a causé un préjudice, un tort grave à la famille du défunt : il doit autant que possible réparer ce malheur. Il sera légitimement condamné à payer des dommages-intérêts. Dans tous les cas de même nature et de moindre gravité, on est tenu de réparer le dégât : une blessure, un coup donné, et pareillement la destruction de la propriété, l'atteinte portée à la réputation, donnent lieu à une revendication de la part de celui qui en a souffert; l'auteur du dommage ne peut s'y soustraire : c'est ce qu'on appelle la *responsabilité civile*.

6. Conditions de la responsabilité : intelligence et liberté. — Tout acte, par cela seul qu'il est commis, n'engage pas la responsabilité de son auteur : il faut considérer si cet auteur était dans la possibilité de comprendre ce qu'il a fait et dans la possibilité de s'abstenir.

Comprendre ce qu'on fait, cela ne veut pas seulement dire s'en apercevoir : il est trop évident que l'acte inconscient, l'acte qu'on accomplit sans même savoir qu'on agit, comme dans le rêve, dans le délire ou le somnambulisme, ne constitue aucune responsabilité. Comprendre ce qu'on fait, cela signifie apprécier la qualité bonne ou mauvaise, utile ou nuisible, juste ou injuste de l'action. Cette appréciation exige un certain degré ou développement d'intelligence et d'éducation.

Avoir la possibilité d'agir ou de s'abstenir, c'est être libre. Il est contre toute idée de justice de faire peser une responsabilité sur un être soumis à des lois fatales, auxquelles il lui est impossible de se soustraire. Pas plus que nous ne rendons l'océan et le vent responsables des tempêtes et des naufrages, nous ne rendons un animal responsable de ses instincts. L'homme lui-même, selon qu'il aura plus ou moins été maître de sa volonté, nous paraîtra plus ou moins responsable. Si même sa liberté a été suspendue tout à fait, soit par une cause naturelle comme la folie, soit par une violence subie de la part d'un plus fort que lui, nous le déclarons irresponsable.

7. Variabilité de la responsabilité morale. — Il suit de ces deux conditions nécessaires, intelligence et liberté, que la responsabilité est variable selon les individus, et dans le même individu selon les moments et les circonstances. La liberté en effet est en rapport direct avec l'intelligence. La volonté pour être libre doit être éclairée et guidée dans le choix des motifs par l'intelligence. Celle-ci croît et décroît selon l'application, l'étude et l'expérience, la santé et la maladie, la force et la fatigue. Elle est plus ou moins entravée et troublée par les passions et les instincts.

De là vient que nous admettons différentes mesures de responsabilité selon que nous jugeons un enfant, un homme mûr ou un vieillard, un homme instruit ou un rustre sans éducation, un homme sain d'esprit et en pleine possession de ses moyens intellectuels ou bien un halluciné ou un maniaque.

8. Responsabilité directe ou indirecte. — Lorsque l'agent connaît clairement la nature de son acte, la cause et le but pour lesquels il l'accomplit, lorsqu'en un mot c'est de lui-même qu'est issue sa résolution, sa responsabilité est directe et entière; seul il encourt le châtiment, seul aussi il a droit à la récompense.

Mais s'il n'a produit l'acte que sous l'influence d'excitations, de conseils ou même par l'ordre de ceux qui peuvent exercer sur lui de l'autorité ou de l'ascendant, comme les parents, les maîtres, les patrons, la responsabilité se fractionne pour ainsi dire; elle remonte aux auteurs des conseils ou des ordres donnés. L'auteur de l'acte ne porte plus qu'indirectement la responsabilité.

Dans l'ordre civil aussi bien que dans l'ordre moral, cette distinction a dû être établie. Ainsi les parents sont responsables des fautes ou délits commis et des dégâts causés par leurs enfants, les patrons et les maîtres sont responsables des accidents que peuvent occasionner dans leur service leurs ouvriers ou leurs serviteurs. Mais ils n'assument, bien entendu, que la responsabilité civile pour la réparation du dommage, mais nullement la responsabilité morale : chacun porte le poids de ses intentions.

Il résulte d'ailleurs de cette condition une obligation particulière pour les enfants et pour les serviteurs : c'est de se surveiller eux-mêmes et d'éviter les occasions de causer un dommage, puisqu'ils n'en supportent pas eux-mêmes les conséquences.

9. La conscience morale : faits de conscience dans lesquels est impliquée la notion de responsabilité. — Il existe dans l'homme une faculté spéciale qui lui permet de se juger lui-même, d'apprécier la valeur de ses intentions eu égard au principe du bien, et d'éprouver du plaisir et de la peine à la suite de ce jugement : c'est la *conscience morale*.

Son rôle ne se borne pas à l'appréciation de nos actions propres. Elle étend sa juridiction jusqu'aux actes d'autrui. Chacun la possède, et chez tous elle présente les mêmes caractères généraux. Elle est en effet de l'essence de l'homme.

Elle se rattache à la fois à la raison et à la sensibilité, qui sont des facultés humaines.

On peut la définir *la raison jugeant les actes dans leur rapport avec la loi du bien, et la sensibilité jouissant de la conformité ou souffrant de la non-conformité des actes à la loi du bien.*

Comment se manifeste la conscience morale? Par des phénomènes faciles à reconnaître : le remords ou la satisfaction de soi, l'estime ou le mépris de soi; la sympathie ou l'antipathie, le blâme ou l'admiration, l'estime ou le mépris pour autrui.

De ces phénomènes, les uns sont des *jugements*, c'est par là que la conscience se rattache à la raison : ils ont pour objet ou nos propres actes (estime ou mépris de soi), ou les actes d'autrui (blâme ou admiration, estime ou mépris pour autrui); les autres sont des *sentiments* (remords ou satisfaction, antipathie ou sympathie).

Ces sentiments sont excités en nous par ces jugements; sinon quelle raison aurions-nous de nous affliger ou de nous réjouir, de sympathiser avec nos semblables ou de les repousser?

Mais pourquoi portons-nous ces jugements? D'où vient que je me déclare coupable et que je me déteste moi-même après un mensonge, après une fraude, etc.? Si je suis convaincu d'avoir agi malgré ma volonté, je ne prononce pas contre moi une telle sentence; je ne ressens aucun remords. Si l'homme dont l'action m'a révolté me prouve qu'il a été le jouet d'un ensemble de causes indépendantes de lui, je réforme mon jugement sur sa valeur morale.

Je reviens de mon antipathie pour sa personne. L'action en elle-même n'a pas changé de qualité. Mais qu'est-ce donc qui a modifié mes dispositions de conscience? C'est l'idée que celui qui a produit l'acte est ou n'est pas responsable.

De là cette différence importante dans la façon de juger ce chasseur et ce malfaiteur dont nous avons parlé plus haut. Avant toute réflexion et antérieurement à toute théorie morale, les faits primitifs et spontanés de la conscience morale nous révèlent la notion de responsabilité.

RÉSUMÉ

La morale est une science : celle des principes qui indiquent à l'homme sa fin et l'y conduisent. Elle est aussi un art : la pratique de ces principes, c'est l'art de bien vivre ou d'être heureux. De là deux parties : l'une théorique, l'autre pratique.

Les fondements de la morale sont : le respect des facultés humaines ; — l'idée universelle et nécessaire du bien ; — le principe de la responsabilité personnelle.

Être responsable, c'est mériter un châtiment ou une récompense. Pour apprécier la responsabilité, il faut distinguer le fait et l'intention. Le fait matériel donne naissance à la responsabilité civile, l'intention à la responsabilité morale ; celle-ci est la plus grave et la plus intéressante au point de vue de la dignité de l'agent. Elle suppose et elle exige deux conditions, l'intelligence et la liberté. Ces conditions pouvant se modifier à différents degrés, la responsabilité morale varie avec elles.

La responsabilité ne tombe pas toujours uniquement sur l'auteur du fait, même intentionnel ; elle rejaillit en partie sur l'instigateur et le conseiller.

Le jugement moral et le sentiment moral qui se forment dans la conscience nous révèlent l'idée de la responsabilité, quoiqu'ils ne soient pas suffisants pour nous la faire exactement apprécier.

CHAPITRE PREMIER

LA LOI MORALE

SOMMAIRE. — 1. Retour sur les notions de responsabilité et d'obligation. — 2. Caractères de la loi morale. — 3. La loi morale est universelle. — 4. La loi morale est identique. — 5. La loi morale est évidente. — 6. La loi morale est nécessaire. — 7. La loi morale est possible. — 8. La loi morale est obligatoire. — 9. Quatre principaux motifs d'action.

1. Retour sur les notions de responsabilité et d'obligation. — L'étude des facultés de l'âme nous fait reconnaître plus complètement le véritable principe de la responsabilité, ses limites et ses atténuations.

Faire peser une responsabilité sur un agent, c'est exiger de lui une expiation si son acte est coupable, c'est prendre l'engagement de le récompenser si son acte est méritoire.

Tout de suite on aperçoit des nuances très variées, car non seulement la responsabilité de l'agent dépendra de son intention, c'est-à-dire de sa volonté précise, mais aussi des motifs qui ont formé cette intention, et alors il faut tenir compte des différences d'intelligence, d'instruction et d'éducation. Puis ce n'est pas tout de décider que l'agent mérite une peine ou une récompense. Laquelle? Il faut qu'elle concorde avec ses goûts, ses habitudes, sous peine d'être de nul effet, et pis encore sous peine d'être inique. La sensibilité est bien différente d'un homme à un autre; dans le même individu elle subit des dépressions et des exaltations extrêmes.

Il est de toute nécessité de proportionner la sanction de la responsabilité au degré de sensibilité de l'agent. Telle peine très dure pour l'un reste non avenue pour un autre, qui est moins sensible ou autrement sensible.

Offrez des gâteaux en récompense d'un acte de dévouement à un homme courageux, vous l'humilierez profondément. La même récompense donnée à un enfant pour une leçon bien apprise sera accueillie avec joie.

L'intelligence de l'agent responsable exige aussi un choix discret de la sanction. Il est indispensable qu'il comprenne la nature et le but du châtiment et de la récompense, et le lien moral et rationnel qui les rattache à l'action châtiée ou récompensée.

2. Caractères de la loi morale. — Cette échelle graduée de la responsabilité n'a-t-elle pas pour conséquence de mettre en doute la constance et l'identité de l'obligation?

En aucune façon. De sa nature l'obligation rationnelle est absolue, identique, universelle, puisqu'elle dérive de la raison et s'applique à la raison qui possède ces attributs. Pourtant elle subit la condition du possible : c'est-à-dire qu'il faut qu'elle soit comprise de celui à qui elle s'impose, et qu'elle puisse être voulue par sa volonté, exécutée par ses actes; là est le rapport entre l'obligation et la responsabilité. L'obligation, qui sous certain point de vue peut s'appeler la vertu, est comme une cime, non pas inaccessible, mais très élevée; chacun gravit de son mieux et s'approche le plus près qu'il peut. Ce n'est pas la cime qui s'abaisse, c'est l'homme qui s'élève. Et il a plus ou moins de mérite à atteindre à une plus grande ou à une moindre hauteur, selon les forces et les moyens dont il dispose.

Dans sa forme pure, l'obligation, c'est la loi morale. Elle est conçue par la raison et ne régit que les êtres raisonnables. Les caractères qui lui sont propres, nous les avons déjà entrevus. Il importe de les fixer et de les définir : universalité, identité, évidence, nécessité, possibilité, et obligation naturellement.

3. La loi morale est universelle. — Tout être raisonnable est soumis à la loi morale; réciproquement, cette loi doit être telle, qu'elle régisse vraiment tous les êtres raisonnables. Elle ne sera pas le privilège de quelques uns. Elle est dans la nature; chacun la porte en soi-même, écrite dans la raison, révélée par la conscience. Et partout, à quelque degré de latitude ou de longitude que l'homme se transporte, il lui doit obéissance, partout il en retrouve la notion chez ses semblables. Tout principe dont l'énoncé provoque quelque part l'étonnement, le doute ou le démenti n'est pas la loi morale. Les principes particuliers, les lois locales prescrivent le mode, le rite des actions. La loi universelle ordonne l'action même, le bien sans condition, et elle ne prend pas sur elle d'en indiquer le moment ni la mesure, ni les mille formes accidentelles que l'action peut revêtir.

4. **La loi morale est identique.** — Identique veut dire qui demeure toujours semblable à soi-même, qui exclut toute variation. L'identité doit assurément appartenir à la loi morale. Nous n'aurions que faire d'une loi qui, prescrivant aujourd'hui telle ligne de conduite, ordonnerait demain le contraire : aujourd'hui la charité serait un devoir, demain une faute. Les lois d'invention et de convention humaine peuvent s'altérer, se corrompre ou se perfectionner : elles répondent aux besoins d'une époque; l'époque suivante les rejette parfois comme inutiles ou insuffisantes. Mais la loi que nous cherchons à définir est au-dessus de tous les accidents : elle est même la source de toutes les lois pratiques. C'est par comparaison avec cette loi inébranlable que nous apprécions la valeur des lois instituées. Il est donc impossible qu'elle change. Il faudrait que la raison humaine et l'ordre universel changeassent du même coup.

5. **La loi morale est évidente.** — L'évidence est le caractère des idées qui s'imposent à l'esprit comme expliquant la réalité. L'évidence ne se démontre pas : elle est. Un axiome est une proposition évidente, parce qu'il brille de sa propre clarté; aucun raisonnement ne le prouve. Tout raisonnement, pour être prouvé, doit s'appuyer sur un axiome. Comment la loi morale pourrait-elle n'être pas évidente? Elle doit être la règle de notre vie; elle détermine ce qui nous importe le plus, l'honnêteté, et il se pourrait qu'elle fût obs-

cure, embarrassée, équivoque! Qui donc oserait réclamer le privilège exclusif de la comprendre et de l'expliquer? celui-là ne substituerait-il pas son raisonnement plus ou moins arbitraire à la raison universelle et naturelle? Comment admettre que seuls les habiles en dialectique, les instruits, les expérimentés parviendraient à comprendre leur fin? et que les simples d'esprit n'y pourraient voir clair quand il s'agit de leur moralité et de leur responsabilité? Non, la vraie loi morale est exempte de toute complication, de toute obscurité. Ce qu'elle ordonne est net et précis. Tout être raisonnable le découvre avec les lumières naturelles. « Fais le bien, ne nuis en rien à tes semblables. » Quoi de plus simple qu'une telle formule.

6. **La loi morale est nécessaire.** — Nécessaire signifie qui ne peut pas ne pas être. Dire que la loi morale est nécessaire, ce n'est pas dire qu'elle est utile, ce qui est hors de discussion; c'est lui attribuer un caractère supérieur tel, qu'elle s'impose à la raison, et que nous ne puissions citer ni concevoir aucune action comme puisant sa moralité en dehors de cette loi. Nous ne pouvons retrancher de notre esprit l'idée du bien, ni par conséquent la loi morale. Aussi voyons-nous même ceux dont la morale est le plus relâchée vouloir la fonder sur la loi naturelle. Mais nous ne pouvons admettre comme véritable que le principe reconnu évidemment comme nécessaire.

7. **La loi morale est possible.** — Si l'on nous propose comme loi un principe qu'il ne dépend pas de nous de suivre ou de contredire, il est faux. La loi morale ne saurait être impraticable. Elle découle de la nature de l'être à qui elle s'impose. S'il m'était impossible de toujours m'y conformer, si l'acte qu'elle prescrit était en dehors de mes moyens d'exécution, à quoi servirait-elle? et comment pourrais-je être coupable de l'enfreindre.

8. **La loi morale est obligatoire.** — Cela signifie que l'homme ne peut s'en écarter sans culpabilité, sans encourir par conséquent le châtiment, ne fût-ce que le trouble de sa conscience, et c'est assurément le châtiment le plus direct et le plus redoutable, parce qu'il est toujours actuel. L'obliga-

tion est la conséquence de la possibilité. La loi morale étant l'expression de la raison réglant la volonté, du moment que ses ordres sont compatibles avec le pouvoir humain, elle le lie tout de bon. Elle n'est pas un simple conseil qu'il est facultatif d'adopter ou de rejeter. Si elle ne se présente pas avec un caractère absolument impératif, elle n'est pas la vraie loi morale.

9. **Quatre principaux motifs d'action.** — Il s'agira maintenant d'examiner les différents motifs des actions humaines. Ils se rattachent à quatre sources principales : le plaisir en général, le sentiment moral, l'intérêt, le devoir; celui-là est le meilleur qui possède les caractères ci-dessus analysés. Chacun de ces motifs adopté à l'exclusion des autres a servi de base à un système de morale qui le présente comme la loi naturelle. Nous allons en faire la critique, afin de reconnaître lequel possède les caractères de la loi morale.

RÉSUMÉ

L'idée dominante d'un vrai système de morale, c'est le respect de la dignité des facultés humaines en nous-mêmes et dans les autres; et son fondement rationnel, c'est l'idée du bien obligatoire et de la responsabilité personnelle.

L'idée du bien est universelle et nécessaire; l'application de cette idée aux actes peut varier suivant le temps, le lieu, les mœurs : le principe demeure intact.

L'objet propre de la science morale est de déterminer rationnellement la formule du bien obligatoire, c'est-à-dire la loi morale.

La loi morale doit avoir pour caractère : 1º l'universalité, 2º la constance, 3º la clarté, 4º la possibilité, 5º l'obligation.

L'homme intelligent et libre n'agit pas sans motif; les principaux motifs d'action sont : 1º le plaisir, 2º l'intérêt, 3º le sentiment moral, 4º le devoir.

Chacun de ces motifs, adopté comme principe de conduite, a été érigé en système de morale. De la comparaison des caractères de chacun d'eux avec les caractères nécessaires de la loi morale sortira la connaissance du vrai principe de morale.

CHAPITRE II

MORALE DU PLAISIR

Sommaire. — 1. Il est naturel de rechercher le plaisir et de fuir la douleur. — 2. Tout plaisir n'est pas un bien, toute douleur un mal. — 3. Doctrine d'Aristippe et de l'école de Cyrène. — 4. Doctrine purement épicurienne. — 5. Réfutation de la morale du plaisir.

1. Il est naturel de rechercher le plaisir et de fuir la douleur. — Tout homme conçoit l'idée du bonheur et le désir de l'atteindre. Le bonheur serait, selon cette conception, la satisfaction illimitée et ininterrompue de nos aspirations naturelles.

D'autre part, le plaisir et la douleur s'imposent comme des nécessités ; le bonheur et la douleur nous semblent inconciliables ; le plaisir nous paraît d'abord un bien.

C'est de là que part le système de morale appelé *morale du plaisir*. Le bonheur est le souverain bien, le plaisir est un bien, le plus de plaisir sera le souverain bien.

Dès lors, point d'autre but à notre activité que la satisfaction de la sensibilité ! Telle est la thèse la plus générale d'Épicure et d'Aristippe.

L'un et l'autre ont pris pour fondement l'observation d'un fait réel ; nul ne fuit le plaisir parce qu'il est le plaisir, nul ne recherche la douleur parce qu'elle est la douleur.

Donc rechercher le plaisir et fuir la douleur, c'est vivre conformément à la nature, par conséquent atteindre le bonheur.

Pour se permettre cette conclusion, Épicure et Aristippe

sont obligés d'admettre d'abord que tout plaisir est un bien et toute douleur un mal.

2. Tout plaisir n'est pas un bien, toute douleur un mal. — C'est par ce dernier point qu'il faut commencer la réfutation de ce système. Toute douleur n'est pas un mal, tout plaisir n'est pas un bien, ni en soi-même ni dans ses conséquences.

La douleur sans doute est toujours pénible, le plaisir toujours agréable; sans quoi le phénomène en question ne serait pas la douleur ou ne serait pas le plaisir. Mais le bien ou le mal ne peut se juger au seul point de vue de l'agrément ou du désagrément immédiat. Ainsi c'est une douleur, pour l'enfant qui apprend à jouer du violon, de maintenir le bras arrondi en avant, de recourber ses doigts sur le manche, de les appuyer sur les cordes, de les faire glisser, etc.; il en ressent une fatigue, parfois des crampes; c'est désagréable, mais ce n'est pas un mal : sa nature n'a pas été amoindrie; au contraire, il en sort un bien : son bras et ses doigts en deviennent plus aptes et plus souples; il a perfectionné son organe naturel. Et comme conséquence ultérieure, avec l'habitude, il recueille un véritable plaisir de la musique qu'il est capable d'exécuter.

Au moral de même : un froissement d'amour-propre, une humiliation, une déception, ce ne sont point choses agréables en soi si l'on ne considère que la sensibilité actuelle. Mais n'est-ce pas un bien pour la connaissance des écueils de la vie et la formation du caractère?

Le plaisir, par contre, peut être la source d'un très grand mal, sans cesser d'être agréable lui-même. L'ivrogne éprouve du plaisir à boire, dira-t-on qu'il se fait du bien? Il ruine sa santé, trouble sa raison. Et le plus pur plaisir qui soit, celui de la science, n'est-il pas un mal lorsqu'il séduit le savant jusqu'à lui faire oublier sa famille, sa patrie, ses devoirs d'époux, de père, de citoyen, dans la contemplation idéale des vérités qu'il découvre?

Ainsi, du degré le plus bas jusqu'au plus élevé, le plaisir n'est pas essentiellement le bien, non plus que la douleur n'est le mal essentiellement.

Que l'animal brut, n'ayant d'autre motif que l'appétit ni d'autre guide que l'instinct, s'en tienne à la sensation pour reconnaître ce qui lui convient, soit; il est en effet tout sensitif; nous admettons que la sensibilité brutale suffise au genre de bonheur qu'il peut atteindre. Il suit sa nature.

Mais, selon Épicure lui-même, l'homme doit suivre sa nature. Or elle est double cette nature humaine, animale et brutale d'une part, rationnelle et morale de l'autre. Chacune a ses plaisirs et ses douleurs. Laquelle faut-il suivre? laquelle abandonner?

Épicure et Aristippe se séparent à ce point. Le principe manque d'évidence, de clarté; ceux-là mêmes qui l'instituent ne peuvent s'entendre; l'école cyrénaïque refuse les conclusions de l'école épicurienne.

3. **Doctrine d'Aristippe et de l'école de Cyrène.** — Elle a pour objet la fin morale de l'homme, qui est le bien; mais le bien, c'est le plaisir.

Or il y a trois états possibles de l'homme : le plaisir, la douleur et cette indifférence qui est pour l'âme comme un sommeil. Le plaisir est de soi bon, la douleur est de soi mauvaise; l'indifférence n'est pas dans la nature, l'âme étant essentiellement active; elle ne passe par cet état d'indifférence que momentanément, après des secousses qui ont usé sa force; on ne peut dire que cet état soit agréable, puisqu'il est l'absence de toute émotion, de toute sensibilité; et malgré elle, dès que ses forces sont renouvelées, l'âme sort de cet état anormal.

Donc fuir la douleur, chercher le plaisir, voilà la destinée de l'homme. Le plaisir a son prix en lui-même : quel qu'il soit, quelle que soit son origine, il est bon.

Mais le plaisir est tout actuel et changeant. Le plaisir de demain, nous ne le connaissons pas. L'espérance n'est pas un plaisir, car elle est mêlée de crainte, et l'homme qui espère ne tient pas encore le plaisir. Logiquement nous devons chercher le plaisir du moment, le plus vif et le plus immédiat. Le bonheur n'est pas dans le repos. Il est dans la sensibilité en mouvement. Et, pour que rien n'arrête ni ne gêne ce mouvement, la sensibilité doit être livrée à ses propres lois.

Notre règle, c'est l'obéissance sans réserve aux instincts de la nature. Ainsi parle Aristippe.

4. Doctrine purement épicurienne. — Grande est la différence entre la doctrine d'Épicure et celle d'Aristippe, bien que toutes deux partent même du postulat. Celle-ci est même réfutée par celle-là.

1° Épicure n'admet pas tous les plaisirs comme également bons. Pour lui, le bonheur n'est pas dans la quantité, mais dans la qualité du plaisir.

2° Il n'admet pas de milieu entre le plaisir et la douleur. Cet état d'indifférence, d'*apathie*, d'*ataraxie*, que repousse Aristippe comme anormal, il le considère non seulement comme un plaisir positif, comme une volupté, mais comme le plus haut degré de volupté.

Il faut suivre la nature, mais la nature supérieure, non pas celle du corps, mais celle de l'âme, bien qu'on ne puisse oublier l'existence du corps ni lui refuser ce dont il a besoin pour subsister. Aristippe, en conseillant tous les plaisirs indistinctement, fait notre malheur : il nous expose à déchoir du rang de l'humanité, pour nous ravaler à la bestialité, et il est trop certain que les plaisirs grossiers et sensuels usent les forces, les organes et la vie, non sans engendrer des douleurs cruelles. De sorte que cette morale va contre son but.

Que veut Épicure ? Un choix intelligent et discret des plaisirs. Et pour cela il faut d'abord comprendre que le plaisir n'est pas dans les jouissances, mais dans l'absence de la douleur, dans le calme de l'esprit non troublé par l'émotion.

Aussi Épicure croit-il qu'il est nécessaire de posséder les vertus pour être heureux. Elles sont désirables, parce qu'elles procurent du plaisir. La prudence nous apprend à distinguer nos désirs; la tempérance nous dirige suivant notre plus grande satisfaction, puisqu'elle nous met à l'abri des passions malfaisantes; loin de répudier la volupté, elle l'accroît, en la proportionnant toujours à nos forces. Le courage nous délivre de la crainte de la douleur, qui est déjà une réelle douleur, tandis que la lâcheté nous condamne à souffrir non seulement les maux présents qu'elle ne nous permet pas de repousser, mais même les maux éventuels et imaginaires qu'elle nous fait concevoir. Et la justice enfin est le meilleur moyen d'assurer notre bonheur : par elle, nous évitons les châtiments, ou tout au moins la crainte de les subir ; l'injustice procure plus de peines que de profit par la seule inquiétude qu'elle traîne après elle.

Et la vertu sans le plaisir ne serait qu'un vain mot ; si elle n'était accompagnée de plaisir, elle serait impraticable.

Pour se placer dans cette ataraxie ou apathie si désirable et jouir ainsi de la vertu même, de quel moyen disposons-nous ? De la science : il faut savoir. De là l'importance de la science dans le système épicurien, de la physique qui est la science de toute la nature extérieure, et de la canonique ou logique, qui est la science de la pensée et de ses lois.

5. Réfutation de la morale du plaisir. — L'ambiguïté et l'inconséquence du système apparaissent tout d'abord. Aristippe et Épicure ont tour à tour raison l'un contre l'autre.

Si le premier a le tort de déchaîner la bête en délivrant la sensibilité de toute contrainte, de toute restriction, au moins a-t-il l'avantage d'être logique jusqu'au bout. Si le plaisir est le fondement de la morale, s'il est d'ordre naturel, quel arbitraire de le limiter, de l'arrêter tout à coup et de dire : Je ne veux pas que tu ailles plus loin. Et, en laissant de la sorte la sensibilité se développer en son cours naturel, Aristippe permet encore aux émotions délicates, aux passions généreuses de se faire jour à l'occasion.

Épicure triomphe à son tour en relevant le principe de l'abaissement grossier où le font choir les Cyrénaïques. Mais est-ce bien au nom du plaisir qu'il borne le plaisir ? Il a raison de placer bien au-dessus des voluptés sensuelles les délicates émotions de l'âme. Mais, pour en venir où ? A supprimer la sensibilité après en avoir fait le fond de l'homme. La doctrine est armée d'une conclusion qui se retourne contre elle et l'éventre, à la façon du dard avec quoi le scorpion se suicide.

Aristippe nous offre la licence des passions, mais au moins il est simple, et son moyen est à la portée de tous. On n'a qu'à se laisser vivre, pour vivre mal. Mais Épicure nous présente un idéal impossible, et, fût-il possible, le moyen de le réaliser n'est l'apanage que d'un très petit nombre.

L'ataraxie complète n'est pas dans la nature. Jamais, quelque effort de volonté où l'on se hausse, on ne détruit totalement la sensibilité dans l'être vivant. Nous ne sommes pas maîtres d'une faculté passive. Nous subissons le plaisir et la douleur. Tout notre pouvoir est de ne les point chercher. Il ne va pas jusqu'à les empêcher de nous surprendre.

Et quant au moyen, à qui appartient-il? Aux savants, aux esprits bien trempés, aux habiles, aux dialecticiens, qui connaissent la nature, discernent les biens de l'âme des biens du corps, sentent la supériorité intérieure des premiers, et sont capables de goûter le charme de cet anéantissement de la sensibilité.

Mais les simples d'esprit, mais le populaire sans instruction, les malheureux qui souffrent dans leur corps! Ne sera-t-il donc pas de morale pour ceux-là? Et voilà que cette morale épicurienne, soi-disant fondée sur un fait dont l'animal lui-même offre l'exemple, ne serait possible que pour une aristocratie d'élite.

Au point où nous en sommes, la doctrine croule déjà par le manque d'évidence, le manque d'universalité et de possibilité pratique.

Si nous portons la critique dans le cœur même du principe, sans plus nous soucier de la forme épicurienne ou de la forme cyrénaïque, que voyons-nous? D'abord l'instabilité du plaisir : la sensibilité est une faculté perpétuellement en transformation; d'âge en âge, de jour en jour, elle devient raffinée sur certains points, engourdie ou endurcie sur d'autres. L'enfant manifeste des goûts qu'on ne retrouve plus que faiblement chez le jeune homme et plus du tout chez l'homme fait; puis chez le vieillard nous constatons des retours de sensiblerie. On se lasse, on se dégoûte rapidement de ce qui tout d'abord a charmé : nous vivons à cet égard dans une perpétuelle illusion fréquemment mêlée de désillusions. A quel moment donc pourrait-on fixer la sensibilité et décréter que le plaisir est le meilleur, le plaisir parfait?

Puis aussitôt mon voisin s'écrie : « Parlez pour vous. Ma

sensibilité n'est pas la vôtre. Chacun prend son plaisir où il le trouve. » Et sous cette forme vulgaire, il exprime la critique la plus solide et la plus incontestable de tout ce système. Nous cherchons une loi qui s'applique exactement à tous les hommes et leur indique la même conduite, parce qu'elle doit dériver de leur commune nature, et nous aboutissons à une règle qui varie d'individu à individu, et dans le même individu ne demeure pas identique deux semaines de suite.

Et puisqu'en outre la volonté ne régit pas directement la sensibilité, puisque malgré elle, malgré l'éducation, il se peut que la douleur ou le plaisir, sensation, sentiment, passion, tout à coup envahisse l'âme, la prive de cette bienheureuse ataraxie, rêve d'Épicure, comment rendre obligatoire le principe du plaisir ? Nous n'en avons ni le droit ni le moyen. Le droit, nous ne l'avons nullement, car un homme n'est tenu d'accomplir que ce qui dépend de sa volonté. Le moyen, quel sera t-il ? Une loi n'a pour sanction qu'une peine ou une récompense. Quelle punition infliger à un pauvre homme qui n'a pas su se procurer le plaisir ? et dans quel but la lui infliger si vous en découvrez une ? est-ce qu'une souffrance nouvelle l'aidera à se donner du plaisir ? Et par contre quelle récompense pourrez-vous ajouter au bonheur de celui qui aura réalisé à son gré le principe du plaisir ?

Jamais un homme sensé ne croira que c'est être criminel qu'être malheureux, et que l'homme le plus estimable est celui qui n'eut jamais d'autres soins que de se ménager la plus grande somme des meilleurs plaisirs.

Et enfin comment parler d'ordre social et de justice si nous accueillons la thèse épicurienne, même la plus épurée ? On n'y envisage que l'individu solitaire ; tout y est ramené à la sensibilité étroite et despotique, à l'égoïsme absolu. En vérité chacun suivant soigneusement cette règle n'a rien à voir que ce qui lui agrée. Qui donc, s'il possède un peu de logique, sacrifiera quelque chose de son plaisir au profit d'autrui ? Ne disons pas même au profit d'autrui, qui en augmenterait le sien, mais qui donc se restreindra pour ne pas empiéter sur la part de plaisir d'autrui ? Il n'est plus de droit, il n'est pas de raison. Aucun ne supporte d'autre modérateur que l'assouvissement de ses désirs.

Et cette morale, incapable d'assurer le bonheur de l'individu, a pour effet final de détruire la société.

RÉSUMÉ

La morale du plaisir identifie le bonheur et l'émotion sensible, et, bien plus, le bien et le plaisir.

Son fondement est l'observation d'un fait réel : nul ne fuit le plaisir parce qu'il est le plaisir, nul ne recherche la douleur parce qu'elle est la douleur.

De ces prémisses vraies, Épicure tire cette conclusion, que le plaisir est absolument un bien, la douleur absolument un mal.

Le principe n'a ni certitude, ni fixité, ni obligation. La nature humaine est à la fois animale et rationnelle. Chaque forme a ses plaisirs et ses douleurs. Laquelle faut-il suivre, laquelle abandonner? Épicure dit : « Suivons la nature supérieure, » et il nous propose même l'apathie comme bonheur parfait. Aristippe préfère la nature physique et le plaisir en acte : première obscurité. S'attachera-t-on au plaisir présent, immédiat, ou bien au plaisir futur? autre obscurité. A la quantité ou à la qualité? nouvelle contestation.

Le plaisir et la douleur dépendent du degré et de la délicatesse naturelle ou acquise de la sensibilité, différente dans chacun : donc rien d'universel ni d'absolu; dans chaque individu, l'âge, la santé, l'éducation modifient sans cesse la sensibilité : donc rien de constant. On n'est pas maître de se procurer à heure fixe du plaisir ni de détourner toute douleur. Le principe ne passe donc pas dans la pratique. Enfin comment le rendre obligatoire? en punissant les malheureux?

Et pour conclure, le plaisir étant tout personnel, de cette morale résulte un égoïsme étroit, nuisible à l'ordre social et incompatible avec la justice.

CHAPITRE III

MORALE DE L'INTÉRÊT

SOMMAIRE. — 1. Substitution du calcul des plaisirs à la spontanéité de la sensibilité. — 2. Doctrine de Bentham. — 3. Critique de cette doctrine. — 4. Doctrine de Stuart Mill. — 5. Critique de cette doctrine. — 6. Principe de l'intérêt général. — 7. Critique et réfutation. — 8. Réfutation générale de tout système utilitaire. — 9. Rapport de l'intérêt privé et de l'intérêt public avec le devoir.

1. Substitution du calcul des plaisirs à la spontanéité de la sensibilité. — En bannissant de la morale voluptueuse la confusion des plaisirs pour exiger un choix, Épicure détournait le principe et posait le germe de la morale de l'intérêt.

L'intérêt, c'est ce qui est *conforme et favorable au bien-être*; entendons tout de suite ce mot bien-être dans le sens le plus large, moral et matériel. La morale de l'intérêt tend au même but que la morale du plaisir, et son point de départ est le même; seulement, à la spontanéité aveugle de la sensibilité, elle substitue la réflexion et le calcul.

Tous les plaisirs n'étant pas également ni semblablement bons, il s'agit de choisir les plus certains et les plus durables. C'est l'économie ou l'arithmétique des plaisirs.

Les penseurs modernes partisans de la conclusion d'Épicure ont réuni en un corps de doctrine les arguments qu'elle pouvait engendrer, et la morale de l'intérêt se présente dans la science morale sous la double forme que lui ont donnée Bentham d'abord, puis M. Stuart Mill.

2. Doctrine de Bentham. — La recherche des plaisirs et la fuite de la douleur, tel est le seul motif possible des déterminations humaines.

Ce principe, qu'Épicure et Hobbes émettent comme une déduction des lois de notre nature, Bentham le pose comme un axiome qui aurait en soi toute son évidence.

L'utilité est pour lui cette propriété d'une action ou d'un objet qui augmente la somme de bonheur ou diminue la somme de misère de l'individu ou de la société. La légitimité, la justice, la bonté, la moralité d'une action ne peuvent être définies autrement et ne sont que des mots exprimant la même idée, l'utilité. L'intérêt de l'individu, c'est la plus grande somme de bonheur à laquelle il puisse parvenir, et l'intérêt de la société, la somme des intérêts de tous les individus qui la composent.

L'originalité de l'auteur, c'est d'avoir essayé de donner une mesure pour évaluer ce qu'il appelle la bonté ou la méchanceté des actions, c'est-à-dire la quantité de plaisir ou de peine qui en résulte.

Il établit une comparaison et une classification des plaisirs et des peines, aux différents points de vue de la certitude, la pureté, la durée, l'intensité, etc. Entre deux plaisirs, l'un certain, l'autre incertain, ou bien l'un fugitif et léger, l'autre vif et prolongé, etc., le choix n'est pas douteux; il ne faut ni grande sagesse ni profonde expérience pour préférer le certain, le vif, le durable; ajoutez comme élément du calcul le *nombre* probable des plaisirs, et de toutes ces combinaisons se compose l'art de la vie, par quoi nous nous assurons le *bonheur*, selon le terme vulgaire, c'est-à dire *la plus grande somme de plaisirs possible avec le moins de douleurs possible.*

Comment l'obtenir? En évitant soigneusement de se tromper dans le choix des plaisirs, c'est-à-dire en prévoyant les conséquences probables.

Épicure avait dit: « L'injustice n'est pas un mal en soi; elle est seulement un mal en ce qu'elle nous tient dans une crainte perpétuelle par le remords dont la conscience est inquiétée, et qu'elle nous fait appréhender que nos crimes ne viennent à la connaissance de ceux qui ont pouvoir de les punir... Or il est impossible que celui qui a violé, à l'insu des hommes, les conventions faites pour empêcher qu'on ne fasse de mal ou qu'on n'en reçoive, puisse s'assurer que son crime sera toujours caché; car, bien qu'il n'ait pas été découvert en mille occasions, il peut toujours douter que cela dure jusqu'à la mort [1]. »

Bentham reprend l'idée et dit de même : « Un homme éclairé sur son intérêt ne se permettrait pas même un crime caché, par la crainte de contracter une habitude honteuse qui le trahirait tôt ou tard.... Les secrets à dérober aux regards pénétrants des hommes laissent dans le cœur un fond d'inquiétude qui corrompt tous les plaisirs. Tout ce qu'un homme pourrait acquérir aux dépens de sa sécurité ne la vaudrait pas; et, s'il est jaloux de l'estime des hommes, le meilleur garant qu'il puisse en avoir est la sienne propre [2]. »

Et Fontenelle s'écriait de même, voyant un malfaiteur mené en place de Grève : « Voilà un pauvre homme qui a mal calculé. »

L'arithmétique des plaisirs : poursuivant le principe de l'arithmétique des plaisirs de Bentham, M. Jules Thomas en fait, pour l'exemple, application à l'ivrognerie : nous lui empruntons son tableau de calcul.

« Si dans tout plaisir il y a des éléments variables, il en est de certains, au nombre de six : quatre sont des propriétés du plaisir en lui-même; ce sont : 1° l'*intensité*; 2° la *durée*; 3° la *certitude*; 4° la *proximité*. Deux autres propriétés tiennent à ces conséquences : 5° la *pureté* (selon que le plaisir est pur de tout élément douloureux); 6° la *fécondité* (selon que le plaisir sera productif d'autres avantages). Examinons d'après ces principes le bien et le mal de l'ivrognerie. Elle ne laisse rien à désirer quant à l'intensité, la certitude, la proximité (facilité de se procurer) du plaisir qu'elle donne. La durée est en général médiocre. Mais jusqu'ici les avantages l'emportent sur les inconvénients. Mais sa fécondité est entièrement nulle, à moins qu'on ne compte l'oubli momentané des soucis de la vie. Enfin sa pureté est très

---

1. Épicure Κύριαι δόξαι, XXXIV, trad. Lefèvre, revue.
2. Bentham, dans Dumont de Genève, *Traité de législation*.

faible. Comptons en elle les éléments douloureux qu'elle comporte : 1º les indispositions et maladies ; 2º les maux à venir résultant de la maladie ; 3º la perte de temps et d'argent proportionnelle à la valeur des deux premiers éléments du compte ; 4º la peine produite dans l'esprit de ceux qui nous sont chers ; 5º la défaveur du vice et le discrédit qui en résulte ; 6º le risque du châtiment légal et la honte qui le suit ; les risques des actes délictueux ordinaires dans l'ivresse ; 7º la crainte des peines de la vie future. — La somme des pertes dépasse celle des gains : l'ivrognerie est donc mauvaise.

Ce serait un très utile exercice d'analyse morale et de réflexion tendant à la formation d'une bonne discipline personnelle que de soumettre à un calcul semblable les différentes passions qui surgissent le plus communément dans l'âme humaine : l'ambition, l'amour de la gloire, l'amour des richesses, l'amour de la famille et de la patrie, et les vices ou travers les plus vulgaires, la paresse, le mensonge, etc.

3. Critique de cette doctrine. — En premier lieu, cet art tout empirique d'arranger la vie ne s'élève pas un seul instant au dessus d'un jugement tout individuel. Jamais il n'atteint à la hauteur d'une loi ; son seul objet, M. Janet l'a bien mis en lumière, ce sont nos sensations personnelles ; ses règles ne sont que des moyens d'atteindre au but désiré, le plaisir. Elle fait servir la raison, la sagesse, la vertu au plaisir. Cette morale retombe donc dans tous les défauts de l'épicurisme.

En second lieu, est-il si facile de discerner le plus stable, le plus pur, le plus certain des plaisirs ? Ne faut-il pas pour le distinguer un autre élément d'information que le plaisir lui-même ? Alors la doctrine s'échappe de son terrain et nous entraîne vers autre chose. Or, si elle est vraie, elle doit se suffire à elle-même.

Et, quand même ce discernement serait possible, le sera-t-il pour tous ? Il est nécessaire d'avoir expérimenté soi-même, car l'expérience d'autrui n'a guère de valeur dans l'appréciation du plaisir, lequel est essentiellement subjectif. À quel signe indiscutable tout homme, quel qu'il soit, reconnaîtra-t-il le plaisir certain, durable et pur? C'est ce que Bentham n'est jamais parvenu à définir.

Dans le fait enfin, il affirme que l'intérêt bien entendu écartera l'homme de toute action réputée mauvaise. Mais pour quelle cause? Par la crainte du châtiment, et pour conserver la paix de sa conscience! Et Bentham, comme Épicure, est obligé d'affirmer qu'aucun crime ne peut demeurer ignoré. C'est une affirmation qui aurait besoin d'une preuve péremptoire et sans exception.

Mais ne peut-on supposer un tyran si puissant, si bien maître de tout, que ses crimes, mêmes connus et publiés, ne lui attirent aucune punition, et d'une conscience si endurcie qu'il n'en ressente aucun trouble? L'hypothèse est possible. Alors ce tyran, ce despote qu'aucune loi humaine ne peut atteindre, à qui la conscience ne parle plus, n'aura assurément aucune raison de s'abstenir et de se modérer. Son bonheur est de tout faire; il ne se prive de rien. Et ce serait en effet de sa part un faux calcul que de sacrifier quelque chose de son plaisir, qu'il connaît, au plaisir des autres, qu'il ne connaît pas et qu'il ne sent pas.

Sans doute le mot de Fontenelle est juste : mal faire est un faux calcul. Mais ce n'est pas seulement cela. C'est pis que cela : c'est mal faire.

Sinon, si le condamné qu'il a vu mener au supplice peut se sauver par un nouveau crime, ce serait donc un bon calcul que de commettre ce crime.

4. Doctrine de Stuart Mill. — Bentham laisse la morale utilitaire fléchir sur sa base en ce qu'il ne donne pas une raison du choix à faire parmi les plaisirs. M. Stuart Mill prétend trouver dans le plaisir lui-même un principe capable de s'élever au-dessus du plaisir, et de guider nos choix au nom du plaisir même. Il s'attache non à la *quantité*, mais à la *qualité* des plaisirs, non aux conséquences des actes, mais aux actes eux-mêmes. Il nous recommande la charité, la pitié, la justice, non pour qu'à notre égard le prochain soit charitable, compatissant et juste. L'intérêt dont il parle est l'intérêt supérieur de l'âme humaine, qui trouvera son plus grand et son plus noble plaisir dans les émotions pures. Et n'est-ce pas là, dit-il, ce que l'on appelle le bien, le souverain bien? Ce bonheur de l'homme ne saurait être, M. Mill le reconnaît, le bonheur de l'animal sensitif et sans raison.

5. Critique de cette doctrine. — 1° Si le plaisir est identique au bien, comment discerner par la qualité deux plaisirs? comment l'un contiendrait-il plus de bien, c'est-à-dire plus de plaisir que l'autre? Il faudrait pour cela que l'un fût de sa nature meilleur que l'autre. Cette supériorité, d'où lui vient-elle? Nécessairement de quelque chose qui n'est pas le plaisir lui-même, mais qui lui est supérieur.

2° M. Mill reconnaît que le bonheur humain diffère essentiellement du bonheur de l'animal, parce qu'il dérive de facultés plus élevées. — Mais ces facultés plus élevées sont telles avant tout plaisir éprouvé, elles sont meilleures par elles-mêmes. Elles sont le principe d'appréciation du plaisir. Donc ce n'est pas en lui-même que le plaisir porte son excellence.

3° Quel sera donc le critérium de la qualité du plaisir? M. Stuart Mill a vu la difficulté : pour l'aplanir, il recourt à l'expérience. De deux plaisirs, celui-là sera réputé le meilleur qui sera préféré sans obligation morale par les personnes compétentes, c'est-à-dire qui auront fait l'expérience des deux.

Ainsi ce n'est plus la valeur intrinsèque du plaisir qui nous décide; c'est l'appréciation générale des hommes.

Ce moyen est plein de difficultés.

L'homme vertueux qui s'écarte des plaisirs violents et des passions sensuelles n'est pas compétent pour les blâmer et en détourner les autres. Pour être en droit d'affirmer la supériorité des plaisirs spirituels et honnêtes, il faudrait d'abord qu'il eût mené la vie d'orgie et de désordre. Les débauchés le leur disent bien, que le vice a des plaisirs qui leur sont inconnus à eux, hommes vertueux et sages; et ils trouvent bas, vulgaire et ridicule le plaisir du bien, qu'ils n'ont pas d'ailleurs expérimenté.

Ceux qui, à l'exemple de saint Augustin et de Rancé, passent de la vie désordonnée à la vie réglée et pieuse, seront-ils plus compétents?

Ils ont fait l'expérience des deux, sans doute, mais dans des conditions différentes, à un autre âge, sous d'autres influences. Jeunes, ils ont joui de la passion; vieillis, ils se sont calmés et assagis, et l'activité de leur âme s'est portée avec une fougue semblable vers la vertu et le sacrifice, comme autrefois vers la volupté sensuelle.

Et enfin n'a-t-on pas vu des hommes supérieurs, J. César, Mirabeau, Fox, d'autres encore, se porter successivement des plaisirs les plus abstraits de la pensée, de l'éloquence, de l'ambition, de l'art, aux voluptés plus concrètes des sens, et se délasser, pour ainsi dire, du poids des affaires élevées dans les plaisirs bas, et de la fatigue de ceux-ci dans le maniement de celles-là.

Il n'est pas prouvé par l'expérience que les plaisirs sensuels soient par eux-mêmes meilleurs ni moins bons que les plaisirs spirituels : des uns comme des autres, c'est l'excès qui est funeste.

« Ce n'est pas par le goût de celui qui jouit qu'on peut mesurer la qualité des plaisirs; mais c'est la qualité des plaisirs qui fait la valeur de nos goûts. » (P. Janet.)

Ce qui est désirable n'est pas ce qu'on désire, mais ce qui par soi-même est digne d'être désiré.

6. Principe de l'intérêt général. — Pour se laver du reproche d'égoïsme étroit, les utilitaires essayent de substituer à l'intérêt individuel l'intérêt général. On n'admettra comme vraiment conforme à l'intérêt bien entendu que ce qui ne nuit en rien à l'intérêt général.

Accordons que la concession est déjà un pas hors de l'égoïsme absolu, mais ce n'est pas avancer d'une ligne vers la justice ni vers l'évidence.

7. Critique et réfutation. — Qu'est-ce que l'intérêt général? Celui du plus grand nombre. Quel plus grand nombre? Ici commence la confusion : il y a des degrés dans le nombre. La famille passera avant l'individu; la cité avant la famille; l'État avant la cité; l'humanité avant l'État.

Cela ne peut être toujours vrai. Et le plus grand nombre n'est même pas toujours représenté par une entité aussi nette que la famille, la cité, l'État.

De deux partis en lutte, celui-là sera le plus digne de l'emporter qui sera le plus nombreux, et par cela seul qu'il sera le plus nombreux? Non pas. Et je ne sais même pas clairement s'il est le plus grand nombre; et son intérêt n'est pas évident.

Puis n'y a-t-il dans l'individu aucun droit qui prime l'intérêt général? Que l'individu se sacrifie volontairement à l'intérêt de sa famille, de sa cité, de sa patrie, de l'humanité, c'est fort bien à lui! il est noble, méritant. Mais ni la famille, ni la cité, ni la patrie n'ont absolument le droit de le sacrifier à leur intérêt. Quand la patrie envoie des soldats à la bataille, c'est en vertu d'une loi, expression du consentement général, et, en retour de cette charge, elle garantit des avantages.

Si l'intérêt général devait prédominer absolument, mes concitoyens, qui ont besoin de percer une rue au point où est bâtie ma maison, pourraient la jeter bas sans me dédommager et sans me consulter.

L'intérêt général n'est d'ailleurs composé que d'intérêts particuliers. A quelle chimère insaisissable irez-vous immoler tous ceux-ci? Eux détruits, il ne reste rien.

Quand Aristide refusa l'offre de Thémistocle de brûler la flotte lacédémonienne qui se fiait à la trêve consentie, il ne dit pas : Cette action n'est pas conforme à l'intérêt général? on lui eût demandé : de qui? S'il eût répondu : des Athéniens; on se fût récrié, car c'était fort utile, et il le déclara lui-même. S'il eût répondu : des Lacédémoniens; on lui eût crié avec raison qu'en guerre l'intérêt à considérer n'est pas celui de l'ennemi. Mais Aristide répondit : « Ce serait utile, mais c'est injuste. »

8. Réfutation générale de tout système utilitaire. — Reprenons les objections particulières éparses dans ces critiques, et résumons-les en réfutation formelle.

1° L'intérêt varie selon les personnes, et pour chaque personne selon le temps et les circonstances, puisqu'il tend toujours au plaisir, lequel est très variable. Il ne saurait y avoir ni constance ni universalité dans le moyen, quand le but est essentiellement mobile et personnel.

2° Les contradictions de l'intérêt lui ôtent toute clarté, exigent de ceux qui le recherchent une intelligence vive et une expérience multiple. Il est donc très difficile dans la pratique de bien entendre son intérêt, et beaucoup sont dans l'impossibilité d'y réussir.

3° Il n'est pas lui-même un but, un terme : *utile* veut dire qui sert à quelque chose. Ce quelque chose, c'est le bonheur. Mais la loi morale est celle qui nous indique le bonheur même. Le principe de l'intérêt est donc par sa nature inférieur et insuffisant.

4° Quelle sanction donner à ce principe? Comment obliger les hommes à bien entendre et à bien pratiquer leur intérêt? Sans doute ils sont punis par l'insuccès quand ils se trompent, généralement du moins. Mais ce n'est pas là une sanction morale. Les plus habiles seraient donc les meilleurs moralement? La pauvreté, la défaite, les revers de fortune, les pertes et les vols dont on est victime sont des fautes et des vices? Le voleur impuni est méritant, le maladroit volé est coupable!

5° L'intérêt érigé en loi établit le triomphe de l'égoïsme et le règne de la force au mépris du droit. Nul ne respectera autrui que proportionnellement à l'avantage qu'il en retirera.

En somme, tous les inconvénients et tous les défauts de la morale du plaisir avec la bassesse du calcul en plus.

9. **Conclusion.** — *Rapport de l'intérêt privé et de l'intérêt public avec le devoir.* L'intérêt, sous quelque forme qu'il se présente, ne peut être admis comme règle unique de conduite, comme loi morale. La *raison d'État* ne peut prévaloir contre la justice, non plus que la raison de fortune individuelle.

Sera-t-il donc interdit de veiller à ses affaires, de prospérer? sera-t-il défendu de se procurer du plaisir et d'en jouir? Est-ce un tort de s'efforcer d'agrandir et de consolider la force de l'État et du gouvernement?

Loin de là : l'homme doit soigner sa sensibilité, il doit surveiller ses instincts et garantir ses moyens d'existence, ceux de sa famille, ceux de sa patrie, mais au nom d'un autre principe que le plaisir et que l'intérêt eux-mêmes, principe auquel ils sont subordonnés, par lequel ils sont réglés; il est faux que ce soient eux qui l'engendrent.

RÉSUMÉ

L'intérêt est ce qui est conforme au bien-être. La morale de l'intérêt vise le même but que la morale du plaisir; son point de départ est le même. Seulement à la spontanéité de la sensibilité elle substitue la réflexion et le calcul. Tous les plaisirs n'étant pas également bons, il s'agit de choisir les plus certains et les plus durables. C'est l'économie ou l'arithmétique des plaisirs.

Dans les deux systèmes apparaît la même fausse conception du bonheur, qu'ils placent dans les choses extérieures : de là variation de l'intérêt selon les personnes, et dans une même personne selon le temps et les circonstances. Il ne présente ni constance ni universalité. Les contradictions de l'intérêt lui ôtent toute clarté et le rendent fort difficile dans la pratique. En outre il n'aurait d'autre sanction que la glorification du succès. Les revers, les malheurs seraient considérés comme des fautes. Finalement, l'intérêt érigé en loi établit le droit de la force, le triomphe de l'égoïsme.

L'intérêt général n'est qu'une atténuation de l'étroitesse de l'intérêt personnel : il n'est pas davantage la justice. Il peut même souvent lui être contraire.

D'ailleurs l'utile n'est pas un but, mais un moyen; il n'est donc pas possible d'en faire la loi morale qui doit être une fin en elle-même et par elle-même.

CHAPITRE IV

MORALE DU SENTIMENT

Sommaire. — 1. Origine de cette doctrine : Richard Cumberland. — 2. Doctrine de Hutcheson : la bienveillance. — 3. Examen critique. — 4. Doctrine d'Adam Smith : la sympathie. — 5. Exposé de la thèse. — 6. Critique de la doctrine de Smith : sept objections. — 7. Conclusion. — 8. Rôle du sentiment en morale.

1. Origine de cette doctrine : Richard Cumberland. — La première origine de cette doctrine remonte à Richard Cumberland, théologien anglais, évêque de Peterborough à la fin du xvii° siècle (1691).

Hobbes avait ramené la fin dernière de l'homme au bien-être individuel et admis l'état de guerre comme naturel, le droit du plus fort comme le meilleur. Cumberland combattit cette morale funeste, rechercha dans les facultés humaines, par une analyse très sagace, des principes d'obligation capables de mettre d'accord l'intérêt privé et l'intérêt public, et de maintenir l'harmonie politique. Le principe qu'il proposa, c'est la *bienveillance*.

Cette obligation a pour auteur Dieu, qui en inspire le sentiment; pour sanction, le bonheur, qui en accompagne la pratique, et le malheur, qui en suit la violation.

2. Doctrine de Hutcheson : la bienveillance. — Plus tard, un professeur de l'université de Glascow, François Hutcheson, admit le même principe, mais il l'étendit et le fortifia. Il en fit la base de son enseignement moral, et sa doctrine se trouve condensée dans son *Système de philosophie morale* (1745).

Exposé de la thèse. — « Toute action que nous concevons comme moralement bonne ou mauvaise est supposée produite par quelque affection envers les êtres sensitifs. — C'est-à-dire que l'action est mauvaise si nous leur voulons du mal, bonne si nous leur voulons du bien — Si la tempérance ne nous rendait pas plus propre au service du genre humain, elle ne saurait être un bien moral. Le courage proprement dit n'est qu'une vertu d'insensé s'il ne sert à défendre l'innocence. La prudence ne passerait jamais pour une vertu si elle ne favorisait que notre intérêt; et quant à la justice, si elle ne tendait au bonheur de l'homme, elle serait une qualité beaucoup plus convenable à la balance, son attribut ordinaire, qu'à un être raisonnable. »

3. **Examen critique.** — D'abord reconnaissons que le principe de la bienveillance est très admissible. Il n'est pas douteux qu'elle soit un devoir; vouloir du bien aux êtres sensitifs, même aux animaux, c'est bien; leur vouloir du mal, c'est mal. Mais est-ce suffisant? cela contient-il toute la morale?

Objections : 1° D'abord quelle mesure de bienveillance envers nos semblables entre dans la prudence, la tempérance et le courage? Il est vrai que, nous gardant tempérants, prudents, courageux, nous serons mieux capables de remplir nos devoirs sociaux. Mais c'est surtout envers nous-mêmes qu'existent ces devoirs. Ils sont l'obligation de respecter notre dignité personnelle.

2° La bienveillance se mêle parfois à nos devoirs sociaux; et celui qui la joint à l'action juste et obligatoire qu'il accomplit ajoute à son mérite et se rend plus cher aux hommes. Mais elle n'est qu'un élément accessoire. Elle ne suffit pas à nous contraindre au juste et à l'obligatoire.

Car elle varie, cette disposition sentimentale : elle varie comme la sensibilité d'où elle émane. Elle s'éteint et se ranime, souvent par des causes différentes ou même contraires, et qui ne sont pas nécessairement ni toujours le juste et le droit.

3° Puis en fait la bienveillance ne se joint pas constamment, même à titre d'élément secondaire, à l'accomplissement de nos devoirs sociaux. Ne les remplissons-nous pas envers des personnes qui nous sont odieuses ou seulement antipathiques? Jamais un honnête homme ne se croira en droit de dénier ce qu'il doit par justice sous prétexte d'aversion, d'éloignement, d'antipathie pour celui envers qui la justice l'oblige. On peut ne pas désirer l'élévation de son ennemi, sans rien commettre pour l'empêcher.

4° Enfin le principe est incomplet, car il laisse en dehors toutes les religions. La bienveillance n'est possible que d'égal à égal et de supérieur à inférieur. L'homme ne peut éprouver de la bienveillance pour Dieu. Il est vrai que Hutcheson la remplace alors par l'amour. Mais le principe change, et il n'est même pas certain qu'il devienne meilleur.

4. Doctrine d'Adam Smith : la sympathie. — Smith adopte la méthode et la doctrine de son maître Hutcheson. Comme lui, il demande le principe de la morale, non pas à la raison, mais au sentiment ; il veut trouver dans le cœur de l'homme un sentiment désintéressé qui soit l'origine et la règle des devoirs. Au lieu de la bienveillance, il choisit la sympathie.

5. Exposé de la thèse. — 1° *La sympathie est un fait observé et incontestable ; elle est le fondement des jugements moraux.* — La nature de la sensibilité humaine est telle, que nous ne pouvons assister à la manifestation des sentiments de nos semblables, plaisir ou peine, sans y participer, et faire une sorte d'effort pour nous identifier avec eux. Le fait est bien connu ; il est vrai ; les hommes mêmes en ont usé pour exercer une influence sur ceux dont l'opinion et les résolutions leur importent : tels l'orateur, le poète, l'auteur dramatique, l'avocat, l'accusé lui-même. Ainsi nous ne pouvons voir quelqu'un pleurer, se désoler, souffrir, sans en ressentir une peine réelle, analogue à celle qui tourmente l'autre. De même le succès, la joie de ceux que nous aimons ont des contre-coups dans notre cœur, et nous nous réjouissons de leur bonheur, comme s'il était nôtre. Smith multiplie volontiers les exemples et les analyses. C'est pour en arriver à cette conclusion : « Nos jugements moraux sur les actions d'autrui sont antérieurs à ceux que nous portons sur nous-mêmes. La notion du bien, du mal, du juste et de l'injuste ne nous est suggérée que par la vue des actes d'autrui. Un homme relégué dans une île déserte n'est pas plus capable d'apprécier sa conduite que son visage. Est-il bon ou mauvais, laid ou beau ? il ne peut le savoir : il manque d'objets de comparaison. »

2° *Application du principe : la sympathie est la mesure de l'honnêteté.* — La conséquence est bien simple : nous appelons honnêtes les actions qui nous font sympathiser avec leur auteur. « *Je voudrais l'avoir fait,* ou, *je ne voudrais pas l'avoir fait,* » telle serait la formule définitive de cette morale, en ce qui concerne les actions d'autrui.

Pour notre propre conduite, la réciproque est la règle : excitons-nous la sympathie? nous avons bien agi ; l'antipathie? nous avons mal agi.

Cette double expérience est la condition nécessaire du jugement moral. Nous devenons spectateurs de nous-mêmes, et nous prononçons sur la moralité de nos actes comme prononcerait un étranger.

Les phénomènes secondaires de la vie morale, qui se rattachent à la distinction du bien et du mal, par exemple le mérite et le démérite, Smith les explique avec la même facilité.

Une action bienveillante est accomplie devant moi : aussitôt en moi double sympathie : je sympathise avec celui qui oblige, et avec celui qui est obligé. Je sens comme eux. Je me dis : « Je voudrais avoir agi ainsi! » et en même temps je partage le sentiment de la personne obligée. Ce sentiment, c'est la reconnaissance, c'est-à-dire le désir de rendre le bien pour le bien, autrement dit de récompenser. Ainsi l'idée de reconnaissance et celle de récompense s'attirent, et à leur suite paraît l'idée de mérite.

S'agit-il d'une cruauté, d'une injustice, les mêmes phénomènes s'accomplissent et déterminent des jugements analogues pour aboutir au désir de rendre le mal pour le mal, et ainsi à l'idée de démérite. Le remords et la satisfaction de conscience sont l'antipathie contre moi-même ou la sympathie avec moi-même. Cette idée de mérite et de démérite appliquée à moi-même, à mes actes en est la conséquence et la preuve.

Le spectateur impartial. — Smith ne se dissimule pas que l'accord ne sera pas toujours parfait entre la sympathie de nos semblables et notre conscience. Le monde peut blâmer ce que notre conscience atteste comme honorable et bon, ou approuver ce qu'elle repousse comme faux et illégitime. Smith, avec une louable probité, reconnaît que dans ce cas c'est la conscience qu'il faut écouter. Mais aussi, dit-il, ne s'agit-il pas de la sympathie du monde ou de la nôtre propre, en tant que monde ou individu. Il s'agit de celle d'un spectateur impartial, placé en nous-même et qui ne se laisse ébranler ni corrompre par aucune préférence intéressée ou passionnée.

6. Critique de la doctrine de Smith. — On distingue deux ordres de phénomènes de la conscience morale :

1° Les jugements : l'approbation et le blâme, l'estime et le mépris ;

2° Les sentiments : la satisfaction intime et le remords, la sympathie ou l'antipathie.

Jugements et sentiments peuvent ou faire retour sur nous-mêmes et sanctionner dans une certaine mesure notre conduite, ou s'appliquer aux autres.

La doctrine prétend que le sentiment éprouvé après l'action connue nous avertit de sa valeur morale et fonde ainsi le jugement moral.

1re Objection. — *Il y a une sorte de sympathie physique dont Smith ne tient pas compte.* — Il importe de remarquer que le fait très vrai observé par Smith n'a pas toute l'importance qu'il lui attribue.

Il est certain que notre sensibilité subit le contre-coup des plaisirs et des douleurs d'autrui. Mais elle ne va pas jusqu'à nous les faire apprécier en tant que bons ou mauvais moralement. Un chien qui a la patte écrasée par une voiture hurle et glapit ; il se secoue avec des mouvements saccadés que je comprends, qui m'émeuvent. Bien qu'il y ait entre lui et moi une différence d'espèce, je ressens presque dans ma jambe la douleur qui le torture.

Si j'assiste à l'exécution d'un criminel, l'instant de son supplice provoque en moi un malaise, détermine une secousse. Il me semble sentir sur mon cou le froid du couperet.

Ce sont là des phénomènes de sympathie nerveuse, connus depuis longtemps ; où est l'appréciation morale quand la roue de la voiture brise la patte du chien ? Si je sympathise physiquement avec le condamné qu'on décapite, je ne blâme pourtant pas le bourreau. Et cette espèce d'horreur qu'il inspire d'ordinaire au peuple n'est pas la conséquence d'un jugement sur sa moralité en tant que bourreau. C'est une répugnance d'instinct qui n'a rien à voir avec la morale.

La sympathie ne peut donc être dans toute son étendue un fondement de la morale. Smith se borne à la prendre au sens moral. Mais il n'indique pas un sûr moyen d'empêcher la confusion possible des effets de la sympathie physique et de la sympathie morale. Or il est également certain qu'elles sont différentes et qu'elles se mêlent; que par conséquent les jugements moraux fondés sur les faits de sympathie courent le risque d'erreur par ce premier chef.

2ᵉ **Objection.** — *La sympathie dépend à la fois du système nerveux et de l'imagination.* — Deux éléments contribuent à la sympathie et la rendent ou plus vive, plus excitable, ou plus vague et moins forte : c'est le système nerveux et l'imagination. Pour que je ressente le plaisir ou la douleur d'un autre, mon imagination d'abord me représente à moi-même dans la condition de cette personne; je cesse un moment d'être ce que je suis pour devenir en pensée ce qu'elle est. Alors, selon que mes nerfs sont plus ou moins susceptibles et irritables, le phénomène de plaisir ou de douleur apparaît et établit une sorte de niveau entre ma sensibilité et celle de la personne émue.

Ferons-nous donc dépendre la moralité de l'imagination et de la force nerveuse?

3ᵉ **Objection.** — *Variation du sentiment moral.* — Le sentiment moral n'est après tout qu'une forme de la sensibilité, plus pure, plus élevée que le plaisir ou la douleur physique ou même que les affections égoïstes. Mais il ne peut être tout à fait dégagé des conditions de son origine : il est donc variable. D'homme à homme et dans le même homme selon l'âge, le tempérament, l'éducation, etc., il se modifie. Tantôt il s'exalte, tantôt se relâche. Telle âme souffrira beaucoup d'une légère infraction à la règle, tandis qu'une autre restera indifférente à un grand crime. L'habitude l'émousse, l'endurcit; et il lui faut alors des émotions plus fortes : la secousse d'une grande faute, ou l'enthousiasme d'un héroïque dévouement. Dans un cas comme dans l'autre, la notion des nuances s'éteint. C'est dans ce sens que Vauvenargues a pu dire : la conscience est la plus changeante des règles.

4ᵉ **Objection.** — *Le jugement moral n'est pas in-*

faillible; il est individuel et relatif. — S'agit-il du jugement moral, que nous acceptions ou non l'ordre de précession des phénomènes supposé par Adam Smith, la sentence de Vauvenargues reste exacte. Si en effet, comme le veut le moraliste écossais, le jugement suit le sentiment, il variera avec lui; si, comme nous l'allons montrer, il le précède, il n'est cependant pas à l'abri de toute erreur. Il est l'œuvre de l'intelligence, laquelle selon les individus est plus ou moins pénétrante et plus ou moins exercée. Les occasions sont fréquentes où le jugement, insuffisamment préparé, incomplètement élucidé, porte à faux. Le fanatisme n'en est-il pas une preuve? et l'intolérance sous toutes ses formes, et son contraire, l'indulgence excessive, qui est simplement la négation implicite du bien et du mal?

En fait aussi bien qu'en principe, le jugement de la conscience, étant individuel et relatif aux circonstances, ne peut être le fondement de la loi morale.

5ᵉ Objection. — *Smith confond l'ordre des phénomènes : le sentiment est la conséquence du jugement, sinon il n'est qu'une forme de l'instinct.* — Il est bien vrai que la vie sensible commence en nous avant la vie intellectuelle. Mais c'est alors une sensibilité indécise, un simple plaisir ou une simple douleur que nous sentons comme tels, mais dont la cause nous échappe; pour définir cette cause, il est indispensable que l'intelligence intervienne. Smith aurait pu revendiquer l'inclination naturelle vers le bien. Mais cette inclination ne fixe pas la forme du bien, elle ne se porte pas vers un acte particulier. Elle nous laisse donc dans une complète incertitude, si nous ne retrouvons pas un principe directeur. Or il s'agit ici de déterminer les actes spécialement bons ou mauvais. C'est donc un jugement qui doit d'abord intervenir : on s'afflige ou l'on se réjouit après qu'on sait si l'on a bien ou mal agi. Quel motif aurait-on de blâmer ou d'approuver? quelle cause légitimerait l'antipathie ou la sympathie? Le sentiment moral ne peut pas n'être qu'une forme, même supérieure, de l'instinct. Il doit nécessairement s'appuyer sur un jugement. Quand je blâme un criminel, ce n'est pas pour l'horreur instinctive que fait naître en moi l'acte matériel, mais pour l'intention malfaisante qui est reconnue en lui. Le condamner, c'est l'avoir jugé; l'exécrer, c'est éprouver un sentiment, conséquence du jugement. Pour aimer, haïr, blâmer, louer, il faut savoir pourquoi.

Le sens moral dérive d'une notion rationnelle. — Ce qu'on appelle le *sens moral*, c'est à la fois le jugement et le sentiment provoqués par l'action et par l'intention de l'agent. Mais ce jugement, base du sentiment, s'appuie lui-même sur une notion supérieure, la notion rationnelle du bien; c'est par une comparaison intuitive entre l'action et cette notion fixe que l'esprit apprécie et classe la moralité.

6ᵉ Objection. — *Le spectateur impartial n'existe pas, ou bien c'est la raison.* — Pour répondre à toutes les objections de variation et de relativité des sentiments, Smith recourt à l'hypothèse du spectateur impartial toujours présent en nous-mêmes et nous donnant la vraie appréciation, la mesure exacte de la moralité.

Qu'est-ce que ce spectateur impartial? S'il n'est pas distinct de la personne sensible, il ne saurait être impartial. Comment puis-je me délivrer absolument de ce qui me touche? de ce qui m'émeut? Je ne puis renoncer tout à fait à moi-même; et, puisqu'on me présente la sensibilité comme le moyen de connaître le bien, n'y a-t-il pas contradiction à vouloir que je l'abandonne ou que je la repousse? Enfermé dans ma sensibilité personnelle, je ne puis, bon gré mal gré, demeurer impartial.

Si je découvre en l'homme ce spectateur impartial, incorruptible, ce n'est pas dans le domaine de la sensibilité fatale, aveugle, passive. C'est dans la raison, seule capable de demeurer une et constante, universelle et absolue. Mais alors c'est introduire un tout autre élément: nous avons changé de thèse.

7ᵉ Objection. — *La loi morale doit prévoir les actes; le sentiment moral ne peut que les suivre.*

Enfin un dernier reproche: chercher une loi morale, c'est chercher un principe non seulement pour juger les actes accomplis, mais pour indiquer les actes dignes d'être accomplis, et, plus encore, ceux qu'il faut obligatoirement accomplir. Or le sentiment ne peut certainement précéder l'action, puisque c'est l'action qui le provoque. Il faudrait donc que l'expérience de chaque acte eût été faite avant de le ranger dans la catégorie du bien ou dans la catégorie du mal; il faudrait que nous eussions été agents ou témoins; et rien ne nous empêche de tomber dans des fautes que nous n'avons pas encore jugées; nous saurons qu'elles sont des fautes seulement après que nous nous serons reconnus coupables, c'est-à-dire beaucoup trop tard.

C'est la condamnation dernière du système.

7. Conclusion. — Toute doctrine morale fondée sur la sensibilité manque d'universalité et de constance, d'évidence et d'obligation.

Toutefois, bien qu'incomplète et inexacte, la doctrine du sentiment moral et de la sympathie contient des parties vraies et s'élève beaucoup au-dessus de la grossièreté sensuelle de la morale cyrénaïque, de la stérile volupté de la morale épicurienne et de la sécheresse froide de la morale utilitaire. Elle tend à hausser la moralité humaine, se dégage du calcul égoïste et nous porte à vivre en paix, en harmonie avec nos semblables.

Adam Smith y a déployé une ingéniosité merveilleuse, l'analyse des sentiments qu'il a décrits reste un des meilleurs travaux philosophiques, et sa *Théorie des sentiments moraux* un livre des plus intéressants.

8. Rôle du sentiment en morale. — Parmi les mouvements naturels de la sensibilité, nous avons signalé les aspirations supérieures, qu'on a dénommées aussi inclinations rationnelles, « parce qu'elles nous font chercher non plus des jouissances corporelles, non plus des satisfactions d'amour-propre, non plus même des joies sympathiques, mais des émotions d'un ordre réellement supérieur, supérieur à celles de la vie sociale même ».

Ces inclinations, suivant qu'elles sont satisfaites ou contrariées, engendrent, nous l'avons vu, des plaisirs et des peines, une tristesse, une inquiétude ou une sérénité et une sécurité d'âme qui sont la marque authentique de la dignité humaine : elles sont au nombre de quatre : l'amour du vrai, l'amour du beau, l'amour du bien, l'amour du parfait.

L'amour du vrai crée le savant qui apprend et qui cherche pour le plaisir de savoir, laissant de côté toute application utilitaire, industrielle et toute idée de profit, l'amour du vrai élève l'homme au-dessus de la vaine et mesquine curiosité, comme la science acquise le met en garde contre la sotte et imprévoyante crédulité.

L'amour du beau anime l'artiste, le pousse à rechercher et à réaliser dans l'œuvre concrète l'harmonie des formes, l'ordre et la proportion des détails en vue de l'ensemble. Il en résulte des plaisirs et des peines infiniment délicats, qui touchent le goût.

L'amour du bien est aussi vif et aussi profond, et il tient à la même racine que les inclinations précédentes. Le bien, c'est le vrai dans l'ordre de la volonté et de la conduite.

Il est hors de doute que ces dispositions de la sensibilité contribuent à la moralité de l'homme. Si elles ne suffisent pas à former la morale, elles lui sont du moins un puissant auxiliaire. Il importe de les épurer, de les élever, de les diriger vers des objets exactement vrais et vraiment beaux et bons. Nous sentons bien la connexion de ces termes quand nous disons semblablement d'une action héroïque qu'elle est belle et qu'elle est bonne, et que c'est être dans le vrai, ne pas se tromper que de bien faire. Et nous supposons naturellement une âme bonne aux grands hommes, aux grands artistes, et une intelligence supérieure à ceux dont la bonté, la bienveillance est célèbre.

Comment serait-il possible que des aspirations si fortes et si naturelles n'agissent pas puissamment sur nos dispositions morales?

Avant même de connaître la valeur rationnelle du devoir, l'enfant qui dissimule la vérité ou la déforme par le mensonge rougit et se trouble. Il n'est pas fier d'avoir menti. Et lui-même prend défiance et horreur de ceux qui l'ont trompé. Il juge *laide* l'action qu'il a commise ou vu commettre : c'est d'abord la *honte;* dans le second cas, le *mépris*.

Ce sont là des phénomènes moraux, qui sont un acheminement vers la vertu.

« Le sentiment du beau est essentiellement le sentiment

de l'ordre et de l'harmonie. De l'imagination et de l'esprit cet ordre et cette harmonie passent dans le cœur et bientôt se manifestent au dehors par l'élégance et par la grâce ; une juste proportion s'observe dans les mouvements et finit par se retrouver dans les actes. Le bon goût prend aisément la forme du respect de soi-même....... Il y a des fautes et des laideurs morales dont un esprit habitué à vivre dans le commerce de la beauté ne saurait concevoir ni souffrir l'idée ; c'est dans ce sens que les stoïciens proclamaient l'identité de la beauté et de la vertu. » (H. Marion.)

Le sentiment du bien se peut inculquer de même : il forme la *pudeur*, la *délicatesse*. L'idée du bien est abstraite, et l'on comprend qu'elle ne pénètre que lentement et ne devienne claire qu'après l'étude et la réflexion dans l'esprit de l'enfant et de l'homme peu civilisé. Le sentiment du bien, lui, est spontané ; il est concret, il touche tout de suite et directement la personne. Il n'a pas besoin de formule ; il est universel. Certes ce n'est pas la moralité pure. C'est le moyen premier de préparer la moralité supérieure, comprise et voulue ; c'est le moyen efficace de détourner du mal l'agent encore mal instruit de sa nature et de sa destinée. Commençons par aimer ce qui est noble, beau, vrai ; appliquons-nous à nous pousser vers la perfection ; quand nous saurons plus tard qu'il faut agir par devoir, l'obligation nous paraîtra moins lourde et l'obéissance moins difficile. Vrai, beau et bien, c'est l'*idéal*, ces trois termes se fondent en un seul, le *parfait*. Le sentiment du vrai, du beau et du bien, c'est le sentiment de l'infini et du divin.

RÉSUMÉ

D'après cette doctrine, les phénomènes de la conscience morale sont le critérium de la valeur des actes et des agents. Ces phénomènes sont de deux ordres : jugements et sentiments.

Jugements et sentiments peuvent être rangés en deux classes : ils font retour sur nous-mêmes ou s'appliquent aux autres. Dans le premier cas, c'est, d'une part, l'estime ou le mépris de soi, de l'autre la satisfaction intérieure ou le remords. Dans le second cas, c'est l'approbation ou le blâme, et la sympathie ou l'antipathie.

La doctrine prétend que le sentiment éprouvé nous avertit de la qualité morale de l'action : de là suit le jugement.

La réfutation porte sur trois points principaux : 1° le sentiment moral varie; 2° ce n'est pas le sentiment qui précède le jugement, mais le contraire a lieu ; 3° l'appréciation de la qualité n'est possible qu'en s'appuyant sur la notion rationnelle du bien.

En outre les passions et les intérêts se mêlent aux émotions morales, et les gâtent, s'il n'est un principe supérieur et indépendant qui les soutienne et les garantisse. — Adam Smith le reconnaît bien : c'est pourquoi il imagine en nous un spectateur impartial : mais ce n'est qu'une imagination, à moins qu'il n'accorde que c'est la raison elle-même.

En somme, la doctrine du sentiment moral et de la sympathie est fondée sur la sensibilité, par conséquent sur une base fragile et changeante.

Toutefois elle est plus noble, plus délicate, et moins loin de la vérité que le système épicurien et que le système utilitaire.

CHAPITRE V

L'OBLIGATION RATIONNELLE

LE DEVOIR PUR ET LE DROIT DES PERSONNES — MORALE DE KANT

SOMMAIRE. = § 1ᵉʳ. EXISTENCE DE LA LOI DU DEVOIR. — 1. Le commandement de la raison. — 2. Le bien. — 3. Le bien existe par soi. — 4. Le bien est distinct de l'agréable, mais le bien et le bonheur sont identiques. — 5. Le bien est distinct d l'utile. — 6. Bien absolu et bien moral. — 7. Le devoir. — 8. L'origine de l'idée du devoir est dans la conscience. — 9. Examen de l'opinion opposée. — 10. Insuffisance de l'explication historique. = § 2. Nature du devoir. — 11. Définition de Kant. — 12. Différentes lois s'appliquent à un même être. — 13. En quoi la loi morale se distingue des autres lois. — 14. L'obligation morale ne détruit pas la liberté. — 15. L'idée du devoir est progressive. — 16. Caractères du devoir. — 17. Formules du devoir. — 18. Le devoir formel et le devoir pratique. — 19. Objections tirées des exemples pratiques. = § 3. Fondement du devoir. — 20. Trois systèmes en présence. — 21. Système théologique. — 22. Système de l'ordre de l'univers. — 23. Système fondé sur la nature humaine : *a*. Système historique. — 24. *b*. Système psychologique. — 25. Principe de Kant. — 26. Conclusion. = § 4. Forme du devoir. — 27. La forme du devoir est impérative. — 28. Origine de la distinction de l'impératif catégorique et de l'impératif hypothétique. — 29. Difficulté : la vertu même ou l'impératif catégorique ne tend-il pas à un but ? — 30. Le devoir est-il autant ou moins étendu que le bien ? — 31. Conclusion sur cette question. — 32. Conflit des devoirs. = § 5. Le droit : son rapport avec le devoir. — 33. Définition du terme. — 34. Définition de la chose. — 35. Le droit est une force. — 36. Le droit existe même pour celui qui ne peut l'exercer, même pour celui qui l'ignore. — 37. Le droit sort-il du devoir ou lui est-il antérieur ? — 38. Si le devoir est antérieur au droit et s'il le fonde. — 39. Le fondement du droit, c'est la dignité de la nature humaine. — 40. Le droit est universel comme le devoir. = § 6. La vertu. — 41. Première définition de Platon. — 42. Seconde définition de Platon. — 43. Définition d'Aristote. — 44. Définition de Malebranche. — 45. Définition de Spinoza. 46. Définition de Hume. — 47. Définition de Kant. — 48. Définition synthétique. — 49. Différents degrés de la vertu. — 50. Appréciation du degré de vertu.

§ 1er. — Existence de la loi du devoir.

1. Le commandement de la raison. — Plaisir, intérêt, sentiment moral ou sympathie, tous ces faits peuvent nous exciter à agir, ils ne sauraient être la loi de l'action, c'est-à-dire le principe au nom duquel tous les hommes se sentent partout également tenus d'accomplir le même acte dans les mêmes circonstances.

Un dépôt est confié : le dépositaire doit-il le restituer au propriétaire? Universellement on répond oui. Est-ce au nom du plaisir, ou de l'intérêt? assurément non; ce n'est pas non plus par un motif de sympathie. C'est par *justice*.

Le juste ou l'honnête, c'est ce qu'ordonne la raison; c'est le BIEN.

2. Le bien. — Le bien est la *loi générale qui conduit l'homme à réaliser sa fin*. Cela c'est le *bien naturel*.

La connaissance de la fin est le résultat immédiat de la connaissance des aptitudes ou facultés; elle nous indique la forme du bien : c'est le *devoir*.

Chaque agent selon le développement de ses facultés en use plus ou moins pour réaliser sa fin, pour se rapprocher du bien parfait. De là, dans l'agent, des degrés de moralité dont le plus haut est ce qu'on appelle la *vertu*.

La partie de la science morale qui détermine le bien naturel est appelée morale *objective*. En effet, elle poursuit le problème de l'*objet* des actes.

Celle qui s'enquiert des formes du bien ou des devoirs est appelée *formelle*.

Celle enfin qui apprécie le *sujet*, c'est-à-dire l'agent moral, se nomme *subjective*.

Par conséquent, trois questions à résoudre : Qu'est-ce que le bien? Qu'est-ce que le devoir? Qu'est-ce que la vertu?

3. Le bien existe par soi. — Le bien est une loi naturelle; le propre de la loi naturelle est d'être *constante* et *identique*. Le bien ne peut donc pas dépendre de nos goûts et de nos besoins, qui sont passagers et variables. Il est naturel que nous ayons des goûts et des besoins, mais non pas tels goûts ou tels besoins que nous pouvons nous créer par caprice ou inattention. Il est des choses qui par elles-mêmes sont bonnes, d'autres qui sont mauvaises, quel que soit le temps, le lieu ou l'individu en qui elles se trouvent. Le bien est ce qui est bon par soi et en soi; et c'est en comparaison de ce bien que les autres choses sont dites bonnes ou mauvaises, meilleures ou pires.

Par exemple : causer la mort d'un homme est chose mauvaise en soi, parce que la loi naturelle est que tout homme achève sa carrière d'après les conditions mêmes de sa vie, et non par l'intervention d'un autre.

Mais on peut causer la mort d'un homme soit par accident imprévu, soit par préméditation de vengeance ou de vol, soit par légitime défense, soit enfin par motif de justice et pour punition d'un crime. Autant de circonstances qui modifient le degré d'éloignement du bien.

4. Le bien est distinct de l'agréable, mais le bien et le bonheur sont identiques. — L'agréable est tout ce qui flatte la sensibilité et devient un plaisir.

La sensibilité est un élément de la nature humaine.

Chacun reconnaît en soi une tendance innée au plaisir, personne ne recherche la douleur. L'agréable serait-il donc le bien?

Dès lors, la conduite de notre vie semblerait bien simple : Tout ce qui cause un plaisir sera *bon*, tout ce qui provoquera une douleur sera *mauvais*.

Mais voici qu'aussitôt nous sommes arrêtés : le plaisir engendre parfois la douleur; comment le bien engendrerait-il le mal?

Question de quantité, dira-t-on. Ce n'est pas le plaisir qui a engendré la douleur, c'est l'excès du plaisir. Il suffira de se modérer.

Ne voit-on pas que cette réponse est bien contraire à l'idée même de la loi.

Si nous réclamons une règle, c'est précisément afin d'avoir une mesure constante et uniforme. Or la quantité de plaisir qu'il est possible de se procurer sans qu'il existe une douleur variera de jour en jour et d'homme à homme.

Et d'ailleurs tous les plaisirs sont-ils de même ordre et de même valeur? N'arrive-t-il pas que nous préférions un plaisir à un autre? Pourquoi? pourquoi parler de plaisirs nobles et de plaisirs ignobles? C'est qu'en réalité le plaisir et la douleur sont plus ou moins estimables selon qu'ils affectent la partie élevée ou la partie basse de l'homme, l'âme ou le corps?

Ainsi, au point de vue du bien naturel, le plaisir n'est pas le bien; car, par exemple, il est agréable de plonger dans l'eau fraîche le corps en sueur; et il en résulte une maladie.

Il est pénible de s'astreindre à un travail fatigant; mais le résultat, c'est le développement des forces musculaires et l'acquisition du bien-être.

Au point de vue du bien moral, il est agréable, par exemple, d'exercer une vengeance ; mais nous en éprouvons ensuite du regret, même du remords.

Il est pénible parfois de renoncer à la fortune, au pouvoir, que nous aurons acquis par une bassesse, ou par un vol, ou par un mensonge, ou par quelque violence. Mais notre conscience ressent une satisfaction plus profonde, plus durable et plus pure.

Que suit-il de là ? 1° que tout plaisir n'est pas un bien, toute douleur un mal ; 2° que le bien est naturellement accompagné de plaisir. Le plus grand bien est accompagné du plus grand plaisir. *Le bien et le bonheur sont identiques.*

5. **Le bien est distinct de l'utile.**

Est-il utile de posséder la richesse ? Sans doute.

Est-il utile d'être doué d'une bonne santé et de membres vigoureux ? Assurément oui.

Est-il mal d'être riche et bien portant ? Non.

Alors l'utile et le bien sont une même chose ? Non.

L'utile n'est bon que *conditionnellement*, le bien l'est *absolument.*

Il ne sera pas bien, par exemple, d'être riche au moyen d'une fraude.

Et cependant cela ne cessera pas d'être utile.

L'utile, — son nom l'indique, — veut dire ce qui sert à quelque chose ; il est un moyen. Et c'est un but que nous cherchons pour l'activité humaine.

L'utile est chose relative. Il vous sera très utile de posséder un cheval et une voiture si vous vous plaisez aux longues promenades et que vos jambes se refusent à vous porter, si elles sont paralysées ou blessées. Mais de quelle utilité me seront-ils à moi qui suis ingambe et qui ai le goût de la marche ? Ajoutez que, si je n'ai à ma disposition ni écurie ni remise, ils me deviennent un embarras. Il est utile d'être l'ami d'un homme au pouvoir ; quand il tombe, cette amitié devient un danger. L'histoire nous le prouve trop souvent.

L'utile se transforme et se déplace selon l'âge, le sexe, les circonstances multiples de la vie.

En peut-il être de même du bien? Non, il cesserait d'être le bien.

L'utile n'est donc pas un *principe*, pas plus que le plaisir.

Les partisans de l'utilité eux-mêmes repoussent l'idée unique du plaisir comme fondement de la morale et veulent un choix parmi les plaisirs

Mais qu'est-ce qui réglera ce choix? Ce ne peut être l'utilité, qui n'est ni plus stable ni plus claire que le plaisir.

Il sera utile de bien agir; de l'action conforme au bien il ne peut sortir pour la personne morale aucune souffrance réelle, aucun préjudice véritable.

L'erreur est de renverser la proposition.

6. Bien absolu et bien moral.

Dans une action mauvaise en soi, parce qu'elle contrevient aux lois générales de l'univers, il peut se rencontrer, avons-nous dit, différents degrés d'éloignement du bien. Il n'est pas impossible même qu'une action de cette nature, la mort d'un homme, par exemple, soit moralement bonne; tel le cas d'une exécution capitale ordonnée justement selon les lois en vigueur. Il importe en effet de distinguer le bien absolu et le bien moral, le mal moral et le mal absolu.

Le bien absolu, c'est ce qui en soi et par soi est bon, conforme à la nature, avantageux : faire fortune est un bien absolu, car il est assurément conforme à la nature de posséder des richesses qui nous aident à vivre et protègent notre indépendance.

Le mal absolu, par contre, *est tout ce qui en soi et par soi contredit la nature et nous fait souffrir :* perdre quelqu'un qu'on aime est un mal absolu, parce qu'on en est malheureux; être obligé de se faire couper un bras ou une jambe à cause de la gangrène est un mal absolu.

Le bien moral est ce qui est bon selon la loi morale, ce qui constitue une valeur morale à l'individu.

Tandis que les richesses ne donnent aucune valeur morale par elles-mêmes à celui qui les possède, l'aumône et le travail lui en apporteront une proportionnelle à sa privation et à son effort, et il acquerra ainsi le bien moral.

Le mal moral résulte de la contravention à la loi du bien moral : tel le mensonge, la fraude, la dureté du cœur.

Le bien absolu et le mal absolu résident dans l'acte lui-même, dans le *matériel de l'acte*, comme on disait au xviie siècle.

Le bien moral et le mal moral résident dans l'*intention*, de sorte qu'il peut y avoir désaccord entre ces deux ordres de bien et de mal. Tel qui fait l'aumône par ostentation et se sert de la charité étalée au grand jour comme d'un moyen favorable à son ambition produit le bien absolu, parce qu'il est utile aux pauvres de leur donner un secours; mais il ne s'acquiert aucun mérite moral, parce qu'il n'a pas en vue la moralité intérieure. Et pour revenir à notre exemple plus haut cité, l'homicide par imprudence demeure un mal absolu sans que le mal moral puisse être imputé à l'imprudent; son intention n'est pas d'accord avec son acte.

L'idéal le plus élevé de la moralité est de n'accomplir jamais que le bien absolu avec l'intention fixe de réaliser le bien moral.

7. **Définition.** — *Le devoir, c'est le bien prescrit par la raison;* on l'appelle aussi l'*honnête* ou le *juste*. Le mot devoir marque le caractère de cette prescription : c'est une dette, contractée envers qui? Envers nous-même et envers l'humanité tout entière. C'est en l'acquittant que nous acquérons le titre d'homme.

8. **L'origine de l'idée du devoir est dans la conscience.** — Ce n'est pas la conscience qui crée la notion du devoir, mais c'est par elle que nous l'apercevons. Et pour que la conscience la saisisse dès le premier instant où notre existence prend un caractère moral, il faut que cette idée préexiste à l'action, à l'expérience.

9. **Examen de l'opinion opposée.** — La morale positiviste de l'école psychologique anglaise, représentée par Bentham et Mill, et de l'école naturaliste, représentée par Darwin, essaye d'expliquer comme un simple fait et par la méthode historique l'origine de l'idée du devoir.

D'après eux, les hommes ont d'abord obéi aveuglément à leurs instincts, à leurs besoins, à leurs passions. Mais ils ont bientôt éprouvé des inconvénients, des souffrances, résultant soit de l'excès de leurs emportements personnels, soit de l'excès de l'emportement des autres. En outre, ils subissent les impulsions naturelles de la sensibilité, qu'on appelle la sympathie et la bienveillance. Pour eux-mêmes et pour les autres ils ont donc reconnu, par expérience, l'utilité de modérer les passions, de régler les instincts. Grâce à leur faculté de généralisation et d'abstraction, ils ont formulé des maximes pratiques, que le langage leur a permis de se communiquer les uns aux autres. Ils ont contracté l'habitude d'obéir à ces maximes : ils les ont léguées à leurs enfants, en accoutumant ceux-ci à respecter et à pratiquer ces règles, toutes de prudence. Et de la sorte elles ont acquis le caractère d'*universalité* qui leur a fait donner le titre et la valeur de lois, à mesure qu'elles perdaient le caractère individuel. En même temps s'attachait à ces règles le caractère d'*obligation*, à cause de l'autorité de ceux qui les enseignaient aux autres. Les hommes qui vivent sur le pied d'égalité se donnent mutuellement des conseils; quand ils sont inégaux, les conseils, venant des supérieurs, deviennent des ordres. C'est ainsi que, les parents exerçant une autorité sur les enfants, les maximes et les règles qui venaient d'eux ont revêtu le caractère d'obligation. Et plus tard à l'autorité paternelle ou domestique se sont ajoutées l'autorité du chef de la cité, ou autorité politique, et l'autorité du prêtre représentant l'idée de Dieu, ou autorité religieuse.

Nous aurions donc considéré comme dictés par la raison même, par une autorité impersonnelle, des ordres, sans doute approuvés par la raison, mais qui ne seraient rien si ce n'est le résultat de l'expérience et de l'autorité personnelle.

10. **Insuffisance de l'explication historique.** — *On se dégagerait de la loi du devoir si elle n'était qu'une tradition.* — S'il était vrai que la notion du devoir et son caractère obligatoire n'eussent d'autre origine qu'une sorte de convention d'autrefois, si elle n'était qu'une tradition, dès que nous savons son caractère relatif et personnel, elle devrait n'avoir d'autre valeur à nos yeux : elle ne serait plus qu'un conseil, une manière d'envisager la vie, dont nous accepterions ou

rejetterions à notre gré le principe et la conséquence. De même en politique, en philosophie, en physique, on s'est dégagé des principes qui reposaient sur la convention et la tradition.

Au contraire, chacun, s'interrogeant dans le secret de sa pensée, retrouve la notion de la loi morale. Nul ne peut affirmer qu'il ignore absolument qu'il existe une vérité morale, même s'il s'éloigne de la vérité dans ses actions, soit qu'il se trompe, soit qu'il trompe les autres. Nous pouvons faire fi du devoir, mais nous continuons à reconnaître des actions loyales, justes, bonnes, héroïques, et d'autres déloyales, injustes, mauvaises et lâches. Nous sentons qu'une règle s'impose à notre volonté, et nous imposons cette règle aux volontés de nos semblables.

Et si nous supposons un État, une cité, où le mépris ordinaire et coutumier de la loi et de la justice passe inaperçu, ne cause aucune gêne évidente ni aucun trouble manifeste, n'y aurait-il donc plus de différence entre le vice et la vertu ?

Non, il existe, dans la conscience actuelle de l'humanité tout entière, des *schèmes* ou *formes* générales des actions qui s'imposent à la raison, se proposent à la volonté sans lui ôter sa liberté : ces formes générales sont le fond même de la moralité du genre humain. Elles sont la loi, l'obligation rationnelle, le devoir.

§ 2. — Nature du devoir.

11. Définition. — « Le devoir est la nécessité d'obéir à la loi par respect pour la loi. » Cette définition de Kant est très nette et très complète.

12. Différentes lois s'appliquent à un même être. — Par loi il entend une règle constante suivant laquelle les phénomènes se produisent et suivant laquelle les actions doivent être produites.

Les lois suivant lesquelles les phénomènes se produisent sont les lois physiques ; dans ce cas, l'agent subit la loi, il n'est pas libre. Telles les lois de la gravitation, de la chute des corps, de la circulation du sang, de la respiration.

Les lois suivant lesquelles doivent être produites les actions s'imposent à un agent libre, qui par conséquent peut les violer. Ce sont les lois morales.

L'homme, selon qu'on le considère à divers points de vue, est soumis à diverses lois de nature distincte : animal, il est soumis aux lois physiques; être social, aux lois civiles et politiques; être pensant, aux lois psychologiques et logiques; agent libre et volontaire, à la loi de l'intérêt bien entendu et à la loi morale.

13. En quoi la loi morale se distingue des autres lois. — L'obligation. — Les lois physiques régissent fatalement les corps sans qu'ils en aient le moins du monde conscience; et, en eussent-ils conscience, ils n'agiraient pas autrement. La loi n'est ici que *l'expression de l'action*, c'est-à-dire la formule d'un fait universellement observé.

L'homme lui-même cède aux lois physiques, mais non par respect pour ces lois; les lois psychologiques règlent la formation, l'association et l'expression de ses pensées, et les lois logiques régularisent ses jugements et ses raisonnements. Mais il ne se propose pas d'obéir à ces lois, son but n'est pas de s'y soumettre pour elles-mêmes. Quant aux lois écrites, civiles et politiques, dans le fait il les respecte non pas tant comme lois, mais comme moyen d'ordre et de sécurité. Que si l'on trouve inférieure et misérable cette façon d'obéir à la loi, pour ses résultats et non pour son essence, c'est qu'on s'élève à une considération autre que la formule de la loi positive, à une considération morale; et alors nous touchons précisément à la loi morale, à celle qui régit les intentions.

Or il est une loi qui, il est vrai, régit nos intentions et leur indique un but, *l'intérêt bien entendu*. Elle ne se présente que comme un moyen, et c'est en dehors d'elle que se trouve située la fin de l'action qu'elle prescrit. Évidemment celle-là n'est pas respectée pour elle-même non plus, mais pour quelque autre but auquel elle nous donne le moyen d'atteindre.

La loi du devoir au contraire, la vraie loi morale, commande par elle-même, indépendamment de tout but étranger. Elle porte en elle-même le caractère et le sceau de *l'obligation*.

14. L'obligation morale ne détruit pas la liberté. — Elle lie, pour ainsi dire, la volonté, mais d'un lien moral, que la volonté peut dénouer ou briser; sans cela, elle cesserait d'être libre; mais, en s'affranchissant de cette obligation, l'agent comprend qu'il se jette en dehors de la loi naturelle, de l'ordre; il comprend qu'il est responsable, qu'il est déchu du degré d'excellence où l'élève l'obéissance à l'obligation rationnelle.

15. L'idée du devoir est progressive. — Il est très vrai que ni dans tous les temps ni dans tous les lieux tous les hommes n'ont interprété de même la loi morale. Il est même des hommes chez qui, comme chez les enfants, l'idée du devoir demeure obscure et confuse, au point qu'on peut la croire absente. Pendant longtemps (M. Janet accepte la proposition) l'instinct remplace l'idée du devoir.

Puis peu à peu, sous l'influence de l'éducation, de la civilisation, la conscience humaine s'éclaire; elle met en lumière des idées morales jusqu'alors enfouies dans les ténèbres de l'ignorance. C'est ainsi qu'apparaissent le pardon des injures, la confraternité des peuples en contradiction avec les instincts de vengeance et les rivalités de race.

Ce qui se transforme et se perfectionne, c'est donc la science morale, d'une part, et la pratique des devoirs, de l'autre. Mais le principe, la loi n'a pas cessé d'être absolue et universelle. De même, longtemps on a ignoré la gravitation des mondes, les lois de la lumière, de la chaleur, de l'électricité; la science les découvre et en fait des applications qui changent profondément la manière de vivre des peuples. Mais elle n'a créé ni transformé la lumière, ni la chaleur, ni l'électricité, etc.

La nature physique et la loi morale n'ont ni changé ni progressé. C'est l'esprit humain qui pénètre plus avant dans l'étude de la nature des forces et de la nature humaine.

16. Caractères du devoir. Obligation, universalité, nécessité, évidence, identité, désintéressement. — Pouvons-nous être dispensés d'acquitter cette dette; autrement dit, nous est-il loisible de négliger la règle du devoir? Le caractère premier avec lequel il se présente nous empêche de le croire : c'est le caractère *impératif*. Avant même que nous ayons discerné les formes du devoir, nous avons aperçu l'obligation de lui obéir : « Fais le bien, ne fais pas le mal, » dit d'abord la conscience. Ce qui peut se traduire plus complètement : « Mets-toi en mesure de distinguer les actions bonnes des mauvaises, exécute les premières, abstiens-toi des autres. »

Le devoir est donc une obligation : il lie en quelque sorte notre personne; lien moral et obligation idéale, c'est clair; il ne s'agit pas ici d'une contrainte supprimant la liberté, car du même coup disparaîtrait le caractère moral, le mérite de l'obéissance à la règle : l'obligation est reconnue par l'intelligence et consentie par la volonté, en ce sens que, si nous la rejetons, se manifeste en nous le sentiment de notre faute, de notre injustice : notre conscience nous avertit de notre déchéance.

En cela, le devoir est bien distinct de l'intérêt qui conseille et du plaisir qui attire. Se méprendre sur son véritable intérêt, manquer un plaisir, ce peut être l'occasion d'un regret, ce n'est jamais la source d'un remords ni d'un repentir.

Les autres caractères du devoir apparaissent clairement dès qu'on remonte à son origine : il est l'ordre de la raison. Il recevra d'elle ses caractères :

1° *La raison est universelle*, le devoir l'est aussi : la même obligation s'impose à l'Américain et à l'Européen. Attenter à la vie, à la réputation ou à la propriété de ses semblables est un crime en tous lieux; la bonne foi doit être observée de nos jours comme aux premiers temps de l'humanité, envers nos ennemis comme envers nos concitoyens et nos amis.

2° *La raison est nécessaire*, le devoir portera le caractère de nécessité. Nous ne concevons pas le monde moral sans le principe de l'obligation. Si nulle règle ne fixe nos rapports, si le caprice ou la passion devient un motif légitime que rien ne contient, nous sommes hors de l'harmonie; l'humanité n'est plus qu'un chaos : — non, il ne se peut pas qu'un acte ne soit pas meilleur qu'un autre; et il ne se peut pas davantage que le meilleur ne soit pas obligatoire.

3° *La raison est évidente*; les principes qui viennent d'elle, ce sont les axiomes. Le devoir participe à ce caractère d'évidence : il a la clarté d'un axiome. Si nous hésitons entre deux plaisirs ou bien entre le plaisir et l'intérêt, nous n'avons jamais lieu d'hésiter entre le plaisir et le devoir, entre le devoir et l'intérêt ; l'obligation morale, même aux intelligences médiocres, apparaît toujours sans voile. Et il faut qu'il en soit ainsi : sinon les esprits cultivés ou naturellement inspirés seraient seuls capables d'atteindre leur fin et le bonheur : ce qui serait injuste. Demandez au plus rustre ce qu'il convient de faire si l'on a contracté une dette, la nier ou la payer ? il ne doutera pas un instant qu'il faut payer. Ce qui n'empêchera pas, s'il n'est pas honnête, qu'il ne cherche pour lui-même des moyens retors de ne pas solder sa dette.

4° *La raison ne change pas;* les autres facultés intellectuelles se modifient sous diverses influences : elle seule reste immuable ; elle est la marque identique à laquelle les hommes se reconnaissent de la même espèce. Le devoir ne peut être autrement qu'*identique*. Que vaudrait en effet une loi ordonnant aujourd'hui de respecter la vie humaine, cessant de l'ordonner demain, interdisant aujourd'hui le vol et le mensonge, et les permettant plus tard ? Ce ne serait pas une loi, ce ne serait pas le devoir. Dans tous les temps, le devoir a été le même ; mais il a pu être interprété plus ou moins exactement. Les erreurs des hommes jugeant avec leurs facultés empiriques n'entament pas la stabilité d'un principe rationnel.

5° Enfin le devoir est *désintéressé*. C'est pour lui-même, c'est à cause du bien et non à cause de notre plaisir ou de notre profit qu'il doit être pratiqué. C'est par respect pour la loi supérieure de notre nature. C'est pourquoi, même quand il renverse notre fortune et brise nos affections, il est encore obligatoire. *Fais ce que dois, advienne que pourra*, n'a pas d'autre sens. Le devoir d'abord ; le reste ne nous regarde pas.

Ces caractères essentiels, Kant les ramène à deux : le devoir est *absolu* et *universel*.

Absolu. — Il n'existe de devoir que s'il existe un principe supérieur à l'individu, quelque chose sur quoi l'agent prenne le modèle de ses actions, à quoi il compare tout ce qui se fait afin d'en apprécier la qualité. Ce modèle, ce type ne saurait donc admettre ni restriction ni changement. Aucune considération particulière tirée de la sensibilité ou des intérêts de l'argent ne peut faire fléchir l'ordre rationnel, ni modifier le modèle idéal. Or la loi qui ordonne d'imiter ce modèle participe évidemment et nécessairement à la stabilité et à l'immutabilité du modèle : elle est donc absolue.

Universel. — Ce second caractère se déduit du premier. La loi morale ne tient pas compte des dispositions particulières ni des qualités individuelles de chaque agent. Elle vise plus haut et ne s'adresse qu'aux facultés supérieures, à la raison, abstraction faite des passions, des intérêts, des sympathies accidentelles. Elle s'impose donc à ce qui est identique dans tous les hommes, à l'humanité existant en chacun. Par conséquent, le devoir est universel; il n'est pas un homme ayant conscience de l'essence de son humanité, qui puisse nier que le devoir s'impose à lui et prétendre qu'il est en dehors ou au-dessus du devoir.

17. Formules du devoir. — Pour éviter ces erreurs d'interprétation d'un principe que l'on proclame évident, il n'est pas sans opportunité d'en donner la formule, c'est-à-dire de le tirer du vague et de l'amener à la précision : à quoi nous oblige le devoir?

Nous allons le savoir par l'examen des formules qui l'expriment :

1° *Faire pour autrui ce que nous voudrions pour nous-même; ne pas faire pour autrui ce que nous ne voudrions pas pour nous-même.*

C'est la plus ancienne, et à ce qu'il semble d'abord la plus complète des formules du devoir. Elle ordonne et elle défend : elle indique toute une classe de devoirs positifs et impératifs, toute une autre de devoirs négatifs et prohibitifs. Les uns et les autres sont fondés sur nos dispositions personnelles et sur l'analogie nécessaire entre tous les hommes; le principe tourne l'égoïsme contre lui-même au profit de l'humanité. Il est excellent certainement et renferme toute la morale; mais Kant a fait remarquer que c'est à une condition : ce principe suppose déjà une sorte de perfection dans celui qui le prend pour guide. Il faut qu'il sache déjà ce qu'est le bien et que pour lui-même il ne veuille que le bien, afin de le vouloir pour autrui, que de lui-même il ne repousse que le mal, afin de ne pas l'appeler en autrui. Car, par exemple, le malheureux adonné à l'ivrognerie y trouve un bestial plaisir et se réjouit quand on flatte son vice ; il agirait pourtant mal en inculquant ce vice à son compagnon et en le faisant boire à perdre la raison.

2° *Agis toujours de telle sorte que ton action puisse devenir une loi universelle.* (Kant.)

Afin de discerner le devoir véritable des fausses apparences, Kant a proposé la formule ci-dessus : en soumettant toutes nos actions à cette mesure, nous pouvons en effet nous garder de l'injustice. Toute action d'une probité seulement douteuse n'a d'autre but que de fournir un avantage à celui qui la médite. Il la voudrait sans doute comme privilège ; mais, comme loi universelle, il en aperçoit le défaut. Si mon action devient une loi universelle, tous l'accompliront envers moi-même ; on se prévaudra contre moi de ce que moi-même j'aurai fait ? Ai-je choisi l'intérêt comme but sans me soucier des droits d'autrui ? Chacun choisissant à son tour l'intérêt comme règle, comme loi, méprisera mon droit et mon intérêt au profit de son calcul. D'où je vois clairement l'impossibilité d'établir une pareille loi universellement, et par là l'injustice de mon action. Le voleur ne peut souhaiter que le vol devienne une loi universelle ; il serait volé à son tour et ne garderait aucun profit de son vol. Puis-je au contraire vouloir que la bonne foi, la tempérance, le courage, la bienfaisance soient pour tous des lois d'action ? Évidemment, et dès lors je reconnais mon devoir de respecter la parole donnée, de modérer les penchants et les passions, d'affermir mon âme, d'accorder des secours à mes semblables dans le besoin.

18. Le devoir formel et le devoir pratique. — Le devoir, absolu et universel dans la forme, n'est pas, dans la matière, indépendant des circonstances.

Il faut de plus bien entendre que, tout universel et absolu qu'est le devoir en tant que *formel*, c'est-à-dire en tant que principe, il est très possible que dans le *fait* ou dans la *matière* il s'accommode aux circonstances, sous peine de tomber dans l'absurde et dans l'impraticable. Par exemple il faut tenir compte de la capacité de l'agent, de la difficulté de l'acte à produire, de la nature de celui envers qui est exercé le devoir : il est même un devoir particulier, celui de discerner envers qui et dans quelle mesure nous sommes obligés. Nous devons justice à tous, nous devons faire du bien à tous; mais tous n'ont pas sur nous les mêmes droits : un père, un fils, un citoyen, sont dans un autre rapport qu'un étranger avec notre bonne volonté et notre devoir.

19. Objection tirée des exemples pratiques. — *Le devoir varie, tous n'en ont pas conscience.* L'objection est double : 1° L'expérience atteste que tous les hommes n'ont pas du devoir la même idée; bien plus, qu'ils pratiquent de façons différentes un même devoir : ce qui est contradictoire avec l'universalité de la loi. 2° L'humanité progresse; la raison exige que la morale se perfectionne : ce qui est contradictoire avec l'idée d'une loi absolue.

Réponse. — Il suffit de distinguer l'essence de la loi et l'interprétation de la loi. Ce qui est universel et absolu, c'est la *forme du devoir*, comme disait Kant. La *matière* (autrement dit les caractères subjectifs, personnels des actes, les motifs intéressés) ne renferme pas la loi morale.

La loi du devoir est donc immuable et universelle en ce sens que le devoir ne change pas avec nos passions et nos intérêts. Mais, selon les conditions diverses où les hommes sont placés, le devoir revêt un aspect particulier et détermine un acte spécial.

Cependant pour tous les hommes dans les mêmes conditions, c'est le même acte qui sera obligatoire : le devoir peut donc être individuel et universel à la fois. De là vient la distinction de la morale formelle ou théorique et de la morale pratique, l'une objective, l'autre subjective, l'une posant la loi, l'autre réglant l'application.

§ 3. — FONDEMENT DU DEVOIR.

20. Trois systèmes en présence. — Le devoir existe avec son double caractère de loi absolue et universelle; mais sur quoi repose-t-il? quel est son fondement?

Cette question est posée et doit être résolue, parce que la liaison du bien et de l'obligation n'est pas pour beaucoup d'esprits immédiate et nécessaire. De ce que l'intelligence conçoit une chose comme bonne, s'ensuit-il nécessairement que l'exécution de cette chose s'impose à la volonté?

Différentes solutions ont été proposées, qu'il faut examiner rapidement. On peut les classer ainsi en trois groupes:

Système théologique, d'après lequel c'est en Dieu même, dans sa nature et dans sa volonté, que réside la justice, le bien;

Système de la nature, fondé par des philosophes qui se sont efforcés d'expliquer la justice par l'ordre universel;

Système fondé sur l'étude de la nature humaine, qui se présente sous des formes très distinctes et qu'on peut subdiviser en système historique et système psychologique.

21. Système théologique. — Il consiste à invoquer la volonté divine comme source et fondement de la justice, par conséquent de la loi morale.

Mais le principe même de la volonté divine peut s'entendre en deux sens:

1° D'après Hobbes, c'est la volonté de Dieu qui établit la distinction du bien et du mal, par un décret arbitraire.

2° La doctrine de Puffendorf diffère de celle de Hobbes en ce que la volonté divine n'est pas la cause du bien lui-même, mais seulement celle de l'obligation. Le bien n'est pas le bien parce que Dieu le veut. Mais, étant le bien par essence, il devient obligatoire par l'ordre et la volonté de Dieu.

Critique. — La première forme est inacceptable, et il n'est pas besoin de le démontrer longuement. Si le bien n'était tel que par le libre arbitre d'un être tout-puissant, il pourrait devenir le mal, ou tout au moins il eût pu se faire que Dieu eût décidé que le bien fût le mal et le mal le bien.

L'autre doctrine laisse le bien immuable en son essence; mais elle mène à une conclusion également fausse, en prétendant que, sans un commandement de Dieu, l'idée absolue du bien ne suffirait pas pour nous obliger. Et ainsi Dieu aurait pu faire une créature humaine douée de raison, concevant et comprenant des actions bonnes et des actions mauvaises, mais pour qui ce n'eût pas été une loi d'accomplir les premières et de s'abstenir des secondes.

Répondre que la sagesse divine ne permet pas de supposer une telle contradiction, c'est admettre forcément que le bien, la justice prise en elle-même, est inséparable de l'obligation. Et alors le système disparaît.

Ce qui est vrai, c'est que Dieu, parfait en son essence, ne peut vouloir le contraire du bien. Mais le bien est par lui-même.

22. Système de l'ordre de l'univers. — Le monde est soumis à des lois invariables ; tout y a sa place et sa fonction ; la génération, l'accroissement et la désorganisation des êtres sont réglés sans qu'il y ait place pour l'imprévu ni pour l'inutile. Qui connaîtrait à fond les lois d'une partie de l'univers serait capable de construire sur ce modèle la théorie du monde, à cause de l'universelle analogie. L'homme a dans le monde sa place déterminée et sa fonction précise. Pour connaître la loi de ses actions, qu'il observe les lois du monde : sa loi doit être analogue aux autres lois ; sa fonction doit être celle qui convient le mieux à ses aptitudes.

La seule différence entre le monde brut et nous, c'est qu'il suit sa loi aveuglément et invinciblement, tandis que nous devons la suivre en créatures raisonnables et avec l'adhésion de notre volonté.

Critique. — L'ordre universel est bon, nul ne le nie ; il serait convenable qu'il fût réalisé. « Mais qu'il se réalise tout seul [1]. Je le veux bien ; mais en quoi et pourquoi suis-je chargé de son exécution ? Ce n'est pas moi qui l'ai fait, je n'en suis pas responsable. Je m'y conformerai tant qu'il sera conforme à mes propres intérêts ; mais, s'il me contrarie, s'il m'opprime, de quel droit serais-je tenu de me sacrifier à lui ? »

Clarke et Wollaston font consister le bien dans certaines relations éternelles et nécessaires résultant de la nature des choses, comme les vérités géométriques. Pourquoi suis-je alors tenu de réaliser les unes et non les autres ? « Est-ce un devoir pour moi, dit M. Janet, lorsque je trace un triangle, de le faire tel, qu'il ait ses trois angles égaux à deux droits ? Nullement. » Ce n'est qu'une nécessité géométrique résultant d'une définition. Quel devoir ai-je donc envers la nature des choses ?

---

1. P. Janet, *La Morale*, p. 210. (Delagrave, édit.)

De son côté, M. J. Simon [1] démontre que l'analogie entre les diverses classes d'êtres n'est qu'apparente, si l'on considère combien profondes sont les différences. L'existence de la pensée suffit à elle seule pour prouver qu'il faut à l'homme une autre loi de direction qu'aux minéraux, aux végétaux et même aux animaux. Le petit nombre de fonctions qui nous sont communes avec les êtres inorganiques, celles plus nombreuses qui nous sont communes avec les plantes et avec les bêtes nous soumettent, il est vrai, aux lois de l'univers physique; mais c'est en tant que corps, et non en tant qu'êtres capables de penser et vouloir.

23. Système historique [2]. — Celui-ci consiste à calquer la loi de notre développement individuel sur les lois mêmes du développement de l'humanité. L'humanité n'est autre chose qu'un terme général désignant la famille humaine tout entière depuis l'origine des temps; il est donc impossible que tout ce qui est humain, idées, sentiments, intérêts, n'ait pas été à son tour exprimé et jugé dans l'histoire. *L'histoire, c'est la totalité de l'expérience.*

Que si j'étudie l'humanité, non dans l'histoire, mais en moi-même, je fais tous les hommes à mon image. Toutes mes erreurs et mes faiblesses propres, mes goûts et mes répugnances, je les transporte dans l'humanité, si j'arrive à prendre, pour loi générale et presque nécessaire des actions humaines, mon caprice, mes préférences, mon égoïsme. Sans compter que je me connais mal, et que souvent il faut l'occasion d'un événement imprévu pour susciter en moi l'apparition d'une force jusqu'alors inconnue.

Donc l'observation des individus est sans fruit comme sans justesse. C'est seulement dans l'observation historique que nous trouverons la loi du développement moral de la conscience humaine.

On y voit en effet que la loi du monde moral passe dans les faits, car une loi qui reste une abstraction cesse d'être loi. Et ainsi, encore que chaque individu puisse transgresser

---

1. *Le devoir*, p. 322 et suiv. (Hachette, édit.)
2. Jules Simon, *Le devoir*, p. 325 et suiv.

la loi, l'espèce entière ne peut lui échapper. La justice, bouleversée par les crimes des individus, est rétablie ou au moins proclamée par l'ensemble de la société, et c'est elle qui survit et qui fonde. Mais l'histoire seule nous en offre le tableau.

Critique. — Tout le système historique repose sur un malentendu touchant le mot *loi*. Ce mot signifie tantôt l'expression d'un fait universellement observé, tantôt un principe indépendant des faits et dont les faits dépendent. Par exemple, le principe de causalité et la loi de la gravitation, ce sont certes deux lois ayant leur réalité. Cependant le principe de causalité est indépendant de tout fait, il est par lui-même, et pas un fait ne se produira qui n'en dépende; tandis que la loi de la chute des corps dépend en quelque façon des faits : car on peut supposer des corps impondérables.

Le principe de causalité s'impose par la force de la raison; la loi de gravitation n'est découverte qu'à la longue et après des expériences multiples.

« Eh bien, quand la loi morale serait du même ordre que la loi de gravitation, elle existerait encore indépendante des faits ; mais elle est de l'ordre du principe de causalité, de sorte que les faits pourraient périr sans qu'elle reçût la moindre atteinte. Elle est connue par la raison et non par l'expérience. »

L'observation donne ce qui est, la raison ce qui doit être. Si donc l'observation fournissait la loi morale, elle montrerait le crime impuni, comme un fait égal au fait de la vertu : c'est-à-dire qu'elle jetterait la confusion et le désordre dans les idées morales, sans présenter aucun critérium certain pour y rétablir l'ordre et la clarté.

La conclusion de M. J. Simon sur ce point est à citer. Outre que l'expérience appliquée à la recherche de la vérité morale est essentiellement faillible, « que cherche-t-on? La règle de la justice. Où la cherche-t-on? Dans l'histoire. Que donne l'histoire? Tous les faits humains. Non pas seulement ceux qui sont justes ou ceux qui sont injustes, mais les justes et les injustes mêlés ensemble. Comment les distinguer? comment les rapprocher? On ne le peut si l'on ne possède d'abord un moyen de les distinguer, c'est-à-dire si l'on ne possède précisément ce qu'on cherche... Il faut connaître d'abord la morale pour la trouver dans l'histoire. »

24. Système psychologique. — Ce système a sa base dans la conscience et l'analyse de l'homme moral. Il aboutit à la proclamation de la dignité des facultés humaines et propose la culture de ces facultés comme but suprême de la vie.

Thèse des stoïciens. — Les stoïciens lui ont donné une première forme. « Suis la nature, » ne veut pas dire autre chose que : « Étudie-toi, sache quelles sont les forces, reconnais celles qui t'entraînent vers la vie inférieure et celles qui te portent à la vie supérieure. Les unes mènent au plaisir, les autres à la vertu. Ta nature d'homme est d'être vertueux et non d'avoir du plaisir. Tu es une volonté libre : résiste à tout ce qui n'est pas ta raison et ta liberté. »

On le voit, le fondement du devoir est dans l'âme humaine, et le but de la morale s'y trouve également compris.

Le défaut du stoïcisme, c'est d'être trop près de l'orgueil pour ne pas s'y perdre souvent[1]. « Le stoïcien ne voit ni Dieu, ni le monde, ni les hommes ; il ne voit que lui. » Et, tout en recommandant le respect des facultés, il arrive à supprimer totalement l'une, la sensibilité, pour rendre plus de liberté aux autres.

Thèse de M. Jouffroy. — C'est dans la nature de l'homme qu'il faut étudier sa destinée. Ce qu'il est capable de comprendre et de vouloir donne la mesure et la forme de ce qu'il doit faire. On ne peut rien lui demander au delà de ses forces, mais aucune de ses forces ne doit demeurer inutile.

De la sorte, M. Jouffroy conclut de nos aptitudes à nos destinées. Il y a un double inconvénient à cette marche.

D'abord c'est en définitive faire dépendre la loi de l'expérience ; et la connaissance de cette loi est soumise aux imperfections de l'expérience. Une erreur d'observation pourrait donc dénaturer la loi.

Ensuite le principe même n'est pas incontestable ; car n'y a-t-il en nous que des penchants, des aptitudes favorables à notre fin ? Loin de là, et la preuve, c'est que souvent il y a lutte

---

1. Voir Pascal, *Entretien avec M. de Sacy*.

entre nos divers penchants, et lutte entre nos penchants et notre raison. Et, s'il fallait accepter la doctrine entière de M. Jouffroy, nous donnerions gain de cause à ceux qui trouvent légitimes les emportements de la passion et de l'instinct. C'est bien contraire au dessein de M. Jouffroy lui-même.

Proposition de M. Janet. — Le fondement de l'obligation morale est, selon lui, dans ce principe :

« Tout être se doit à lui-même d'atteindre au plus haut degré d'excellence et de perfection dont sa nature est susceptible. »

Il faut donc connaître sa nature et distinguer ce qui est le propre de l'homme de ce qui lui est commun avec les êtres inférieurs. Et c'est ce qui lui est propre, la *volonté libre*, comme le disaient les stoïciens, qu'il doit prendre comme mesure de son excellence.

L'homme ne se renfermera pas dans l'égoïsme en recherchant ainsi son excellence; car son excellence et son essence ne consistent pas dans son rôle d'individu séparé, l'une et l'autre s'augmentent et s'élargissent d'autant plus que l'homme est lié à l'humanité plus fortement. Il ne sera donc pas excellent s'il n'agit en vue de l'humanité, non seulement de façon à ne pas lui nuire, mais de façon à la servir et à l'améliorer. La *solidarité* est un caractère de la nature de l'homme.

25. Principe de Kant : *l'autonomie de la volonté*. — Kant distingue deux volontés, l'une raisonnable et supérieure, l'autre sensible et inférieure. La première est vraiment humaine, l'autre est seulement animale. Il est clair que l'homme ne peut raisonnablement vouloir autre chose que d'être homme, c'est-à-dire d'être raisonnable. La nécessité morale, c'est la volonté supérieure commandant à la volonté inférieure. La forme de ce commandement, c'est l'*obligation*.

Quelle serait alors la différence entre une volonté absolument pure et bonne, une volonté divine, et une volonté imparfaite ou humaine? L'une comme l'autre sont soumises à la loi du bien. Mais la première s'y conformerait sans effort et sans lutte, naturellement, en vertu de son essence; et alors pour elle il n'y a pas d'ordres, d'impératifs, pas de devoir.

L'idée de devoir est l'idée d'une *contrainte* morale. La volonté imparfaite est sujette à sentir cette contrainte, mais non à subir une violence, car la contrainte est idéale.

Aussi la volonté éclairée adhère à ce devoir, et c'est un acte de consentement; elle n'est pas vaincue par lui.

Mais, du moment qu'il comprend ce qu'il est et ce qu'il peut être, infailliblement l'homme se porte vers le plus grand bien. La volonté s'impose à elle-même sa loi, par raison et non par caprice.

26. Conclusion. — C'est donc du dedans et non du dehors que nous vient l'obligation. Fichte l'exprime ainsi : « Aucune loi, aucun commandement, fût-il donné pour divin, n'est obligatoire sans condition, et sa condition, c'est d'être confirmé par notre propre conscience; il n'est même obligatoire que parce que la conscience le confirme. »

Le fondement du devoir est donc le respect de la personnalité humaine.

§ 4. — Forme du devoir.

27. La forme du devoir est impérative. — Nous avons indiqué dans la première partie de ces leçons les formules de l'obligation, et marqué le sens et l'étendue qu'il convient de leur attribuer. La forme du devoir est le commandement et le désintéressement.

Restent trois points à examiner ici : 1° si l'impératif (dans la doctrine de Kant) est vraiment catégorique; 2° le rapport de l'idée du bien et de l'idée du devoir; 3° le conflit des devoirs.

28. Origine de la distinction de l'impératif catégorique et de l'impératif hypothétique. — En comparant les différentes règles proposées à l'homme pour se conduire, on reconnaît que les unes comprennent toujours un sous-entendu, une condition : la prudence, l'habileté, l'intérêt bien entendu, le plaisir lui-même, ne sont cherchés que comme des moyens de s'élever à un bonheur plus grand. C'est ce bonheur en perspective qui est la condition, l'*hypothèse* de l'action. La règle morale pure au contraire commande par elle-même, absolument, *catégoriquement*, sans égard à aucun but.

29. Difficulté : la vertu même ou l'impératif catégorique ne tend-il pas à un but ? — Kant affirme que la loi morale commande dans sa *forme* et non dans sa *matière*. De là le nom de formalisme donné à sa doctrine. Cela veut dire que la loi morale fait abstraction de tout but ; il ne s'agit pas de savoir si lui obéir est un gage de bonheur, lui désobéir un risque de souffrance. Elle est, elle ordonne, obéissons ; *Fais ce que dois, advienne que pourra*.

Le défaut du formalisme de Kant est de présenter les actions comme bonnes, parce qu'elles sont commandées par le devoir, tandis qu'elles ne peuvent être commandées par le devoir si elles ne sont antérieurement et naturellement bonnes. Une chose peut être bonne sans être l'objet d'une loi : la bonté de Dieu par exemple. Kant a donc tort de dire que seule la bonne volonté est bonne, s'il entend bonne exclusivement, et qu'en dehors d'elle rien de bon ne peut exister. Mais il a raison s'il entend bonne moralement. Il est des choses qui bonnes d'abord en tant que choses, — telles sont l'intelligence, les arts, la fortune, la santé, — acquièrent plus de bonté, si l'on peut dire, en devenant des moyens de moralité par l'effort de la bonne volonté, et perdent au contraire de leur qualité si on les emploie au mal. Mais ce plus ou ce moins ne fait pas tant que de détruire ou de créer la qualité primitivement bonne de la chose.

Mais alors l'impératif catégorique est-il autre chose que la forme de la loi ? *Fais ce que dois sans te soucier du résultat*. C'est à la fois l'impératif catégorique et le principe du formalisme. Nous accepterions donc d'un côté ce que nous repoussons de l'autre !

Il s'agit alors de voir si le motif de l'action est tiré de la chose même que vous réalisez par cette action. Or l'idéal poursuivi en morale, c'est la perfection. Pourquoi fais-je mon devoir ? Pour me rapprocher de la perfection. Si donc je ne dois pas me soucier du résultat, je comprends bien de quel résultat on parle. C'est du résultat extérieur, considération ou mépris, gain ou perte matérielle, jouissance ou souffrance

---

1. Kant pose trois postulats ou idées indémontrables, mais qu'il est nécessaire d'admettre sous peine de ne pouvoir concevoir l'impératif catégorique de la raison pratique ; c'est : le postulat de la liberté, le postulat de l'immortalité de l'âme, le postulat de l'existence de Dieu.

des sens. Mais le résultat intérieur, l'accroissement de mon excellence, il est prévu et voulu. Et la formule « *Fais ton devoir avant tout* » comporte ce sous-entendu inévitable : si tu veux être homme de bien, *si tu veux être parfait*, si tu veux sauvegarder ton excellence morale.

Il demeure si réellement hypothétique au fond, que sur un homme qui ne fait point cas de la dignité humaine, qui n'a point horreur de la vie brutale, l'impératif est sans pouvoir. Il n'est aucun moyen de lui faire comprendre et admettre la nécessité d'agir conformément au bien. Le bien et la vertu pour lui ne sont que des mots vides de sens, ou plutôt ils n'ont que le sens d'une contrainte pénible et sans utilité.

30. **Le devoir est-il autant ou moins étendu que le bien ?** — La question a divisé nombre de bons esprits ; nous allons résumer les deux thèses contraires :

1º *Tout devoir dépend du bien ; tout ce qui est bien n'est pas obligatoire.*

Au-dessus du devoir, dit-on, il est une région supérieure de la moralité, où l'homme a en vue non plus l'obligation, en deçà de laquelle il demeure inférieur à sa destinée d'être raisonnable, mais le bien volontaire, accompli spontanément. Le bien ainsi accompli lui donne une valeur morale particulière et lui constitue un mérite.

Selon M. Franck, le bien et le devoir peuvent être représentés sous la figure de deux cercles concentriques, dont le plus étroit est le devoir. L'homme ne saurait en sortir sans faute et sans démérite ; l'autre, c'est le bien ; il est extrêmement vaste, il n'est borné que par la perfection.

On ne peut nier que certaines actions, bonnes et belles en elles-mêmes, constituent un mérite spécial à leurs auteurs, sans que cependant on puisse blâmer ou punir ceux qui s'en abstiennent. Par exemple, il est beau à un homme riche de fonder des hôpitaux ou de consacrer une part importante de sa fortune aux beaux-arts, aux entreprises scientifiques ; cependant on ne peut obliger tous les capitalistes à fonder des hospices ou à subventionner artistes et savants. Il est beau de tenter de grandes explorations, comme Gustave Lambert, comme le colonel Flatters, ou le Dr Crevaux, ou

Savorgnan de Brazza. Mais on n'est pas en droit de blâmer ni de dédaigner ceux qui n'affrontent pas ces périls et se réservent à des occupations plus modestes. Et la récompense d'ailleurs est proportionnelle à l'effort. On estime les uns comme de simples braves gens, on admire et l'on aime les premiers comme des âmes d'élite.

Si cependant le devoir était égal au bien, les actions supérieures devraient être également obligatoires.

Et même, dans l'opinion commune, le mérite et le devoir ne sont pas absolument liés. Faire son devoir semble la mesure *minima* de la moralité exigible, d'où suivrait que, pour être méritoire, une action doit dépasser le devoir.

Enfin, ajoute-t-on, réduire la morale au pur devoir, ne laisser à l'homme aucune action bonne qui ne soit l'obéissance à la loi, l'exécution d'un impératif, c'est soumettre la morale à une consigne, à une discipline étroite, supprimer la spontanéité, l'initiative morale.

2° *Le domaine du bien n'est pas plus étendu que le domaine du devoir.* (Kant, M. Paul Janet.)

La thèse précédente n'est admissible que « si l'on entend seulement, dit M. Janet, qu'une chose qui est bonne en soi n'est pas rigoureusement obligatoire pour tous ». *Pour tous*, c'est le point important. Sans doute, tout le monde n'est pas obligé de s'embarquer pour le pôle Nord ou de s'enfoncer dans les déserts brûlants de l'Afrique, bien que ce soit chose belle et bonne de tenter la découverte de passages nouveaux et d'étendre la civilisation. Mais on ne prend pas garde que l'on compare ce qui est obligatoire *en général* avec ce qui est obligatoire pour quelques personnes seulement, dans des circonstances particulières. On oppose le bien indéterminé au devoir déterminé. Il faudrait, pour s'en tenir à des termes exacts, comparer ce qui est bien pour certaines personnes avec ce qui est obligatoire pour les mêmes personnes.

Toutes conditions de possibilité et de capacité étant réunies, il apparaît clairement que l'action, si elle est bonne, est obligatoire.

Ce qui est vrai, c'est qu'entre plusieurs actions bonnes il est permis de choisir : il est également bon de servir l'État comme soldat ou comme magistrat : choisissez alors. Mais si une action se présente comme la *meilleure*, c'est celle là qui est obligatoire : il n'est plus permis de choisir ni d'hésiter.

Et d'ailleurs où serait le critérium grâce auquel nous établirions la limite du devoir dans le domaine du bien? Le dévouement même, qu'on objecte comme la meilleure preuve du bien distinct du devoir, n'est-il pas une obligation dans certains cas et même dans la plupart des cas? Le soldat, le médecin, le savant ont chacun l'occasion de se dévouer; à la guerre, à l'hôpital, au laboratoire, ils risquent leur vie. Et l'honneur de leur profession vient de là. Mais leur dévouement est si bien obligatoire, qu'on juge sévèrement le soldat qui déserte avant la bataille, le médecin qui fuit l'épidémie, le savant lui-même qui abandonne une expérience utile pour l'humanité, mais périlleuse pour lui.

Il n'y aurait donc plus, comme le remarque la sagacité de M. Janet, qu'à distinguer le dévouement obligatoire du dévouement libre. Et le critérium pour reconnaître la limite ne serait pas facile à trouver.

31. Conclusion sur cette question. — Il y a un bien en soi et un devoir en soi adéquats l'un à l'autre, c'est-à-dire ayant la même étendue et reposant l'un sur l'autre mutuellement. Leur commune mesure, c'est la possibilité. Nous *devons* tendre à la plus haute perfection. On ne saurait exiger d'aucun de nous plus qu'il ne peut; mais chacun doit exiger de soi-même tout ce qu'il peut. La limite dépend de la nature; de là sa variation d'individu à individu. Mais si, pouvant être un saint ou un héros, un homme n'est ni saint ni héros, c'est qu'il n'a pas fait ce qu'il pouvait, donc ce qu'il devait. Il a donc failli, plus ou moins, à son devoir [1].

32. Conflit des devoirs. — Il s'agit moins ici de poursuivre cette difficile question dans tous ses détails que d'indiquer qu'elle existe et quelle place elle peut occuper dans l'étude de la morale.

Lorsque le doute s'élève dans l'esprit entre ce que con-

---

[1]. A cette question se rattache celle des *devoirs stricts* et des *devoirs larges*; elle est traitée dans la morale pratique, au chapitre des *devoirs de justice* et de *charité*.

seille l'intérêt ou ce que promet le plaisir, et ce que commande le devoir, la conscience vient assez facilement à bout de discerner le vrai devoir.

Lorsque c'est entre deux devoirs, entre deux commandements de la raison, que le conflit se produit, il peut donner lieu à de graves inquiétudes, et la solution est plus malaisée.

L'un des deux devoirs est à sacrifier. Lequel choisir?

Fénelon, essayant de classer l'ordre des devoirs, prononce ce mot : « Je dois plus à l'humanité qu'à ma patrie, à ma patrie qu'à ma famille, à ma famille qu'à mes amis, à mes amis qu'à moi-même. »

Et aussitôt surgit le cas de guerre : par humanité, me refuserai-je à porter les armes contre l'envahisseur de ma patrie? Ce serait absurde. Et d'ailleurs, dit-on tout de suite, c'est le cas de légitime défense.

Mais je découvre une invention utile : dois-je la réserver en privilège pour mes compatriotes? ne faut-il pas plutôt en doter l'humanité? Et Brutus est-il si admirable d'ordonner la mort de ses fils pour la sécurité de la République?

Et mille autres questions ainsi, qui ne tombent pas dans la casuistique vaine, mais qui peuvent sérieusement troubler une conscience.

M. Janet, dans un chapitre clair et profond, nous apporte cette solution. Deux principes suffisent au plus grand nombre des cas :

1° Dans une même classe de devoirs, l'importance relative de ces devoirs est en raison de l'importance de leur objet, et, en cas de conflit, les plus excellents doivent l'emporter.

2° Entre plusieurs classes de devoirs (toutes choses égales d'ailleurs), l'importance des devoirs est en raison de l'étendue des groupes auxquels ils s'appliquent.

Pour la première règle, il faudra considérer quel est le devoir qui tient de plus près et plus intimement à la dignité des facultés, et c'est celui qu'il faut choisir. Ainsi c'est un devoir de conserver sa vie, et c'est un devoir d'être sincère, de ne point mentir : si l'on me met dans le cas de ne racheter ma vie que par un mensonge ou une apostasie, il est plus digne de sacrifier ma vie.

Pour la seconde règle, il est évident que, *toutes choses étant égales d'ailleurs*, le bien est d'autant plus grand et d'autant meilleur que le nombre des individus qui en jouissent est plus étendu. Il vaut mieux qu'une famille entière soit heureuse qu'un seul individu, et toutes les familles d'un État qu'une seule famille. Mais le conflit n'ayant lieu que lorsqu'il s'agit de sacrifier positivement un bien individuel, ou le bien d'une minorité, il faut se souvenir de comparer les mêmes biens ou le même genre de bien de part et d'autre.

A cette condition, et seulement à cette condition, la maxime de Fénelon est vraie.

§ 5. — LE DROIT : SON RAPPORT AVEC LE DEVOIR.

33. Définition du terme. — Le mot *droit* a plusieurs sens. D'abord on l'applique à la science qui détermine la légitimité des actions des hommes soit dans l'ordre naturel, soit dans l'ordre civil, soit dans l'ordre international (*droit naturel, droit civil, droit commercial, droit des gens*, etc.).

En second lieu, on le prend aussi, par abstraction, pour la loi elle-même. Enfin il a le sens de faculté que les hommes peuvent exercer à leur gré.

34. Définition de la chose. — Dans ce dernier sens, qui est celui qui nous convient ici, Leibniz définit le droit un *pouvoir moral*, comme le devoir est une nécessité morale. Posséder un droit, c'est avoir la faculté et le pouvoir d'accomplir une action. Le droit de suffrage, c'est la faculté et le pouvoir de voter ; le droit de propriété, c'est la faculté et le pouvoir de posséder des biens matériels, etc. Au point de vue de la vie morale, *le droit est le pouvoir moral qu'un être possède d'atteindre librement sa fin*, et par conséquent d'exiger qu'on ne l'en détourne pas.

35. Le droit est une force. — Une force ou un pouvoir est toute cause capable ou de produire ou d'arrêter une action. Le droit est une force, mais une force morale. Il produit ou il arrête mon action. Vous emportez de chez moi ce qui m'appartient : j'ai le droit de m'y opposer ; mais vous êtes plus fort physiquement, vous me repoussez. Mon droit n'a pas cessé d'exister. — Par contre, vous m'avez confié un dépôt, nul ne le sait, il n'est pas de preuve écrite. Votre droit est de le réclamer, vous le réclamez, et votre droit arrête mon abus de confiance qui consisterait à refuser la restitution. — Le hasard enfin met dans mes mains un objet perdu, un trésor, dont je connais le maître. J'ai la force physique de me l'approprier. Mais je suis arrêté par l'idée qu'il est la propriété d'un autre. Et je le porte au propriétaire. Cette idée, c'est le droit : c'est un pouvoir moral, ou mieux encore pouvoir idéal.

36. **Le droit existe même pour celui qui ne peut l'exercer, même pour celui qui l'ignore.** — Il n'est pas nécessaire que le droit existe de fait, par l'action de celui qui l'exerce. Étant idéal, il est indépendant de l'acte qui le manifeste. Je suis propriétaire d'une maison que je n'habite pas ; je n'y vais jamais ; je n'y fais pas acte de propriétaire : mon droit n'en est nullement diminué, et vous n'êtes pas autorisé à vous y introduire, à vous y loger, sous prétexte que je n'exerce pas mon droit d'habitation. — De même je suis électeur d'après la loi politique de mon pays. J'ai le droit de voter ; mais, par une circonstance particulière ou pour des considérations personnelles, je m'abstiens de voter ; mon droit ne disparaît pas. Il faudrait pour cela que la loi qui me l'a conféré eût mis comme condition de la possession l'exercice du droit.

Mais, dans l'ordre purement naturel, le droit ne peut être aucunement conditionnel.

Bien plus, l'ignorance de son droit n'en prive pas celui qui le possède. Un enfant de six semaines ne sait ce que c'est qu'un droit, il ne connaît pas même son droit d'exister. Et pourtant, si je vole sa fortune, si je mets sa vie en danger, je viole son droit de propriété, son droit de vie.

37. **Le droit sort-il du devoir ou lui est-il antérieur ?** — Dans chacun des exemples cités il est clair que le droit a pour corrélation le devoir. Mon droit de propriétaire suppose votre devoir de respecter ma propriété ; mon droit de vivre suppose pour les autres le devoir de respecter ma vie, etc.

Si le droit est antérieur au devoir, il est par là même antérieur à toute loi morale, et son fondement repose dans la nature de l'homme

Si le droit est antérieur au devoir. — Spinoza, Hobbes, Proudhon, Kant, Fichte, inclinent à admettre l'existence du droit antérieure au devoir, mais par des considérations bien différentes.

a. Spinoza, Hobbes et Proudhon ne trouvent au droit qu'un fondement, la *force*. C'est supprimer la possibilité même du droit. Au contraire, nous assistons trop souvent à la lutte de la force contre le droit. Spinoza essaye bien de distinguer deux états : l'état de nature et l'état de raison ; mais dans l'état de nature la force est toute brutale, elle n'a rien d'essentiellement commun avec le droit ; dans l'état de raison, le droit n'est plus qu'un pouvoir idéal ; et ce pouvoir n'est pas d'accord avec la force, toujours du moins ; mais il l'arrête ; ou, s'il est impuissant à l'arrêter, il la juge, il la proscrit parfois.

Pour être conséquent avec le principe, il faut aller avec Hobbes jusqu'à dire que tout ce qui est nécessaire est légitime.

b. Une autre théorie fonde le droit sur le besoin. En apparence elle est plus modérée que la précédente. Il semble naturel que chacun satisfasse les besoins que lui impose la nature. Mais au fond elle nous ramène au même point. Qui déterminera le vrai besoin ? jusqu'où va l'exigence du besoin naturel ? Et les besoins factices que nous nous créons chaque jour ne sont-ils pas aussi impérieux que les besoins naturels ? Tel prétendra qu'un appartement confortable, chaud, commode, aéré, bien meublé, avec un personnel de domestiques et une table bien servie, est pour lui un besoin aussi impérieux que pour tel autre un vêtement commun ou pour cet affamé un morceau de pain et une goutte de vin. Et il affirmera qu'il aime mieux ne pas vivre que de vivre à moins.

Il n'est rien de plus vague que le besoin ; s'agit-il seulement du besoin de vivre absolument, ou de vivre d'une façon déterminée ? Alors laquelle ? L'arbitraire et le caprice, voilà la mesure et le fondement du droit ! C'est revenir à légitimer la force.

c. Enfin la doctrine de Kant et de Fichte est plus solide et plus noble. Elle place le fondement du droit dans la liberté humaine. La liberté est prise comme un fait : et ce fait constitue l'homme une personne morale. La liberté est inviolable. On ne saurait y attenter sans crime. Car la liberté est nécessairement libre, il est contradictoire qu'elle ne le soit pas. Donc la moindre atteinte à la liberté la détruit tout entière, et par suite supprime en l'homme le caractère moral. Le droit est donc la *liberté de la liberté*. Le devoir en découle.

Mais Kant dit bien : la personne humaine est *inviolable*. Cela veut dire qu'elle ne devrait pas être violée, qu'il est mal de la violer. Elle n'est pas inviolable en fait, puisqu'on la viole. Ce n'est donc qu'en droit. Mais dire qu'elle ne doit pas être violée, c'est dire que pour autrui c'est un *devoir* de ne pas la violer. C'est ce devoir qu'il s'agit d'expliquer. Et ce n'est pas une explication que de le faire découler du droit.

Et puis dire que l'essence de la liberté est d'être libre, et qu'il est contradictoire qu'elle ne le soit pas, c'est vrai dans les termes. Mais cependant il est vrai aussi que dans le fait on contraint la liberté d'autrui; si contradictoire que cela soit avec la nature de la liberté. Et, s'il est injuste et mauvais de contraindre et de violer la liberté, c'est au nom d'un principe supérieur à la liberté même et qui confère son inviolabilité de droit.

Donc le droit n'est pas le fondement du devoir, il ne lui est pas antérieur.

38. **Si le devoir est antérieur au droit et s'il le fonde.** — L'affirmative, c'est l'opinion de M. Franck. Pour lui, c'est la loi du devoir qui fait de l'être humain, doué de facultés auxquelles elle s'impose, en leur imprimant leur caractère auguste, un objet de respect pour ses semblables; c'est elle qui constitue le droit. Le droit ne subsiste que par le devoir.

Mais si c'est la loi du devoir qui imprime aux facultés leur caractère auguste, leur dignité, elles n'ont donc par elles-mêmes aucune dignité? Dans ce cas, d'où vient le devoir lui-même? Pourquoi et en vue de quoi suis-je tenu à respecter ces facultés? Pourquoi dois-je cultiver mon intelligence, modérer ma sensibilité, sauvegarder ma volonté? Pourquoi dois-je respecter ces facultés chez les autres, et, bien plus, aider à leur développement, si elles n'ont par elles-mêmes aucune valeur indépendante?

39. Le fondement du droit, c'est la dignité de la nature humaine. — Il n'est donc pas plus vrai de donner le devoir comme fondement au droit que de le faire dériver du droit. Devoir et droit sont deux idées corrélatives; l'une appelle l'autre, elles remontent à une commune origine : cette origine, c'est la dignité même de la nature humaine. Ce qui m'oblige envers moi-même m'oblige envers autrui. Ce qui en moi est digne de respect et de culture est chez autrui digne du même culte. Mon devoir est de me perfectionner, mon droit est égal à mon devoir. Chacun possédant ce droit et étant soumis à ce devoir, il s'ensuit que chacun a le droit envers les autres d'exiger qu'on ne l'entrave pas dans son œuvre de perfectionnement, et de même tous ont envers chacun le devoir de ne point l'entraver.

De là cette formule qui résume ces idées :

Le droit fondamental de tout homme est d'accomplir tous ses devoirs; son devoir le plus général est de respecter tous les droits d'autrui et d'aider autrui dans l'accomplissement de ses devoirs.

40. Le droit est universel comme le devoir. — Il ne se peut pas que j'aie un droit différent de celui des autres. On dit : « mon droit, votre droit ». C'est mal parler. C'est *le droit* qu'il faudrait dire. « Vous violez mon droit. » Erreur! « Vous violez le droit en moi. » Voilà le vrai. Pour connaître votre droit, je n'ai qu'à chercher quel est le mien. Si je comprends que j'ai le droit de vivre, vous avez donc le droit de vivre; si j'ai le droit de penser, le droit d'être libre, vous avez le droit de penser et d'être libre. Le droit qui existe pour moi et n'existe pas pour vous perd ce titre de droit, ce titre cher et sacré, le nom le plus divin après celui de Dieu même. Ce n'est plus qu'un privilège, c'est-à-dire la négation, la dérision du droit. De là cette formule : « Tout droit engendre un devoir. » Je n'ai aucun droit que n'aient tous les autres. Tous les autres doivent respecter le droit en moi; et je dois dans tous les autres respecter le même droit. Ainsi, premier point : le droit est souverain; second point : le droit est égal. (Jules Simon[1].)

§ 6. — LA VERTU.

On conçoit un état moral permanent, exempt de faiblesse, tel qu'aucun des devoirs qui incombent à un homme ne soit enfreint ou négligé : c'est cet état de *pure moralité* que l'on dénomme communément *vertu;* ceux que nous appelons honnêtes gens sont ceux qui se maintiennent ordinairement dans cet état.

Mais de quoi se compose-t-il? C'est ce que nous allons chercher d'abord à travers les définitions des philosophes.

41. Première définition de Platon : *La vertu est la science du bien.*

Cette définition, Platon l'a reçue de Socrate. Elle marque une condition essentielle de la vertu, la connaissance du bien : faire le bien par instinct, sans le connaître, sans savoir en quoi il est le bien et préférable au mal, ce n'est pas être vertueux. L'erreur est même possible à cet égard; l'insuffisance de la conscience native est manifeste : elle n'est pas à l'abri de l'illusion ni du fanatisme. Si une bonne intention peut servir, jusqu'à un certain point, d'excuse à une mauvaise action, jamais cependant nous ne ferons de cette action mauvaise un mérite pour son auteur; nous ne le féliciterons pas, nous ne l'engagerons pas à persévérer. Incontestablement, ignorer le bien, c'est demeurer incapable de le pratiquer, par conséquent d'arriver à la vertu.

Mais suffira-t-il de le connaître pour être vertueux? Platon n'a pu le croire : la vertu nous représente le mérite constant des actions bonnes toujours renouvelées. Savoir ne suffit pas, il faut de plus pratiquer le bien. Platon admet, il est vrai, qu'une fois le bien connu il nous charme et nous enchaîne par sa propre beauté; dès lors, la volonté ne peut pas vouloir le mal. C'est possible pour quelques âmes d'élite, dès longtemps préparées à la vie morale, aimant la vérité et l'ordre et

---

[1]. *Le Devoir,* troisième partie.

désireuses de le réaliser : dès qu'elles voient le bien, elles s'efforcent de le réaliser par des actes. Mais le contraire est malheureusement plus ordinaire : tout en reconnaissant ce qui convient, on s'en écarte; tout en comprenant le devoir, on y manque. On voit le bien, et on fait le mal. L'idée n'oblige pas positivement l'action.

42. **Seconde définition de Platon :** *La vertu est l'harmonie de l'âme.*

L'âme possède diverses facultés ou forces : lorsque ces facultés trouvent leur emploi régulier et naturel, l'âme jouit de sa puissance : elle est en paix avec elle-même. Au contraire, un mauvais emploi des facultés les met en opposition les unes avec les autres; alors naissent des états pénibles qu'on nomme inquiétude, crainte, regret, repentir, remords. L'âme souffre de l'épuisement infructueux de ses forces : elle est en guerre avec elle-même.

Platon a vu clairement cette harmonie souhaitable de l'âme, et il a reconnu aussi qu'elle résulte de la vertu. Mais elle n'est pas la vertu elle-même. Dire que la vertu est l'harmonie de l'âme, ce n'est pas la définir, c'est en marquer l'effet.

Le même philosophe a d'ailleurs complété ces deux définitions : dans les *Lois*, il dit que *la vertu est l'imitation de Dieu*, c'est-à dire de la perfection. L'inconvénient de cette nouvelle définition est qu'elle reste vague, son avantage est qu'elle exprime une idée absente des deux premières : l'idée de l'action.

43. **Définition d'Aristote.** — *La vertu est une habitude et un juste milieu.*

Un acte particulier, si bon soit-il, n'est pas la vertu. Être brave un jour, ce n'est pas posséder la vertu de courage. Faire notre devoir de temps en temps, selon nos convenances, ce n'est pas être vraiment honnête; une disposition générale à faire le bien de loin en loin n'est pas la vertu.

Aristote a donc raison sur ce point : la vertu doit être constante; il faut que nous nous placions dans un tel état de moralité que sans faiblir nous soyons fidèles à la loi du bien, en tout temps, en toute occasion.

Mais il dit : C'est une habitude. L'habitude supprime la réflexion, par habitude, on agit machinalement. Or la vertu doit toujours avoir conscience d'elle-même, et cela pour chaque action; sinon elle cesse d'être la vertu. Sans doute; mais n'oublions pas qu'une habitude se contracte par des efforts répétés de la volonté. Prendre l'habitude de bien faire, c'est renouveler fréquemment des actions bonnes, choisies et résolues par la volonté. La vertu suppose la lutte et la victoire de la volonté guidée par la raison sur le penchant et la passion. Aristote, en disant qu'elle est une habitude, marque la victoire.

Il ajoute : « Elle est un juste milieu. » Il est vrai que l'acte vertueux est également éloigné de deux défauts ou vices extrêmes : le vrai courage est également loin de la témérité fanfaronne et de la poltronnerie; la libéralité ou la bienfaisance, de la prodigalité et de l'avarice; la tempérance, de l'abstinence outrée et de la gourmandise, etc. Seulement, dans la pratique, à quel signe reconnaître qu'on se tient exactement dans le juste milieu? N'y aura-t-il pas même certains emportements généreux et de premier mouvement qui pourront dénoncer une supériorité de nature, bien plutôt que des actes parfaitement réfléchis et mesurés? Oui peut-être; mais ce sont les exceptions. Et l'important, c'est une règle fixe et commune qui serve ordinairement.

44. Définition de Malebranche. — *La vertu est l'amour de l'ordre.*

Cette définition procède de la première définition de Platon; et elle en aurait le défaut, si Malebranche n'entendait par amour qu'une disposition à aimer l'ordre et à s'y plaire. Substituer l'idée de l'ordre à l'idée du bien, ce ne serait pas même renouveler la définition : ces idées se ressemblent et représentent le même objet.

Mais l'amour est un principe d'action. Malebranche peut l'entendre comme une force nous stimulant à rechercher l'ordre et à nous y conformer. Et dans ce sens il est très vrai que la vertu consiste à réaliser l'ordre et à y trouver son plaisir : ce plaisir, c'est l'harmonie de l'âme dont Platon a parlé.

45. Définition de Spinoza. — *La vertu c'est la puissance* ou *l'effort de l'âme pour persévérer dans son être et pour l'accroître.*

Par l'être de l'âme, il fait entendre la possession par elle-même de ses facultés tendant vers la perfection. Oui certes la vertu est une force qui conserve et perfectionne la moralité. Le mérite de Spinoza est d'avoir vu et exprimé que la vertu est un effort. Mais il faut admettre que cette force est libre, que cet effort est celui de la volonté vers le bien. Spinoza, dans son système du fatalisme panthéiste, ne le croit que le développement nécessaire de la nature des choses et par là lui enlève tout mérite.

46. Définition de Hume. — *La vertu est toute qualité agréable ou utile à nous-mêmes ou aux autres.*

En adoptant le sens de qualité passive pour le mot vertu, Hume s'interdit de nous expliquer la vertu morale. Il ne s'agit avec lui que d'une qualité accidentelle, involontaire : la force physique, la beauté des formes, la proportion, la richesse, le talent sont des vertus, dans cette acception ; mais dans le même sens, le pavot possède une *vertu dormitive*, l'alun une *vertu astringente*.

47. Définition de Kant. — *La vertu est l'obéissance au commandement de la raison.*

Le grand philosophe qui a composé la *Critique de la raison pratique* a fort bien démêlé parmi les motifs de nos actions le commandement de la raison comme règle pure de morale. La raison ordonne, nous n'avons qu'à nous soumettre, quelque dur que soit l'acte qu'elle exige, si nous voulons conserver le caractère d'homme raisonnable. Ce n'est pas une obéissance servile, passive, comme à une force brutale qui asservit nos membres sans subjuguer la volonté. Ce doit être une obéissance consentie, parce que le commandement est raisonnable, conforme à notre nature.

Kant exige que le sentiment ne s'y mêle aucunement. Cependant il ne faut pas exagérer. Par crainte que l'homme ne cède à une impulsion sensible qui dénaturerait la moralité de son acte, de peur que, trouvant du plaisir à faire le bien, il ne perde le mérite de la soumission à la raison, Kant ne veut pas qu'il aime le devoir. Il exige presque l'apathie et présente la vertu comme une consigne militaire.

Sans doute, dans son essence, la vertu est bien ce qu'il dit et doit être désintéressée; mais il faut élever et purifier la sensibilité de telle sorte que nous accomplissions le devoir non *par* amour, mais *avec* amour. Ce n'est pas une défaillance, c'est au contraire une victoire sur la sensibilité inférieure. Malebranche corrige la raison de Kant en ce point.

48. Définition synthétique. — Ces analyses nous ont montré dans chaque définition un aspect de la vertu. En conservant ce que chacune renferme de vrai, nous poserons une définition complète :

La vertu est l'effort constant de la volonté pour obéir avec lumière et avec amour au commandement de la raison.

49. Différents degrés de la vertu. — Considérée dans son essence et comme principe, la vertu est une et parfaite et par conséquent ne peut admettre ni degré ni différence. Mais dans la pratique elle revêt diverses formes selon la faculté que l'on exerce, et à cause de cela elle supporte aussi différents degrés.

La tempérance, la sagesse, le courage, la justice et la bienfaisance sont des vertus particulières, ou, si l'on veut, des formes particulières de la vertu. L'une règle la sensibilité, l'autre régit l'intelligence; la seconde est dirigée par la troisième; et les autres maintiennent les rapports de la vie sociale. L'unité de la vertu n'est pas rompue par cette diversité de formes : celui qui manque d'une de ces vertus ne possède pas complètement les autres. Elles sont liées entre elles et comme dépendantes les unes des autres. Mais il n'est pas moins vrai que dans la pratique on ne saurait sans danger se montrer trop rigoureux; ce serait décourager l'effort de l'âme et aller contre le but même de la morale que de refuser un certain degré de vertu et de mérite à celui qui tente de réaliser le bien sans y réussir pleinement.

« Il faut dedans le monde une vertu traitable », comme dit sagement Philinte.

Aussi accorde-t-on que s'approcher plus ou moins près de l'idéal de la vertu, c'est acquérir déjà un degré plus ou moins élevé de vertu.

Accomplir fidèlement tous les devoirs sociaux qui consistent à ne pas nuire au prochain, c'est un moyen degré de vertu.

Aller au delà de l'obéissance à la règle qui défend le mal, faire le bien, remplir les devoirs de la charité, en accordant une part de son superflu aux nécessiteux, c'est monter plus haut; mais c'est se hausser davantage encore vers la perfection que de prélever sur son nécessaire et s'imposer une privation pénible par esprit de charité.

Il semble qu'au delà du devoir il y ait même une région plus divine où se déploient le dévouement, l'abnégation, l'héroïsme et que là seulement on atteigne la pure vertu.

Certainement, selon les épreuves subies et les luttes soutenues pour le bien, on montre plus ou moins de vertu. Il a fallu plus de vertu au chevalier d'Assas, pour sauver son régiment au prix de sa vie, qu'il n'en faut à un soldat pour achever son temps de service pendant la paix. Les martyrs de toute religion et de toute secte ont plus de mérite à défendre leur foi contre les séductions et contre les supplices que n'en ont les fidèles de cette religion ou les partisans de cette secte à professer tranquillement leur croyance à une époque et dans un pays où l'on respecte la liberté de conscience.

Mais il convient de reconnaître qu'il ne s'agit pas seulement de la manifestation de la vertu, mais de la vertu intérieure, c'est-à-dire de l'élévation d'âme à laquelle nous sommes parvenus et où nous nous maintenons; de telle sorte que, l'occasion échéant, nous soyons capables de nous dévouer comme d'Assas et de subir les tourments comme les martyrs. Nous ne sommes vertueux que si nous sommes toujours prêts à manifester la vertu.

50. **Appréciation du degré de vertu.** — A quoi donc mesurer le degré de la vertu? *A l'effort qu'il a fallu faire pour y atteindre.* Outre les devoirs généraux qui incombent à tous les hommes indistinctement, il est des devoirs spéciaux qui dépendent des dons particuliers que certains ont reçus de la société ou de leur famille. On comprend fort bien qu'il est plus difficile aux uns qu'aux autres de s'instruire dans la science du bien, et même de le pratiquer. Ce n'est donc pas tant à l'œuvre accomplie, mais à

l'intention et à l'effort moral de l'agent en raison de sa faiblesse, que nous jugeons le degré de vertu auquel il est parvenu.

RÉSUMÉ

L'idée de justice est une idée nécessaire, issue de la raison; elle s'impose à la conscience et y forme la notion du devoir. On ne peut expliquer cette notion par l'histoire seule : si elle n'était qu'une convention humaine, elle ne subsisterait pas. Le devoir est dégagé de toute autre considération que la justice même : c'est la nécessité d'obéir à la loi pour la loi. Or la loi morale se distingue des autres par son caractère propre d'obligation.

Le bien est la loi générale des actions qui rapprochent l'homme de sa fin supérieure. Sa forme est le devoir, son degré le plus élevé la vertu.

Le bien existe par soi-même, il est universel et constant; l'utile et l'agréable sont relatifs et variables.

Tout plaisir n'est pas un bien, ni toute douleur un mal. Mais, le bonheur étant l'état constant le plus favorable aux facultés naturelles, le bien et le bonheur sont identiques.

Le bien obligatoire, c'est le devoir. Cette obligation toute morale n'exclut pas la liberté.

On peut accorder que l'idée du devoir n'a pas été toujours uniformément comprise. Le progrès moral, c'est précisément l'épuration progressive de l'idée du devoir. Il convient d'ailleurs de distinguer la conception théorique du devoir et sa réalisation pratique. De ce que peu de gens l'accompliraient exactement et largement, le principe n'en saurait être affaibli ni ébranlé. Il est essentiellement absolu et universel.

Où trouver le fondement du devoir? Dans la volonté de Dieu? Cette opinion conduit à des excès dangereux. Ce qui est vrai, c'est que Dieu, parfait en son essence, ne peut vouloir rien de contraire au bien; mais le bien, et par suite le devoir, existe par soi.

On ne saurait davantage expliquer la loi morale par une analogie avec les lois de l'univers. Celles-ci régissent le monde, sans que nul ait lieu de s'y associer ou d'y contredire : le monde et l'homme les subissent. La loi morale au contraire s'impose à des êtres qui la comprennent et qui pour l'exécuter mettent en mouvement leur volonté.

Le système historique n'est pas plus sûr ni plus complet. Comparer chaque individu à l'humanité, et ne chercher que dans l'observation historique la loi du développement moral de la conscience, c'est se condamner à la confusion. L'histoire nous donne tous les faits ensemble, justes et injustes, et, à en juger par leurs conséquences, nous pouvons tout au plus reconnaître s'ils étaient utiles et opportuns. Mais, pour prononcer s'ils étaient justes ou iniques, il faut d'abord posséder la notion et la mesure du bien et du devoir.

Le système psychologique nous rapproche le plus de la vérité en fouillant la conscience elle-même. Le principe de la dignité des facultés humaines apparaît clairement comme le fondement réel du devoir.

Dans la forme, le devoir est un commandement : c'est une sorte de contrainte morale, mais qui n'altère pas la liberté. C'est un impératif indiquant l'acte pour lui-même, sans aucune autre raison de l'accomplir que sa qualité essentielle : c'est là l'impératif catégorique. Toutefois on peut penser qu'au fond il y a toujours une condition, une hypothèse impossible à éliminer, à savoir : « si tu veux garder ta dignité d'homme ». Celui qui n'en a souci ni respect abandonne toute idée d'obligation et de justice.

Quant à l'extension, le devoir et le bien ne font qu'un. Tout ce qui est bien est obligatoire pour celui qui le comprend et peut le faire. Et, si plusieurs devoirs s'opposent de façon qu'on ne puisse accomplir l'un qu'en négligeant l'autre, il faut choisir et préférer selon l'importance de l'objet, et l'importance des devoirs est en raison de l'étendue des groupes auxquels ils s'appliquent, toutes choses étant égales d'ailleurs.

Le droit est lié au devoir : l'un ne fonde ni ne précède l'autre. Ils dérivent d'une commune origine. Le droit est universel comme le devoir. Mais il est un pouvoir, l'autre une obligation. Nous pouvons, en faveur de nos semblables, nous dessaisir de notre pouvoir, mais jamais déserter notre devoir pour notre intérêt ou pour l'intérêt de quelques-uns au détriment des autres.

La vertu est la pratique régulière et désintéressée du bien reconnu comme loi. Elle admet différents degrés, sans perdre cependant son unité essentielle.

LIVRE III

Application de la science morale.
Morale pratique.

INTRODUCTION

DIVISION DE LA MORALE PRATIQUE

Sommaire. — 1. Division subjective et division objective. — 2. Division ancienne des devoirs : les vertus cardinales. — 3. Division moderne des devoirs. — 4. Concordance de la division ancienne et de la division moderne.

1. Division subjective et division objective. — La classification des devoirs peut être établie de deux façons : soit que l'on considère en lui-même celui qui doit les remplir, qui est *sujet* du devoir, alors on dit que la méthode est *subjective;* soit que l'on ait en vue la personne envers qui le devoir nous oblige, l'*objet*, on dit alors que la méthode est *objective*.

Les anciens avaient adopté la division par méthode subjective et rangé les devoirs dans la dépendance de quatre vertus générales dénommées *cardinales*, comme étant la base et la source de l'honnête. Les modernes ont préféré la division par méthode objective; ils désignent les devoirs d'après la nature du rapport qui unit celui qui agit à celui qui reçoit l'effet de l'action.

2. Division ancienne des devoirs : les vertus cardinales [1]. — Ces vertus sont la Prudence, la Tempérance, le Courage ou Force d'âme, et la Justice complétée par la Bienfaisance.

---

1. Lire dans Cicéron : *Traité des devoirs (De officiis)*, Liv. I, chap. v à xxii.

La *prudence* consiste à former l'intelligence à la connaissance du Vrai et du Bien. C'est celle que Platon visait dans sa définition de la vertu : « Nous sommes tous entraînés et conduits au désir de la connaissance et du savoir, et nous croyons qu'il est beau d'y exceller; tandis que nous regardons comme mauvais et comme honteux de se tromper et de se laisser tromper. Mais, dans ce penchant si naturel et si honnête, il y a deux excès à éviter : l'un, c'est de croire comme vrai ce qui ne l'est pas et d'y donner un assentiment irréfléchi; l'autre, c'est de consacrer trop d'étude et de travail à des questions obscures et difficiles, et qui ne sont pas nécessaires. » Ajoutons que la Prudence ou direction de l'esprit nous doit garder de la maligne curiosité; en élevant l'intelligence vers les sciences qui honorent ou secourent l'humanité, elle nous préserve du vice mesquin qui nous pousse à pénétrer injustement ou mal à propos les secrets d'autrui.

La *tempérance* est la vertu qui nous fait en toutes choses fuir l'excès : elle correspond bien à la définition d'Aristote : un juste milieu. C'est elle qui modère nos passions, nos sentiments, corrige nos instincts et maîtrise nos besoins. Elle nous apprend à user de nos forces propres, physiques ou morales, en vue du plus grand bien, et de même aussi des choses ou des personnes qui dépendent de nous.

Cette vertu préside à toutes nos actions; elle a un sens beaucoup plus étendu que le sens vulgaire du mot tempérance, qui représente la mesure dans le boire et le manger. Elle réprouve semblablement la gourmandise avec la gloutonnerie et l'abstinence outrée qui détériore le corps, la paresse qui l'engourdit, et le travail excessif qui l'épuise, etc. Elle est en un mot le modérateur de l'âme et du corps et peut se traduire par le *respect de soi-même*.

Le *courage* ou *force d'âme* est défini par les stoïciens la vertu armée pour l'équité; et Platon dit aussi fort exactement : le courage qui affronte le péril doit s'appeler audace plutôt que force d'âme s'il est poussé par une ambition personnelle et non par l'intérêt public. Toute vertu en effet perd son caractère essentiel si elle n'est désintéressée. La grandeur d'âme se reconnaît à deux marques principales :

la première est le mépris des choses extérieures, fondé sur la persuasion que l'homme ne doit rien admirer, rien préférer, rien souhaiter que ce qui est beau et honnête; qu'il ne doit se laisser vaincre ni par son semblable, ni par la passion, ni par la fortune; — la seconde est qu'on accomplisse des actions grandes, utiles, mais aussi d'une exécution difficile, laborieuses et pleines de ces périls qui menacent ou la vie elle-même ou cette foule d'intérêts qui rattachent à la vie. Mais il est bien certain qu'on n'est pas capable de ces actions si l'on ne s'est d'abord perfectionné dans le mépris des choses extérieures.

La force d'âme consiste par conséquent à ne se laisser ébranler ni par la prospérité, ni par l'adversité : garder un esprit égal et les mêmes principes de dignité et de respect du droit dans toutes les situations. Par elle, on évitera et cette paresse de l'esprit qui se décourage sans motif, et cette confiance exagérée qui naît de l'ambition.

Le courage ne consiste donc pas seulement à supporter les blessures et à affronter la mort, comme les soldats, mais aussi à supporter toutes les charges de la vie, dans la famille et dans l'État; à ménager son existence dans l'intérêt de ceux qui ont besoin de nous, mais à être prêt à en faire le sacrifice si leur sûreté et leur indépendance l'exigent. De là deux formes également nobles et désirables de la force d'âme : le courage militaire et le courage civil; un bon citoyen doit s'efforcer de les posséder grandement l'un et l'autre.

La *justice* ou vertu sociale consiste à ne nuire à personne si l'on n'y est forcé par une attaque injuste, et à rendre à chacun ce qui lui est dû, à user comme d'un bien propre de ce qui est à chacun et comme d'un bien commun de ce qui est à tous.

Nous ne sommes pas nés pour nous seuls; notre patrie, nos amis, nos parents ont dans notre naissance un intérêt sacré, et sans eux, sans leur aide, nous péririons dès le premier instant de notre existence; sans leur constante protection, notre vie ne cesserait pas un moment d'être menacée. Les rapports qui nous unissent à tous nos semblables sont réglés par la justice, qui en a reçu le nom de *vertu sociale*.

Elle est si importante en effet pour la société, elle en est si vraiment le fondement et la condition, que sans elle il n'est pas d'association durable, même entre les voleurs.

Il y a deux sortes d'injustice, celle que l'on fait et celle qu'on laisse faire pouvant l'empêcher. Tous les hommes sont solidaires et devraient se considérer comme des associés tous également intéressés à ce qu'il ne se produisît aucun désordre dans le monde. Celui donc qui pourrait empêcher une injustice et qui, soit par crainte ou paresse, soit par indifférence égoïste, ne s'y oppose pas, devient le complice passif du malfaiteur et assume une part de responsabilité du méfait.

La justice nous oblige même envers ceux de qui nous avons reçu une injure, même envers nos ennemis en temps de guerre et après la guerre; la punition et la vengeance ont leurs bornes.

La *bienfaisance* ou libéralité consiste à accorder aux autres plus que nous ne leur devons rigoureusement, afin de les aider à vivre honnêtement. Elle tempère et perfectionne la justice en ce qu'elle détend la raideur du droit sans rien relâcher du devoir. Elle est elle-même un devoir proportionnel à la possibilité où l'on est de la pratiquer.

Mais la pratique de cette vertu exige beaucoup de précautions. Il faut prendre garde que la générosité ne nuise ni à ceux envers lesquels on veut paraître bienfaisant, ni aux autres, et ensuite que nos largesses ne soient pas plus grandes que notre fortune; enfin il faut savoir donner à chacun selon son mérite. En effet, rendre un service qui doit nuire à celui à qui il est rendu ne peut être ou qu'une maladresse blâmable ou qu'une faute condamnable : le moins qu'on puisse leur reprocher, c'est d'être de pernicieux flatteurs, et nuire aux uns pour se montrer bienfaisant envers les autres, c'est commettre la même injustice que celui qui s'approprie le bien d'autrui.

3. **Division moderne des devoirs.** — L'homme considéré en tant qu'être moral ne peut se désintéresser de sa destinée; il se doit donc quelque chose à lui-même : il doit respecter en lui l'humanité, dont il est en quelque sorte la miniature ou l'abrégé. Par conséquent, voici une première classe de devoirs, qui constitue la morale *individuelle*.

Mais l'homme naît dans certaines conditions de famille ; il a un père, une mère, souvent des frères et des sœurs : envers eux tous, il est tenu à des obligations précises ; c'est ce qui fait l'objet de la morale *domestique*.

La famille elle-même n'est pas isolée : les familles se groupent et forment des cités, des États ; chaque homme contracte par le seul fait de sa naissance et de la protection qu'il reçoit de la cité et de l'État, des devoirs nouveaux envers ces personnes collectives : c'est ce dont s'occupe la morale *civique* ou *politique*.

Les États, considérés comme personnes morales, se doivent entre eux des égards que définit et prescrit la morale *internationale* ou *droit des gens*.

Puis, laissant de côté toute distinction de race, de nation, d'État et de cité, on peut rassembler tous les hommes en un même genre d'êtres doués des mêmes qualités et appelés à une destinée du même ordre : ils ne peuvent être indifférents les uns aux autres. Leurs devoirs réciproques sont déterminés par la morale *sociale*.

Enfin, si l'homme remonte à son origine première, à sa cause suprême, sa raison conçoit l'existence d'un être supérieur et parfait, à qui la créature imparfaite doit un hommage : de là, indépendamment de toute secte sacerdotale et de tout rite particulier, une morale *religieuse* fondée sur la raison.

4. Concordance de la division ancienne et de la division moderne. — Ce ne sont point là deux morales différentes, il n'y a point divergence ni dissension des principes ni des applications de la loi morale ; ce n'est qu'une différence de classification.

La vertu de prudence représente tout ce que l'homme doit à sa raison, à son intelligence, à la vérité et à la divinité, car la connaître est le premier hommage qu'on lui doit. Elle correspond donc à une partie de la morale individuelle, à certains devoirs de la morale sociale et à la morale religieuse.

La vertu de tempérance renferme nos devoirs envers notre sensibilité, morale et physique, et envers celle de nos semblables : elle contient une autre partie de la morale individuelle et une part importante de la morale sociale.

La vertu de courage nous prescrit ce que nous devons à la dignité de la personne active, à la volonté, et nous montre la part de notre existence et de notre force que nous devons employer au service de nos semblables ; donc elle équivaut à tous nos autres devoirs de la morale individuelle et à bon nombre de ceux qu'ordonne la morale sociale.

Enfin nos devoirs sociaux, dans l'ordre de la famille, de la cité et de l'État, ainsi que de l'humanité, sont contenus dans la justice et la bienfaisance. C'est donc bien là le droit des gens ou morale sociale et internationale.

De sorte qu'en résumé on peut comparer la série des devoirs à une série de cercles concentriques, dont le plus étroit, renfermant un homme, est la morale individuelle, et le plus large, enveloppant l'humanité, est la morale sociale.

RÉSUMÉ

Les philosophes anciens ramenaient les devoirs à quatre groupes, rangés chacun sous la dénomination d'une vertu pratique : prudence, c'est-à-dire connaissance raisonnée du vrai, du beau, du bien ; tempérance, courage et justice, celle-ci complétée par la bienfaisance.

Ces vertus ne sont que les aspects divers de la vertu : on ne possède l'une que si l'on ne manque d'aucune. Cette division des devoirs est subjective, parce qu'elle envisage le sujet qui doit agir.

Les modernes ont adopté une autre méthode, plus claire et plus simple : c'est l'objet du devoir qui est considéré ; de là une morale individuelle, une morale domestique, une morale politique, une morale internationale, une morale sociale et une morale religieuse.

Au fond, les deux méthodes reconnaissent les mêmes règles générales et les mêmes bases des devoirs. Ce ne sont pas deux morales opposées, mais seulement deux méthodes distinctes.

SECTION I
Morale individuelle.

CHAPITRE PREMIER

LA CONSERVATION PERSONNELLE

Sommaire. — 1. Raison d'être de ces devoirs. — 2. Devoir de conservation personnelle. — 3. Arguments pour et contre le suicide.

1. Raison d'être de ces devoirs. — L'homme se doit-il quelque chose à lui-même? Quelques philosophes ont pensé que l'homme n'avait d'autres devoirs que ceux envers ses semblables, et que, envers lui-même, il n'avait pas d'obligations précises, car on ne peut être à la fois son débiteur et son créancier.

D'autres au contraire ont reconnu, avec plus de raison, que l'homme, en le supposant isolé de tout le genre humain, garderait encore dans sa personne le caractère de l'humanité, ne cesserait pas d'avoir une fin en rapport avec sa nature et, par suite, ne serait pas exempté de l'obligation de réaliser cette fin.

La dignité des facultés humaines est par elle-même la cause de nos devoirs individuels.

D'une manière générale, on peut dire que le devoir de l'homme envers lui-même est de conserver sa personne.

Or, la personne étant morale et physique, cette obligation concerne l'âme et le corps.

2. Devoir de conservation personnelle. — L'obligation la plus évidente est de ne pas détruire la personne, de ne pas l'affaiblir dans ses forces physiques, ni dans ses forces spirituelles.

De là l'interdiction de toute mutilation volontaire, qui a pour effet d'amoindrir nos moyens de perfectionnement, de travail et d'indépendance, et, à plus forte raison, la condamnation du suicide.

Toutefois il n'est pas inutile d'examiner les arguments par lesquels il a été excusé ou même prétendu légitime.

3. Arguments pour et contre le suicide. — *a*. Chacun, dit-on, est maître de sa personne et peut disposer de sa vie, qui est presque la seule chose qu'il possède en propre. — Nous nous appartenons, il est vrai, mais sous condition que nous nous efforcions vers le bien. Or la destruction totale de l'individu ne peut être considérée comme le but le plus moral; de plus, nous n'appartenons pas à nous seul, mais à l'humanité, à la patrie et à l'État, à nos amis, à nos parents, qui ont acquis des droits sur nous, par les soins et les services qu'ils nous ont rendus. C'est nous soustraire au devoir de payer une dette de reconnaissance que de supprimer notre existence dans un but personnel.

b. Mais, dit-on, si l'humanité, la famille, etc., nous délaissent? — A supposer qu'ils manquent à leur devoir, cela ne nous dispense pas du nôtre, d'autant plus que l'on ne se doit pas exclusivement à ceux qu'on connaît ou à ceux du moment présent; mais on se doit aussi aux inconnus et aux générations futures, car nous avons profité des travaux des générations antérieures et tous les jours nous bénéficions des découvertes d'hommes qui ne nous connaissent nullement.

c. Mais si je suis infirme, incapable, inutile et à charge aux autres? — Ce sera d'abord exercer le courage qui est une obligation et qui consiste à supporter les maux; ce sera en outre rendre service à nos semblables, en leur procurant l'occasion d'exercer la charité et de s'élever ainsi au mérite de la vertu. D'ailleurs, celui qui possède assez d'énergie morale et de force physique pour exécuter un tel dessein est-il si dépourvu de tous moyens de servir ses semblables, soit intellectuellement, soit matériellement?

d. Mais on permet de couper un membre rendu inutile ou dangereux par la maladie; pourquoi l'homme ne pourrait-il supprimer tout à fait son corps? — On ne retranche un membre que pour préserver le reste du corps; c'est donc pour arriver à la conservation qu'on recourt à une destruction partielle. D'ailleurs, l'homme doit se considérer comme un soldat à son poste; déserter est un crime.

e. Oui, réplique-t-on; mais ne puis-je considérer le malheur qui dépasse mes forces comme le mot d'ordre qui me relève de mon poste? — La nature elle-même mesure l'intensité de la douleur à la force du patient. Toute douleur qui naturellement ne fait pas mourir doit être réputée supportable. Les grandes douleurs sont courtes, elles tuent ou elles se calment, et parfois disparaissent.

f. On ajoute que le suicide est un moyen d'échapper au déshonneur. — Faux argument: le déshonneur provient des fautes commises, on ne peut l'effacer qu'en réparant. Ce n'est pas réparer que de se soustraire à ses devoirs. Ce n'est qu'une considération égoïste, puisque nous laissons retomber le poids de nos fautes et la peine de notre mort sur notre famille et sur nos amis.

g. Cependant on admire comme héroïques des personnages illustres ayant eu recours au suicide. — Ceux-là étaient illustres avant le suicide; c'est leur vie passée, fertile en preuves de courage, qui laisse présumer que leur suicide n'était pas une lâcheté. Il convient en outre de considérer les circonstances particulières dans lesquelles ils s'y sont décidés. On verra le plus souvent que ce n'est pas par égoïsme qu'ils se sont réfugiés dans la mort; peut-être même se croyaient-ils utiles à leur patrie ou à la morale, en s'immolant au sentiment de l'honneur, et qu'enfin, tout en louant leur fermeté, on n'est pas sans regretter qu'ils aient cru devoir l'employer ainsi (tels Caton, Lucrèce, Beaurepaire).

h. Enfin « je souffre, donc je me tue », est un raisonnement fondé sur un état de sensibilité, par conséquent fragile, sans consistance. Rien de variable comme le plaisir et la douleur. Attendez une heure: votre douleur est apaisée, vous reprenez goût à la vie, et parfois même vous êtes étonné de reconnaître que d'avoir souffert vous êtes devenu meilleur ou plus heureux.

RÉSUMÉ

La dignité de ses facultés impose à l'homme des devoirs envers lui-même.

Le premier de tous est la conservation personnelle.

Pour atteindre sa destinée, l'homme a besoin de tous ses pouvoirs, de toutes ses ressources.

Il ne lui est donc nullement permis de se mutiler ni de se détruire. Tous les arguments invoqués en faveur du suicide viennent se résoudre en une profession d'égoïsme. On peut toujours servir à quelque œuvre honnête; tant qu'on est maître de sa pensée, on peut s'élever par la résignation au-dessus des souffrances vers la vertu.

CHAPITRE II

CE QU'EXIGE LE CORPS

Sommaire. — 1. Devoirs à l'occasion du corps. — 2. L'hygiène. — 3. La gymnastique. — 4. La tempérance. — 5. L'adoration de soi.

Le devoir de conserver la personne n'est pas suffisamment rempli parce qu'on ne la détruit pas; toute force a besoin, pour être conservée, d'être entretenue, alimentée; toute fois donc que nous ne développons pas notre personne, nous l'amoindrissons. La loi naturelle, c'est le progrès des forces.

L'obligation vise le corps et l'âme, et subsidiairement les biens extérieurs, considérés comme moyen de conservation et de perfectionnement du corps et de l'esprit.

1. Devoirs à l'occasion du corps. — A proprement parler, l'homme n'a pas de devoirs envers son corps, pas plus qu'envers l'animal; mais le corps est un instrument, un organe; il sert à nous mettre en communication avec le monde; il est le serviteur de la pensée; la vie organique n'est pas sans se mêler à la vie psychologique et sans réagir sur elle. Il est donc des devoirs à l'occasion du corps, afin de le rendre le plus utile possible.

Ces devoirs sont représentés par trois termes : *hygiène, gymnastique, tempérance.*

2. L'hygiène. — L'hygiène est la science de la santé; elle n'est pas la médecine qui guérit les maladies, elle est le régime qui les prévient et les écarte. Personne ne doute que la santé soit nécessaire, non seulement pour nous épargner la souffrance physique, mais surtout parce que l'esprit, par la maladie, se trouve troublé, affaibli, empêché dans ses perceptions comme dans ses manifestations, au point qu'il en arrive à perdre possession de lui-même.

L'objet de l'hygiène est de déterminer la nature convenable des aliments, les conditions de salubrité des habitations et les soins de propreté, qui sont le meilleur préservatif contre les affections malsaines.

Chacun doit donc s'attacher à connaître son tempérament, et vivre conformément aux nécessités qui en résultent.

3. La gymnastique. — La gymnastique est l'exercice régulier et méthodique des membres. Elle a pour objet d'assouplir les organes, d'habituer le corps à des mouvements en harmonie avec sa structure; de la sorte, elle augmente la force, maintient le corps tout entier en équilibre et nous permet d'exécuter sans fatigue des travaux que, sans elle, nous ne pourrions supporter.

La gymnastique comprend donc : l'escrime, l'équitation, la danse, en tant qu'exercices destinés à assouplir les mouvements, à assurer le maintien et à perfectionner l'adresse. Elle renferme aussi à bon droit les jeux virils, qui donnent un libre cours aux forces physiques, en même temps qu'ils délassent l'esprit.

4. La tempérance. — Appliquée à la direction des

forces physiques, la tempérance complète et garantit l'effet de l'hygiène et de la gymnastique. Elle consiste à éviter tous les excès du boire et du manger ; il n'est que trop facile de constater la torpeur d'esprit qu'engendre l'estomac trop chargé, le trouble mental occasionné par l'abus des boissons ; l'affaiblissement physique ou l'engorgement des tissus sont les conséquences ordinaires des excès de table.

Il n'est pas défendu sans doute de stimuler parfois l'appétit et de flatter le goût, pourvu que ce soit modérément et qu'on ne s'en fasse pas une habitude, par là même un besoin. La tempérance, du reste, ne se borne pas à régler la nourriture, elle doit régir tous nos appétits, en toutes circonstances ; elle proscrit la fatigue excessive, qui retire à l'homme l'usage de lui-même ; exception faite, bien entendu, des cas de dévouement et de sacrifice.

5. **L'adoration de soi.** — La morale proscrit sévèrement le vice contraire à l'oubli de soi, à la négligence des besoins du corps : soumettre son âme à son corps, le considérer comme une fin en soi, digne de tous nos soins, de toute notre sollicitude, l'entourer de minutieuses précautions, comme si ce fût une merveille précieuse, voilà une faute grave, compliquée de ridicule. Soignons le corps comme un instrument, mais servons-nous de l'instrument selon la loi de la raison et l'ordre de la volonté. Il n'a de prix que par les services qu'il rend. Il est périssable et périra. Qu'avant de disparaître il ait au moins contribué à la création d'une œuvre durable et, s'il est possible, immortelle.

RÉSUMÉ

Les devoirs à l'égard du corps sont représentés par trois principes dont la pratique simultanée donne au corps la santé, la force et la souplesse : c'est l'hygiène, la gymnastique et la tempérance.

Le corps n'est pas l'objet propre de ces devoirs, il en est l'occasion : nous devons l'entretenir, le développer, le fortifier en tant qu'organe au service des facultés supérieures et condition nécessaire de la vie.

La raison d'être de ces obligations est dans l'influence indéniable des phénomènes de l'organisme sur les phénomènes psychologiques, et par là sur l'existence morale.

CHAPITRE III

CE QU'ON DOIT A L'AME

Sommaire. — 1. Devoirs envers la raison et les autres facultés intellectuelles, correspondant à la prudence. — 2. Devoirs envers la sensibilité, correspondant à la tempérance. — 3. Devoirs envers la volonté, correspondant à la force d'âme ou courage. — 4. L'ivresse, l'ivrognerie, l'alcoolisme.

Si le respect de soi-même est nécessaire en ce qui concerne la vie du corps, dans les attitudes, les mouvements et l'entretien physique, il l'est bien davantage encore à l'égard des facultés spirituelles, puisque c'est par elles que nous sommes des hommes. Les cultiver et les développer toutes suivant une méthode rationnelle et en vue de cette harmonie intérieure qui est le plus sûr bonheur et le signe de la vertu, tel est d'une manière générale le devoir envers l'âme. Il est une hygiène et une gymnastique morales de la plus haute importance. L'âme pas plus que le corps ne vit ni ne se développe dans un milieu empoisonné. Il faut se défier des fréquentations malsaines et de la contagion de l'exemple; pas plus que le corps, elle n'a de vigueur si elle désapprend l'action : il faut donc l'exercer régulièrement, mettre en œuvre ses forces.

Chacune de nos facultés est l'objet de devoirs spéciaux; pour ne pas entrer dans trop de détails, on peut suivre pour la division de ces devoirs celle des trois facultés principales.

1. Devoirs envers la raison et les autres facultés intellectuelles, correspondant à la prudence. — L'intelligence est en elle-même digne des plus grands soins, puisque c'est elle qui nous élève au-dessus des animaux, et l'on peut considérer aussi qu'elle est la source de notre industrie, de notre science, de nos arts, de tout ce par quoi nous rendons la vie meilleure ou moins mauvaise. D'elle nous viennent les plaisirs purs de la recherche et de la découverte de la vérité. L'étude, abstraction faite de ses résultats, présente déjà cet avantage, qu'elle est un remède toujours prêt, toujours à notre portée, dans toutes les circonstances possibles de la vie. Il faut donc s'efforcer d'atteindre la vérité, éviter les causes de l'erreur, et s'en corriger si par malheur on y est tombé.

L'examen de conscience. — Pour obtenir ces effets, la première règle est de se connaître soi-même, d'appliquer la conscience à découvrir nos aptitudes, nos goûts et les motifs de nos résolutions. La première forme du respect de la vérité, c'est la sincérité envers soi-même : ne point s'innocenter à ses propres yeux, ne point combiner ces sophismes par lesquels on se place en dehors des lois et conditions communes. Par cet examen scrupuleux, nous formons la conscience à mieux juger, et nous évitons l'orgueil et l'entêtement qui accompagnent ordinairement l'ignorance. Tout croire et ne rien croire sont également la marque d'un esprit faible ou mal instruit. Une saine intelligence reconnaît pour vrai ce que la raison montre comme évidemment tel et réserve pour l'examen les questions douteuses.

Ce qu'il faut savoir. — Mais quelles sont les choses qu'il importe de savoir? C'est mal comprendre ce qu'on doit à son intelligence que de consacrer de longues études à des questions difficiles ou subtiles et sans aucune utilité pour l'amélioration de nous-même ou de nos semblables. Il ne s'agit pas de se meubler l'esprit de connaissances vaines pour s'en glorifier devant les ignorants. L'instruction a pour but le perfectionnement moral et le progrès matériel des individus et de la société.

La première chose et la plus importante à distinguer, c'est donc ce qui est bien et ce qui est mal, l'honnête et le déshonnête, le juste et l'injuste; puis vient le droit naturel par lequel nous connaissons précisément ce que nous devons à nos semblables, et le droit positif, qui règle, du consentement commun, la forme des rapports que nous entretenons avec nos concitoyens. Ensuite la langue, la littérature et l'histoire du pays auquel on appartient, et la biographie de ses grands hommes ; par là, chacun se rattache au passé et aux ancêtres. Enfin, selon le loisir et la nécessité, il est honnête de s'adonner aux sciences, aux arts, aux lettres, qui élèvent la pensée et nous font mieux apprécier la grandeur de l'homme et l'étendue de ses devoirs.

La modération nécessaire même à l'étude. — Toutefois, même en s'appliquant à des études qui le méritent, l'excès est encore à éviter. Celui-là comprend mal son devoir envers l'intelligence qui, par amour de l'étude, néglige d'autres devoirs, les obligations sociales ou les devoirs civiques, ou ce qu'il doit à sa famille. Et ce serait aussi une faute que de donner ses soins à son esprit dans un but de satisfaction égoïste, et par exemple, ayant découvert une vérité, de la tenir secrète avec un soin jaloux. L'enseignement mutuel est une obligation ; nul n'avancerait dans la science s'il ne recueillait l'héritage intellectuel de ses devanciers.

L'altération de la vérité. — A plus forte raison considérons-nous comme basse et vile toute altération de la vérité, mensonge, calomnie, parjure : fautes condamnées par la morale sociale, à cause du préjudice qu'elles infligent à nos semblables, et qui sont condamnées de nouveau par la morale individuelle, à cause de la dégradation et de la corruption qu'elles introduisent dans notre propre personne.

La pratique de ces devoirs envers l'intelligence était appelée par les anciens la vertu de prudence, et ils y comprenaient la connaissance de Dieu.

2. **Devoirs envers la sensibilité, correspondant à la tempérance.** — S'il n'était pourvu de sensibilité, l'homme serait privé de tout bonheur et se désintéresserait de tout, même de la vertu. Mais la sensibilité est un élément variable et délicat, qui, s'il n'est soigneusement réglé, s'emporte tantôt d'un côté, tantôt de l'autre et dérange l'équilibre de la personne. L'exaltation et l'engourdissement sont les extrêmes qu'il est nécessaire d'éviter rigoureusement, et, pour s'en prémunir, il est des devoirs à pratiquer.

Envers la sensibilité physique. — Prenons garde que la sensibilité n'est pas seulement morale, mais aussi physique; le premier devoir consiste à ne pas la détruire, le second à la dominer; on la détruit par les excès de toutes sortes, même d'inertie; on la domine par la volonté et l'exercice méthodique.

Les appétits naturels concourent à la fin de l'homme, sont un stimulant de l'activité; mais il est mauvais qu'ils surmontent la nature rationnelle et nous entraînent aveuglément. Abandonnés à eux-mêmes et devenus maîtres de la personne, ils nous emportent à la bestialité et se transforment en vices.

Envers la sensibilité morale. — La sensibilité morale elle-même a besoin d'être dirigée et modérée, les objets qu'il faut lui proposer comme dignes d'être aimés sont le beau, le bien et le vrai. Écartons-la des passions tumultueuses qui réagissent sur l'intelligence pour la troubler, et sur la volonté pour stériliser ses efforts. Dirigeons-la vers les affections calmes et honnêtes de la famille, de l'amitié, de la patrie et de l'humanité. Formons notre goût par la fréquentation des belles œuvres et des personnages distingués; l'éducation esthétique dépend de la sensibilité autant que de l'intelligence et elle relève celle-là autant que celle-ci : l'audition de la musique, la visite des musées, la lecture des poètes, sont autant de moyens pratiques de favoriser l'éclosion des nobles sentiments et d'entretenir le foyer pur de l'enthousiasme. Cette culture de la sensibilité nous préservera d'aimer rien de vulgaire et de bas.

Par-dessus tout, aimons la vertu, dans nous-même et dans les autres; habituons-nous à n'avoir de bonheur que par elle.

3. Devoirs envers la volonté, correspondant à la force d'âme ou courage. — De toutes nos facultés, la volonté est celle qui caractérise le mieux la personne individuelle, c'est elle qui est *libre*, c'est elle qui nous fait responsables.

On peut jusqu'à un certain point considérer que le développement et la culture de toutes les autres ont pour but la direction de celle-ci.

Agir pour le bien. Fermeté du caractère. — Le premier devoir à l'égard de la volonté est de ne l'employer qu'à des actions honnêtes, de n'adopter une résolution qu'après une délibération sérieuse, et, une fois la résolution prise pour de bonnes raisons et en vue de ce qu'on croit le bien, s'y tenir fermement, persévérer dans le dessein qu'on s'est tracé, sans en dévier par passion ni par intérêt. C'est ce qui s'appelle former le caractère.

Toutefois il faut se garder de prendre l'obstination et l'entêtement aveugle qui procède de l'ignorance pour la constance et la fermeté engendrées et soutenues par la connaissance claire des choses.

La possession de soi-même. — Puisque la volonté appartient à l'homme seul et que l'instinct appartient à l'animal, le devoir est de se surveiller soi-même, afin d'être toujours maître de soi et de faire prédominer la volonté consciente sur l'instinct inconscient : c'est pourquoi la colère est condamnable. La meilleure excuse que l'indulgence trouve, c'est qu'elle est une courte folie.

Nous pouvons par la volonté réaliser des actions nobles, qui nous rapprochent de notre fin idéale; l'instinct ne peut faire accomplir que des actes vulgaires, utiles sans doute à la conservation physique, mais au demeurant inférieurs et parfois même contraires à la volonté.

L'habitude elle-même, malgré l'avantage incontestable qu'elle présente, est une forme secondaire de l'activité humaine : elle dégénère aisément en routine, et à ce degré paralyse la volonté, au lieu d'être son auxiliaire. Le respect de notre personne exige que nous évitions cet excès et que, en renouvelant l'effort, nous gardions la volonté vive et puissante aux grandes résolutions.

Le vrai courage. — Le vrai courage consiste dans le maintien de la volonté, dans la force d'âme qui dans toute circonstance, heureuse ou malheureuse, reste debout sans arrogance, et ne fléchit ni vers l'orgueil et le dédain, ni vers la pusillanimité et l'abjecte soumission. Ce courage n'a pas besoin des grandes occasions pour se manifester : il est de tous les instants et de toutes les conditions; il a de quoi s'exercer à supporter patiemment la vie. Sa forme la plus simple dans la vie civile comme dans la vie militaire, c'est l'obéissance intelligente et consentie à la loi et à la discipline.

4. L'ivresse, l'ivrognerie, l'alcoolisme. — Or de toutes les fautes que peut commettre l'homme, de tous les vices qu'il peut contracter, il n'en est pas qui le dégradent plus promptement et plus complètement que l'ivresse. Accidentelle ou habituelle, l'ivresse ôte à l'homme la conscience de lui-même, le livre tout entier aux instincts de la brute, détruit en lui toute notion de bienséance, de retenue, de pudeur, de justice. Fréquemment elle fait de lui un meurtrier. Peu à peu elle détermine en lui un état morbide nommé *alcoolisme* : l'absorption de l'alcool sous toutes les formes imprègne les tissus organiques et le cerveau d'essences toxiques qui les paralysent ou les surexcitent violemment. L'alcoolique est un être dangereux comme le fou ; son corps même, ravagé, ne garde de l'homme qu'une apparence pitoyable. Le trouble de son esprit le rend aussi incapable de soigner ses affaires, d'exercer son métier ou son emploi : la ruine matérielle accompagne la destruction de sa santé et la ruine intellectuelle et morale.

La *tempérance*, déjà prescrite à d'autres points de vue, apparaît encore ici comme la sauvegarde du respect de soi-même.

RÉSUMÉ

A nous s'impose l'obligation de cultiver notre intelligence, de la conduire à la vérité, de la préserver de l'erreur ; l'instruction se présente comme un devoir: c'est le développement méthodique des diverses formes de la faculté de penser. De là reparaît le respect obligatoire de la vérité, la proscription du mensonge, du parjure, de la restriction mentale. A l'égard de la sensibilité, c'est la tempérance qui donne la règle : la modérer, la diriger, de façon qu'elle ne s'exalte ni ne s'engourdisse; elle est le stimulant de l'activité. Il faut

---

1. Voir, liv. II, ch. III p. 206. *L'arithmétique du plaisir appliquée à l'ivrognerie.*

l'habituer à préférer les plaisirs élevés de la vertu, de la science et de l'art, à se développer dans les affections calmes et honnêtes, l'amour de la famille, l'amitié, l'amour de la patrie.

L'activité est l'objet de devoirs non moins importants : l'exercer régulièrement; acquérir la fermeté dans les résolutions, n'employer son énergie que pour l'honnête; s'efforcer surtout de faire prédominer la volonté libre sur l'instinct et sur l'habitude.

CHAPITRE IV

LE RESPECT DE SOI-MÊME

SOMMAIRE. — 1. La bienséance et la modestie. — 2. La pudeur. — 3. Observer la convenance du sexe dont on fait partie. — 4. Tout faire à propos.

1. **La bienséance et la modestie.** *Elles complètent la morale et polissent les mœurs.* — A la suite des prescriptions concernant la conservation du corps et l'élévation des facultés spirituelles, on trouve d'autres devoirs dont l'accomplissement imprime à la vie sociale un caractère délicat et charmant; on les réunit sous le terme général d'*urbanité*, parce qu'en effet c'est dans le commerce des hommes les plus instruits dans les sciences, les lettres et les arts, que la civilisation prend naissance et se répand le plus aisément. Comme c'est à la ville que cette civilisation a le plus de facilité de croître et de s'affiner, on a adopté le nom d'urbanité, tandis qu'on inflige celui de *rusticité* aux mœurs contraires, et de *rustre* à l'homme ignorant de la bienséance, parce qu'il semble naturel qu'à la campagne et presque dans l'isolement il ait gardé des mœurs plus rudes et des façons de vivre plus grossières.

La bienséance se remarque dans les actions, dans les paroles et jusque dans le maintien et les mouvements du corps.

2. La pudeur. — La nature paraît avoir formé notre corps avec une attention singulière; elle a mis en évidence le visage et toutes les parties dont l'aspect est honnête; quant à celles qui n'ont pour objet que des nécessités physiques et dont la vue aurait blessé le goût et la décence, elle les a dissimulées. Cette disposition judicieuse de la nature a servi de modèle à la pudeur de l'homme : il n'obéit à la nécessité même que le plus secrètement qu'il est possible.

Ce qu'on peut faire sans honte, pourvu que ce soit à l'écart des yeux, on ne peut le dire sans obscénité : l'oreille, comme l'œil, est une porte de l'âme; que rien d'impur n'y passe[1].

3. Observer la convenance du sexe dont on fait partie. — Dans l'attitude, la démarche et la mise, deux choses sont également à éviter, les airs mous et efféminés, la toilette recherchée, et les manières dures et grossières. Repoussons toute parure indigne de notre sexe, et gardons-nous des poses et des gestes qui auraient un pareil défaut. Que jamais notre conduite ne nous attire ce reproche que l'antiquité jugeait des plus honteux : « Jeunesse sans vertu, homme sans énergie, vous n'êtes que des femmes; et cette jeune fille est un homme. » Ce ne sont point choses indifférentes ni de frivole étiquette mondaine : c'est comme l'extérieur de la culture morale. De même il est, selon l'âge, des choses permises ou défendues : ce qui convient à un jeune homme est ridicule dans un vieillard, et ce vieillard est coupable de faire rire de la vieillesse.

Jusque dans nos jeux et nos plaisanteries, il faut de la mesure et du choix : les divertissements ne sont pas interdits lorsqu'on a satisfait aux affaires sérieuses, publiques et privées; mais il y faut une gaieté décente et, s'il se peut, spirituelle. Car il y a deux manières de plaisanter, l'une grossière, blessante, basse, obscène, l'autre délicate, polie, ingénieuse, piquante.

4. Tout faire à propos. — Enfin, en toute chose il importe de saisir le moment convenable. Une action qui en

---

[1]. Cicéron, *Des devoirs*, livre Ier.

elle-même ne renferme rien de déshonnête, si elle est faite à contretemps, revêt un caractère d'impolitesse ou d'immodestie. On cite le reproche qu'adressa Périclès à Socrate parce que, étant réuni avec ses collègues les stratèges pour délibérer sur leurs communs devoirs, Socrate s'écria tout à coup, voyant passer un jeune homme d'une figure remarquable : « Oh! le beau jeune homme! » Socrate avait tort, mais il n'y aurait eu nulle inconvenance à sa remarque s'il se fût agi d'une revue d'athlètes. — Un homme médite une question difficile, qui l'intéresse ou qu'il doit exposer en public : s'il le fait à la promenade, ou dans son cabinet, ou en chemin, personne ne le blâmera; mais s'il fait la même chose dans une réunion, à table, au milieu d'une conversation, on le trouvera impoli. Ces fautes qui semblent petites, et qui ne sont pas sensibles pour tout le monde, sont celles dont il faut se garder avec le plus de soin, pour deux raisons : la première est qu'on s'en défie moins, l'autre qu'elles font mal juger de notre éducation.

RÉSUMÉ

Le respect de soi est une forme de la moralité : il ne suffit pas sans doute, mais il ne peut manquer sans que la personne en soit diminuée. Il importe beaucoup de tout faire avec mesure, avec ordre et dans son temps; et c'est une faute réelle que d'agir contrairement aux convenances de son âge, de son sexe, de sa condition. Le mépris de ces prescriptions dénote toujours une mauvaise éducation, parfois une perversion, souvent une grossièreté de nature qui gâte même les qualités plus solides.

CHAPITRE V
L'INDÉPENDANCE PERSONNELLE

SOMMAIRE. — 1. Côté moral de la question des biens extérieurs. =§ 1ᵉʳ. NÉCESSITÉ DES BIENS MATÉRIELS. — 2. Sans les biens extérieurs, l'homme souffre et périt. = § 2. Moyens d'acquisition, le travail. — 3. La nature ne donne rien : il faut tout conquérir. — 4. La première occupation est un travail. = § 3. Usage des biens extérieurs. — 5. L'indépendance morale. — 6. L'économie et l'épargne. — 7. La dépense honnête. — 8. Le mauvais riche. — 9. L'aumône. — 10. Où se borne la richesse honnête. — 11. Où s'arrête le droit d'un propriétaire sur sa chose. = § 4. La loi du travail : son influence morale. — 12. Le travail assure l'ordre domestique, la paix sociale et le bonheur individuel. — 13. Nuire à soi-même, c'est nuire à tous ceux qui nous entourent.

1. Côté moral de la question des biens extérieurs. — La question des biens extérieurs est importante en morale, au point de vue de l'individu, de sa sécurité, de son indépendance morale; importante aussi au point de vue de la famille; partant, de l'État, parce qu'un individu qui ne sent pas le lendemain garanti ne peut songer à se créer une famille. L'existence de l'État sera donc compromise si les familles n'ont pas de moyens d'existence. Nous avons vu comment, dans l'État, la propriété en général se trouve constituée et garantie. Il faut nous rendre compte des moyens dont dispose l'individu pour assurer sa vie et celle de sa famille.

§ 1er. — Nécessité des biens matériels.

2. Sans les biens extérieurs l'homme souffre et périt. — L'homme est soumis à des besoins multiples : physiques et moraux; il a le devoir de conserver sa santé, de maintenir son corps sain et vigoureux afin de l'avoir au besoin comme un instrument solide; il a aussi le devoir de ne pas laisser s'obscurcir son âme, dont les aspirations ne sont pas moins impérieuses que les appétits du corps, bien que plus délicates : le bonheur est à cette double condition. Il ne peut réussir à satisfaire les uns et les autres ni atteindre ce bonheur s'il n'a eu soin de se procurer ce qui est nécessaire à la vie, en un mot *d'acquérir*. Privé de ressources, sans lendemain assuré, l'homme est condamné à une besogne matérielle, absorbé par le soin inférieur de l'existence physique : il ne vit que le moment présent, sans oser aventurer son regard vers l'avenir qu'il n'espère pas, qu'il redoute. Il manque de loisir pour étudier, la vie de l'esprit cesse en lui. L'existence lui paraît une servitude : il ne se possède pas, il est astreint à louer ses bras à perpétuité, à renoncer presque à sa volonté.

Il faut donc qu'il acquière ces biens, mais comme des moyens seulement, comme des moyens d'affranchissement. *Possédons les richesses,* comme dit Sénèque, *mais ne soyons jamais possédés par elles.*

Assurément tous ne sont pas dans les mêmes conditions de santé, de tempérament et d'aptitude, mais tous subissent la même loi de la vie : rien pour rien, c'est-à-dire nulle acquisition sans effort. Chacun se trouve astreint, dans la limite et la forme relatives, à ses besoins d'une part, et de l'autre à ses facultés, à ses forces, à son origine, à son milieu.

§ 2. — Moyens d'acquisition, le travail.

3. La nature ne donne rien : il faut tout conquérir. — Quels sont les moyens d'acquisition des biens extérieurs ?

Prenons un homme à l'état le plus primitif, nu et dépourvu de tout ; il ne saisit aucune propriété formelle ; il n'aura par la suite que des biens acquis. Acquis, comment ? Nous ne pouvons parler d'hérédité, puisque nous plaçons en exemple l'homme primitif, sans famille, sans demeure fixe, il n'y a pas d'héritages avant que les familles soient devenues stables et que des conventions survenues entre les hommes fassent reconnaître ce qui appartient à l'un et à l'autre.

Si nous cherchons les lois naturelles par lesquelles les biens extérieurs peuvent être obtenus, nous n'en connaissons point d'autre que l'action personnelle de chacun sur les choses qui l'entourent, c'est-à-dire le *travail*. L'homme possède naturellement sa personne, il possède en cela l'univers entier, en ce sens que, par son intelligence et son industrie, par sa volonté, il est capable de dompter tous les éléments, d'utiliser la matière, d'imprimer ainsi aux choses un cachet d'humanité : ce qui nous indique tout de suite la dignité même du travail, son caractère hautement moral, et le droit le plus sacré de tous, celui de travailler.

4. La première occupation est un travail. — Qu'est-ce que le droit du premier occupant ? On nous a dit qu'on possédait la propriété foncière par première occupation ; par quoi est marquée cette première occupation, sinon par une trace réelle, par un effort, par un travail ? Voici une terre éloignée, j'y aborde ; à quoi reconnaître qu'elle est la propriété de quelqu'un ? Si je ne voyais devant moi que des terres désertes et incultes, sans aucune trace de la main des hommes, il est clair que je les considérerais comme libres et non possédées, et que j'en pourrais devenir premier occupant. A quelle condition ? A la condition que je débarque, que j'utilise ce terrain jusqu'alors sans emploi.

Si quelque autre, alors, voyant ma prospérité, prétend qu'il a vu ce terrain longtemps avant moi, je suis fondé à répondre : « Que m'importe ! ce n'est pas un travail suffisant que d'inspecter par hasard et en curieux ; un regard jeté sur cette terre n'y est pas resté comme un sillon ni comme une semence, tandis que les cabanes que j'ai construites, ces chemins, ces défrichements sont une preuve de mon occupation.

C'est dans le même sens qu'on peut dire que le fruit pendant à un arbre n'est à personne, et, si le cueillant quelqu'un en fait sa propriété, c'est parce que cueillir le fruit est un travail.

A ce moyen naturel d'acquérir, les conventions sociales ont ajouté l'héritage et la donation, que nous ne citons que pour mémoire. (Voir les détails : Morale sociale.)

§ 3. — Usage des biens extérieurs.

A quoi serviront les biens acquis ?

La morale n'intervient pas dans les affaires de chacun pour régler son budget ; cependant elle a le droit et le devoir d'indiquer la règle de conduite générale : il n'est pas indifférent de savoir comment on doit employer les ressources légitimement acquises. Nul doute que ce soit à faire le bien.

5. L'Indépendance morale. — Rappelons que ce qu'il y a de plus important et de plus grave, c'est l'indépendance morale. Non point la fausse indépendance qui fait rejeter toute autorité, mais l'indépendance réelle de la volonté, celle qui consiste, par exemple, à refuser un profit qui serait la récompense d'une bassesse ou d'une faute, à renoncer à un avantage légitime, à des droits acquis, si pour les conserver il faut nous rendre complice d'une action honteuse. Or trop souvent le manque de ressources et la nécessité pressante contraignent l'homme à aliéner son indépendance, et sa moralité se courbe. Comme disait Franklin, « il est difficile à un sac vide de se tenir debout ».

De là nécessité, non pas seulement d'acquérir les biens extérieurs, mais de les conserver.

6. L'économie et l'épargne. — Or comment conserve-t-on ?

La conservation dépend de l'usage que l'on fait des biens; il faut donc connaître l'économie, savoir calculer les dépenses et les revenus, restreindre ses besoins afin d'épargner.

Le premier principe de conservation est l'épargne, et, par là même, la première règle de l'usage : « prélevons sur la richesse acquise une réserve pour le temps où nous ne pourrons plus acquérir. » La vieillesse, les maladies, les accidents empêchent l'acquisition, absorbent l'actif s'il est mince, et peuvent nous entraîner à une déchéance, nous jeter à la charge des autres, par conséquent nous mettre dans leur dépendance.

Il est clair ainsi que cette épargne a une mesure, qu'il ne faut pas changer son caractère. On n'épargne pas pour entasser, mais en prévison des dépenses extraordinaires.

Entasser pour entasser, c'est de l'avarice.

7. La dépense honnête. — Quel doit être l'objet de la dépense? Pour nous, le but est indiqué : conserver et développer notre personnalité, assurer notre moralité et notre subsistance, en même temps que maintenir notre dignité selon notre condition dans la société. Il est également malséant et contraire à l'honnête de se montrer fastueux au delà de son rang ou négligé dans sa tenue.

8. Le mauvais riche. — Il est deux catégories de mauvais riches : ceux qui ont mal acquis, et ceux qui emploient mal leur fortune. Les biens possédés sont une puissance dans nos mains ; quel usage en ferons-nous à l'égard des autres ? Apparaît un premier devoir de justice : ne pas nous armer de cette puissance pour asservir et démoraliser nos semblables.

La tyrannie de l'argent peut revêtir différentes formes. Parmi les mauvais riches, les uns veulent asservir la volonté et retenir autour d'eux des esclaves et des complaisants ; ils vont jusqu'à spéculer sur le besoin de vivre des malheureux, les réduisent à accepter soit une rémunération inférieure, soit un travail de basse œuvre.

Les autres, plus directement corrupteurs, n'achètent pas seulement le travail extérieur ; ils achètent la conscience, mettant à prix l'honneur et la vertu : s'il n'y avait point de gens pour acheter l'honnêteté et payer le vice, il n'y en aurait pas pour vendre leurs corps et leurs âmes.

9. L'aumône. — La loi d'humanité et de bienfaisance intervient grandement dans l'emploi de la fortune. Chacun de nous porte en soi l'humanité, et l'on peut dire qu'en secourant autrui, c'est nous-même que nous secourons. L'aumône sage, proportionnée, est la sanctification de la richesse

10. Où se borne la richesse honnête. — Existe-t-il une mesure à l'acquisition ? N'y aurait-il pas une sorte d'avarice à acquérir plus que n'exigent le besoin et la prévoyance ? L'homme ne doit-il acquérir que le nécessaire ? Plusieurs philosophes ont dit : oui, car pourquoi l'homme s'embarrasserait-il du superflu ? De plus, ne fait-il pas tort à autrui en enlevant une part que d'autres pourraient acquérir et dont ils manquent ?

On dit qu'il faut n'acquérir que proportionnellement à ses besoins. Mais qui peut définir les besoins de chacun ? Ils varient selon le milieu où l'on vit, le monde dans lequel on a été élevé, l'occupation à laquelle on se livre ? Comment distinguer le nécessaire du superflu ? Ce qui sera superflu pour l'un sera nécessaire pour l'autre. Or, si l'on peut admettre comme principe général que le but naturel de l'acquisition est de nous procurer le nécessaire et rien que le nécessaire, la limite est impossible à établir en pratique, et cela n'a aucun sens positif, puisque personne n'est capable de mesurer ce qui est nécessaire ou superflu aux autres, et alors chacun sera juge de sa cause.

Quant à empêcher quelqu'un d'acquérir, sous le prétexte qu'il acquiert trop, qu'il obstrue la voie de la fortune et nuit à ses rivaux, ce serait injuste et ridicule ; si la concurrence est possible, à quoi bon restreindre son activité ? Il faudrait empêcher les grands poètes et les grands peintres de produire des chefs-d'œuvre, afin de ne pas éclipser et les mauvais vers et les mauvais tableaux ; de même, interdire le commerce et l'industrie à ceux qui, vendant, fabriquant d'excellents produits, attirent la plus nombreuse clientèle. C'est absurde ! Mais ce serait vrai et équitable d'un monopole accordé *arbitrairement* par l'autorité, sans raison, sans conditions, au préjudice du plus grand nombre.

Ainsi, que la libre concurrence reste ouverte à tout le monde, que celui qui s'est perfectionné dans un art, que celui qui a inventé son œuvre et fondé sa renommée à grand'peine, continue légitimement son travail et augmente sa fortune, mais toutefois sous les conditions énoncées précédemment.

11. Où s'arrête le droit d'un propriétaire sur sa chose. — En droit positif, ce serait porter atteinte du même coup à la liberté et au droit de propriété, que d'interdire au propriétaire tel usage qu'il lui plaît de sa chose légitimement acquise. Il peut ainsi laisser pourrir sa récolte sur pied ou en meules, tomber en ruine sa maison : son droit va même jusqu'à les détruire. Mais n'oublions pas que nos biens ont une destination plus haute que la satisfaction de nos caprices. La charité et la bienfaisance nous prescrivent des lois : elles sont de droit naturel. Il faut songer que la récolte ou la maison détruites auraient pu nourrir et abriter des malheureux, à qui nous refusons implicitement notre assistance en supprimant les moyens de secours. On peut même aller plus loin et remarquer que le préjudice s'étend à la société entière : la marchandise, devenue moins abondante, hausse de prix ; moins il y a de logement, plus le loyer est cher.

Ce n'est pas lui seul par conséquent que le destructeur prive d'un avantage ou d'un revenu. Cette considération doit lui faire apercevoir la limite où s'arrête son droit sur sa propriété.

§ 4. — La loi du travail : son influence morale.

12. Le travail assure l'ordre domestique, la paix sociale et le bonheur individuel. — Le travail est la loi universelle : le riche lui-même n'en est pas exempt ; pour conserver sa richesse, il doit la surveiller, l'administrer ; et s'il est d'ailleurs affranchi du travail manuel, il doit reporter son activité vers les occupations de l'esprit.

Le travail n'est pas seulement un moyen de *gagner sa vie*, comme on dit. Il protège aussi contre les tentations, contre les défaillances qu'engendre l'oisiveté. Xénophon, dans les *Entretiens mémorables de Socrate*, a écrit un chapitre souvent cité et qu'il est toujours bon de relire ; le voici [1].

« Un jour, il vit Aristarque plongé dans la tristesse. « Il semble, Aristarque, lui dit-il, que quelque chose te pèse ; il faut partager le fardeau avec tes amis, peut-être pourrons-nous te soulager. — Socrate, répondit Aristarque, je suis dans un grand embarras : depuis que la sédition a forcé tant de citoyens à se réfugier au Pirée, mes sœurs, mes nièces, mes cousines qui se trouvaient abandonnées, se sont retirées chez moi en si grand nombre, que nous sommes à la maison quatorze personnes de condition libre ; nous ne retirons rien de la terre, car les ennemis en sont devenus maîtres, ni de nos maisons, puisque la ville est presque sans habitants ; personne ne veut acheter de meubles, et il est impossible d'emprunter nulle part ; il serait, je crois, plus facile de trouver de l'argent dans les rues que d'en emprunter. Il est bien triste, Socrate, de voir ses parents périr de misère, et dans une situation pareille on ne peut faire vivre tant de monde. — Mais, dit Socrate, après l'avoir écouté, comment donc se fait-il que Céramon, qui a aussi tant de personnes à nourrir, suffise à ses besoins et aux leurs, et épargne même de

---

[1]. Traduction Sommer. Hachette, édit. in-12.

quoi s'enrichir, tandis que toi, parce que tu as chez toi plusieurs parentes, tu crains de périr avec elles de besoin? — C'est, par Jupiter, qu'il nourrit des esclaves, tandis que moi je nourris des personnes libres. — Lesquelles crois-tu donc les plus estimables, des personnes libres que tu as chez toi, ou des esclaves qui sont chez Céramon? — Ce sont, je pense, les personnes libres qui sont chez moi. — N'est-il pas honteux que Céramon soit dans l'abondance, lui qui a chez lui des hommes vils, tandis que toi, qui a des personnes beaucoup plus estimables, tu te trouves dans le dénuement? — Non, par Jupiter, car il nourrit des artisans, et moi des personnes qui ont reçu une éducation libérale. — N'appelles-tu pas artisans des hommes qui savent faire quelque chose d'utile? — Assurément. — La farine n'est-elle pas chose utile? — Sans doute. — Et le pain? — Tout autant. — Et les vêtements d'hommes et de femmes, d'enfants, les robes, les tuniques, les manteaux? — Certes, tous ces objets sont utiles. — Et tes parentes ne savent rien faire de tout cela? — Au contraire, je crois qu'elles savent tout faire. — Eh bien, ne vois-tu donc pas qu'en exerçant une de ces industries, en faisant de la farine, Nausicyde se nourrit lui et ses esclaves, entretient en outre des troupeaux de porcs et de bœufs et met assez de côté pour aider souvent l'État dans ses besoins? Cyrèbe fait du pain, il nourrit toute sa maison et vit largement; Déméas de Collyte fait des tuniques, Ménon des manteaux; la plupart des Mégariens font des robes courtes, et tous se soutiennent. — Oui, par Jupiter; c'est qu'ils achètent des esclaves étrangers qu'ils forcent à travailler, et ils font bien, tandis que moi, je n'ai sous la main que des personnes libres et des parentes. — Mais quoi! parce qu'elles sont de condition libre et tes parentes, penses-tu qu'elles ne doivent rien faire que manger et dormir? Vois-tu que les autres personnes libres qui vivent dans une telle oisiveté aient une meilleure existence? trouves-tu qu'elles soient plus heureuses que celles qui s'occupent des choses utiles qu'elles savent? Te semble-t-il que la paresse et l'oisiveté aident les hommes à apprendre ce qu'ils doivent savoir, à se rappeler ce qu'ils ont appris, à donner à leur corps la santé et la vigueur, à acquérir et à conserver tout ce qui est utile à la vie, tandis que le travail et l'exercice ne leur servent de rien? Ont-elles appris ce que tu dis qu'elles savent comme des choses inutiles et dont elles ne feraient point usage, ou au contraire pour s'en occuper un jour et en retirer du profit? Quels sont donc les hommes les plus sages, de ceux qui restent dans l'oisiveté ou de ceux qui s'occupent de choses utiles? les plus justes, de ceux qui travaillent ou de ceux qui rêvent, sans rien faire, aux moyens de soutenir leur vie? Mais, à ce que je pense, dans l'état où vous êtes, tu ne peux les aimer, et elles ne peuvent t'aimer non plus, toi parce que tu les regardes comme un fardeau pour toi, elles parce qu'elles voient qu'elles te sont à charge. Il est donc à craindre que la haine ne se mette entre vous et que votre ancienne reconnaissance ne se perde. Mais, si tu les fais travailler sous tes yeux, tu les aimeras en voyant qu'elles te sont utiles, et elles te chériront à leur tour, parce qu'elles s'apercevront que tu es content d'elles; vous vous rappellerez avec plaisir les services que vous vous êtes déjà rendus, vous en augmenterez la reconnaissance, et vous deviendrez par là meilleurs amis et meilleurs parents. S'il fallait faire quelque chose de honteux, la mort serait préférable; mais les parentes ont, à ce qu'il paraît, des talents honorables, ceux qui conviennent le mieux à leur sexe; ce qu'on sait, on le fait facilement et vite, on le fait bien et avec plaisir. N'hésite donc pas à leur proposer un parti qui te sera avantageux autant qu'à elles et qu'elles embrasseront sans doute avec joie. — Par les dieux, Socrate, répondit Aristarque, ton conseil me semble excellent; je n'osais pas essayer d'emprunter, sachant bien qu'après avoir dépensé je ne pourrais pas rendre; mais maintenant, pour commencer notre travail, je crois pouvoir me décider à le faire. »

« Bientôt on se fut procuré des fonds, on eut acheté de la laine; les femmes dînaient en travaillant, soupaient après le travail, et leur tristesse avait fait place à la gaieté; au lieu de se soupçonner mutuellement, elles se voyaient avec plaisir; elles aimaient Aristarque comme un protecteur, Aristarque les chérissait pour leurs services. »

13. Nuire à soi-même, c'est nuire à tous ceux qui nous entourent. — L'observation des devoirs individuels n'est pas seulement obligatoire en vue de notre propre dignité; elle l'est également en tant que préparation aux devoirs sociaux. Comment en effet rendrions-nous aux autres ce que nous leur devons, si par notre négligence ou, pis encore, par une action déshonnête, nous amoindrissons nos moyens de les servir. Très fausse est l'opinion de ceux qui disent : « Ne nuit à personne qui ne nuit qu'à soi-même; » c'est au contraire nuire à tous, et la moindre injustice dans ce sens est de ne pas rendre les services qui nous auraient été possibles si nous avions ménagé nos forces, éclairé notre intelligence, modéré nos passions, épuré nos sentiments, exercé notre volonté et sauvé notre indépendance. Mais, de plus, il arrive souvent qu'en se nuisant à lui-même, l'homme impose des charges à ses semblables, et qu'il dérobe ainsi une portion des secours qui, en bonne justice, appartiennent à ceux dont le malheur n'est pas mérité par leur faute.

RÉSUMÉ

Les biens extérieurs sont indispensables à l'entretien de la vie physique et à la conservation de l'indépendance morale : ils sont utiles à la vie intellectuelle. Ils procurent, pour nous-même et pour les nôtres, la nourriture, le vêtement, le logis, les instruments de travail et d'étude, et le loisir nécessaire à la pensée. Ils donnent de l'assurance au caractère et préservent des compromis honteux.

Le devoir d'acquérir les biens matériels n'est pas l'obligation de s'enrichir : ils sont un moyen, non un but. Leur acquisition est réglée par la probité ; les moyens naturels d'acquérir sont le travail et l'épargne, les moyens légaux sont l'héritage et la donation.

L'usage de ces biens est régi par la morale : ne jamais les employer à séduire ou corrompre les consciences; ne jamais en tirer vanité comme d'un mérite; les faire servir le plus possible à l'amélioration des autres et de soi-même.

Il faut ne perdre pas de vue que tout effort et tout progrès individuels ont leur répercussion indéfinie mais certaine dans toute la société humaine : et aussi tout affaiblissement, toute dégradation, toute dégénérescence de l'individu; conséquence : rejeter comme fausse l'opinion que se nuire à soi-même ce n'est pas faire tort à autrui.

Toute la morale individuelle tend à perfectionner l'homme non pour son exclusive satisfaction et son égoïsme orgueilleux, mais pour le rendre propre à concourir au perfectionnement universel.

La loi de solidarité est latente mais certaine; elle devient apparente dès qu'un individu entre en rapport avec un autre : c'est la transition de la morale individuelle à la morale sociale.

SECTION II

Morale domestique.

CHAPITRE PREMIER

ORIGINE ET CONDITIONS DU MARIAGE

SOMMAIRE. — 1. Le mariage est le point de départ de la société. — 2. Son fondement est le consentement mutuel; son but, la communauté de toutes choses. — 3. Le mariage doit être monogame et non temporaire. — 4. L'État est intéressé à la prospérité des mariages. — 5. Les individus sont intéressés à l'intervention de l'État dans le mariage. — 6. L'intervention de l'État a aussi pour but de protéger les enfants. — 7. Double origine de la famille et du mariage : la nature et la loi. — 8. Bons et mauvais mariages, mariages honnêtes et mariages vils. — 9. Le vrai mariage. — 10. La préparation au mariage.

1. **Le mariage est le point de départ de la société.** — La première et la plus simple forme de la société, c'est le mariage, c'est-à-dire l'union de deux êtres seulement, un homme et une femme. Elle se constitue sous la double influence que nous avons reconnue dans la formation de toute société humaine : la *nécessité physique* et le *penchant social*. Mais un troisième élément s'ajoute à ces influences : l'*affection* individuelle et réciproque, suscitée par la beauté et par les qualités supérieures du cœur et de l'esprit.

2. **Son fondement est le consentement mutuel; son but, la communauté de toutes choses.** — Le mariage a pour fondement le *libre consentement;* pour but, la communauté la plus complète des biens et des maux, afin de rendre

le poids de la vie moins lourd à chacun et de sauvegarder sa dignité.

En contractant mariage, chaque époux soumet sa liberté aux besoins de la communauté, il s'engage vis-à-vis de son conjoint à des obligations multiples qui lui enlèvent la disposition de sa personne. Il est donc nécessaire qu'il y ait de sa part consentement. Toute violence, toute pression morale est une condition vicieuse qui détruit le caractère du mariage dans son principe. Elle a pour effet de placer l'un dans une position d'esclavage, tandis que le consentement mutuel les maintient tous deux dans une situation d'égalité : ce que l'un perd de sa liberté, il le retrouve dans ce que l'autre donne de la sienne.

Si l'être humain se rapproche de son semblable, c'est parce qu'il se reconnaît incomplet, inapte à remplir seul toute sa destinée : le but du mariage est clairement indiqué par là. Chacun doit donner et recevoir à part égale, afin que la vie devienne plus facile à tous deux; la joie se double et la peine se divise lorsqu'on est deux à la ressentir ; en toute circonstance, ce doit être un double effort appliqué à la même tâche, et ainsi une économie de dépense profitable au couple.

3. Le mariage doit être monogame et non temporaire. — Le vrai mariage est celui qui unit un seul homme et une seule femme. A cette condition seulement, les époux ont l'un pour l'autre le respect sans lequel il n'est pas de communauté possible; la dignité de la femme n'a jamais été bien comprise dans les pays où la polygamie est admise. La créature féminine y est pour l'homme une esclave, chargée de l'amuser ou de le servir. Quand même l'amour adoucirait la rigueur de son sort, elle n'en est pas moins sujette du caprice de l'homme, qui est son maître et non son époux, et comme l'amour est variable de sa nature, si le respect et l'estime ne le fixent, il n'est qu'une garantie imparfaite et fragile.

Dès lors, rien de durable dans ces sortes d'unions. Et le mariage tire justement sa grandeur et sa noblesse de sa durée illimitée, envisagée non comme un fait, mais comme un principe. Sinon il n'est plus qu'un accouplement, plus ou moins semblable à ceux des animaux qui agissent sous l'empire de l'instinct, et la communauté n'y peut être complète; chacun fait ses réserves, en prévision de la dissolution possible; on craint de donner trop à l'association, car celui qui donnerait plus que l'autre serait dupe; le mariage, qui doit être l'accord de deux volontés et une harmonie, dégénère en rivalité; il porte en lui-même la contradiction, c'est-à-dire sa destruction.

4. L'État est intéressé à la prospérité des mariages. — Le mariage fonde la famille, la famille fonde l'État. Quand les familles sont en discorde, l'État est divisé; si les mariages diminuent, l'État s'affaiblit; s'ils prospèrent et se multiplient, il se fortifie. Ils sont comme autant de nœuds qui resserrent et consolident les liens sociaux. C'est dans la famille que naît l'enfant; si elle subsiste, il est élevé, soigné, garanti; l'État profite de la force acquise par l'enfant, qui devient un homme et qui a puisé dans la maison paternelle le goût de l'ordre. Si la famille se démembre, l'éducation de l'enfant en souffre; moins instruit, moins protégé, il nuit à l'État au lieu de lui être utile et retombe à sa charge au lieu de devenir un élément actif de prospérité nationale. Voilà pourquoi l'État intervient dans la conclusion des mariages, fixe les formes selon lesquelles il sera célébré et les conditions auxquelles il sera légitime.

5. Les individus sont intéressés à l'intervention de l'État dans le mariage. — Ce n'est pas dans son unique intérêt que l'État établit des lois relatives au mariage. Son objet n'est pas assurément de restreindre la liberté en astreignant les contractants à des formalités. Cela irait contre son intérêt, car, s'il ne rend pas le mariage obligatoire, au moins souhaite-t-il de ne pas empêcher les mariages. *Il garantit la sincérité de l'union et les droits des conjoints.* Remontons en effet au premier temps de la société humaine : un ménage s'est formé volontairement. Survient un troisième individu qui rompt ce ménage, soit un homme qui emmène l'épouse, soit une femme qui détourne l'époux. L'abandonné réclame aussitôt le concours de ses associés; il veut qu'on l'aide à punir le ravisseur et qu'on oblige à réparation l'infidèle. Mais que répond la société? Qui était votre époux ou votre épouse, Nous l'avez-vous présenté? Savons-nous seulement si vous avez formé un ménage, fondé un foyer?

Désormais ceux qui se marieront, pour avoir droit à la protection de l'État, de la cité, devront lui faire connaître leur mariage, la personne épousée, et tous deux, en présence de la cité, déclareront que leur volonté libre est de s'associer pour fonder un foyer et partager la même existence.

6. L'intervention de l'État a aussi pour but de protéger les enfants. — La famille n'est pas constituée seulement par les époux : il naît des enfants. Le seul fait de leur naissance leur donne des droits vis-à-vis des parents. Qui les protégera si les parents injustes négligent ou désertent leur devoir? La vie des enfants importe à la société : s'il était permis de la laisser dépérir, la société, de jour en jour amoindrie, disparaîtrait promptement. Et comment savoir de quel père et de quelle mère est né l'enfant, si sa naissance n'a été constatée, régulièrement, de telle sorte que la responsabilité en soit supportée par qui de droit? *La filiation ne peut être établie authentiquement si la famille demeure indépendante absolument de l'État.*

7. Double origine de la famille et du mariage : la nature et la loi. — Cette exposition nous montre les deux origines de la famille : l'une naturelle, l'autre légale. La forme légale fait suite à la forme naturelle et la confirme. L'instinct, le penchant, l'amour provoquent le rapprochement, l'habitude peut le prolonger, mais la lassitude et une passion nouvelle ou la violence d'un tiers peuvent le défaire. C'est alors que la loi secourt la nature, règle les formalités de l'union, et que la société prête sa force à la faiblesse de l'individu et transforme l'union naturelle, l'union libre, en mariage légal.

Le but de l'acte public et légal du mariage est d'assurer la dignité de chaque époux vis-à-vis de son conjoint, de consacrer leurs droits à tous deux, de garantir la filiation et l'éducation des enfants.

En vérité, le mariage a été contracté le jour où les époux se sont donné mutuellement leur promesse, et il a été enregistré dans la conscience. Dès ce moment, ils s'appartiesnent : droits et devoirs, ils ont tout accepté en se prenant la main. Mais ils ne sont ainsi mariés que pour eux. La société n'en sait rien; pour acquérir d'elle la reconnaissance des droits que leur confère cette union, il faut qu'ils en fassent la déclaration publique et qu'ils prennent cette société tout entière à témoin de la pureté de leurs intentions et de la sincérité de leur serment. L'Etat par conséquent ne fait autre chose que donner une sanction à la moralité du mariage.

8. Bons et mauvais mariages, mariages honnêtes et mariages vils. — Il n'est pas de circonstance plus grave dans la vie sociale d'un homme que son mariage : il n'en est pas qui importe davantage à son bonheur. A la façon dont il choisit sa compagne et au motif qui le décide, on peut déjà juger son état moral. Si le mariage est en lui-même louable, conforme à la nature et favorable à la vertu, tous mariages ne sont pas également ni semblablement bons. Il en est d'honnêtes, il en est de vils, il en est de sages, et d'autres simplement imprudents.

Mariage d'inclination. — Les uns se décident par un seul motif de passion : c'est ce qu'on appelle mariage d'inclination. Le beau côté apparent de ces sortes d'engagement, c'est le désintéressement, le dévouement chevaleresque. Mais le péril réel est que tout ce qui repose uniquement sur la sensibilité est variable et changeant comme elle. La passion, si elle n'est tenue en bride par la raison et soutenue par l'estime, va comme un feu qui flambe, puis s'obscurcit et s'éteint. Rien de dangereux comme d'aventurer deux existences, deux âmes, sur une aussi inconstante caution.

Mariage de raison. — D'autres sont guidés par un motif de commodité, d'arrangement réciproque; sans apporter une grande chaleur de cœur, ils trouvent là satisfaction probable de leurs goûts, l'accord des habitudes, la convenance des situations et des rapports de famille. Ils font un mariage de raison ou, comme on dit aussi, de *convenance*.

On ne peut nier qu'il y ait là une chance considérable de tranquillité domestique. Mais le mariage n'est il que cela? N'y faut-il pas un peu plus de cœur, d'affection? la parfaite raison n'a-t-elle pas besoin de l'adoucissement de l'amitié pour excuser et supporter les défauts, les défaillances même légères que révèle la vie quotidienne, imperceptibles à qui ne fait que passer, mais visibles à qui demeure? Et la sensibilité, dont on n'a pas assez peut-être tenu compte, ne se rebellera-t-elle pas un jour? Ou, si elle est étouffée par l'habitude, n'est-ce pas au profit de l'égoïsme?

Mariage d'intérêt. — Enfin il est des individus pour qui le mariage est une affaire. Traitant leur personne comme une denrée, ils l'aliènent en retour d'un avantage matériel, favorable à leur cupidité ou à leur ambition. L'immoralité d'une union fondée sur une telle considération est criante. On n'épouse plus une personne, une âme, une intelligence et une volonté, mais une fortune ou une position. L'indignité est grande de ceux qui s'abaissent à ce calcul. Car ils mentent nécessairement. Ils n'avouent pas à la personne épousée le vrai motif de leur choix. Ils laissent supposer une affection ou une estime absente; s'ils en jouent le simulacre, c'est une hypocrisie; s'ils ne donnent pas les soins et les attentions que l'autre espère dans le mariage et qu'ils ont promis par le fait, ils volent la dot. C'est là le mariage vil entre tous.

9. **Le vrai mariage.** — Le mariage moral et vrai doit réunir toutes les conditions qui répondent aux besoins des êtres qui s'unissent. Ils sont doués de sensibilité et cherchent la satisfaction pure de sentiments et de tendances honorables : il ne doit donc pas être dépourvu d'amour; l'affection simple et loyale en fera le charme dans les jours heureux et la consolation dans les jours de tristesse.

Ils sont doués de raison; il faut que cette raison juge et approuve l'amour qui suggère le désir du mariage; qu'elle considère les qualités de la personne et l'opportunité du moment, qui est le gage de la sécurité de l'avenir.

Enfin, si l'intérêt ne doit jamais être l'objet unique poursuivi dans le mariage, non seulement il n'est pas défendu d'y songer comme à un moyen accessoire de prospérité, mais il est ordonné de prévoir les difficultés matérielles de l'existence, la nécessité d'y faire face et de les vaincre. Et l'on ne saurait approuver l'imprudente et l'intempérante générosité qui risque de plonger dans la misère, et dans la dégradation qui fréquemment la suit, les époux et les futurs enfants.

Le vrai mariage est celui qui met d'accord avec la raison les inclinations honnêtes et les intérêts légitimes.

10. La préparation au mariage. — Créer une famille, chose grande et grave! Tous n'y sont pas aptes; les devoirs sont étendus et nombreux. Il faut les connaître et les comprendre, être capable de les remplir, par conséquent s'y préparer. C'est un devoir qui précède le mariage : l'accomplissement de celui-là est le meilleur garant de l'accomplissement de ceux qui suivent.

Celui qui se marie doit songer à la responsabilité qu'il assume. *Force morale, ressources pécuniaires, santé physique*, ces trois conditions sont indispensables. La direction morale et la culture intellectuelle de l'épouse lui appartiennent en grande partie, celles des enfants presque tout entières. Il faut donc que lui-même soit muni d'une instruction et d'une expérience suffisantes, et surtout d'une moralité haute et ferme, qui par le seul exemple enseigne l'honnêteté à ceux qui l'entourent et les y retiennent.

Il faut qu'il songe de plus au devoir de faire vivre ce groupe : est-il fortuné, il est nécessaire qu'il sache administrer ses biens, les faire fructifier; est-il pauvre, qu'il exerce une industrie, un commerce, une profession, un art dont le produit assurera les besoins et garantira l'indépendance de la famille.

Mais qu'il n'oublie pas non plus que, pour porter un fardeau, il faut la force. Ce qui semble léger à de vigoureuses épaules écrase les faibles. Et l'écrasement ici retombe sur des innocents, sur les enfants, qui ne sont pas d'eux-mêmes venus au-devant. La santé, la force physique ne sont pas moins nécessaires que les ressources pécuniaires et la santé morale. Se marier en dehors de ces conditions est une imprudence.

La loi, positive en fixant l'âge minimum auquel on pourra contracter mariage et en exigeant le consentement des parents, a voulu sanctionner ce précepte de la morale, empêcher les mariages prématurés, et rectifier l'emportement et l'inexpérience des jeunes gens par les avis et la sagesse des personnes expérimentées.

RÉSUMÉ

Le mariage est l'union librement consentie de l'homme et de la femme, contractée suivant la loi, en vue de s'aider mutuellement à supporter la vie. Il n'est valable et moral que s'il donne aux conjoints des droits et des garanties égaux et réciproques. Il suit de là qu'il doit être monogame et durable, sans limite préalablement fixée. L'Etat intervient dans l'acte public du mariage pour lui imprimer le caractère d'authenticité sans lequel les époux ne sauraient à bon titre réclamer sa protection. Il a aussi en vue de protéger les droits éventuels des enfants, en même temps que de favoriser l'ordre social et le maintien de la force vive du pays.

Le motif qui détermine les gens à se marier n'est pas indifférent; selon sa moralité et sa délicatesse, le ménage lui-même sera ou non moral et digne. Le vrai mariage doit satisfaire à la fois la raison, la sensibilité et les intérêts nécessaires. Tous ne sont pas semblablement aptes à fonder un foyer et à diriger une famille. Il est important de se préparer au mariage en songeant aux obligations qu'il impose comme aux avantages qu'il procure; c'est pourquoi la morale et la loi positive fixent l'âge nubile et ordonnent de prendre conseil des parents.

CHAPITRE II

DEVOIRS DES ÉPOUX

SOMMAIRE. — 1. Devoirs réciproques. — 2. Devoirs spéciaux du mari. — 3. Devoirs spéciaux de l'épouse. — 4. L'égalité dans le mariage.

Les devoirs qui résultent du mariage sont ou communs aux deux époux, ou spéciaux à chacun d'eux. Tous tendent à un même but, le secours mutuel, afin de s'acquitter de la vie honorablement.

1. **Devoirs réciproques.** — Les devoirs communs et réciproques sont la fidélité, la confiance, l'estime, l'assistance matérielle et morale.

La fidélité. — La fidélité est l'essence même du mariage. A quoi bon prendre la société à témoin de l'engagement qui lie les époux, si l'un peut à son gré rompre le pacte, reprendre sa parole et porter ailleurs les droits acquis par l'autre? C'est justement pour empêcher toute confusion, tout rapt, toute violation du droit conjugal, c'est pour se confirmer mutuellement leur volonté de mettre tout en commun, que l'homme et la femme ont contracté le mariage. L'infidélité est donc d'abord un parjure, elle est ensuite une fraude; elle est de plus un désordre, jeté dans l'Etat; elle est la ruine de la famille, car de la part du mari elle détourne au dehors une part de l'activité, de l'affection, de la fortune qu'il a promis de consacrer au foyer; de la part de la femme, elle ajoute à ces torts, déjà si graves, l'introduction frauduleuse d'enfants adultérins qui reçoivent indûment, au préjudice des enfants légitimes, une part de l'affection et de la fortune du mari. Tous les peuples civilisés ont toujours consacré la dignité du mariage, en édictant des peines sévères contre l'adultère. Et la prospérité des Etats n'a jamais survécu au relâchement des mœurs dans la famille.

La confiance. — Les époux doivent avoir confiance l'un en l'autre et ne se rien cacher de ce qui touche au ménage. Il est bien clair que le secret professionnel doit être fidèlement gardé sans que ce soit manquer à la confiance conjugale. Un magistrat, un médecin ne doit rien révéler à sa femme de ce que son état lui fait connaître ou recevoir en confidence. Mais il est nécessaire que, pour aller d'un même pas au même but, les époux soient en parfaite communion d'idées et de sentiments.

La connaissance de ses actions et de ses dispositions est nécessaire, au mari pour guider sa femme, à la femme pour consoler et encourager son mari. La défiance refroidit l'affection; elle ôte des forces, en rendant suspect l'appui sur lequel on comptait. Elle est une offense, car elle marque ou le mépris de l'intelligence ou le doute sur l'honnêteté de la personne contre qui elle se dresse.

Seulement, il est vrai que si c'est un devoir des époux d'avoir confiance l'un dans l'autre, c'est un devoir égal pour chacun de gagner la confiance de l'autre par sa sincérité, sa franchise, son effort de bien conseiller, et son indulgence douce, mais sans faiblesse.

L'estime et le respect. — La confiance sera d'ailleurs facile si les époux ont l'un pour l'autre une sérieuse estime, fondée sur l'appréciation du mérite moral et des services rendus à la communauté. C'est un devoir précis de respecter la dignité de son conjoint : que jamais une parole ni un geste n'y porte atteinte. Si l'injure est une faute dans la vie sociale, elle est un crime dans la vie conjugale. Loin d'affaiblir par leur mépris la considération que la société accorde à l'épouse ou à l'époux, tous deux ont le devoir de l'augmenter et de la fortifier par leur déférence mutuelle. Et c'est même un moyen efficace de se soutenir dans l'honnêteté que de se donner entre soi toutes les marques de vénération qu'on accorde aux honnêtes gens.

L'assistance mutuelle. — Enfin ce serait aller contre le but du mariage, ce serait commettre un contre-sens que de se refuser l'un à l'autre l'assistance dans le besoin et dans les cas difficiles; au jour du mariage, ils se sont associés dans leur commun intérêt. Ils ne savaient pas et ne pouvaient prévoir lequel des deux serait le premier affaibli, fatigué, malade, troublé. Et ils se sont engagés, avec des chances égales, à des services égaux. Facultés spirituelles, puissance physique, ressources matérielles, ils ont tout apporté dans le ménage, ils en ont profité ensemble, avec d'autant plus de joie qu'ils avaient l'espérance de ne pas se quitter, en cas de malheur. C'est justice que le plus vaillant protège le plus faible, que le bien portant soigne le malade, que le plus fortuné alimente le plus pauvre, que le plus intelligent et le plus clairvoyant renseigne et dirige le moins instruit et le moins bien doué. C'est justice enfin que le plus moral, le plus honnête relève et purifie celui dont la conscience est plus trouble et moins fixe. Cette assistance mutuelle, matérielle et morale n'est donc que l'exécution du contrat; pour l'un et l'autre, elle est alternativement un droit et un devoir.

2. **Devoirs spéciaux du mari.** — *Leur principe est la supériorité de l'activité et de la force.* — Dans toutes les espèces animales, le mâle possède la supériorité de la force et de l'énergie. Ses membres moins délicats, ses muscles plus puissants le rendent apte à supporter la fatigue, à fournir un plus dur labeur. L'homme ne fait pas exception à cette loi. Il est plus vigoureux que la femme; il peut travailler davantage; exempt du fardeau de la maternité, il est libre en tout temps de se mouvoir; le champ de son expérience est plus étendu, il n'est pas retenu par la même pudeur. Il est donc fait pour diriger le ménage.

L'homme doit travailler pour deux. — Son premier devoir, le plus simple et le plus impérieux, car la nature même le réclame quotidiennement, est de pourvoir à la subsistance du couple, non seulement à la sienne, mais à celle de sa femme. Et par subsistance, on n'entend pas seulement ici la nourriture, mais tout ce qui est indispensable à la vie du corps : l'abri, le vêtement, les objets nécessaires à l'entretien du foyer.

L'homme doit diriger les affaires et les relations. — A lui, qui est de nature hardie, appartient le droit, et à cause de cela le devoir de diriger les affaires du ménage; il en a la responsabilité. Mieux que la femme, ordinairement du moins, il est capable de distinguer la voie la plus fructueuse. S'il n'a pas l'administration intérieure, dont les détails lui échapperaient, il a plus de vue sur l'extérieur. Allant et venant, se mêlant aux hommes, renseigné sur les affaires publiques, il est à même de calculer plus sûrement ce qui convient ou ne convient pas; sa faute serait grande de risquer la fortune et la destinée du ménage, l'honneur de la maison, et il ne doit rien entreprendre qu'à bon escient. Il ne faut pas dire : qu'il soit le *maître*, mais le *directeur*.

D'ailleurs, avant de se marier, il fallait qu'il eût déjà sa carrière ouverte, ses ressources assurées. Son devoir est de les conserver et de les accroître.

Il importe que sa direction n'ait pas exclusivement un caractère d'affaires : il doit être aussi un guide moral. C'est à lui que revient le devoir de défendre le foyer contre les intrusions des étrangers; c'est à lui, plus expérimenté, à écarter les gens douteux, les relations suspectes, à prendre garde au caractère des lieux où il conduit l'épouse, et avec elle la dignité et la pureté de la famille.

L'homme a le devoir de protéger l'épouse et le foyer. — C'est un nouveau devoir auquel conduit le précédent. Pour garantir la sécurité et l'honorabilité de la famille, le mari doit être le conseiller et le protecteur de la femme. La protéger, ce n'est pas seulement la préserver de l'insulte grossière, défendre sa vie, sa réputation. C'est quelque chose de plus délicat et de plus difficile, car cela exige une très haute moralité et une conscience élevée : c'est la défendre dans sa pensée, dans sa conscience, contre les mauvais exemples, contre les excitations et les conseils pernicieux, contre elle-même quelquefois, contre sa jeunesse et son inexpérience.

Il doit être un soutien assidu de sa vertu; il doit, dans la mesure que ses forces lui permettent, associer la femme à ses travaux, à ses intérêts, fixer son esprit sur de grandes et nobles choses, ne pas oublier que c'est une âme qui s'est remise à lui parce qu'il l'a sollicitée, que cette âme éprouve des tendances et des curiosités : son devoir est à la fois de les satisfaire et de les régler. L'ordre et le bonheur du ménage sont à cette condition.

L'autorité maritale. — La famille antique, si solidement constituée et si respectée, avait pour base l'autorité du chef, du mari, qui pendant longtemps eut droit de vie et de mort sur tous les membres de la famille. Les mœurs s'adoucirent, la forme de l'autorité changea, le principe n'a pas changé; quelque effort que l'on tente pour l'ébranler, il subsiste parce qu'il est non pas conventionnel et arbitraire, mais de droit naturel. Chargé de tous les devoirs inscrits plus haut, comment le mari s'en acquitterait-il si sa direction pouvait être niée et méprisée impunément? Il a la responsabilité il faut qu'il ait les moyens d'agir, et de ce qu'il commettrait une faute en abusant, ce n'est pas raison de les lui retirer d'abord par présomption d'un abus hypothétique.

Il commande, non comme un maître à son esclave, mais doucement il persuade en même temps, et ses prescriptions ont pour objet non la satisfaction de son caprice mais la prospérité commune. Son autorité d'ailleurs n'est point violente; elle ne s'exerce pas sous forme de contrainte brutale : il lui est interdit de frapper, de faire souffrir. Elle est morale; c'est par l'ascendant de son intelligence, de sa sagesse, de sa probité, de sa stricte exactitude à remplir ses devoirs qu'il doit l'établir et la faire respecter. Et pour cette cause elle est plus sacrée. La loi positive, à mesure qu'elle a désarmé l'autorité maritale des moyens violents dont jadis elle disposait, a rendu plus obligatoire la docilité de l'épouse et son concours volontaire au succès de l'œuvre commune.

3. **Devoirs spéciaux de l'épouse.** — *Ils sont appropriés à sa nature délicate et aux risques physiques qu'elle court.* La femme est, par nécessité naturelle, par tempérament, destinée à vivre à la maison. Elle ne peut supporter la fatigue des longues marches, et le travail sédentaire prolongé lui est funeste et semblablement une application trop soutenue. La maternité, conséquence prévue du mariage, lui interdit pendant des mois consécutifs tout effort, puis l'enfant l'accapare, lui ôte la possibilité de s'éloigner du foyer.

L'économie. — Son premier devoir est donc l'organisation et l'administration intérieure. A l'homme de gagner, à elle de régler la dépense, de s'interdire tout gaspillage, toute fantaisie inutile; qu'elle songe : le revenu est le produit du travail et de la fatigue du mari! Moins on dépensera, plus on épargnera sagement, moins longtemps il devra peiner, plus il sera facile de le soulager, plus tôt ils auront tous deux la sécurité du lendemain. Mais, peut-elle dire quelquefois, j'ai apporté une dot! Sans doute; elle en jouit en commun, c'est le bien de la famille; elle en doit être économe comme du prix du labeur. Car, si la dot s'entame et disparait, la nécessité de combler le déficit imposera une tâche de surcroît au mari. Elle doit prévoir, elle aussi, les jours de déception et de gêne, et le temps où les enfants, petits ou grands, seront la cause de nouvelles obligations et de nouveaux besoins.

L'économie d'ailleurs n'est pas seulement l'épargne, c'est toute l'administration domestique. Le soin de la lingerie, du mobilier, de l'entretien hygiénique de la maison, de l'alimentation du ménage, c'est là l'empire où l'esprit de la femme trouve largement à s'exercer d'une façon utile et adroite, sans la condamner cependant à l'existence mécanique.

Elle ne court pas plus le danger de s'y absorber et de s'y abêtir, que l'homme dans son métier, son commerce ou sa profession. Pour l'un et l'autre, cette occupation est d'abord un préservatif moral, puis la condition de la prospérité, par conséquent de la tranquillité d'esprit ; donc la possibilité de revenir de temps en temps, aux heures de loisir bien gagné, à la satisfaction des aspirations plus hautes de la sensibilité et de l'intelligence.

La docilité. — La docilité est la disposition habituelle d'un esprit qui se laisse instruire et conseiller. Ce n'est pas l'obéissance forcée, comme d'un inférieur vis-à-vis d'un supérieur. L'épouse est nécessairement inexpérimentée sur beaucoup de points, où le mari a vu de ses yeux ce qui se passe et éprouvé le moyen d'action. S'il a la responsabilité de la direction, il est juste qu'il soit écouté. D'ailleurs, à mesure que s'accumulent les années, dans un ménage bien formé, la fusion se fait toujours plus intime ; la femme, avec sa finesse de pénétration et sa prompte intelligence des choses, acquiert ce qui lui manque au début et devient un utile conseiller : son devoir est de tendre à ce rôle et de le mériter. Mais pour y arriver, pour éviter les froissements et les tiraillements, il est indispensable que l'esprit masculin imprime la direction. Renoncera-t-elle pour cela à sa personnalité ? Loin de là. Mais elle la développera de façon que, au lieu de rompre l'équilibre, elle le rende stable par la communion des idées et l'unité de la tendance.

4. **L'égalité dans le mariage.** — Est-ce une royauté pour le mari que ces principes établissent? Non. Les époux sont égaux devant la société et vis-à-vis d'eux-mêmes. Ils ont mêmes droits, mêmes devoirs, et surviennent les enfants,

même charge, même responsabilité. Ce sont deux associés dont l'association est la plus délicate et la plus importante. Mais, de ce qu'ils sont égaux, sont-ils semblables? Évidemment leur fonction n'est pas la même. Leur part de gouvernement est proportionnée et déterminée selon leurs aptitudes. Qu'ils s'estiment, se respectent, se soutiennent réciproquement, l'égalité dans le mariage sera la plus vraie et la plus profitable. Les inégalités apparentes établies par la loi positive proviennent de considérations relatives au tort plus ou moins grave que cause matériellement au ménage l'inconduite du mari ou celle de la femme. Sur les points essentiels, le respect et le secours réciproques, la loi est d'accord avec la morale. Et, quand il paraît qu'elle accorde au mari des droits plus étendus, c'est qu'elle le constitue le protecteur responsable de la femme et augmente d'autant ses devoirs et ses charges.

RÉSUMÉ

Tous les devoirs qui résultent du mariage sont obligatoires, comme en étant la conséquence naturelle : les époux ne devaient pas les ignorer avant de s'y engager.

La faute de l'un ne saurait engendrer pour l'autre un droit de représailles : car la justice ne cesse pas d'être parce que des coupables violent ses prescriptions.

Ces devoirs sont ou réciproques ou spéciaux.

Les devoirs réciproques sont la fidélité, la confiance, l'estime et le respect, l'assistance mutuelle.

Les devoirs spéciaux sont pour l'homme l'alimentation de la maison, la direction des affaires communes, le choix des relations, la protection physique et morale de la femme. Son autorité n'existe que pour lui permettre de s'acquitter de ses devoirs.

De son côté, la femme a pour mission d'administrer l'intérieur de la maison; elle doit être docile et s'associer aux vues de son mari.

L'accomplissement de tous ces devoirs ne coûte

pas aux époux qui se sont unis dans de bonnes conditions ; c'est la seule garantie durable de l'égalité dans le ménage et du bonheur domestique.

CHAPITRE III

DEVOIRS DES PARENTS ENVERS LEURS ENFANTS

Sommaire. — 1. Origine de ces devoirs : responsabilité paternelle, faiblesse de l'enfant. — 2. Conserver et développer le corps et l'esprit de l'enfant. — 3. Trois périodes des devoirs paternels. — 4. Première période : nourrir et soigner l'enfant. — 5. Seconde période : l'éducation morale; l'instruction libérale et technique. — 6. Sanction légale de ces devoirs. — 7. Troisième période : la bienveillance, le dévouement. — 8. Le devoir d'exemple. — 9. L'autorité paternelle. — 10. Les enfants sont égaux devant les parents. — 11. Le père de famille doit-il un patrimoine à ses enfants? — 12. Le devoir de prévoyance : l'assurance sur la vie.

1. Origine de ces devoirs, responsabilité paternelle, faiblesse de l'enfant. — L'origine de ces devoirs, c'est d'abord la responsabilité pour le père et la mère d'avoir appelé l'enfant à la vie, et de lui avoir imposé nécessairement les conditions générales d'existence qu'eux-mêmes avaient choisies ou tout au moins préparées et causées par leur conduite.

L'enfant, en effet, participe fatalement aux avantages et aux désavantages de la santé, de l'éducation, de la situation sociale et de l'état de fortune de ses parents.

La seconde origine de ces devoirs, c'est la faiblesse prolongée de l'enfant; son corps et son esprit ne se développent que lentement et au prix de beaucoup de soins. Laissé à lui-même, il périt physiquement ou moralement.

2. Conserver et développer le corps et l'esprit de l'enfant. — Il suit de là clairement que les devoirs des parents visent le corps et l'esprit de l'enfant, sa santé et sa moralité. Pour déterminer la façon dont ils doivent agir, c'est-à-dire les formes de ces devoirs, on peut considérer que pendant un long temps, le père et la mère ont pour mission de se substituer à l'enfant incapable.

Tout ce qu'il devrait faire par lui-même, pour conserver sa vie et avancer vers sa fin morale, ils doivent l'accomplir et préparer l'enfant à le faire.

3. Trois périodes des devoirs paternels. — On peut distinguer trois périodes dans chacune desquelles, le principe restant le même, l'application se modifie : la première est celle de l'enfance ; la seconde, celle de l'adolescence ; la dernière, après la majorité, lorsque l'enfant est devenu un homme.

4. Première période; nourrir et soigner l'enfant. — Pendant la première enfance, l'être humain prend graduellement connaissance de lui-même et des choses qui l'entourent, mais son instinct est bien inférieur à celui des animaux ; son intelligence s'ouvre lentement et n'y peut encore suppléer ; ses forces physiques ne lui permettent aucun travail, aucun effort ; sa santé et sa vie sont perpétuellement en jeu. Le premier devoir des parents est donc de se dévouer à la conservation de l'enfant, le nourrir, le vêtir, le soigner ; à mesure qu'il grandit, exercer ses membres, l'habituer à marcher, à se mouvoir, le détourner de toute imprudence, de toute dépense excessive de force : telles sont les premières prescriptions.

Mais la vie de l'esprit a commencé dès que l'enfant a pu recevoir des impressions ; l'éducation intellectuelle ne doit donc pas beaucoup retarder sur l'éducation physique ; il ne s'agit pas, bien entendu, d'appliquer déjà l'enfant à l'étude, il serait imprudent de fatiguer prématurément son cerveau, il serait même contraire au devoir d'épuiser ses facultés par une culture précoce et hâtive. L'esprit, comme l'estomac, a besoin d'une alimentation proportionnée ; il ne profite que de celle-là ; excessive, ou trop forte, elle l'étouffe. Mais il importe de procéder doucement à l'éducation, d'apprendre l'enfant à se reconnaître au milieu des choses, à remarquer leurs qualités, à se donner à lui-même les raisons de ses préférences, à les exprimer ; en un mot, piquer sa curiosité et s'efforcer de donner à ses questions des réponses claires, afin de ne le point décourager et de ne point le dégoûter de ses interrogations. Dès cette première période, il faut introduire dans son esprit la notion des actions bonnes ou mauvaises, et l'habituer à pratiquer les unes, à éviter les autres. Plus tard, il en comprendra la valeur; l'habitude de bonne heure contractée lui épargne bien des efforts et bien des chutes.

5. Seconde période; l'éducation morale, l'instruction libérale et technique. — Elle commence au moment indéfini qu'on appelle l'*âge de raison*, c'est-à-dire lorsque l'enfant, déjà formé, pourvu d'un certain nombre de notions, est capable de réfléchir; elle va jusqu'à l'âge d'homme, c'est-à-dire l'époque où il est en pleine possession de ses facultés spirituelles et de ses forces physiques.

Dans cette période, les devoirs des parents sont bien à peu près les mêmes que dans la première; seulement c'est dans la mesure qu'ils diffèrent; il s'agit en effet de transformer l'enfant en homme, de le préparer à l'existence personnelle : il faut lui procurer une éducation en rapport avec les ressources de la famille. Une fois la première instruction et la première éducation données, les parents sont tenus de continuer leurs soins, selon leur état, dans toute la mesure possible; ils doivent favoriser le développement intellectuel et même la culture esthétique de l'enfant; leur responsabilité n'est pas encore dégagée.

L'adolescent manque d'expérience : ils doivent le guider; il ne peut encore acquérir des ressources suffisantes : ils doivent le soutenir; c'est surtout dans le choix d'une carrière que l'enfant a besoin d'être éclairé, et d'abord c'est une obligation stricte pour les parents que de lui donner et lui faire accepter, par contrainte s'il le faut, un état, un métier, une profession par quoi il puisse subvenir à ses besoins; c'est à eux qu'il appartient de calculer ce que leur condition permet à l'enfant d'entreprendre.

6. Sanction légale de ces devoirs. — La loi protège l'enfant contre l'incurie ou l'inhumanité des parents. Elle édicte des peines contre le père et la mère qui font ou laissent périr l'enfant; elle n'attend pas que le crime aille jusqu'à l'infanticide. Elle les châtie pour les mauvais traitements et l'abandon. Et, comme la vie physique n'est pas la seule qui ait droit à sa sollicitude, elle ordonne aux parents d'instruire ou de faire instruire les enfants. L'État s'impose des sacrifices pour mettre à la portée de tous les esprits les moyens d'instruction morale et professionnelle. Il a le droit d'exiger que ce ne soit pas en vain, et ce pour le bonheur de l'individu autant que pour le progrès de la société.

7. Troisième période : la bienveillance, le dévouement. — Les charges des parents diminuent graduellement à mesure que se développe leur enfant. Ils ne lui doivent plus ni nourriture ni soins matériels, quand sa force physique le met à même de subvenir à ses besoins; ils n'ont même plus le droit de le contraindre à la soumission, quand ses facultés cultivées lui permettent de se diriger lui-même. Toutefois le lien naturel n'est pas rompu. Les parents ne sauraient devenir indifférents au sort de leurs enfants. Toute la vie, ils leur doivent l'assistance de leur sagesse, leurs conseils, leur protection morale. Ils demeurent les protecteurs de ceux qu'ils ont appelés à la vie. Et si le malheur les frappe, si malgré leur courage les enfants tombent en détresse, le devoir de secours renaît pour les parents, toujours bien entendu dans la mesure de leurs moyens.

8. Le devoir d'exemple. — En tout temps, les parents ont le devoir de donner aux enfants l'exemple de la vertu. Les conseils, les exhortations sont salutaires, mais don Gormas a raison:

Les exemples vivants sont d'un autre pouvoir.

L'action produit plus d'effet et laisse une impression plus forte dans l'esprit de l'enfant. Il deviendra de lui-même, presque sans effort, sous l'influence de l'instinct d'imitation, bon, juste, honnête, respectueux, si sous ses yeux les parents se respectent eux-mêmes et mutuellement; s'ils surveillent leurs actions, leurs paroles, leur tenue; s'ils n'excusent jamais une improbité ni une inconvenance, bien loin de s'en rendre personnellement coupables; s'ils ont enfin la persévérante attention à remplir scrupuleusement leurs devoirs et à travailler avec résignation et courage. Mais, si entre eux s'élève la discorde, le désarroi de la famille ne tarde pas; si le père ou la mère commet des fautes graves, les enfants perdent toute considération de leurs parents, méprisent toute autorité et s'acheminent à grands pas vers la honte. La contagion du vice les gagne, rien ne les retient.

9. **L'autorité paternelle.** *Elle est favorable à l'enfant.* — C'est la puissance dont disposent le père et la mère pour forcer les enfants à l'obéissance. Très étendue dans l'antiquité, elle allait, comme l'autorité maritale, jusqu'au droit de vie et de mort. C'est que l'on considérait alors l'intérêt du mari ou du père, c'est-à-dire l'honneur et la grandeur de la famille, plus que l'intérêt spécial de l'épouse ou de l'enfant. Le progrès moral a adouci cette conception. Nous considérons les devoirs du père et du mari, comme devant servir à la protection de l'enfant et de la femme. Aussi ne permet-on rien au père qui ne soit dans l'intérêt moral ou matériel de l'enfant. Son autorité n'a pour but que d'empêcher l'enfant ignorant de tomber dans la faute. Ce n'est pas une tyrannie arbitraire créée au profit du père ou de la mère. La loi intervient si les parents abusent de leur autorité; elle les destitue de la tutelle. Mais elle les seconde contre le vice de l'enfant, et, s'il faut sévir rigoureusement, c'est à elle qu'est réservé le droit de correction.

On comprend tout de suite que l'autorité du père et de la mère se circonscrive de plus en plus à travers les trois périodes plus haut désignées. Presque absolue dans la première, à l'exclusion des mauvais traitements, elle devient de plus en plus raisonnée et morale dans la seconde; et dans la troisième elle se réduit à un simple droit de conseil.

10. **Les enfants sont égaux devant les parents.** — En droit naturel, tous les enfants ont au même titre droit aux mêmes avantages. Les parents manquent à leurs devoirs s'ils accordent arbitrairement à l'un une préférence et des soins plus larges, plus complets, plus recherchés : c'est d'abord une injustice, car aucun n'est plus que les autres leur enfant; puis c'est un désordre dans la famille, une source de dissensions qui la font périr.

Ils doivent répartir entre tous également leurs soins, leur affection, leurs biens. Mais il est vrai aussi que cette égalité doit être équitable, sinon elle devient l'inégalité. Tous les enfants n'ont pas les mêmes aptitudes ; leur appliquer indistinctement le même système d'éducation, les mêmes moyens d'instruction, les pousser dans la même carrière, ce serait fort mal entendre le devoir paternel et l'intérêt des enfants. Ajoutons encore que, par leur conduite, leur travail, leur honnêteté et leur affection, les enfants répondent plus ou moins aux efforts de la famille : ils se montrent plus ou moins dignes de leurs parents. L'injustice serait alors de les traiter avec une parfaite égalité. Il faut que le père et la mère puissent donner aux uns des marques de leur estime particulière, des encouragements à persévérer dans le bien, et aux autres des marques de leur mécontentement et de leur réprobation.

La loi française, qui abolit le droit d'aînesse, n'a pas voulu dépouiller les parents de ce pouvoir. Elle proclame les enfants égaux ; mais elle laisse aux parents une quotité disponible de leurs biens.

11. Le père de famille doit-il un patrimoine à ses enfants ? — La loi positive se rapproche le plus possible de la loi morale, mais elle n'en égale pas l'étendue. Elle défend au père de famille de déshériter ses enfants complètement, mais elle ne lui prescrit de son vivant aucune règle d'emploi de ses biens personnels. Il importe cependant de distinguer les biens patrimoniaux et les acquêts ou biens acquis par l'industrie, le travail et l'économie individuels. Le *patrimoine* est constitué par les biens accumulés de génération en génération et transmis de père en fils. C'est un dépôt de famille, qui est destiné à maintenir la dignité de la descendance ou tout au moins à adoucir son sort, à lui ménager des ressources. On peut dire que celui entre les mains de qui il vient en est comptable à ses enfants. Il n'a donc pas le droit de le dépenser à son goût ; la nécessité seule, et une nécessité honorable, lui donne le droit de l'aliéner.

Quant aux biens acquis par le père au prix de sa peine et

de ses privations, il en est le maître. Il ne les doit pas absolument à ses enfants. Mais il est obligé de leur fournir les moyens de vivre, de s'instruire, d'entreprendre un travail eux aussi. Et son devoir précis est de ne pas les accoutumer dans l'enfance et la jeunesse à une existence plus luxueuse et plus facile que celle qu'il leur réserve. Il ne faut pas que, le travail leur paraissant trop dur et trop amer après des jouissances sans peine, ils en tirent prétexte à la paresse et au dégoût.

12. **Le devoir de prévoyance : l'assurance sur la vie.** — Le père de famille doit prévoir qu'une mort inattendue et prématurée peut l'atteindre et priver de son aide ses enfants encore incapables de subvenir à leurs besoins.

Les prémunir contre le risque de la misère, se prémunir lui-même contre la douloureuse pensée qu'il les quitte exposés au dénûment, son cœur et sa raison le lui ordonnent avec une égale autorité. Le moyen, inconnu de nos aïeux, est aujourd'hui rendu facile par la création des caisses *d'assurances sur la vie*. Moyennant un versement annuel, qui représente une sérieuse épargne, le père et la mère de famille *assurent* à leurs enfants devenus orphelins le paiement d'un capital proportionnel qui les met à l'abri des rigueurs immédiates de la pauvreté.

RÉSUMÉ

Les parents portent la responsabilité de la naissance de l'enfant; pendant longtemps, la faiblesse intellectuelle et physique de l'enfant l'empêche de subvenir à ses besoins et de discerner la voie qu'il doit suivre. Les devoirs des parents visent donc la vie physique et la vie morale de l'enfant. On distingue trois périodes pendant lesquelles la forme et l'étendue de ces devoirs varient.

Première période : l'enfance, — conservation et développement des forces physiques; commencement d'éducation et d'instruction. La responsabilité des parents est complète; par contre, leur autorité est entière, bien entendu réglée et mesurée par l'intérêt même de l'enfant.

Deuxième période : l'adolescence jusqu'à l'âge d'homme. Les devoirs sont les mêmes, mais agrandis du côté de l'éducation et de l'instruction, complétés par le devoir de préparer l'enfant à la vie personnelle et à la vie sociale, et de le mettre à même de subvenir à ses besoins au moyen d'un état, d'un art, d'une profession. L'autorité paternelle doit s'appuyer davantage sur la raison.

Troisième période : l'enfant a atteint l'âge d'homme, il est citoyen. Il doit disposer de sa liberté, il devient pleinement responsable. Les parents ne sont plus tenus que de l'éclairer de leurs conseils et de leur expérience. Mais leur autorité diminue graduellement avec leur responsabilité et leurs obligations.

En tout temps, ils doivent l'exemple de la concorde et de toutes les vertus, et une égale sollicitude à tous leurs enfants.

CHAPITRE IV

DEVOIRS DES ENFANTS ENVERS LEURS PARENTS

SOMMAIRE. — 1. L'amour filial se compose de reconnaissance et de respect. — 2. Trois groupes de devoirs. — 3. L'obéissance sans réserve. — 4. L'obéissance volontaire et le travail. — 5. La déférence et l'assistance. — 6. Obligation de secourir matériellement et moralement nos parents.

1. **L'amour filial se compose de reconnaissance et de respect.** — *L'enfant tient tout de ses parents.* — Le principe de ces devoirs est la reconnaissance, qui est l'obligation de rendre le bien pour le bien. L'enfant tient tout de ses parents : sa vie, non seulement par le fait de la naissance, mais par les soins qui la lui ont conservée. Tout ce

qu'il y a de bon en lui : son instruction, son éducation, sa santé, ses biens, sa profession même et son honorabilité, tout lui est venu de son père et de sa mère. C'est leur travail, leur économie qui ont permis de l'élever; il a donc contracté vis-à-vis d'eux une dette; et qu'il ne dise pas, pour se donner le droit de la nier, que la vie lui a été imposée, et que ses parents sont aussi bien cause de ce qu'il souffre ou peut souffrir que des biens dont il a la jouissance. La vie par elle-même est un bien, et ceux qui nous la donnent sont nos bienfaiteurs; elle ne devient mauvaise que par notre faute, par nos passions, notre ignorance, nos vices, et justement l'effort de nos parents tend à nous en préserver et à nous en corriger. Ils sont véritablement vis-à-vis de nous les auteurs de notre bonheur et ne sont pas responsables de nos maux.

A la reconnaissance doit s'ajouter le respect [1]. Il n'est personne à qui nous en devions davantage : d'abord parce que nos parents sont mieux instruits que nous des difficultés pratiques de l'existence; leur expérience leur donne une supériorité que leur bonté tourne à notre profit : c'est d'eux que nous viennent les conseils les plus désintéressés et en toute circonstance la protection la plus généreuse. Ensuite, nous ne pouvons oublier notre origine; nous portons en nous plus ou moins les caractères héréditaires; et ce respect que nous devons témoigner aux parents, eux seuls n'en sont pas l'objet, mais en eux il embrasse toute la famille et remonte jusqu'aux ancêtres, à qui nous devons notre rang dans l'humanité et dont les efforts, accumulés de génération en génération, sont venus se résumer en nous.

Le respect et la reconnaissance réunis forment l'amour filial.

2. Trois groupes de devoirs. — Dans la pratique, les devoirs de l'enfant envers ses parents peuvent se diviser en trois groupes, afférant aux trois périodes qui marquent son développement et correspondent aux périodes que nous avons distinguées pour les devoirs des parents.

1. Lire, dans Xénophon, Entretiens mémorables de Socrate, comment il corrige Lamproclès; liv. II, ch. II.

3. 1° L'obéissance sans réserve. — Dans la première période, celle de sa plus grande faiblesse, de son ignorance de toutes choses, de son incapacité absolue, l'enfant a pour premier devoir l'obéissance ; il n'a nulle raison de se défier de l'affection et de la clairvoyance de ses parents ; ses instincts seuls l'excitent à la rébellion, et c'est précisément à corriger ses instincts que s'appliquent les parents. N'étant pas capable d'apprécier la valeur et la portée des actes, il est nécessaire qu'il se laisse guider, et de là le droit en même temps que le devoir du père de famille de contraindre l'enfant à la soumission et à la docilité.

4. 2° L'obéissance volontaire et le travail. — Dans la seconde période, qui correspond au premier développement de la responsabilité de l'enfant, ses devoirs deviennent plus précis et en quelque sorte plus moraux. Il ne suffit plus qu'il se soumette ; il faut qu'il veuille se soumettre. Il commence à réfléchir ; son raisonnement se forme ; son devoir est d'écouter et de comprendre, et de rendre son obéissance intelligente et consentie. Il doit alors conformer ses actions à la direction paternelle ; il faut qu'il s'instruise, qu'il entrevoie les devoirs nouveaux qui s'imposent à son activité croissante ; il a été jusqu'ici une charge à sa famille ; il faut qu'il se prépare à vivre de lui-même et de plus à soulager et à secourir ceux dont il a tout reçu. De là l'obligation précise pour tout enfant de s'habituer au travail, de choisir une carrière et de suivre le plus exactement possible les avis de ceux qui ont mission de le conseiller en vue de l'accomplissement de ses devoirs et de la conservation de sa dignité.

5. 3° La déférence et l'assistance. — Dans la troisième période, l'enfant est un homme. Il a conquis son indépendance en se créant des moyens d'existence, et son expérience, complétée de jour en jour, lui donne le pouvoir de choisir lui-même ce qui lui convient. Il est nécessaire qu'il recouvre sa liberté entière ; elle est la condition de sa responsabilité.

Il ne doit donc plus l'obéissance, mais il ne reste pas moins l'obligé de ses parents ; il n'est donc pas exempt de la reconnaissance ; bien au contraire, depuis qu'il vit de sa vie personnelle, il a pu mieux comprendre les peines supportées et les efforts tentés par amour de lui. Il ne doit pas cesser de respecter ceux dont la sagesse et le mérite n'ont pu que se perfectionner en vieillissant, et il peut songer que la cause de sa force à lui est bien un peu la cause de leur faiblesse à eux. L'obéissance se transforme donc en déférence. Sans être astreint à les suivre, il doit écouter sans impatience et sans dédain leurs conseils; il ne doit même pas négliger de les demander s'il s'agit d'une entreprise grave où l'honneur commun, l'intérêt de la famille soient engagés. Il est libre de sa personne sans doute, mais il n'est pas indépendant de ses origines, et le nom même qu'il porte demeure une propriété indivise entre lui, les parents et les ancêtres.

Conséquence de ce devoir dans la circonstance spéciale du mariage. — Ce devoir de déférence est particulièrement obligatoire, lorsque le fils ou la fille songe à se marier et fait choix d'une épouse ou d'un époux. Faire part de ses intentions aux parents n'est que le premier pas, il faut prendre leur avis et obtenir leur approbation. Il ne s'agit pas seulement de l'intérêt même du futur époux ou de la future épouse, qui ont tout avantage à être renseignés et guidés, prémunis contre les erreurs de la passion, mis en garde contre les pièges des malhonnêtes gens. L'intérêt supérieur de la famille commande. Se marier, ce n'est pas seulement se donner, c'est introduire une personne étrangère dans la famille. C'est bien le moins que les parents donnent leur adhésion et agréent celui ou celle qui va devenir leur enfant, plus intimement que par l'adoption. L'honneur de la famille, le bien le plus élevé et commun à tous ses membres, va lui être confié, à cet étranger, à cette nouvelle venue. Est-il confié à un bon cœur, à de bonnes mains? Les parents ont le droit de le demander, de le savoir. Et il faut au moins, s'ils repoussent ce mariage, qu'ils puissent manifester leur blâme et leur refus, qui mettent à couvert leur responsabilité et dégagent leur solidarité si plus tard il arrive malheur ou honte.

6. Obligation de secourir matériellement et moralement nos parents. — *Sanction légale.* — Dans l'ordre naturel des choses, un jour vient où les enfants, devenus hommes, ont acquis une sorte de supériorité sur les parents vieillis et affaiblis. Par un juste retour, ils ont la possibilité d'acquitter la dette contractée dans leur enfance et dans leur jeunesse. Cette faiblesse, cette impuissance qui dans l'enfant a été la cause de l'obligation des parents, lorsqu'elle engourdit ceux-ci, impose aux enfants l'obligation de soutenir de leur mieux ces vieillards, ces pauvres, dont la vie et les ressources se sont épuisées à les former, à les élever, à les grandir.

L'assistance qu'ils leur doivent est à la fois morale et matérielle.

Matérielle, elle ne doit pas prendre l'apparence d'une aumône; que l'enfant ne croie pas acheter de l'autorité sur son père; qu'il ait soin au contraire de ménager la sensibilité, la susceptibilité et l'indépendance de ceux qu'il secourt.

Morale, elle n'est pas moins précieuse. Ce sont les consolations affectueuses, le relèvement de la fermeté qui tombe parfois sous les infirmités, sous les revers. Et puis qu'il ne se croie pas quitte, l'enfant, avec quelques paroles d'encouragement, quelques protestations affectueuses. D'où lui est venue son intelligence, sa science, son art? De son père et de sa mère. Depuis, le progrès a marqué une distance entre les vieux et les jeunes. L'enfant a le devoir de raccourcir la distance en faisant profiter ses parents de ce qu'il a appris de plus qu'eux, de leur faire connaître, sans pédanterie, sans vanité, ce qu'il est utile qu'ils sachent pour n'être pas en dehors de leur temps. Par cette communication des idées, il les rattache à la vie, rend de l'intérêt à leur existence, et l'affection se double, parce qu'on se comprend mieux, qu'on peut sortir des banalités sans attrait, tandis qu'elle se refroidit à mesure que se creuse un intervalle plus profond entre les idées arriérées des uns et les idées trop nouvelles des autres.

La loi, qui ne peut obliger les hommes à se faire part de leur lumière et de leur moralité, oblige rigoureusement les enfants à secourir les parents dans le besoin, et elle use justement de contrainte à l'égard de ceux que leur cœur et leur probité ne préservent pas de l'ingratitude. Elle ordonne de servir une pension alimentaire aux parents incapables, infirmes, malades ou vieux,

RÉSUMÉ

Ces devoirs ont pour origine et pour règle la reconnaissance, qui est l'obligation morale de rendre le bien pour le bien.

Leur objet général est de faciliter aux parents leur tâche et de leur venir en aide quand est besoin. Ils suivent les périodes correspondant à celles des devoirs paternels.

Dans la première, l'enfant incapable doit se laisser diriger : obéissance complète aux parents et à leurs représentants.

Dans la deuxième, l'adolescent doit encore l'obéissance, mais elle devient plus morale : elle doit être raisonnée et consentie. De plus, il a l'obligation de se préparer à vivre de sa propre énergie, à user de sa liberté avec responsabilité, à exercer un métier, un art ou une profession.

Dans la troisième période, l'enfant, devenu homme, n'est plus tenu à l'obéissance; il doit toujours la déférence, — particulièrement dans la circonstance du mariage ; enfin il est obligé de donner une aide matérielle et morale aux parents, selon que l'exigent leur âge, leurs infirmités, les revers, etc.

La loi positive sanctionne ces devoirs.

CHAPITRE V

DEVOIRS DES ENFANTS ENTRE EUX

Sommaire. — 1. Protection mutuelle. — 2. Le devoir des aînés. — 3. L'esprit de famille.

1. Protection mutuelle. — La société le plus facilement heureuse et prospère, celle où la concorde est le plus naturelle et le plus douce, est bien certainement celle que forment les frères et les sœurs entre eux : la première raison est que tout leur est commun, le sang et les biens, et le nom et l'honneur, que les mêmes influences les enveloppent, la même direction les règle; la seconde est qu'ils jouissent de la plus parfaite égalité qu'une société puisse établir.

Mais cette concorde, cette harmonie heureuse ne peut exister si les frères n'observent entre eux des devoirs réciproques, nés de la même origine qu'eux-mêmes.

Ils se doivent l'appui moral et le soutien matériel. Devoir facile et doux quand le cœur est rempli d'affection, quand le frère est pour son frère un ami. Alors on ne compte pas. Mais, si l'affection fait défaut par malheur, le devoir subsiste à cause de la solidarité de la famille. Le frère peut renier son frère en parole, il ne détruit pas la communauté d'origine, il ne peut faire que le même sang ne coule dans leurs veines, que le même nom et le même honneur ne leur soient donnés en patrimoine. Ce n'est plus un simple devoir d'humanité, mais une loi plus étroite et plus précise qui nous ordonne de soulager notre frère dans la peine, de l'aider dans l'adversité.

2. Le devoir des aînés. — Les obligations sont d'autant plus strictes pour ceux que leur âge, leur intelligence, leur expérience, leur prospérité rendent plus aptes à conseiller utilement et à soutenir efficacement leur frère ou leur sœur plus faible. La règle devient tout à fait claire, s'il s'agit des aînés. Le droit d'aînesse a disparu, mais il n'a pas entraîné le *devoir d'aînesse*. Les premiers-nés ont plus longtemps joui de l'affection et de la direction des parents; plus longtemps ils ont profité des avantages de la vie de famille. Ils sont tout préparés à suppléer les parents vieillis, affaiblis ou défunts. Leur devoir est de les remplacer auprès des plus jeunes : de les protéger, d'administrer leur fortune, comme l'eût fait le père lui-même, de modérer leur jeunesse, comme le père a modéré la leur, de les aider à se créer des moyens d'existence, à s'ouvrir une carrière. Ce n'est pas d'ailleurs une charge supplémentaire imposée à l'aîné : elle rétablit l'égalité. La conséquence naturelle est que les plus jeunes doivent écouter respectueusement les avis des aînés; ils n'ont pas les uns toute l'autorité, les autres toute l'obéissance qui existent entre père et fils. La base de ce rapport c'est la tendresse, et le but l'utilité du plus jeune et la prospérité de la famille. Il doit régner entre eux tous une condescendance mutuelle, qui fait que l'un conseille sans commander, l'autre obéit sans déchoir.

Combien horrible sera donc le forfait de celui qui dépouille son frère, qui l'entrave, le fait tomber. L'intérêt n'est jamais plus hideux que lorsqu'il sépare ceux que la naissance et l'amitié avaient unis. « Quelle chose étonnante, s'écrie Socrate, que l'on se trouve lésé d'avoir des frères, parce qu'on ne possède pas leurs biens, et qu'on ne se plaigne pas d'avoir des concitoyens, parce qu'on ne peut réunir leur fortune. On comprend fort bien en effet qu'il vaut mieux habiter avec un grand nombre, et posséder sans crainte des ressources suffisantes, que de vivre seul et de jouir sans sécurité de la fortune de tous les citoyens; et l'on ne veut pas comprendre qu'il en est de même lorsqu'il s'agit d'un frère. C'est pourtant beaucoup pour inspirer l'amitié que d'être nés des mêmes parents, c'est beaucoup que d'avoir été nourris ensemble, puisque les animaux mêmes ont une sorte de tendresse pour ceux qui ont été nourris avec eux. »

3. **L'esprit de famille.** — N'est-il pas évident que la gloire, ou seulement le renom d'honnêteté des parents rejaillit sur les enfants et leur concilie la bienveillance publique? qu'au contraire l'abjection et les crimes du père ou de la mère

pèsent sur eux et leur attirent la défaveur du monde? Ne tire-t-on pas avantage des alliances honorables que l'on contracte, et au contraire ne subit-on pas une dépréciation par suite d'un sot mariage? Nos amis même, par leur renommée, ne contribuent-ils pas à la nôtre? Et comment penser après cela que le destin de nos frères et de nos sœurs nous puisse être indifférent? La solidarité est bien plus apparente et plus forte et plus prolongée lorsqu'un même nom la représente. La famille forme véritablement un tout, dont chaque partie, chaque membre, par son mérite propre, augmente ou diminue la valeur.

L'esprit de famille consiste dans cet attachement sincère de tous les membres, sinon directement les uns aux autres, du moins à la lignée, à la maison, à la race. Il commande aux rivalités individuelles et s'oppose aux dissensions intérieures. « Toute maison divisée contre elle-même périra. » L'union la fait vivre, prospérer, s'étendre. Tous ne sont pas également justes et généreux; mais ce qu'il faut voir surtout, ce n'est pas leurs défauts pour s'en armer contre eux, mais leurs qualités pour les aider à les développer. La famille ainsi rassemblée forme une société de plus en plus nombreuse, pour le plus grand avantage de tous ses membres.

L'avantage s'arrête-t-il à ceux-là seuls qui sont de la famille? L'État en profite, la famille est une force, une puissance au service de la patrie. On le vit bien chez les Romains, jadis, quand une famille, une *gens* [1], opposa à l'ennemi ses propres ressources et qu'en remontant à l'aïeul commun, tige de la race, elle réunit assez d'hommes pour former une petite armée. Mais il est bien clair que jamais cet esprit de famille ne doit devenir un danger pour l'État, ni une source d'injustices et de prévarication : il est alors le *népotisme*. La justice doit dominer toutes les affections.

RÉSUMÉ

Les enfants entre eux se doivent aide et protection mutuelle, tant dans l'ordre moral que dans l'ordre

---

1. La gens Fabia, ou famille de Fabius

matériel, à cause de l'origine commune et de la solidarité de la famille.

Le droit d'aînesse a disparu, grâce au principe de l'égalité des enfants; mais les devoirs des aînés subsistent; ils sont nécessaires même pour rétablir l'égalité, puisque les aînés ont plus longtemps joui des soins et de l'affection des parents.

L'esprit de famille est une force qui soutient chacun et contribue à l'affermissement de l'Etat.

CHAPITRE VI

L'AMITIÉ

Sommaire. — 1. Son caractère. — 2. Un bon ami est le plus précieux de tous les biens. — 3. Il ne faut pas donner l'utilité pour base à l'amitié. — 4. L'honnêteté est la loi de l'amitié. — 5. Il ne faut pas renier un ami dans le malheur ou dans la faute. — 6. Comment convient-il de traiter ses amis? — 7. L'égalité des conditions est favorable, sinon nécessaire à l'amitié.

1. **Son caractère.** — L'amitié n'est autre chose qu'un *accord parfait sur les choses divines et humaines joint à la bienveillance et à l'affection*. Cette définition est de Cicéron. Elle marque bien l'essence de l'amitié : d'abord la communauté des idées et des sentiments sur les sujets les plus importants, puis l'affection réciproque qui engendre sans effort le dévouement; enfin la difficulté même d'établir ce parfait accord et cette affection dévouée circonscrit nécessairement l'étendue de l'amitié et la concentre sur quelques-uns seulement.

Il importe extrêmement de bien choisir ses amis, pour deux raisons principales : la première est que l'amitié nous fait vivre plus constamment avec nos amis, nous pousse à les imiter; leurs idées et leurs sentiments influent sur les nôtres. Rien n'est donc plus capable que notre ami de nous rendre bon ou mauvais, juste ou injuste, délicat ou grossier. La seconde est que l'amitié l'emporte même sur la parenté; l'affection peut disparaître chez celle-ci, et jamais chez nos amis; ôtez en effet l'affection, l'amitié n'a plus de nom, la parenté garde encore le sien.

2. Un bon ami est le plus précieux de tous les biens. — Un ami vertueux est comme une autre conscience qui nous parle haut quand la nôtre parle trop bas ou se tait. Sans compter qu'un bon ami est toujours prêt à se substituer à son ami dans ce qui lui manque, soit dans les soins de sa maison, soit dans les affaires de l'État; il l'aide à faire du bien à ceux qu'il veut servir; si quelque crainte le trouble, il vient à son secours, partageant ses dépenses et ses démarches, employant de concert avec lui la persuasion ou la force, le réjouissant dans le bonheur, le relevant dans le malheur. Et souvent ce que l'on n'a pas fait pour soi-même, ce que l'on n'a voulu ni voir, ni entendre, ni parcourir pour son compte, un ami le fait, le voit, l'entend, le parcourt pour son ami.

3. Il ne faut pas donner l'utilité pour base à l'amitié. — Mais ce serait vicier la nature de l'amitié que de la cultiver par intérêt. Un tel calcul lui répugne absolument, autant que ce qui est variable et entaché d'égoïsme repousse ce qui est constant et capable de dévouement. Celui qui envisage l'utilité qu'il tirera d'un autre songe à ne rien donner, mais à tout recevoir, ou tout au moins à ne donner qu'autant qu'il recevra. C'est ainsi qu'on fait des affaires, que l'on conclut des marchés, des ventes, des locations et des échanges. Mais alors aucun des contractants ne croit devoir de reconnaissance à l'autre. L'amitié doit être recherchée et cultivée pour elle-même et pour les mérites de celui qu'elle nous attache. Et, pour être sincère, il faut qu'elle nous fasse souhaiter d'obliger notre ami plus que d'être obligé par lui.

4. L'honnêteté est la loi de l'amitié. — Il n'est point de liaison durable entre les vicieux : leurs vices mêmes finissent par s'opposer et les désunissent. Aussi les ruptures viennent-elles le plus fréquemment d'une injustice. Si le dévouement est la condition de l'amitié, il n'est pas moins vrai que la justice en doit régler le zèle. Il n'y a point d'excuse pour le crime que nous a fait commettre un ami. Si, par exemple, Coriolan ou le connétable de Bourbon avaient eu des amis, il n'est pas douteux que ceux-ci auraient dû refuser de les suivre dans leurs entreprises contre la patrie.

Bien loin de nous associer aux fautes de nos amis, notre devoir envers eux nous oblige à les en détourner de tous nos moyens. L'existence de l'amitié y est engagée, car, si la vertu est la raison fondamentale pourquoi nous les aimons, comment les pourrons-nous aimer s'ils se sont souillés? Établissons donc pour première loi en amitié de ne rien demander, de ne rien accorder de coupable.

5. Il ne faut pas renier un ami dans le malheur ou dans la faute. — Ce serait cependant mal comprendre l'amitié que d'abandonner l'ami qu'une passion aveugle ou une perversion de jugement a entraîné au mal. Ne pas l'y aider est bien; mais il est bien aussi de lui venir en aide pour réparer et se réhabiliter. Bien faible et bien légère serait l'amitié qui ne nous procurerait pas la force de tenter le salut d'une âme.

A bien plus forte raison serait-il honteux de renier par amour-propre ou par intérêt celui que le malheur atteint. On prouve ainsi qu'on était attaché non pas à l'homme, mais à sa fortune, qu'on avait en vue non l'amitié, mais un avantage personnel.

6. Comment convient-il de traiter ses amis? — *Opinions fausses.* — Trois avis sont exprimés, qu'il est nécessaire de repousser d'abord : le premier, c'est que nos sentiments pour nos amis doivent être les mêmes que pour nous; le second, que notre sympathie sera exactement mesurée et pesée d'après la leur; le troisième, qu'il ne faut estimer un ami qu'autant qu'il s'estime lui-même.

Il n'est pas vrai qu'on doit être pour ses amis tout juste le même que pour soi. Car combien de fois faisons-nous pour eux ce que nous n'aurions jamais fait pour nous-mêmes, comme de prier, de supplier un homme que nous méprisons, de nous imposer une dette de reconnaissance envers ceux que nous avons déplaisir à voir, procédés inconvenants dans notre propre cause et fort honorables dans celle de l'amitié! que d'intérêts encore un cœur généreux sacrifie en faveur d'un ami, et sans songer à lui-même!

La seconde opinion borne l'amitié à un échange strictement mesuré de services et de sentiments. Mais c'est la réduire en chiffres bien rigoureux et bien mesquins que d'établir ainsi la balance égale entre reçu et donné. La véritable amitié est plus riche et plus prodigue; elle n'examine pas avec tant de scrupule si elle ne rend pas plus qu'elle n'a reçu : faut-il craindre d'en trop faire pour un ami, même sans espoir de réciprocité?

Le troisième principe est de n'estimer nos amis qu'autant qu'ils s'estiment eux-mêmes. Cicéron n'hésite pas à le déclarer le plus flétrissant. Souvent en effet un homme se laisse trop facilement abattre ou désespère trop tôt de sa fortune ou de son honneur. Faut-il alors que son ami s'abandonne, en ce qui le concerne, au même découragement, au même désespoir? Loin de là; il doit tout tenter pour relever ce courage abattu, pour rappeler dans cette âme l'espoir et des pensées meilleures, pour lui rendre sa dignité et par des marques de son estime l'exciter à reconquérir l'estime de soi-même.

Opinion vraie. — Entre deux amis vertueux, tout doit être commun : chacun se donne à l'autre par affection et sans arrière-pensée ni calcul de ce qui lui en reviendra. Entre eux, point de rivalité ni de compétition. En toutes choses ils se font sans regret de mutuelles concessions, car rien ne leur paraît préférable à l'amitié ni plus propre à embellir la vie. Ils se doivent surtout la vérité : si la sincérité fait défaut, ce n'est plus un ami, c'est-à-dire le plus grand bien que vous avez, mais un flatteur, c'est-à-dire le pire fléau.

Combien cette conception de l'amitié est contraire à la maxime : « Il faut aimer comme si l'on devait haïr un jour. » Maxime si odieuse, blasphème si affreux contre l'amitié, que Scipion ni Cicéron ne pouvaient croire qu'elle fût de Bias, un des sept sages de la Grèce, mais plutôt la devise d'un cœur corrompu ou d'un ambitieux rapportant tout à sa propre élévation.

7. L'égalité des conditions est favorable, sinon né-

cessaire à l'amitié. — En principe, l'amitié naît, se développe et se conserve plus facilement et plus heureusement entre égaux; la confiance, sans laquelle l'amitié dépérit rapidement, disparaît si nous soupçonnons la possibilité de l'envie ou de la morgue. Entre égaux, l'éducation est ordinairement la même, les goûts et les idées proviennent de même source, et par là on rencontre plus aisément des points communs par où la sympathie nous attache.

Toutefois il faut bien remarquer que l'inégalité des conditions n'est pas un obstacle invincible à la formation d'amitiés vertueuses et durables, pourvu que le supérieur descende sans affectation au niveau de l'inférieur, et mieux encore que l'inférieur, par le mérite de son esprit, de son cœur et de son dévouement, s'élève à la hauteur du supérieur. Le grand écueil de ces sortes d'amitiés, c'est que l'un ne tombe aisément à la basse complaisance, que l'autre ne renonce à sa dignité ou ne s'oublie à traiter son ami en sujet. Mais il faut aussi comprendre que l'inégalité des conditions se trouve bien effacée par la gloire personnelle que l'on s'acquiert en servant utilement l'État, par le talent, la science et la vertu. Lorsque d'ailleurs l'affection est pure et sans feinte, on voit sans souffrance la prééminence d'un ami, et celui-ci ne tire point vanité de sa grandeur pour humilier celui qu'il aime.

RÉSUMÉ

L'amitié provient de la communauté des sentiments et des idées : elle est une affection désintéressée. Dès que l'utilité apparaît comme raison déterminante du choix d'un ami, elle gâte et détruit l'amitié. La sincérité en est la condition : on doit la vérité à ses amis sur leurs défauts, mais non pas une critique amère et injurieuse.

Entre amis, tout ce qu'on peut partager honnêtement doit être commun. Mais on ne peut sans le souiller donner le nom d'amitié à des liaisons qui ont pour but l'injustice et le crime. Il faut traiter nos amis mieux que nous-mêmes, puisque l'amitié sans le dévouement n'est qu'un vain mot. Si tout doit être commun entre amis, il faut bien que l'égalité des conditions les mette au même rang, ou du moins que l'estime sérieuse et la tendresse rétablissent l'égalité, si elle n'existe pas de fait. Là où il y a un supérieur qui peut commander et un inférieur qui doit obéir, il n'y a pas d'amitié : il ne saurait y avoir que de la bienveillance et de la déférence.

CHAPITRE VII

DEVOIRS RÉCIPROQUES DES SUPÉRIEURS ET DES INFÉRIEURS, DES MAITRES ET DES SERVITEURS

Sommaire. — 1. Les inégalités sociales. = §1. Droits et devoirs des supérieurs. — 2. L'autorité et la bienveillance. — 3. Le consentement mutuel est la base des rapports entre maîtres et serviteurs. — §2. Devoirs et droits des inférieurs. — 4. L'obéissance, le respect et la probité. — 5. Bonne foi réciproque.

1. Les inégalités sociales. — La nécessité elle-même et la nature sont cause des inégalités sociales; les hommes naissent inégalement doués de qualités physiques et de facultés intellectuelles; ils ne sont pas également aptes à tous efforts, à tous travaux, à toutes fonctions; il est même une cause d'inégalité, la plus simple de toutes, la différence d'âge et l'autorité naturelle que l'expérience donne au plus âgé sur le plus jeune.

Il y a donc, dans toutes les conditions de la vie sociale, des dirigeants et des dirigés, des supérieurs et des subalternes; l'intérêt de la société, comme le salut des entreprises particulières, exige que de bons et loyaux rapports les unissent.

§1. — Droits et devoirs des supérieurs.

2. L'autorité et la bienveillance. — Le premier droit du supérieur, c'est l'autorité; qu'elle provienne d'origines différentes, elle n'en est pas moins légitime et nécessaire; le chef d'administration puise la sienne dans sa supériorité technique et dans sa responsabilité plus grande; le directeur d'une entreprise commerciale ou industrielle ajoute à ces deux considérations celle des capitaux engagés, sans lesquels l'entreprise succombe et avec elle les ressources des employés; enfin, le maître ou le patron, par le prix qu'il donne de leurs services aux serviteurs et aux ouvriers, acquiert le droit de commander et d'être obéi.

Cette autorité doit être le plus possible morale, et dans aucun cas il ne lui est permis de revêtir une forme brutale ou violente; elle ne doit jamais se tourner non plus contre les intérêts légitimes des inférieurs, ni, à plus forte raison, contre leur moralité. D'ailleurs elle ne peut être indifférente au chef: mauvaise, elle lui donne une raison légitime de refuser leurs services; bonne, elle est une garantie du succès; mais, de son côté, il a le devoir de favoriser autant qu'il se peut leur perfectionnement moral. Il a le droit et le devoir de les rappeler à la vertu, de les éclairer sur les dangers qu'ils peuvent courir, de leur offrir les moyens de s'instruire, de fortifier leur conscience.

3. Le consentement mutuel est la base des rapports entre maîtres et serviteurs. — Il faut considérer d'ailleurs que le subalterne ne peut être assimilé à l'esclave; c'est par une sorte de contrat qu'il aliène à des conditions déterminées une part de sa liberté et son travail intellectuel ou physique; il a droit à une rémunération, personne n'en doute; le devoir du chef ou du maître est d'avoir souci du bien-être de ceux qu'il emploie et qu'il dirige, de ne jamais abuser ni de son autorité, ni de leurs besoins urgents pour diminuer leur salaire; il doit chercher à se les attacher par sa bienveillance plutôt qu'à les dominer par leur misère, et, loin de les retenir dans sa dépendance par égoïsme, il doit, en récompensant équitablement leurs services, leurs efforts et leur honnêteté, leur préparer un avenir meilleur et les aider à monter dans l'ordre social. En devenant le chef, le *patron*, qu'il songe qu'il devient du même coup le *tuteur* de ceux qui acceptent sa direction.

§ 2. — Devoirs et droits des inférieurs.

4. L'obéissance, le respect et la probité. — Avant toute chose, les inférieurs doivent l'obéissance et le respect dans les services que leur impose leur condition; pour eux, l'autorité du supérieur existe par le seul fait de sa situation; ils n'ont pas à juger son mérite ni à mesurer d'après cela leur obéissance; elle a pour limites naturelles l'honnêteté et la convention qui met l'un sous l'autorité de l'autre. Ils doivent refuser d'obéir à l'ordre de commettre un acte déshonnête, ils peuvent se refuser à accomplir un service pour lequel ils n'ont pas été engagés. Pour tout le reste, ils doivent fidèlement et ponctuellement remplir toutes les obligations de leur charge, ou s'en démettre.

Tout serviteur ou employé doit se considérer comme collaborateur de l'œuvre du maître ou du patron et comprendre que s'il agit contre l'intérêt de celui-ci, ne serait-ce même que par négligence ou paresse, sa faute est une trahison et un abus de confiance; il ne doit donc jamais décrier la maison où on l'emploie; s'il s'y trouve mal, c'est à lui d'en sortir, en respectant toutefois les termes de l'engagement qu'il a pris et qui fixe la durée de ses services. L'intérêt réciproque est l'origine du contrat d'engagement.

Du reste, c'est l'intérêt réciproque qui en thèse générale détermine l'un à offrir ou à accorder ses services, l'autre à les demander ou à les accepter, ce qui les oblige l'un et l'autre à considérer cette réciprocité lorsqu'ils veulent se séparer; de là l'obligation pour le serviteur ou l'employé de continuer ses services pendant le temps nécessaire à son remplacement, et pour le maître ou le patron de les payer ou d'indemniser le subalterne, de façon qu'aucun préjudice injuste ne soit causé à personne.

5. La bonne foi réciproque. — Le devoir du patron de récompenser et de rémunérer équitablement les services rendus l'oblige non seulement à ne pas retenir indûment ce que le serviteur a gagné, mais à le payer exactement, au

---

1. Voir : *le droit de travailler et la grève*. Section III, chap. 1 et suiv.

jour dit : c'est la stricte probité. Quant au serviteur, il doit non moins exactement accomplir son service dans l'ordre et à l'heure prescrits, et pendant le temps convenu. Dérober le temps qu'il doit, l'employer à ses travaux personnels ou à son plaisir, est une improbité semblable à un vol d'argent.

L'employé ou le serviteur qui pendant de longues années a concouru à la prospérité d'une maison, dont la vie s'est usée à alléger celle du chef ou du maître, a droit à sa protection effective et à ses secours en cas de maladie, d'infirmité, et dans la vieillesse. Ce n'est pas seulement un devoir de charité qui s'impose à l'un et auquel il ne manquerait pas sans ingratitude ; c'est un véritable droit constitué à l'autre par sa fidélité et son dévouement. La longue durée de son service dans la même maison est la preuve manifeste de l'utilité dont il fut et de l'honnêteté de sa vie.

Il faut comprendre et admettre que ceux dont le labeur et le dévouement contribuent au développement et à la prospérité de la famille, la complètent, en font partie de fait, et dès lors les traiter comme tels.

RÉSUMÉ

Les patrons et les maîtres ne doivent jamais oublier que leurs inférieurs sont des intelligences et des volontés.

Leur devoir est : 1° de leur faciliter l'accomplissement de leurs devoirs envers eux-mêmes et envers la société ; 2° de favoriser leur instruction et leur moralité ; 3° d'être envers eux justes et équitables, en tenant compte des services rendus et de la nature de ces services.

Les subordonnés, employés et domestiques doivent à leurs supérieurs, par le fait même qu'ils acceptent l'emploi : 1° le respect ; 2° l'obéissance ; 3° la probité professionnelle. C'est une égale improbité de dérober le temps qu'on doit et l'argent confié. La loi positive sanctionne tous ces devoirs.

SECTION III

Morale sociale.

SOMMAIRE. — 1. L'homme est naturellement sociable. — 2. Fraternité et solidarité humaines. — 3. Justice et charité.

1. L'homme est naturellement sociable. — L'homme ne peut vivre seul : s'il n'était naturellement sociable, la société ne s'expliquerait ni dans son origine ni dans sa durée. La nécessité qui pousse les hommes à se rapprocher et se compléter pour ainsi dire les uns par les autres est à la fois physique et morale. Les besoins de la vie animale ne seraient pas satisfaits si l'homme demeurait abandonné dans le désert ; ses forces personnelles sont insuffisantes à le protéger contre les intempéries, les accidents, les maladies, les bêtes mêmes. Ses facultés morales ne recevraient aucun développement. La solitude lui est odieuse ; ses inclinations naturelles sont de communiquer sa pensée et de recevoir communication de la pensée des autres. Sa sensibilité cherche nécessairement des objets auxquels s'attacher. Parmi tous les êtres de la nature, il n'en est pas assurément qui puissent répondre mieux à ces appels que les êtres semblables : la similitude de l'origine, des besoins et des aptitudes, voilà ce qui attire et retient l'homme près de l'homme.

2. Fraternité et solidarité humaines. — Aussi le genre humain est-il une *famille* et les hommes sont-ils *frères*. Courant les mêmes dangers, aspirant au même bonheur, ils se doivent un mutuel appui; ce que chacun fait pour aider les autres n'amoindrit pas sa félicité. Et l'on peut reconnaître que les malheurs et les souffrances de chaque homme causent un affaiblissement à la société. Il s'ensuit que les rapports des hommes entre eux ne sont pas abandonnés sans règle au caprice, aux instincts ni aux circonstances fortuites. Ils sont soumis à des principes : la morale les enseigne.

3. Justice et charité. — *Impératif catégorique et impératif hypothétique.* — Les devoirs sociaux se divisent en deux catégories correspondant aux deux formes du commandement de la raison : fais, — ne fais pas.

Les uns revêtent une forme impérative, les autres une forme prohibitive, mais au fond tous sont impératifs, tous sont des obligations, mais toutes les obligations n'ont pas le même caractère, et la possibilité de s'y soumettre est variable.

C'est ainsi qu'on a admis la distinction du principe de *justice* et du principe de *charité*. La justice nous oblige sans condition, sans restriction : Kant l'a appelée l'*impératif catégorique*, et sa forme est négative; elle interdit les actions nuisibles. La charité nous oblige dans la mesure de nos moyens, et si nos moyens sont nuls, nous sommes par cela seul excusés et déchargés. Kant l'a nommée l'*impératif hypothétique*, puisque cet impératif n'existe en effet que dans l'hypothèse où l'agent est capable d'obéir; sa formule est positive : elle ordonne tout ce qui peut contribuer au soulagement et à l'amélioration de l'humanité.

CHAPITRE PREMIER

DEVOIRS DE JUSTICE

SOMMAIRE. — 1. Le respect nécessaire de la personne. = RESPECT DE LA PERSONNE DANS SA VIE. — 2. Caractère sacré de la vie. — 3. Exceptions au principe du respect de la vie. = RESPECT DE LA PERSONNE DANS SA LIBERTÉ. — 4. La liberté n'est pas le pouvoir de tout faire. — 5. L'esclavage. — 6. Le servage. — 7. Le service volontaire et l'abus de pouvoir. — 8. Le droit de travailler fait partie de la liberté. La grève. — 9. Abus de pouvoir. = RESPECT DE LA PERSONNE DANS SA RÉPUTATION ET DANS SON HONNEUR. — 10. L'outrage. — 11. La diffamation, la médisance et la délation. — 12. La calomnie. — 13. L'envie. = RESPECT DE LA PERSONNE DANS SA CONSCIENCE, SES OPINIONS ET SON INTELLIGENCE. — 14. La liberté de conscience. — 15. La discussion critique et le libre examen éclairent la science et la conscience. — 16. Liberté des cultes. — 17. L'intolérance. — 18. Respect de l'intelligence : le mensonge. — 19. Le faux témoignage. — 20. L'interdiction des moyens de s'instruire. — Respect de la personne dans sa propriété. — 21. Cause de la propriété. — 22. Origine naturelle : droit du premier occupant. — 23. Formes légales de la propriété. — 24. Quelles sont les choses qu'on possède. — 25. Communisme et socialisme. — 26. L'opinion vulgaire socialiste : suppression de l'hérédité. — 27. On n'hérite que des biens matériels. — 28. L'État participe à l'héritage. — 29. Le commerce. — 30. Les crimes contre la propriété. — 31. Complicité des crimes contre la propriété. — 32. Extension du respect de la propriété. — 33. Les biens communs. — 34. Respect des propriétés publiques. = Caractère sacré des promesses et des contrats. — 35. Mutualité des services et des engagements. — 36. La solidarité. — 37. La bonne foi est une loi sociale. — 38. A quelles conditions une promesse est-elle sacrée ? = Justice distributive et rémunérative. — 39. Justice et équité. — 40. Justice distributive et rémunérative. — 41. Obligation de défendre les personnes dans leur vie. — 42. Respect de la vieillesse, des services rendus, des supériorités morales. — 43. Formules de conclusion.

1. Le respect nécessaire de la personne. — Le moins que nous puissions faire pour nos semblables, c'est de ne pas détruire ni même amoindrir leur personne ; et il est toujours possible à un homme sain d'esprit de s'abstenir de causer un dommage. Aussi ne peut-on manquer à un devoir de justice sans une réelle culpabilité ; car, pour ne pas agir, il suffit d'un effort de la volonté ; et pour agir, et produire un acte mauvais, injuste, il faut un effort plus marqué. Le respect de la personne, dans toutes ses puissances et dans toutes ses tendances légitimes, c'est là ce qu'ordonne la justice : la vie, la liberté, l'honneur, les croyances, les biens extérieurs, tout cela est sacré comme faisant partie de la personne humaine et comme contribuant à la réalisation de sa destinée.

§ 1. — Respect de la personne dans sa vie.

2. Caractère sacré de la vie. — La nature seule est capable de donner la vie à un être ; d'elle seule en dépend la durée normale. C'est donc aller contre son but que de hâter la mort d'un être vivant. Lorsque cet être est un homme, le faire périr c'est outrager non seulement la nature universelle, mais la loi morale. C'est priver la victime de la possibilité d'atteindre sa destinée. Nous ne possédons le moyen de nous perfectionner que pendant la vie; au delà, nous ne nous appartenons pas. La vie est donc le plus précieux parmi les biens périssables qui ne dépendent pas absolument de la volonté, puisque, privés d'elle, nous ne pouvons plus rien acquérir, et qu'une fois détruite nous ne pouvons la rappeler : tuer est donc un crime irréparable. Nous pouvons dans une certaine mesure réparer ou compenser le tort causé à la réputation et aux biens matériels : rien ne compense la perte de la vie. De là son caractère sacré.

D'autre part, pour la société, tout individu est une force dont le travail, l'intelligence et la moralité lui fournissent des ressources et constituent un élément de sa prospérité et de sa durée. Supprimer un homme, c'est priver la société de son bien.

« Tu ne tueras pas! » dit la loi morale, et la loi écrite enregistre soigneusement cette défense.

Et il le faut entendre non seulement de l'action précise de tuer sur le coup, mais de toute action de nature à mettre la vie en péril. Les coups, les blessures, les mauvais traitements qui suspendent ou diminuent la force vitale sont des crimes au même titre, quoique d'une inégale gravité. La législation de tous les peuples civilisés réserve ses peines les plus sévères à l'homicide, et elle atteint aussi de peines graduées, mais fondées sur le même principe, toute violence ayant occasionné la mort avec intention de la donner.

3. **Exceptions au principe du respect de la vie.** — N'est-il pas cependant des cas où il est permis ou excusable de frapper un homme et de supprimer son existence? La légitime défense, la guerre, le duel, ne nous placent-ils pas dans des conditions spéciales où donner la mort cesse d'être un crime? Bien plus, la loi elle-même ne semble-t-elle pas abandonner le principe du respect sacré de la vie, en inscrivant sur ses tables la peine de mort?

Chacun de ces cas mérite un examen particulier afin

de bien remarquer sur quoi se fonde et jusqu'où s'étend l'exception.

1° *Le cas de légitime défense.* — La définition même de la justice doit être rappelée ici : « Ne nuire à personne, *à moins qu'on n'y soit forcé par une attaque injuste.* »

C'est au nom du respect de la vie que toute violence est interdite ; mais ma vie doit être protégée par ce principe. Si vous en faites mépris pour m'attaquer, vous renoncez de vous-même au bénéfice du respect. Il serait étrange que, rejetant le principe quand il gêne votre passion ou votre intérêt, vous eussiez le droit de le réclamer quand il vous offre un avantage. Votre violence vous retire de la catégorie de ceux dont la vie est respectable. D'autant plus que je me trouve dans l'alternative de sacrifier votre existence ou la mienne. Mais je suis bien plus responsable de ma destinée que de la vôtre ; à moi s'impose un devoir de conservation personnelle ; s'il entre en conflit avec le devoir de respecter votre conservation à vous qui renversez mon droit, il doit l'emporter ; ce n'est pas moi qui ai mis le pied sur la loi, c'est vous ; je peux vous considérer comme déchu, et croire dès lors que ma vie est justement plus précieuse que la vôtre : donc je me défends ; et, si je n'ai d'autre moyen de me défendre que de vous détruire, ni ma conscience, ni celle de mes semblables, ni la loi ne me le reprocheront.

Se défendre n'est pas même chose que se venger. — Toutefois prenons garde de dénaturer notre défense légitime en haineuse vengeance ; nous accordons le droit de défense, non le droit de vengeance ; nous ne sommes au moment de l'attaque ni un juge ni un justicier. Ce serait courir le risque de juger mal dans un cas où nous serions juge et partie. En frappant l'agresseur, ne prétendons pas que nous lui infligeons un châtiment égal ou proportionnel à sa faute : l'instinct est pour beaucoup dans la défense. Aussi ne devons-nous pas désirer ni calculer la mort de l'adversaire. Si elle résulte de notre effort pour nous sauver, nous sommes excusés ; mais, à strictement définir le droit de défense, il se borne à mettre le malfaiteur hors d'état de nuire. Celui qui, s'enflammant de colère et donnant libre cours à une haine subite, prend plaisir à frapper et à ôter la vie, sort lui-même du droit ; il manque de tempérance et de force d'âme.

Il faut bien comprendre aussi que le droit de défense n'existe qu'au moment même où l'on est en péril. Le danger passé, et du temps s'étant écoulé, si l'on se souvient de l'injure et qu'on veuille exercer des représailles, c'est bien à tort qu'on invoque la légitime défense : on poursuit seulement la vengeance. Or la répression des injures et des injustices appartient à la société, et c'est pour elle un devoir : le nôtre est de ne pas substituer notre action personnelle à la sienne.

2° *Le cas de guerre.* — Quand deux peuples prennent les armes l'un contre l'autre, la responsabilité de chaque individu disparaît pour ainsi dire, et pour une double raison. Combattre est un devoir afin de concourir à la défense commune, et chacun est envers tous dans le cas de légitime défense. La guerre en effet présente un caractère impersonnel par cela même qu'elle est une lutte collective. Ce n'est pas Pierre, Paul ou Jean qui menace et frappe Karl, Franz ou Wilhelm, ou est menacé et frappé par eux. C'est le citoyen d'un pays qui défend sa famille, sa cité et sa patrie contre l'étranger. Quant à la guerre elle-même, est-elle un droit, et la vie humaine a-t-elle moins de prix quand la mort atteint des milliers d'hommes que si elle en touche seulement un ou quelques-uns ? Il serait fou de le prétendre. Aussi n'est-il pas moral de provoquer la guerre par caprice, par plaisir ou par cupidité. Elle est un mal social, et une preuve que nous ne vivons pas ici-bas sous le règne de la justice : même acceptée comme une calamité nécessaire, elle n'échappe pas aux lois de la morale, et le droit des gens lui impose des règles et conditions que nous examinerons plus loin.

3° *Le duel.* — Le duel est la lutte armée de deux personnes qui s'en remettent à leur adresse, à leur courage ou à leur chance, pour décider une querelle. Les partisans de ce combat invoquent en sa faveur les raisons que voici :

Arguments favorables. — D'abord il est un progrès sur la barbarie : aux temps primitifs, l'homme qui avait reçu une injure guettait et traquait son ennemi en tout temps et en tous lieux, et tentait de le frapper à la première occasion, sans que l'autre fût même prévenu ni préparé à la défense : c'était donc laisser une partie de l'humanité en guerre perpétuelle avec l'autre, aux grands risques mêmes des désintéressés. Le duel a donc l'avantage de faire cesser cet état de guerre, et de permettre aux adversaires de se placer l'un vis-à-vis de l'autre dans des conditions égales de défense, dont ils ont convenu ensemble, sous la surveillance de témoins qui garantissent leur loyauté.

En outre, il a pour objet de combler une lacune de la législation humaine. Certaines injustices d'une nature mal définie et délicate, dont la répression et le dédommagement ne se peuvent bien apprécier par un tribunal, échappent à l'action des lois, ou même, dit-on, touchent au fond trop intime de l'âme pour qu'un galant homme les expose au public et attende des juges la réparation à laquelle il a droit.

Enfin, ajoute-t-on, il entretient et développe le sentiment de l'honneur, et maintient chez les hommes la noble idée que la vie est moins précieuse que l'honneur.

Réponse critique. — Historiquement, il est admissible que le duel ait été un progrès sur la barbarie; mais, même à ce point de vue, il n'est qu'une sorte de réglementation de la vengeance. On ne peut lui refuser un certain côté chevaleresque et élevé qui empêchera toujours de confondre un duelliste meurtrier avec un assassin vulgaire, puisque en effet il s'expose à recevoir la mort comme à la donner et n'attaque pas son ennemi au dépourvu. Mais actuellement il n'en est pas moins l'acte d'hommes qui se mettent au-dessus des lois et s'instituent les juges et les justiciers de leurs injures et par là troublent l'ordre civil et les idées morales.

Et comment accorder le bénéfice du droit de défense à ces duellistes qui volontairement s'appellent au combat, en ont fixé l'heure, le lieu et les conditions? Chacun d'eux est un agresseur, au contraire. Il s'expose à donner la mort aussi bien qu'à la recevoir. En quoi il a deux fois tort. Car la vie a un prix tel, qu'elle ne doit pas être sacrifiée à la légère, et qu'elle n'appartient pas tout entière à l'individu : il en est pour ainsi dire le dépositaire. Et la faute du duelliste est double : il risque à la fois le meurtre et pour ainsi dire le suicide.

S'il est des injures si délicates qu'on ne les puisse exposer à un tribunal, notre mépris n'en fera-t-il pas justice? La honte n'en retombera-t-elle pas sur celui qui a osé commettre une faute parce qu'il croyait à l'impunité, à l'impuissance des lois? On redoute l'éclat d'un procès qui, divulguant l'injure, semble la multiplier; mais le duel fera-t-il moins de bruit? Et en vérité n'est-ce pas une erreur profonde de croire qu'il est plus déshonorant de subir l'injustice que de la commettre? Il ne suffit pas, reprend-on, de dédaigner les injures faites à l'honneur, il faut les venger sous peine de perdre son honneur. — L'honneur est dans l'âme, dans les qualités de la personne, dans sa vertu. Une injure n'a pas le pouvoir de l'anéantir ni même de l'entamer. La confusion vient de ce qu'on prend pour l'honneur la vanité, la convention mondaine. On mêle l'honneur et le *point d'honneur*. Et dans le sens pratique enfin, au point de vue de la répression tant désirée de cette injure, le duel n'est qu'un moyen absurde. Il laisse à l'insulté la chance d'une blessure, voire de la mort; à l'insulteur, celle de l'impunité et d'une satisfaction nouvelle. Si vous écartez ces chances incertaines et vous croyez sûr de votre coup, avouez-le, cet aspect chevaleresque tant vanté s'obscurcit et s'éclipse : il ne reste qu'un assassinat prémédité, avec l'hypocrisie en plus.

Et finalement, quand vous aurez été vaincu ou vainqueur, il ne sera pas prouvé que vous ayez eu tort ou raison. On ne croit plus qu'il soit le *jugement de Dieu*. Le duel est donc condamnable dans l'intérêt de l'individu et de la société, au nom de la justice, sous l'apparence de laquelle il s'abrite faussement.

4° *La peine de mort*. — Sans nous arrêter à discuter au fond l'opportunité de la peine de mort et le droit de la société de l'inscrire dans ses codes, nous devons marquer le caractère de cette pénalité : ses adversaires la combattent au nom du principe sacré du respect de la vie humaine. Et ils ont beau jeu à faire ressortir l'apparente contradiction de la loi qui ayant pour objet de garantir la vie des hommes s'arroge le pouvoir de la leur ôter.

Il importe de ne pas oublier deux choses : d'abord la loi

ne punit de mort que ceux qui ont mis en péril ou détruit l'existence de leurs semblables ou de l'État. Ceux-là se sont d'eux-mêmes placés hors de la nature humaine en commettant leur crime. En les frappant si durement, la société reste fidèle à son rôle : elle protège vraiment l'existence de ses membres en retranchant un membre rebelle et pernicieux, comme le chirurgien coupe un bras gangréné pour le salut de tout le corps. En second lieu, nul n'est censé ignorer la loi, et la loi n'est point faite après coup pour châtier spécialement l'agent sans qu'il ait su à quoi il s'exposait. La loi est un contrat : les citoyens le connaissent; ils l'observent ou l'enfreignent, à leur choix. Mais ils acceptent en même temps les conséquences prévues de leur choix. Ils vont d'eux-mêmes au-devant de la sanction établie.

Donc la peine de mort légale n'est pas une exception réelle à la loi naturelle qui ordonne le respect de la vie humaine. Elle en est au contraire l'aide, le corollaire et la consécration.

§ 2. — Respect de la personne dans sa liberté.

4. La liberté n'est pas le pouvoir de tout faire. — Ce n'est point tout que de laisser vivre l'homme : il faut respecter sa liberté, il faut qu'il conserve la possession de lui-même. Elle lui est nécessaire pour son développement, pour qu'il ait conscience de sa dignité et qu'il sente sa responsabilité. Sans liberté, point de moralité. Sans doute cette liberté ne peut être illimitée dans le fait : le devoir et le droit en sont les bornes; la loi écrite en réglemente l'usage. Chacun ne peut faire que ce que tous pourraient faire sans empiéter sur le droit de personne[1]. Mais ces bornes et ces règlements ne suppriment ni ne froissent la liberté, parce qu'ils sont consentis par chacun; et consentir c'est faire acte de liberté.

Aussi la différence est grande entre ce qu'ordonne la loi expression de la volonté commune, et ce qu'ordonne un

---

1. Voir dans la deuxième partie, liv. II, ch. I, *Les formes extérieures de la liberté.*

tyran parce que tel est son bon plaisir, ordonnât-il d'ailleurs la même chose que la loi.

5. L'esclavage. — L'esclave est celui dont la volonté ne compte pas. Assimilé à la bête, l'esclave n'agit que par ordre et sans réflexion : il cesse d'être lui-même. Il ne possède rien ; il n'est ni époux, ni père, ni fils, ni citoyen : il passe à l'état de produit et de denrée : il tombe hors la nature et hors la loi. On le vend et on l'achète comme une chose.

Qu'arrive-t-il? C'est que, désintéressé de lui-même, il est insensible à sa destinée. En lui ne s'éveille pas l'idée morale ; il n'aperçoit et ne peut apercevoir le caractère honnête ou déshonnête des actions. Ou s'il en prend connaissance, si sa pensée s'élève et qu'il sente l'injustice et la cruauté de son abjection, il n'est pas rare qu'il préfère la mort. Il semble en effet qu'il ne doive rien à une société qui le prive de tout, même du caractère d'homme. Et sur qui pèse la responsabilité de cet anéantissement de la moralité dans un homme? Sur celui qui a réduit l'individu en esclavage, qui a volé sa liberté et sa conscience, sur celui qui, complice de cet attentat, en profite, sur celui qui vend et sur celui qui achète un corps humain animé par une âme vivante.

De notre temps, l'esclavage n'existe pour ainsi dire plus : la traite des nègres est prohibée par toutes les nations civilisées ; les noirs d'Amérique et d'Océanie sont affranchis. Le progrès moral a obtenu cette victoire sur l'égoïsme du plus fort. Mais il convient de remarquer que dans les temps anciens l'esclavage lui-même fut un progrès et un adoucissement des mœurs. Les premiers esclaves furent des prisonniers de guerre : la coutume primitive était de les égorger en forme de sacrifice aux mânes des héros morts. Respecter la vie fut un progrès. Mais bientôt l'égoïsme, le hideux calcul du vainqueur corrompit ce progrès au lieu de le continuer et de le perfectionner. On reconnut vite qu'il était plus profitable de laisser vivre l'homme en le réduisant à l'état d'instrument.

6. Le servage. — Il n'est pas du reste nécessaire de pousser l'attentat à la liberté jusqu'à l'esclavage pour manquer gravement au devoir.

Le *servage* était une forme adoucie de la servitude : le serf du moyen âge n'est pas attaché, comme l'esclave antique, à la personne du maître, mais à la glèbe, c'est-à-dire au domaine territorial; il possède, sous certaines conditions, une propriété, et jouit de certaines libertés; il ne se marie qu'avec l'agrément du seigneur, mais le mariage est possible; ses enfants sont à lui, ils devront un service au seigneur, mais ils ne cessent pas de connaître leur père. C'est la cruauté et la rapacité du baron féodal qui font surtout la dureté du servage. Il avait eu lui aussi une origine presque juste : la protection que l'homme de guerre accorde, au risque de sa vie, à celui qui travaille et laboure la terre. En échange de ce service militaire, on lui concède des redevances. Mais l'abus vint bien vite : celui qui disposait de la force a foulé aux pieds le droit et maintenu cet état d'inégalité après qu'il n'avait plus l'excuse du péril couru. Et le servage devient une souffrance aussi cruelle que l'esclavage antique surtout pour des hommes dont la conscience est plus vive et chez qui l'idée du droit a plus de précision.

7. Le service volontaire et l'abus de pouvoir. — Le respect de la liberté nous empêchera-t-il d'employer nos semblables aux travaux auxquels ils sont aptes? Assurément non, et ce n'est pas davantage manquer à sa dignité que de se mettre au service d'autrui, volontairement; ce n'est pas aliéner sa liberté que donner la force de ses bras ou de son intelligence à un prix convenu. Le travail est une nécessité commune, et par l'échange des travaux et des salaires se fonde et s'accroît la prospérité de chacun. Mais nous ne devons pas imposer de force et sans rémunération un labeur à qui que ce soit. A qui n'en a point d'autre, le travail est un capital : ne pas payer le travail, c'est simplement voler le prix qu'il vaut; et d'autre part abuser de la misère d'un homme pour le contraindre à une basse besogne, c'est gâter la moralité. Mais la convention par laquelle deux hommes s'engagent l'un à exécuter un travail, l'autre à le rémunérer, n'a rien de contraire à la liberté, puisque la convention est volontaire de part et d'autre.

8. Le droit de travailler fait partie de la liberté. La grève. — Par contre c'est attenter à la liberté que d'empêcher le travail. Chacun est libre d'accepter ou de refuser l'ouvrage offert et les conditions proposées. Mais prétendre interdire à d'autres d'accepter ce qu'on refuse, c'est un abus de pouvoir injuste. Pourvu qu'il ne transgresse pas les lois communes, tout homme doit jouir de son indépendance. Il n'appartient à personne de lui imposer une loi particulière. La *grève*, jusqu'à certain point légitime lorsqu'elle est seulement le refus collectif d'un groupe de travailler à des conditions insuffisantes, devient injuste et illégale si elle va jusqu'à gêner le travail de ceux qui les acceptent.

9. **Abus de pouvoir.** — La morale condamne également comme une atteinte à la liberté l'abus de pouvoir à l'égard des enfants mineurs. Les parents, les maîtres, les patrons qui, ayant la direction de jeunes esprits ou les employant à leur service, tournent leur autorité contre la faiblesse et l'inexpérience de l'enfant, soit pour lui faire commettre une faute, soit pour exploiter son travail, ou le surmènent au détriment de sa santé et de son instruction, se rendent coupables d'un crime.

Il faut de bonne heure comprendre que l'humanité ne peut être heureuse si chacun de ses membres ne concourt à la félicité de tous; qu'il est donc de l'intérêt commun, comme du principe de la justice, que chacun puisse arriver à la connaissance et à la pratique de ses devoirs : par là seront sauvegardés les droits de tous les autres.

§ 3. — Respect de la personne dans sa réputation
et dans son honneur.

L'estime de nos semblables, de nos concitoyens est un bien précieux, et la raison de son prix, c'est qu'on est porté à la croire la conséquence et la récompense d'une conduite juste et honnête en toutes choses. Elle est pour nous un avantage social considérable, en même temps qu'un encouragement à la vertu, et sans elle nous ne pouvons presque rien entreprendre : simple particulier, fonctionnaire, commerçant ou salarié, la réputation bonne ou mauvaise qu'on acquiert est une cause ordinaire de succès ou de ruine. De plus, notre honneur n'est pas seulement à nous, il est aussi celui de nos parents et de nos enfants. C'est un bien idéal, supérieur même à la liberté et à la vie, il n'est pas une âme généreuse qui ne préfère l'honneur à la vie, et les tourments même de l'esclavage à la perte de l'honneur.

C'est donc une faute des plus graves que d'attaquer la réputation et l'honneur. C'est en quelque sorte attaquer la vie de l'âme.

On doit éviter avec soin les actes et les paroles de nature à souiller la renommée d'autrui : l'outrage, la calomnie, la médisance, la diffamation, la délation. L'honneur est une propriété morale, difficile à acquérir, par conséquent plus digne d'égard.

10. **L'outrage.** — Outrager est toujours une faiblesse : l'injure, si elle est méditée, prouve la bassesse d'âme de l'insulteur ; s'il a subi l'injustice de la part de celui qu'il insulte, que ne le cite-t-il devant les tribunaux ? Là il en fera la preuve et obtiendra le dédommagement auquel il pourrait avoir droit. Reculer devant le jugement, c'est donner à penser que l'injustice n'est pas réelle ou qu'elle ne vaut pas qu'on s'y arrête. Alors à quoi bon l'outrage ? Est-il, au contraire, spontané, immédiat, irréfléchi, c'est un signe de mauvaise éducation, d'impuissance à se contenir, et ensuite l'aveu implicite qu'on n'a pas mesuré la portée de la prétendue répression de l'injustice ; qu'on agit sous une influence de sensibilité et d'instinct, et non pas de raison. Dans l'un et l'autre cas c'est commettre soi-même l'injustice, et à plus forte raison si l'on n'a pas même à alléguer une provocation.

11. **La diffamation, la médisance et la délation** [1]. — La diffamation consiste à dévoiler les torts et les fautes du prochain sans nécessité. A supposer même qu'on s'en tienne à divulguer des faits exacts, c'est encore un crime, par l'intention de nuire qui est évidente. La diffamation reproduit en public des fautes reconnues, parfois même déjà condam-

[1]. Lire, dans Tacite, les délations à Rome sous les empereurs, et, dans les historiens de la Révolution française, les conséquences de la loi des suspects.

nées et expiées. Il est d'abord injuste de priver du bénéfice de son repentir et de son expiation celui qui par là s'est lavé de sa souillure et a reconquis une part de considération. La médisance en diffère seulement par le milieu où elle se répand, qui est moins public, un salon par exemple. Elle est coupable d'autant plus que notre jugement, la plupart du temps, est téméraire; nous ne sommes pas munis d'éléments d'information suffisants pour pénétrer les secrets de la conscience et apprécier sainement les motifs d'autrui. Publier les péchés et les travers d'un homme est un moyen de détruire jusqu'à l'effet de ses bonnes qualités. — Il n'est qu'un seul cas où il soit permis de faire cette divulgation : lorsque l'ignorance de ce défaut, de ce travers ou de cette faute peut devenir préjudiciable à ceux qui nous touchent ou à l'État. Mais alors ce n'est plus médire. Par exemple dans un procès où l'on est cité comme témoin, le devoir est non pas de cacher, mais de révéler ce qu'on sait, ce qui éclairera la religion du juge. Ainsi, lorsqu'un crime est commis, le devoir de tout citoyen qui en a connaissance est d'avertir la police de ce qu'il sait. Et de même, si l'on apprend qu'un criminel par un subterfuge va réussir à occuper un emploi de l'État, où sa mauvaise foi, qui m'est connue, sera un danger, puis-je dénoncer son indignité? Je le dois. Ce n'est point là une délation plus qu'une médisance, à moins que le coupable ne se soit confié à moi sous le sceau du secret, car mon but n'est pas de nuire à l'individu ; sans cette circonstance, je n'aurais pas parlé; mais il est de mon devoir de protéger l'État; et je n'en veux tirer aucun prix pour moi-même : je ne vends pas mon avis. La délation suppose un intérêt personnel, un profit désiré, comme faisaient les sycophantes qui usaient de la délation comme d'un métier pour s'enrichir. Métier vil entre tous, qui participe à la fois de l'homicide, du vol et de la médisance, quand il s'arrête là et ne va pas jusqu'à la calomnie. Ainsi la règle est bien nette : Ne jamais révéler les fautes du prochain dans l'intention de lui nuire ni en vue d'un profit personnel.

12. **La calomnie.** — Si l'on doit sévèrement condamner ceux qui divulguent les chutes morales du prochain, combien plus sévère sera notre jugement sur les calomniateurs. Ca-

lomnier, c'est imputer à autrui des fautes dont il n'est pas coupable. N'est-ce pas le comble de l'injustice et la manière la plus terrible de la commettre? car la calomnie se propage, on ne peut la détruire une fois émise, elle atteint l'homme dans tout ce qu'il a de plus cher, rejaillit sur les siens, le ruine moralement et matériellement. Et l'on ne sait pas même si elle ne causera pas sa mort.

Trop souvent le désir de parler, de piquer la curiosité, de paraître bien renseigné, excite les esprits légers à prononcer des paroles médisantes ou calomnieuses. Ce n'est pas seulement un défaut; bien que l'on soit moins coupable que dans le cas d'un calcul intéressé, c'est un crime contre la société, et l'on range à juste titre les médisants et les délateurs et calomniateurs parmi les plus malfaisants des êtres.

13. **L'envie.** — L'origine commune de ces crimes contre la réputation, c'est l'envie, la basse envie, qui n'est autre chose que la haine inavouée de ce qui nous est supérieur. Autant est noble l'émulation qui nous pousse à redoubler nos efforts pour égaler ceux qui s'élèvent par la vertu et le talent, autant est misérable cette passion de rabaisser et de salir ceux que notre impuissance nous empêche d'atteindre.

§ 4. — Respect de la personne dans sa conscience, ses opinions et son intelligence.

14. **La liberté de conscience.** — L'homme pense; la pensée est son attribut essentiel, son droit le plus naturel. Ce n'est pas sans efforts qu'il la conduit vers la vérité et qu'il forme ses croyances et ses opinions. Être une personne morale, c'est agir selon les principes et les lois que l'on reconnaît pour vrais. La liberté de conscience ne consiste donc pas seulement à croire en soi-même ce que l'intelligence perçoit et conçoit. Il est trop simple qu'on ne pourrait empêcher un homme de penser ce qu'il pense. Elle consiste dans le pouvoir d'exprimer sa pensée. Ce droit est le premier de tous, cette liberté est la base de toutes les autres.

Cette liberté ne supportera-t-elle cependant aucune limite, aucune restriction? Il est deux cas possibles : ou la pensée exprimée est manifestement contraire à l'ordre social, à la justice, à la vérité; ou elle n'est que contestable à certain point de vue.

Par exemple : exprimer l'opinion que le vol est légitime, ou que tout gouvernement, quel qu'il soit, doit être renversé par la force.

Ces propositions sont insensées : leurs auteurs devraient être considérés ou comme fous ou comme criminels. De manière ou d'autre, la société a le droit de réprimer leur intempérance de langage et leur déraison. Mais, même dans ce cas, on ne peut présumer un excès non encore réel. Et il serait injuste d'interdire par mesure générale la libre expression de la pensée, parce que peut-être des pensées subversives seraient manifestées.

15. La discussion critique et le libre examen éclairent la science et la conscience. — Si l'opinion n'est que contestable au point de vue d'une doctrine et d'une opinion contraire, par exemple celle que l'homme a été ou n'a pas été créé directement par Dieu, ou que la folie provient d'une anémie ou d'une congestion du cerveau, — ce n'est pas en interdisant la libre discussion qu'on éclaircira le problème. Bien au contraire, c'est en la favorisant, en permettant à tous les esprits d'apporter chacun le résultat de leurs études, de leurs réflexions, de leur dialectique et de leur critique. Et la science humaine y gagnera. C'est un devoir d'agrandir autant que possible nos connaissances et de permettre aux autres de se perfectionner dans la science. Aussi faut-il garder dans la discussion une modération et une courtoisie qui sont d'abord un hommage rendu à l'intelligence des autres. Quelle plus sotte outrecuidance que de décréter qu'on possède seul la vérité? Les réformes dans la science et dans la vie sociale sont toutes venues du libre examen; l'autorité tyrannique a toujours marqué une décadence ou un arrêt dans la marche des idées. Sans la critique et la discussion, on croirait encore que le soleil tourne autour de la terre, que certaines races d'hommes, certaines castes même sont inférieures aux autres et faites pour les servir.

L'éclat des lettres, des sciences et des arts, et le progrès de la moralité publique accompagnent la liberté de la pensée, et la morale aussi est sortie purifiée de la discussion des préceptes et des doctrines.

16. Liberté des cultes. — La liberté de conscience ne se borne pas aux opinions philosophiques, littéraires ou scientifiques : elle s'étend à la foi religieuse. L'âme humaine est naturellement portée à croire au surnaturel, et elle cherche à connaître et à adorer la cause suprême de toutes choses, c'est-à-dire la divinité. Le devoir de respecter nos semblables dans leurs croyances religieuses et dans la profession de ces croyances, dans le culte, est donc nécessaire et évident.

Toutefois il ne s'agit que de pratiques ne portant aucune atteinte aux bonnes mœurs ni à l'ordre public. La morale universelle d'une part et les lois établies de l'autre condamnent les excès et les violences; une nation civilisée ne saurait admettre une religion ordonnant à ses adeptes des sacrifices humains par exemple, ou l'immolation de ceux qui ne la reconnaissent pas comme la meilleure et ne s'y convertissent pas.

Mais toute religion qui directement ou indirectement ne prescrit aucune pratique immorale doit être professée librement.

17. L'intolérance. — L'intolérance n'est qu'une forme du fanatisme, et le fanatisme une forme de la folie. Elle est la source de toutes les persécutions, et la manifestation de l'orgueil abusant de la force contre la liberté. « *Tu es un criminel ou un fou si tu ne crois pas ce que je crois,* » est sa formule; et encore : « *Crois ce que j'ordonne.* » Et l'histoire est remplie de ces violences qui déshonorent leurs auteurs et font une tache à l'esprit humain. Païens contre chrétiens, chrétiens contre juifs, catholiques contre protestants, anabaptistes contre papistes, etc., toujours la persécution appelle les représailles et, dans l'ordre philosophique et politique comme dans l'ordre religieux, marque le déchaînement des passions aveugles et la défaite de la raison et de la justice. Il n'est pas de justice sans tolérance.

18. Respect de l'intelligence : le mensonge. — Être libre, c'est choisir parmi les motifs, agir d'après sa pensée l'intelligence est donc la condition de la liberté et de la responsabilité. Et plus elle s'éclaire et s'instruit, plus elle est capable de comprendre un grand nombre de motifs et de les comparer, plus l'homme devient libre. Le devoir de respecter l'intelligence de nos semblables découle du devoir de respecter leur liberté : il est aussi impérieux, il tend au même but.

La première faute contre ce devoir, c'est de tromper, et la forme la plus ordinaire de tromper est le mensonge. Mentir, c'est parler autrement qu'on ne pense, dans le but d'égarer l'intelligence, en vue d'un avantage personnel. Celui qui volontairement pousse l'homme dans l'erreur, le met sur le chemin de la faute, du crime, et assume par conséquent une part de responsabilité dans les actions qui s'ensuivront. La gravité du mensonge vient de ce que nous abusons de la confiance qu'on nous témoigne. C'est une lâcheté en lui-même, il est bas et vil, car il ôte à celui qui le prononce l'estime de soi, puisqu'il ne peut croire à ce qu'il dit.

Il est d'ailleurs plusieurs manières de mentir : il n'est pas toujours nécessaire de parler pour commettre le mensonge. Celui qui se tait sachant que son silence sera interprété dans un sens contraire à la vérité commet un mensonge.

Celui qui ne dit qu'une partie de la vérité, comprenant que celle qu'il réserve modifie la première, commet un mensonge partiel appelé *restriction mentale.*

Enfin c'est encore mentir que de dire des paroles vraies d'un ton qui donne à croire qu'elles ne le sont pas.

Car ce qui constitue le mensonge, c'est l'intention d'induire en erreur.

Mensonges apparents excusables. — Aussi par contre, dans plusieurs cas, ne pas dire la vérité ou dire le contraire de la vérité, ce n'est pas mentir.

D'abord si l'on croit vrai ce que l'on dit.

On me demande l'heure ; je réponds : Quatre heures! Il en est cinq.

Ma réponse n'est pas la vérité. Mais je croyais qu'elle l'était ; je n'ai pas menti.

Ensuite si le devoir professionnel interdit de divulguer un secret.

Le prêtre ou le médecin à qui un pécheur ou un malade s'est confié peut répondre : « Je ne sais pas, » si on l'interroge sur l'état de conscience ou l'état de santé de cet homme, bien qu'il le sache, ayant reçu l'aveu ou constaté le mal.

De même encore, si l'aveu complet de la vérité peut être funeste à celui qui la demande, le tromper dans son intérêt et sans qu'il en résulte de mal pour autrui, ce n'est pas mentir :

Par exemple, dire à un malade qu'il va mieux, tandis que lui annoncer sa mort prochaine serait la hâter et accroître son angoisse.

Enfin les fictions des poètes et des romanciers ne peuvent être prises pour des mensonges : leur but n'est pas de jeter le trouble et l'erreur dans l'intelligence, mais de récréer l'imagination et d'émouvoir la sensibilité.

Bien plus, il y a des mensonges héroïques : ceux que l'on commet pour sauver la vie de quelqu'un à son propre risque. Tel un fils qui, lorsqu'on réclame son père pour le mener au supplice, répond : « C'est moi. »

Mais l'exception est bien nette et facile à définir : il faut ou qu'on n'ait pas l'intention de tromper, ou qu'en trompant dans le fait sciemment on ait un but élevé, tel que le bien surpasse le mal.

Hors de là, tout mensonge est gravement coupable. « Il n'y a pas, dit M. Franck, jusqu'à ces compliments exagérés ou sans fondement dont le monde est si prodigue, qui ne soient difficiles à justifier devant la saine morale. » Souvent en effet cette sorte de mensonge devient la flatterie qui aveugle nos semblables et les entraîne à la faute.

10. **Le faux témoignage.** — De toutes les formes du mensonge, la plus odieuse et la plus criminelle est le faux témoignage et le faux serment.

Dans ce cas, en effet, nous renforçons, afin de le mieux tromper, la confiance du prochain en attestant la vérité de nos paroles par l'invocation de la divinité et de l'humanité tout entière.

Aussi la loi humaine qui ne punit pas le mensonge ordinaire, à cause des difficultés de constatation et d'appréciation, et laisse à l'opinion publique et à la conscience le soin de le châtier, la loi édicte des peines sévères et justes contre le faux témoignage et le faux serment, qui peuvent être plus facilement prouvés.

20. L'interdiction des moyens de s'instruire. — Si notre devoir est de ne pas nuire à l'intelligence de nos semblables, il nous ordonne par là même de ne pas mettre obstacle à son instruction. Il ne suffit pas de ne pas détourner la vérité, il faut laisser à chacun la possibilité, en ce qui dépend de nous, d'aller à la vérité, de se connaître lui-même, d'apprendre ses devoirs, et d'acquérir les connaissances au moyen desquelles il perfectionnera sa moralité et améliorera son sort. Maintenir les âmes dans l'obscurité de l'ignorance, qu'est-ce autre chose que les asservir? n'est-ce pas réduire l'âme en esclavage sous l'apparence de la liberté matérielle? Le maître qui jadis achetait des esclaves n'était vraiment leur maître que grâce à leur ignorance; s'ils avaient su, ils se seraient révoltés : Spartacus en est la preuve, et d'autres, ceux de Saint-Domingue, par exemple.

La morale ordonne d'accorder à ceux qu'on emploie un loisir raisonnable qu'ils puissent occuper, s'ils le veulent, à leur instruction. Et s'ils sont trop jeunes pour sentir d'eux-mêmes la nécessité de s'instruire, le patron a le devoir de le leur rappeler et de leur en fournir l'occasion. La loi française a sanctionné ce devoir social à l'égard des enfants mineurs employés dans l'industrie et dans le commerce. La société est grandement intéressée, comme l'individu lui-même, à la diffusion de l'instruction, qui seule assure le progrès moral et fait espérer l'harmonie sociale. L'autorité fondée sur l'ignorance des sujets est précaire et injuste; elle est une domination ; celle-là sera solide et juste qui sera comprise et consentie par ceux qu'elle doit diriger.

§ 8. — Respect de la personne dans sa propriété.

21. Cause de la propriété. — Pour entretenir et protéger son existence, l'homme a besoin de nourriture, d'abri, de vêtements, d'instruments : la nature met tout cela à sa portée, mais il faut qu'il s'en empare; son droit sur les choses résulte de son effort pour se les approprier. *La propriété est donc ce que l'homme a rendu sien par une action légitime.* Le droit de propriété est le droit d'user de sa chose à son gré, pourvu qu'on ne nuise pas au prochain.

22. Origine naturelle : droit du premier occupant. — Primitivement, on peut le concevoir, rien n'était à personne. Le premier qui a occupé le sol ou s'est emparé de ses fruits en a été légitime propriétaire. Pourquoi? parce qu'il a fait un effort, un travail. La première occupation n'est un droit qu'à cause de ce travail : il faut pour qu'une chose devienne sa chose que l'homme y marque son empreinte. Ainsi, dans un terrain sans propriétaire, j'aperçois un arbre portant des fruits; je ne puis dire : « Ils sont à moi, » tant que j'en suis éloigné; si quelqu'un me devance et les cueille, ils sont à lui. Mais si je les ai cueillis, et que dans mon sac il les prenne, il me vole : il m'enlève non pas seulement les fruits de l'arbre, mais le fruit de mon effort et de mes fatigues.

23. Formes légales de l'acquisition de la propriété. — *La donation, l'héritage et l'échange.* — Ce que l'homme acquiert par son travail est à lui; il en a la libre disposition : il peut le consommer, il n'est obligé qu'à ne pas le transformer en un moyen de corruption et de tyrannie. Mais est-il tenu de le consommer? Évidemment non. Sans être avare, il peut économiser, et ces économies, n'aura-t-il pas le droit de les transmettre? Donner est une forme de la consommation. Interdire au propriétaire de donner sa propriété, c'est supprimer une partie de son droit et de sa liberté. Il possède le droit de disposer de ses biens pendant sa vie; mais ne peut-il désigner à qui, après sa mort, il entend les transmettre? Serait-il obligé de se dépouiller de son vivant pour jouir de son droit de propriétaire? Ce serait odieux et absurde. L'héritage est donc aussi légitime que la donation; et si le propriétaire n'a pas spécialement désigné ceux à qui il veut passer sa propriété, il est tout naturel de penser que ses enfants, ses parents sont ceux qu'il préférait, dont l'existence lui était le plus chère, de qui il a pu recevoir les marques d'affection les plus certaines, les secours et les soins les plus empressés, et pour qui enfin, souhaitant une moins dure existence, il a amassé les résultats de ses travaux. Ils sont donc les héritiers naturels. A défaut d'aucun parent naturel et de volonté spéciale du propriétaire, l'État ou communauté hérite justement. Qui pourrait revendiquer un droit sur ces biens? Tous y ont autant de droit que le premier ou le dernier venu; ou plutôt nul n'y a plus de droit qu'un autre : l'État, ayant favorisé la tranquillité, protégé la propriété et la vie du citoyen, s'est acquis des droits à l'héritage. Il est juste qu'il le recueille.

24. Quelles sont les choses qu'on possède. — *Propriété matérielle et propriété intellectuelle.*

L'homme est propriétaire légitime de tout ce sur quoi il exerce son activité sans nuire à personne : de la terre qu'il cultive, si elle n'est encore à personne, et des fruits de la terre qu'il récolte, soit qu'ils aient poussé naturellement, soit qu'il ait fait les semailles ou planté l'arbre; de tous les instruments qu'il fabrique avec des matières acquises par lui; et enfin de l'œuvre produite par l'effort de ses bras ou par l'effort de son esprit. Le droit de l'inventeur sur sa découverte, du poète et de l'artiste sur son œuvre, est aussi sacré que celui du fermier sur sa récolte ou du propriétaire sur sa maison. La propriété intellectuelle et artistique est aujourd'hui protégée par les lois du pays et par des conventions internationales. Le vol commis à son détriment porte un nom particulier : le *plagiat*.

25. Communisme et socialisme. — Cependant des philosophes ont pu croire que la propriété ne devait pas revêtir une forme individuelle, mais rester commune à tous les citoyens d'un même État, et même, abstraction faite de tout État, commune à tous les hommes, qui formeraient une universelle association : de là les noms de *communisme* et de *socialisme* donnés à ces utopies.

Elles ont été soutenues en vue d'effets bien différents.

Communisme de Platon. — Platon, dans sa *République*, élève l'État au-dessus de tous les individus. Il en fait une sorte d'être synthétique qui absorbe tous les citoyens. Artisan, magistrat ou guerrier, tout citoyen se doit absolument à l'État. Or il y a deux causes d'opposition entre l'État et l'individu : la famille et la propriété.

Ceux qui ont une famille, dit Platon, s'attachent à elle au détriment de l'État; ceux qui ont une propriété personnelle désirent la soigner, c'est du temps et des soins qu'ils ne donnent pas à l'État, ils désirent l'étendre, et ce désir les pousse à empiéter sur la propriété d'autrui ou sur le domaine d'État. Il faut donc supprimer la famille et la propriété.

Mais ce sacrifice total de l'individu réel à l'État idéal est antinaturel, et il n'atteint pas le but que se propose Platon. Ceux qui n'ont ni famille ni propriété ne sont pas les meilleurs citoyens. La propriété commune n'est pas mieux cultivée que la propriété particulière, où chacun récolte selon ses soins et ses peines : ce qui l'excite à mieux faire. La famille, bien loin de détourner nécessairement le cœur de l'homme de l'amour de l'État et de la patrie, le prépare à les mieux aimer, elle l'y attache par des liens solides qui de génération en génération se fortifient encore.

Aristote a répondu à Platon qu'il n'y a d'affections vraies qu'entre des individus déterminés, et que, dans l'administration des biens communs, chacun se repose sur les autres, trouve qu'il travaille trop et les autres pas assez.

Dans la *République* de Platon, personne ne peut être heureux. Qu'importe, dit-il, si l'État est heureux! Mais l'État sans les citoyens, l'humanité sans les hommes, qu'est-ce que c'est?

Socialisme contemporain : Saint-Simon et Fourier. — Le communisme a refleuri au XIXᵉ siècle, et ses propagateurs sont nombreux. Le premier en date est Saint-Simon. Il veut « réhabiliter la chair frappée au moyen âge d'un injuste anathème ». Le bonheur matériel de la vie a son prix, et chacun y a droit. N'espérer que le bonheur d'une vie future et pour le reste attendre la mort, c'est une duperie. Et le premier effort de la société doit tendre, comme l'avait dit Condorcet, à améliorer le sort de la classe la plus nombreuse et la plus pauvre. Saint-Simon n'y voit d'autre remède qu'une réforme totale de la société.

D'abord, au point de vue de l'organisation sociale, il voudrait une religion nouvelle, « reliant la chair et l'esprit, et les sanctifiant l'un par l'autre ». Le prêtre de cette religion serait naturellement le directeur de la société. De sorte que Saint-Simon aboutit à une hiérarchie théocratique, dont les différents degrés seront, au-dessous du prêtre, les trois classes de l'humanité : savants, artistes, industriels. Et dans chaque classe la direction appartiendra aux premiers savants, aux premiers artistes et aux premiers industriels. Ils seront *chefs* et administreront les intérêts communs en rendant « *à chacun suivant sa capacité, à chaque capacité suivant ses œuvres* ». Et enfin les femmes recouvreront tous leurs droits civils et politiques.

Au point de vue de la propriété, il nie le droit d'hérédité, et donne à l'autorité l'attribution de la justice distributive qui consiste à rémunérer chacun selon son œuvre et sa peine. Partout l'autorité de l'État se substitue à l'initiative individuelle. La liberté est donc supprimée. Le saint-simonisme est par conséquent un pas en arrière et non un progrès.

Fourier transforme le système, et d'autoritaire le fait libéral. Son originalité, c'est, au lieu de combattre et d'enfermer les passions, de leur laisser une libre expansion et de les tourner au profit et au bonheur de la société. Il croit avoir découvert l'*attraction passionnelle*, comme Newton l'attraction matérielle.

C'est cette attraction qui pousse les hommes à s'associer : il n'y a pas d'association sans travail, sans coopération de tous les associés; il faudra rendre le travail attrayant par la variété des occupations et le produit direct qu'en tirera le travailleur.

Et la distribution des produits aura lieu en *raison composée du capital, du travail et du talent*. La formule est très remarquable et très près de la vérité économique.

26. L'opinion vulgaire socialiste : suppression de l'hérédité. — Des idées des philosophes, le vulgaire n'a retenu que ce qui flatte sa passion. Posséder sans travailler, c'est le vœu avoué de quelques-uns, le vœu secret d'un plus grand nombre. Et ils appuient leurs prétentions sur ce fait, que d'autres, sans avoir rien fait ni produit, possèdent par droit de naissance. Double inégalité, disent-ils : car d'abord ils vivent sans peine, et ensuite la fortune possédée leur donne l'autorité.

A la seconde plainte, on peut tout de suite répondre que de plus en plus l'influence et l'autorité appartiennent au talent et au travail. Sans doute celui dont l'existence est assurée peut plus facilement se consacrer à l'étude et acquérir les moyens de diriger les autres; mais il en est de cette condition meilleure comme de la santé et de la force physique qui sont des conditions favorables pour atteindre le même but, et cependant ne dépendent pas de nous seuls ; au surplus ce n'est pas la richesse, mais l'usage qu'on en fait qui constitue la supériorité sociale.

Quant à l'autre plainte, pour la satisfaire, il faudrait supprimer le droit d'hérédité : ce serait une injustice à l'égard de ceux qui par leur travail ont acquis et par leur sagesse économisé en vue de leurs enfants. La société n'y gagnerait pas : n'étant pas sûr de transmettre son bien, on travaillerait moins, on produirait moins; et, quand tous seront pauvres, quel avantage y aura-t-il pour personne?

Le moyen d'ailleurs d'égaliser les conditions n'est autre que le partage des biens : les socialistes vont jusqu'à le réclamer. La pauvreté ne serait pas bannie du monde à cause de cela. D'abord il ne suffit pas de détenir le capital ou le sol : pour qu'ils donnent la richesse, il est nécessaire qu'un habile emploi, un travail raisonné les fasse valoir. Les ignorants, les maladroits et les négligents ne tireront rien de leur part et se plaindront encore que d'autres y réussissent. Puis les passions et les vices n'auront pas d'un seul coup disparu parce qu'on aura partagé les terres et les capitaux. Il se trouvera des paresseux, des débauchés qui échangeront leur part contre les produits : et elle ira augmenter celle des autres. L'inégalité se représentera par le fait même de ceux qu'elle mettra dans l'infériorité. Faudra-t-il alors renouveler le partage? Ce serait manifestement une abominable injustice.

27. On n'hérite que des biens matériels. — Toutefois quelles sont les choses pour lesquelles l'hérédité est légitime?

Ce sont celles qui sont biens privés, c'est-à-dire qui ne touchent pas à l'administration ni au salut de l'État. Mais pour les autres, comme les charges et fonctions publiques conférées par l'État, par la société dans l'intérêt commun, elles ne peuvent être héréditaires. Il n'en coûte rien à l'État que le fils d'un millionnaire hérite du million de son père. Mais il pourrait souffrir un dommage si le fils d'un général ou d'un magistrat héritait du grade ou du siège de son père, car il n'est pas certain qu'il possède les qualités à cause desquelles le père a reçu cette fonction.

28. L'État participe à l'héritage. — L'État d'ailleurs, autrement dit la communauté sociale, peut légitimement réclamer le prix des services qu'il rend à l'individu, et pour la protection accordée à la propriété privée en prélever une certaine partie. C'est ce qui a lieu : sur tout héritage, l'État lève un impôt proportionnel qui augmente la masse sociale pour payer les dépenses communes et diminuer d'autant les charges qui pèsent sur tous, pauvres ou riches.

29. Le commerce. — *La vente et l'échange.* — La propriété d'une chose passe d'une main dans une autre par d'autres procédés que l'héritage et la donation. Tous ne possèdent pas les mêmes objets; il arrive que l'un possède d'une chose plus qu'il ne lui est nécessaire pour son usage, tandis que d'autres choses dont il a besoin lui manquent et sont possédées par d'autres. De là la vente et l'échange des denrées, qui constituent le commerce. La morale intervient là aussi pour interdire l'abus : toutes choses n'ont pas en elles-mêmes une égale valeur. C'est abuser que de leur attribuer une valeur supérieure pour se faire concéder un objet plus précieux. Supposez un cavalier affamé et sans provision; il rencontre un homme possesseur d'un pain. L'échange de son cheval contre le pain n'est pas équitable; et si le propriétaire du pain, profitant du besoin extrême du cavalier, l'exige sous peine de le laisser mourir de faim, il est injuste.

Mais le commerce peut s'exercer honnêtement, à la condition de n'attribuer aux objets que leur valeur réelle calculée d'après la rareté ou l'abondance, le capital engagé, dont les intérêts se reportent sur le prix de vente, d'après les efforts, la fatigue, les risques de celui qui les procure, et aussi d'après son art et son habileté s'il s'agit de produits manufacturés.

Il est enfin une catégorie d'objets, comme les œuvres de l'esprit, qui n'ont pas de prix fixe et pour lesquels la vente et l'échange n'ont d'autre règle que la bonne foi du vendeur et l'agrément ou l'utilité de l'acheteur.

30. **Les crimes contre la propriété.** — *Le vol et la fraude : le faux et l'abus de confiance, et la destruction.*

Dérober, de quelque façon que ce soit, le bien d'autrui, c'est le priver de ses moyens d'existence et de perfectionnement. Le vol est un crime contre l'individu et contre la société : contre l'individu à qui il enlève le fruit légitime de son travail ou du travail de ses ancêtres ; contre la société, dont il menace la sécurité, chacun pouvant redouter d'être à son tour victime du voleur. Le vol est l'acte précis par lequel on s'approprie plus ou moins ouvertement le bien d'autrui. La fraude s'en distingue en ce qu'elle se dissimule et ne laisse pas au propriétaire la possibilité certaine de défendre son bien : elle est compliquée d'hypocrisie et de mensonge. Cartouche arrêtant des diligences sur les grandes routes, le pick-pocket soutirant des poches de ses voisins leur montre et leur porte-monnaie sont des voleurs avérés.

Le marchand qui trompe sur le poids ou la qualité de la marchandise vole d'autre façon ; son vol se nomme *fraude*. D'autre part celui qui achète et ne paye pas sa dette commet la même faute ; et, s'il savait au moment d'acheter qu'il serait hors d'état de payer, c'est une circonstance aggravante.

Il y a *dol* lorsque, sous des apparences honnêtes ou légales, on ne rend pas à autrui ce qui lui est dû, ou qu'à l'aide de paroles captieuses on l'amène à consentir à une convention désavantageuse qu'il n'eût certainement pas acceptée s'il eût reconnu ce qu'elle est.

Le *faux* par lequel on altère les chiffres d'un compte ou la signature d'un écrit est un crime du même ordre. Il s'aggrave encore lorsque le faussaire est commis à la garde ou à la vérification de ces écritures, il a reçu cette mission à cause de la confiance qu'il inspire ; on est moins prémuni contre lui, on ne le surveille pas, lui qui est chargé de surveiller : sa fraude se double d'un abus de confiance. De même lorsque celui qui vole est employé dans la maison, à titre de commis ou de serviteur, puisque comme tel il pénètre partout sans qu'on s'en défie. Et encore lorsqu'un dépôt a été confié et que le dépositaire refuse de le rendre selon les conventions.

Tous ces crimes contre la propriété ont pour origine la cupidité, et le coupable en espère un profit. Il en est d'autres qui, bien que ne devant pas profiter à celui qui les commet, n'en sont pas moins condamnés par la morale et par les lois : tels le pillage, l'incendie et tous les autres moyens par lesquels on cherche à nuire aux biens d'autrui par un sentiment de haine, d'envie ou de vengeance.

31. Complicité des crimes contre la propriété. — On commet l'injustice, nous l'avons dit, en ne l'empêchant pas quand on le pourrait. L'application de ce principe est bien évidente à propos de la propriété. Recéler le produit du vol, avertir le voleur des précautions utiles pour perpétrer son vol, acheter à bas prix ou accepter en cadeau des objets que l'on sait avoir été volés, en un mot tout acte aidant ou encourageant le voleur, est une complicité et à différents degrés engage la responsabilité.

32. Extension du respect de la propriété. — La règle morale s'étend même plus loin : elle interdit de garder les objets trouvés par hasard si l'on en connaît le propriétaire; et elle ordonne de le rechercher s'il n'est pas connu.

Enfin elle veut que notre négligence ou notre imprudence ne portent aucun préjudice ou ne provoquent aucun dégât dans la propriété, et, si malgré notre volonté nous avons causé un dommage, elle ordonne de le réparer de notre mieux. Ce n'est même pas une raison légitime de tromper autrui que d'avoir été trompé soi-même; ainsi celui qui a reçu de la fausse monnaie n'a pas le droit de la passer à un autre. Les deux actes sont indépendants. Chaque auteur est responsable du sien.

33. Les biens communs. — Il n'est pas que des biens particuliers et des propriétés privées : il est aussi des biens communs à tous les hommes et dont la nature destine à chacun sa part. Ce sont précisément les éléments naturels nécessaires à la vie : l'air, la lumière, le feu, l'eau. Ce que chacun en use ne prive personne : ils sont par leur essence intarissables, et ce n'est pas se dépouiller que de les partager : de là les prescriptions anciennes : « *Ne jamais interdire l'eau courante, ne pas refuser du feu au voyageur qui passe.* »

34. Respect des propriétés publiques. — Enfin les propriétés collectives, comme sont les édifices et jardins publics, les domaines de l'État, sont aussi sacrées que les propriétés privées. Elles ont même, s'il est possible, un caractère plus respectable encore, puisqu'elles servent à tous, et celui qui les détériore, les pille ou les soustrait en est plus coupable peut-être, puisqu'il nuit à un plus grand nombre.

§ 6. — Caractère sacré des promesses et des contrats.

35. Mutualité des services et des engagements. — La société a pour but de permettre aux hommes d'atteindre plus sûrement leur fin par de mutuels services : dans l'ordre matériel comme dans l'ordre moral, ils ont besoin les uns des autres. Parmi ces services, les uns proviennent de la sympathie, de la bienveillance, de la charité : leur caractère, c'est d'être volontaires, comme de partager sa nourriture ou son vêtement avec celui qui en est dépourvu. Les autres ont pour principe et pour objet l'intérêt, comme quand il s'agit d'exécuter un travail, soit de bâtir une maison, soit d'apprendre un art ou un métier. Ceux-là sont réglés par des conventions mutuelles, des contrats, où de part et d'autre on s'engage à échanger le service rendu contre une rémunération spécifiée.

La vie économique des peuples et des particuliers repose sur la valeur de ces contrats : entre acheteur et vendeur, patron et ouvrier, maître et serviteur, propriétaire et locataire ou fermier, prêteur et emprunteur, c'est la promesse réciproque qui établit la confiance, et, comme dit le langage juridique, *la convention fait la loi des parties.*

36. La solidarité. — Nous avons tous pour ainsi dire, pris tacitement, implicitement, l'engagement mutuel de nous soutenir et secourir les uns les autres par le seul fait que nous usons et profitons du travail intellectuel et matériel de tous. Nous bénéficions des résultats produits par les efforts des générations antérieures : notre existence quotidienne se compose d'un incessant concours et d'un perpétuel échange d'offices et de travaux. Chacun de nous pour vivre, se conserver, se développer, atteindre son but personnel, a besoin de l'aide, volontaire ou involontaire, conscient ou inconscient, de tous ses semblables. Il est donc de justice de ne laisser souffrir ni dépérir aucun être humain. Nous portons tous une responsabilité collective et réciproque : c'est *la solidarité*. La part d'œuvre sociale que l'on n'accomplit pas retombe sur d'autres et s'ajoute à la leur. Personne n'a donc le droit, — sauf le cas de force majeure, — de se soustraire à la contribution. Chacun individuellement, et tous conjointement (la cité, l'État) doivent s'efforcer de chasser du monde la misère morale et la misère physique. Et ce, à deux points de vue : 1° *par justice*, puisqu'un être humain, quel qu'il soit, a toujours, ne fût-ce qu'un moment, et dans une faible mesure, fourni son appoint à l'œuvre social, et par là mérité de n'être pas abandonné, 2° par *intérêt*, parce que toute existence humaine qui se perd, c'est une diminution du capital des forces sociales. La solidarité diffère de la charité en ce que celle-ci est tout à fait *sentimentale* et *désintéressée* ; l'autre principe dérive de la justice sociale.

Les œuvres de solidarité diffèrent des œuvres de charité en ce qu'elles supposent un droit acquis par ceux à qui elles profitent.

Les principales formes de la solidarité sociale sont les *mutualités*, sociétés de secours mutuels, les caisses de retraites pour la vieillesse, l'organisation de l'*assistance par le travail* ; et pour les malades, les hôpitaux et l'organisation des secours médicaux à domicile, pour les invalides et les vieillards, les hospices et maisons de retraite.

37. La bonne foi est une loi sociale. — Dans l'observation du contrat consiste la bonne foi; dans la violation, la mauvaise foi.

Le premier effet funeste de la mauvaise foi, si elle n'était réprimée sévèrement, serait l'arrêt des transactions, la cessation des travaux, l'interruption des entreprises, la ruine pour tous. Dans l'ordre moral, elle ne serait pas moins désastreuse : elle jette le trouble et la méfiance dans l'esprit, engendre la haine et le désir de la vengeance. Elle est un des pires mensonges : le *parjure;* elle est une fraude, puisqu'on refuse alors de supporter les charges qu'on a d'abord acceptées en échange d'un avantage, et qu'on les rejette sur celui qui nous a concédé cet avantage.

La justice exige donc qu'on observe toute promesse faite librement; il n'est pas nécessaire qu'elle ait été écrite : la parole suffit, et dans beaucoup de cas même le consentement tacite. Il faut comprendre que notre promesse constitue pour celui à qui nous avons promis une sorte de propriété; et toutes les règles relatives au droit de propriété sont applicables à cette circonstance.

38. A quelles conditions une promesse est-elle sacrée? — Toutefois il importe de spécifier les caractères d'une promesse valable.

1° *Il faut qu'elle ait été faite librement et consciemment.*

La promesse que l'on arrache par la violence ou par la menace est nulle de plein droit, et le coupable est non celui qui ne l'exécute pas, mais celui qui l'a extorquée.

La promesse faite par un fou sans qu'on l'y contraigne, ou par tout homme qui n'est pas dans son bon sens, est aussi comme si elle n'était pas, puisqu'il n'a pu comprendre ni mesurer l'effet de son engagement. C'est au contraire une faute que d'accepter une promesse dans ces conditions et d'en réclamer l'exécution.

2° *Il est nécessaire en outre que l'on n'ait rien promis de contraire à la justice, aux bonnes mœurs, ni aux lois.*

Lorsqu'on a commis cette première faute de promettre contre l'honnêteté, le devoir est de s'abstenir : tenir sa parole en serait une seconde. Celui qui s'est engagé à voler ou à tuer ne doit pas rester fidèle à cet engagement. Ce serait corrompre la règle morale que de prétendre respecter la loi des contrats dans un cas semblable.

3° *La règle est aussi que l'exécution de la promesse ne soit pas nuisible à celui qui l'a reçue.*

Ainsi, pour emprunter un exemple au théâtre, si Neptune n'avait pas fait ce qu'il avait promis à Thésée, Thésée n'eût pas été privé de son fils Hippolyte, dont il pleura ensuite amèrement la mort.

De même ce serait agir contre le devoir que de rendre certains dépôts. Si un homme sain d'esprit vous confie une épée, et que, devenu fou, il la réclame, le devoir est de ne pas la rendre. Et il faudrait encore la refuser si, bien que demeuré sain d'esprit, il eût l'intention, connue de vous, de s'en servir contre lui-même, ou contre un autre, ou contre l'État.

Il est même certains cas où l'on est dégagé justement de sa promesse si l'exécution vous apportait plus de préjudice que d'avantages à celui envers qui vous vous êtes obligé. Supposons, dit Cicéron, que vous ayez pris jour avec un homme pour l'accompagner devant la justice en qualité de conseil, et que dans l'intervalle votre fils tombe dangereusement malade, vous ne manquerez pas au devoir en ne vous trouvant pas au rendez-vous ; celui auquel vous l'avez donné y manquera bien plutôt s'il se plaint que sa cause est délaissée.

Ajoutons qu'il est criminel d'introduire dans un contrat des clauses captieuses, obscures, dans le dessein de s'en prévaloir contre celui qui les accepte sans en pouvoir découvrir le danger : car la pire injustice est celle qui affecte l'apparence de la justice et parfois même s'appuie sur le texte des lois.

§ 7. — Justice distributive et rémunérative.

30. Justice et équité. — La justice est la vertu qui consiste, avons-nous dit, à rendre à chacun ce qui lui est dû, ou à traiter chacun selon son droit.

Mais il est des droits qui ne sont pas écrits dans les lois; qui n'ont pas de garanties positives, dont enfin la violation n'est pas punie de peines afflictives; c'est la conscience et la raison qui les connaissent et nous obligent à les respecter. On entend par *équité* le respect d'un droit qu'aucune contrainte extérieure ne protège. « La justice étroite ou stricte est rigoureusement conforme à la lettre de la loi; mais, comme une loi est une formule abstraite et générale, qui ne se plie point à tous les cas, une application trop stricte de la loi peut être injuste. L'équité doit alors corriger l'injustice de la justice étroite. La justice stricte est semblable à cette règle de fer qui ne donne qu'une mesure inflexible; l'équité est semblable à la règle de plomb dont se servaient les Libyens et qui, se pliant aux accidents de la pierre, en suivait les formes et les contours [1]. »

La justice consiste à punir celui qui fait mal, à récompenser celui qui fait bien; l'équité, à punir des mêmes peines ceux qui sont également coupables des mêmes fautes, à récompenser de la même manière et dans la même proportion ceux qui ont acquis le même mérite.

On voit tout de suite combien il est difficile d'être positivement équitable, car il faudrait pour cela connaître sans aucun voile les secrètes intentions et les efforts réels des agents.

Le devoir est de nous approcher le plus près possible de l'équité en fondant nos jugements sur tout ce que nous avons pu connaître de l'acte et de son auteur.

40. Justice distributive et rémunérative. — L'appréciation de la peine ou de la récompense que tout acte peut valoir à son auteur constitue la justice distributive. Elle est évidemment comprise dans l'idée générale de justice. Les hommes ont le devoir de perfectionner, autant que la raison en est capable, la dispensation des récompenses et des châtiments, de chercher une relation entre la nature de la sanction, d'une part, et la nature de l'acte accompli et les ressources de l'agent, d'autre part.

---

[1]. Alf. Fouillée, *Morale et politique d'Aristote* (*Histoire de la philosophie*).

« Quand il s'agit de distribuer des biens entre les personnes selon leur mérite, il y a quatre termes à considérer, les deux choses et les deux personnes. La justice en ce cas veut que la première part soit à la première personne, comme la seconde part est au mérite de la seconde personne : la justice consiste ici dans une proportion ou dans un milieu géométrique. Les parts ne sont plus absolument égales, mais proportionnellement égales ; et on rétablit ainsi par l'inégalité même l'égalité que la justice réclame. C'est ce qu'Aristote appelle la justice de distribution ou justice *distributive*, par opposition à la justice d'échange ou *commutative* [1]. »

Qui remplira cette suprême condition de la justice? L'individu n'en a pas le pouvoir ; ses propres passions, ses intérêts, l'effet direct qu'il ressent de l'action accomplie, troubleraient plus ou moins son jugement ; et de quel droit s'instituerait-il le juge suprême de ses semblables?

C'est à la société que dans la vie humaine revient ce droit de dispenser la justice effective : les passions individuelles disparaissent; ce n'est plus un homme, ni deux ou trois ou vingt hommes, c'est un tribunal qui juge, un tribunal ayant reçu la délégation de la société et jugeant d'après des lois posées par la société elle-même.

Toutefois il ne faut pas dissimuler que même alors la justice distributive reste imparfaite. Elle n'atteint pas toutes les fautes; elle ne s'occupe et ne doit s'occuper que des actions utiles ou nuisibles à tous, à l'intérêt ou à la sécurité de tous. Et elle ne pénètre pas plus avant que l'individu dans le secret des efforts et des intentions qui sont le propre de la vertu et font l'essence du mérite. Et, comme les jugements qu'elle rend sont, après tout, des jugements humains, elle n'est pas infaillible et peut se tromper sur les actions et sur les personnes. Ses jugements sont donc plutôt des répressions et des encouragements. Et, malgré leur imperfection, ils sont encore l'image la moins infidèle que nous ayons de la justice idéale ; mais de là ressort la nécessité, le devoir strict pour la société de ne déléguer son pouvoir qu'aux

---

1. Alf. Fouillée, *Histoire de la philosophie*.

citoyens les plus honnêtes, les plus instruits, les moins passionnés.

L'égalité devant la loi, c'est ce que la société a établi de meilleur jusqu'ici en fait de justice distributive, avec une sorte de tarif des peines réservées aux différentes catégories de crimes et de délits.

41. Obligation de défendre les personnes dans leur vie. — La vie humaine est si précieuse et la société est tellement intéressée à ce qu'aucune existence ne soit perdue inutilement, que le devoir est non seulement de respecter, mais de défendre les personnes dans leur vie. Nous sommes en effet non seulement semblables, mais *solidaires;* le devoir est pour ainsi dire indivis entre tous les hommes. Et l'on n'en peut frapper, blesser ou tuer un, sans que tous les autres souffrent de ces coups.

Les injustices que l'on commet en négligeant de défendre autrui et en désertant les devoirs issus de la solidarité viennent de plusieurs causes : on craint les inimitiés, le travail, la dépense; ou bien c'est la négligence, la paresse, l'inertie, l'amour des études personnelles, certaines occupations, qui nous retiennent et nous font laisser dans l'abandon ceux que nous devions protéger. Parmi ces causes, on le voit, les unes sont en elles-mêmes blâmables et basses, les autres le deviennent par l'abus ou par une mauvaise interprétation de ce qui est permis.

42. Respect de la vieillesse, des services rendus, des supériorités morales. — Nous avons à l'égard de tous les hommes indistinctement des devoirs communs; mais il est de plus des devoirs particuliers selon le caractère et le mérite de chacun d'eux.

Nous devons davantage aux meilleurs, à ceux qui ont le plus fait pour la société, et des travaux et vertus de qui nous avons reçu, peut-être même sans nous en douter, un secours, une aide, une utilité.

En première ligne, il convient de placer les vieillards; ils sont doublement respectables; ayant plus longtemps participé au travail social, ils ont donné davantage d'eux-mêmes et sont en quelque façon les bienfaiteurs des plus jeunes. Et puis on n'a pas supporté longtemps l'existence sans endurer beaucoup de souffrances. Rien n'est plus respectable que la souffrance, surtout lorsqu'elle n'est pas le châtiment mérité d'une faute. Un vieillard est ainsi pour nous un exemple vivant de patience et de force d'âme.

Dans le même ordre d'idées, on doit accorder plus d'estime d'affection et de déférence à ceux qui se sont dévoués pour l'humanité, qui ont sacrifié leurs plaisirs, leurs intérêts, leur santé parfois, pour améliorer le sort de leurs semblables et préparer le règne de la justice : dans cette catégorie, nous rangerons les philanthropes, comme Parmentier, Franklin, ceux qui soignent les malades, les militaires, les enseignants, les magistrats.

Enfin ce serait être indigne de l'humanité que de ne pas accorder notre vénération aux esprits supérieurs qui par leurs découvertes et leurs chefs-d'œuvre ont élevé si haut le nom d'homme que le plus humble peut s'enorgueillir de le porter. Ils ont établi comme un patrimoine de gloire dont il arrive à chacun un rayonnement. Et au-dessus même de ceux qu'immortalisent le génie et le talent, il convient d'ériger ceux dont la vertu, le courage et la modération ont guidé et guident encore l'humanité dans sa voie. Pour prendre un exemple hors de conteste, Socrate mourant pour la vérité est plus admirable et plus vénérable encore que Démosthène mourant pour l'indépendance de son pays.

Dès lors, la faute la plus honteuse ne sera-t-elle pas l'injustice à l'égard de ces hommes supérieurs? Si leur refuser le respect auquel ils ont droit est un crime, de quel nom nommer l'action de ceux qui les poursuivent de leur envie, de leur mépris et de leur haine? Bannir Aristide et faire boire la ciguë à Socrate! On la nomme *ingratitude*.

43. **Formules de conclusion.** — En résumé, les devoirs de justice peuvent ainsi s'exprimer, en suivant une gradation dans la force de l'obligation :

1° Ne faire de mal à personne;
2° Rendre le bien pour le bien;
3° Ne jamais rendre le mal pour le bien.

RÉSUMÉ

La vie humaine est sacrée : la nature seule en fixe le terme; ne pouvant la rendre, il ne faut l'ôter à personne. Les exceptions se bornent aux cas de légitime défense et de supplice légal et juste.

La guerre constitue les belligérants en légitime défense, mais non pas le duel, qui peut être évité par un appel au jugement d'un tribunal impartial.

Il ne suffit pas de ne pas tuer : il faut aussi respecter la liberté; c'est elle qui donne à l'homme son caractère moral, sa responsabilité et sa dignité. La lui enlever, soit par l'esclavage, soit par le servage, soit par l'abus de pouvoir, c'est commettre un crime de lèse-humanité.

La propriété morale, c'est-à-dire la réputation et l'honneur, est aussi nécessaire au bonheur et à la dignité de l'homme. On ne saurait flétrir trop vivement la calomnie, la médisance, la délation, l'outrage et l'envie.

L'intelligence étant la condition de la liberté, nous devons aider nos semblables à s'instruire, et surtout ne jamais les détourner de la vérité soit par le mensonge, soit par le sophisme, soit par l'interdiction des moyens de connaissance. La liberté de conscience est le premier droit de tout être qui pense; l'intolérance marque l'orgueil et l'étroitesse d'esprit.

La propriété matérielle permet à l'homme de se développer avec plus de sécurité; elle n'est pas seulement utile à sa vie physique, mais elle est de plus un élément favorable à l'étude, aux recherches scientifiques. Il n'est donc pas permis d'y porter atteinte par vol, fraude, dol, faux, abus de confiance, pillage, incendie, etc. : elle représente le travail de celui qui possède. Son origine naturelle, c'est ce travail cet effort.

Les formes légales par lesquelles on acquiert la propriété sont une consécration et une conséquence de ce droit immédiat du premier occupant.

On possède légitimement tout ce qu'on crée : la propriété littéraire et artistique est non moins juste que la propriété foncière et industrielle. Les thèses communistes et socialistes n'aboutissent qu'à la confusion et à la désorganisation de l'État, sans garantir en rien le bonheur des individus. Chacun est l'artisan de sa fortune et de sa félicité.

L'hérédité est légitime : la supprimer serait réduire injustement le droit du propriétaire sur sa chose, qu'il a acquise par sa peine et sa dépense. On n'hérite d'ailleurs légitimement que des biens matériels, et nullement des influences, des fonctions, etc.

Le commerce est un moyen d'acquérir la propriété; il peut se pratiquer honnêtement. Il y a un bénéfice légitime calculé en raison des risques courus, des capitaux engagés, de la rareté de la denrée, etc. Mais c'est un crime que de tromper sur la quantité ou la qualité de la marchandise vendue.

Il en est des propriétés publiques comme des biens privés : elles sont à l'usage de tous; nul n'a le droit de les accaparer ni de les détériorer.

La probité ne s'arrête pas là : elle ordonne aussi de respecter la parole donnée; l'engagement, écrit ou verbal, constitue un droit, et comme une propriété, aux parties contractantes. L'un ne peut se dégager sans le consentement de l'autre.

Toutefois, pour qu'une promesse soit valable, il faut qu'elle ait été faite librement et consciemment, qu'elle ne contienne rien de contraire aux lois ni aux bonnes mœurs, enfin qu'elle ne soit pas nuisible à celui à qui on a promis.

Toutes ces lois intéressent également la sécurité des individus et la prospérité de l'État.

Elles sont mises en pratique suivant la justice et l'équité. L'équité complète la justice : elle tient compte des particularités. La justice est distributive et rémunérative, ou bien elle est commutative. Les individus ne sont pas aptes à juger dans leur propre cause. L'État se substitue à eux pour sauvegarder l'harmonie sociale. La justice distribuée par des magistrats impartiaux, si elle n'est encore parfaite, est du moins plus proche de la perfection.

La justice et l'équité nous font un devoir de défendre la vie de nos semblables et de respecter la vieillesse, les supériorités morales, le mérite des services rendus. A plus forte raison condamnent-elles l'ingratitude, comme le plus odieux des forfaits.

CHAPITRE II

DEVOIRS DE CHARITÉ

Sommaire. = Envers les personnes. — 1. La charité. — 2. La bienfaisance, — l'aumône, — le dévouement, — le sacrifice et l'héroïsme. — 3. La bienveillance et la politesse. — 4. L'oubli et le pardon des offenses. = A l'égard des animaux. — 5. Double origine des devoirs envers les animaux : la sensibilité de l'animal et la dignité humaine. — 6. Animaux utiles et animaux nuisibles. — 7. Les animaux nuisibles, la chasse. — 8. Les animaux utiles : obligation de les ménager et de les protéger.

§ 1. — Envers les personnes.

1. **La charité.** — La justice prescrit et oblige. La charité prescrit, mais n'oblige pas sans condition. Elle laisse la volonté libre de choisir parmi les degrés de dignité morale ; la justice est comme une barre fixe au-dessous de laquelle il n'est

jamais permis de descendre; la charité est moins précisément définie : elle peut s'étendre toujours et toujours dans le sublime. Il n'est qu'une manière d'être juste, et ne l'être pas ainsi, c'est être plus ou moins injuste, tandis qu'il est possible d'être charitable de différentes façons; enfin la justice nous oblige semblablement à l'égard de tous, la charité différemment selon le lien qui nous rattache de plus ou moins près à l'humanité, à la cité, à la famille, etc.

Toutefois la justice n'est pas complète sans la charité. Poursuivre son droit jusqu'à la dernière rigueur, ce n'est pas être en défaut au regard de la loi; mais la conscience se défie de cette rectitude outrée et la juge souvent avec sévérité. Les hommes en effet ne doivent pas se traiter en ennemis : loin de se renfermer dans la stricte justice quand il s'agit de faire le bien, la nature leur commande d'abandonner le plus qu'ils peuvent de leurs exigences légitimes, afin de faciliter la vie et l'honnêteté des moins heureux, des moins fortunés. Aussi cette maxime est-elle reconnue comme vraie : « *Une extrême justice est une extrême injustice.* »

Le mot charité signifie affection, amour désintéressé, famille. C'est le sentiment que nous devons développer en nous en considérant nos semblables comme nos frères.

Il se manifeste sous deux formes : la *bienfaisance*, qui est l'acte précis par lequel nous portons secours à nos semblables; la *bienveillance*, qui est la disposition ordinaire de la volonté à les secourir.

2. La bienfaisance. — Chacun selon ses moyens est tenu de faire du bien aux hommes; aider à se tirer de l'eau celui qui se noie, sauver quelqu'un dans un incendie, prélever sur sa fortune ou le produit de son travail pour donner du pain ou des vêtements aux pauvres, soigner un malade gratuitement, et enseigner sans rémunération les ignorants, sont des actes de bienfaisance. Mais ils n'ont cependant pas tous le même aspect. Tantôt la bienfaisance se traduit par un don matériel : c'est l'*aumône*; tantôt c'est sa propre personne, sa force et son intelligence que l'on offre : c'est le *dévouement;* et quand le dévouement va jusqu'à faire l'abandon de la vie, des ambitions légitimes : c'est le *sacrifice*.

L'aumône n'est pas possible à tous indistinctement; mais elle n'est pas moins obligatoire pour tous ceux qui peuvent donner, et dans la proportion où ils le peuvent. Elle doit remplir certaines conditions pour être efficace : tous les pauvres ne sont pas également dignes d'intérêt et de compassion, les uns sont pauvres par leur faute, les autres malgré leur vertu et leurs efforts. Il est préférable que l'aumône soit accordée aux plus dignes; mais celui qui donne n'est pas toujours à même de bien juger. Quand même *objectivement* sa bienfaisance s'adresserait mal, lui-même ne perdrait pas le mérite de son action charitable s'il a pris garde : 1° de n'agir que par charité de cœur, et non par ostentation ou vanité, ni dans aucun but d'intérêt, cet intérêt ne serait-il même que l'espoir d'une récompense céleste; 2° de donner dans la mesure de ses ressources personnelles, et d'abord à ceux qui le touchent de plus près par le lien de la famille, de l'amitié, de la patrie, etc. Car nous ne devons pas nous dénuer de tout au profit de quelques-uns, imprudence qui compromet notre indépendance et nous fait retomber à la charge des autres, et il n'est pas juste non plus de transporter à des étrangers ces biens dont il était plus naturel de laisser l'usage aux nôtres.

Le dévouement consiste dans cette noble tendance de l'âme humaine à chercher son bonheur dans celui des autres, à consacrer ses forces physiques et morales au soulagement de ceux qui souffrent, à leur perfectionnement moral, à l'accroissement de leur liberté et de leur dignité. Rien ne rehausse davantage la nature humaine, rien ne la purifie mieux des instincts égoïstes que laisse en elle l'animalité.

Si beau et si sublime qu'il soit, le dévouement ne manque pas du caractère obligatoire. Il est, comme la justice, une nécessité sociale. Un moraliste ingénieux et délicat [1] a comparé la société à un immense « atelier où tous les travaux se tiennent et où tous les ouvriers se prêtent un mutuel concours. Mais cette harmonie ne peut exister qu'à une condition : c'est que chacun des membres de la société soit

---

1. M. Ad. Franck.

étroitement uni à tous les autres et, en accomplissant la tâche que sa destinée lui a confiée, ne se propose pas pour unique fin son intérêt personnel, mais le bien; nous ne disons pas seulement le bien-être, le bien général de la communauté : il est dans la nature de ce bien d'être indivisible; par conséquent, il ne se réalisera pas s'il n'est également désiré par tous les cœurs et également poursuivi par toutes les volontés. »

Quelque degré qu'on occupe dans la hiérarchie sociale, on ne manque pas d'occasion de se dévouer. Les gouvernants, le législateur, le magistrat, jusqu'au plus humble citoyen, tous nous pouvons, par le désintéressement, le soin scrupuleux de nos fonctions, l'attention donnée au bien de tous, exercer le dévouement; et pour y parvenir, considérons seulement que nous ne sommes pas chacun une fin à laquelle se rapporte tout le reste pour notre satisfaction égoïste, mais un moyen, un instrument de félicité pour les autres.

Le sacrifice et l'héroïsme. — Le genre humain donne ses plus belles louanges à ceux qui ont sacrifié leur existence à une bonne cause. La mort en fait des héros. Leur héroïsme est le dévouement poussé à son extrême grandeur. L'homme ne peut rien donner au delà de sa vie. C'est à juste titre que nous consacrons la mémoire de ces grands cœurs : et pour ne rappeler que quelques noms français, Eustache de Saint-Pierre, Jeanne d'Arc, d'Assas.

Dans des sphères plus humbles, dans la vie de tous les jours, il n'est pas rare que nous nous trouvions en face du sacrifice : le devoir et l'honneur consistent à l'accepter avec une courageuse résignation. La famille ne se maintiendrait pas, l'État ne subsisterait sans les sacrifices quotidiens du père et de la mère pour les enfants ou des enfants pour les parents, des citoyens pour la patrie. Afin de ne pas le trouver trop lourd ni trop difficile, il faut de bonne heure s'y accoutumer en s'inspirant des modèles que l'histoire nous présente.

3. La bienveillance et la politesse. — La bienfaisance n'est pas possible pour tous, mais tous peuvent être charitables, dans le sens de la bienveillance. Elle consiste en effet à témoigner à nos semblables que nous ne sommes pas indifférents à leur sort, et que nous sommes désireux de concourir à leur bonheur dans la mesure de nos forces. La bienveillance se manifeste par des actes favorables aux personnes, sans qu'il nous en coûte aucune dépense : tels que de remettre dans son chemin le voyageur égaré, de le laisser « allumer son flambeau à la flamme du nôtre, elle n'en éclaire pas moins [1] », comme aussi de donner un fidèle conseil à qui nous consulte, d'avertir celui qu'un danger menace.

Ces devoirs étant d'un accomplissement si facile, on comprend qu'il est plus odieux d'y manquer, car cette faute prouve toujours une indifférence égoïste, une dureté de cœur honteuse dans un homme.

Mais il faut faire davantage encore dans la voie de la charité, et accorder aux faibles d'esprit et aux consciences obscures l'indulgence et la commisération sans dédain. Quel homme peut se flatter de ne jamais pécher ? Il est beaucoup de petites fautes pour lesquelles la sévérité n'est pas le plus sûr moyen de répression et de correction. La vie deviendrait intolérable, si l'on ne se passait mutuellement de légères défaillances; elles ne cessent pas d'être des infractions à la règle, mais trop de rigueur, au lieu de corriger, exaspérerait le coupable. Jean Huss sur son bûcher, voyant une femme apporter un fagot dans la pensée qu'elle accomplissait une œuvre pieuse, se contenta de la plaindre sans colère ! Il est plus malheureux en effet de commettre l'injustice, même par erreur et par incapacité de discernement, que de la subir et d'en mourir [2].

De même, à l'égard des infirmes, des estropiés, la commisération doit nous exciter à les secourir. Rien de plus cruel, de plus lâche et de moins humain que de les railler, de faire souffrir dans leur âme ceux que la nature afflige dans leur corps et qui sont incapables de se défendre. Nous ne sommes plus au temps où Sparte détruisait les enfants mal conformés; comme si le corps seul était utile; la preuve du

---

1. Vers d'Ennius, cité par Cicéron.
2. Lire, dans Victor Hugo, LA PITIÉ SUPRÊME : *Jean Huss*.

contraire lui fut infligée, quand elle dut son salut à un boiteux, à Tyrtée.

Il n'est pas jusqu'à la politesse qui ne soit prescrite par la morale. Ce n'est pas une simple convention mondaine dont quelque esprit fort peut faire fi impunément. Elle est un devoir, elle est la forme extérieure du respect de la personne. Elle offre de plus cet avantage social qu'en imposant une correction définie aux actions elle adoucit les mœurs générales; l'espèce de barrière qu'elle oppose aux mouvements violents, aux intempérances de langage, aux négligences de la mutuelle considération, aide à ne pas s'écarter de devoirs plus importants. Quelqu'un a remarqué que presque jamais un criminel ne commet son crime en grande toilette : la politesse est la toilette des relations sociales.

4. L'oubli et le pardon des offenses. — Lorsqu'on n'a jamais nui à personne, qu'on a rendu le bien à ceux de qui on l'a reçu, et même fait le bien à tous indistinctement, n'est-il plus de degré plus haut dans la moralité? Si, on peut monter encore. Il semble que la punition de l'offenseur soit un droit accordé par la nature; et en cela l'on ne se trompe pas. Aussi ne blâme-t-on pas l'offensé qui exige la réparation ordonnée ou permise par la loi. C'est pourquoi il est plus beau et plus grand d'élever son âme au-dessus de l'injure, et de faire rougir le coupable en excitant en lui le remords par la générosité de l'oubli et du pardon. Quelle admiration alors nous inspire celui qui, se surpassant encore, rend le bien pour le mal et, non content de pardonner, vient au secours de son ennemi [1]!

2. — A L'ÉGARD DES ANIMAUX.

5. Double origine des devoirs concernant les animaux : la sensibilité de l'animal et la dignité humaine. — Aux devoirs que prescrit la bienfaisance se rattache notre conduite à l'égard des animaux.

---

[1]. Lire, dans Victor Hugo, LA LÉGENDE DES SIÈCLES: *La Gourde*.

On ne peut dire que l'homme ait des devoirs envers eux : l'infériorité de leur nature met trop de dissemblance entre eux et nous. Mais il est deux considérations qui nous obligent à les traiter avec ménagement et autrement que les choses inertes : leur sensibilité, et le souci de notre propre dignité.

L'animal n'est pas un automate mécanique, incapable de sensation. Il est doué d'un système nerveux plus ou moins analogue au nôtre, et il manifeste clairement que dans l'ordre physique il est sujet au plaisir et à la douleur. Sa sensibilité est donc respectable; on ne peut nier qu'elle établisse entre eux et nous un courant de sympathie, dont les animaux eux-mêmes, — au moins dans certaines espèces, — donnent la preuve évidente : tel le chien, qui paraît triste en voyant pleurer son maître.

Le mépris de la sensibilité de l'animal est une marque de sécheresse de cœur, et c'est un oubli de la dignité. Tourmenter à plaisir un être dont la souffrance est inutile et le rend malheureux, c'est injurier la nature : la cruauté n'est pas autre chose. Et, d'autre part, brutaliser la bête, n'est-ce pas s'abaisser à son niveau, en renonçant à la supériorité que nous donne la raison? L'empire que l'homme exerce sur la brute n'a pas d'autre fondement que cette raison, laquelle ordonne la modération et la pitié. S'il s'en départit, l'homme perd tout droit à cet empire. Dans sa violence contre l'animal, il n'est plus lui-même qu'un animal. Enfin le spectacle des violences exercées sur un être vivant est démoralisateur : il froisse la conscience et la sensibilité et contribue à les endurcir.

6. Animaux utiles et animaux nuisibles. — Au point de vue de leur rapport avec l'homme, on les divise en deux classes : animaux nuisibles, animaux utiles.

Dans la première catégorie sont rangés tous ceux qui, par leur instinct, sont les ennemis de l'homme, ne prennent leur existence qu'à son détriment, et même menacent sa vie. La seconde comprend ceux dont l'homme peut tirer parti pour l'adoucissement de son labeur et la réparation de ses forces.

7. Les animaux nuisibles, la chasse. — Du plus terrible en force et en colère, jusqu'au minuscule rongeur, les animaux qui sont pour l'homme un péril ou lui causent un dommage ne sont certainement pas sacrés. La chasse, la destruction est un droit de défense. Mais jusqu'où s'étend-il ? Il semblerait qu'il dût se borner à traquer les bêtes de notre voisinage; et ce serait alors abuser que d'aller au loin, pour le plaisir des émotions et de la gloriole, relancer des êtres que leur éloignement rend pour nous sans danger. La réponse est que d'autres hommes, plus voisins d'eux, sont exposés à leurs attaques, et qu'il est d'ordre humain de les défendre; de plus, la terre est aux hommes par droit de science et de raison; pour augmenter ses connaissances, le savant a besoin de parcourir le monde. Il est juste de purger pour ainsi dire les contrées infestées de bêtes sauvages et d'assurer la sécurité des voyageurs. A un autre point de vue, le pelage de ces êtres fournit aux humains des vêtements; leurs cornes, leur graisse, etc., ne sont pas sans utilité pour notre industrie. L'intérêt du plus intelligent prime celui de l'animal brut.

Toutefois chasser n'est pas torturer; chasser pour l'utilité ou la défense de la vie n'est pas tuer pour le plaisir de donner la mort; jouir de la souffrance d'un être, quel qu'il soit, est immoral.

Si la morale excuse donc la chasse, elle condamne les combats d'animaux, taureaux, chiens ou coqs.

8. Les animaux utiles : obligation de les ménager et de les protéger. — Les animaux utiles peuvent se ranger en trois classes : 1° ceux qui nous aident dans nos travaux; 2° ceux qui servent à notre nourriture; 3° ceux qui par nature détruisent certains animaux nuisibles.

1° *Animaux domestiques servant au travail.* — Sans doute l'homme a le droit d'asservir la brute et de tourner sa force au profit du progrès. L'âne, le cheval, le bœuf exécutent sans peine une besogne inférieure nullement indigne de leur nature et qui, absorbant d'un homme ou son temps ou sa force, le rabaisserait, ne lui laisserait nul loisir pour son perfectionnement moral et intellectuel. Ces animaux deviennent ainsi nos collaborateurs inconscients : il ne faudrait pas leur en attribuer un mérite de vertu. Mais, en confisquant à notre profit leur liberté et leur instinct avec leur puissance musculaire, nous assumons l'obligation de pourvoir à leurs besoins, d'assurer leur nourriture et leur pansement. Il y aurait ingratitude à ne le point faire, et réelle injustice.

A plus forte raison est coupable celui qui les maltraite, les frappe inutilement, les surcharge, exige d'eux plus qu'ils ne peuvent. La loi française a consacré ces devoirs à l'égard des animaux domestiques, et prononce la peine de l'amende et de la prison contre ceux qui auront exercé publiquement et abusivement de mauvais traitements à leur égard. (Loi Gramont, 1850.)

Le dressage. — « Les *frapper inutilement*, » avons-nous dit. Est-il donc des cas où on les frappe utilement? Oui, s'il s'agit de les dresser au travail que nous attendons d'eux et que ne refuse pas leur nature. L'animal ne connaît que par sensation. La douleur physique est le seul moyen que nous ayons de lui faire comprendre notre volonté. Au moins doit-on même en cette circonstance graduer la correction, mesurer les coups et les appliquer en des parties non essentielles à la vie.

L'intérêt scientifique. — L'intérêt scientifique justifie même des actions qui en elles-mêmes, et si elles étaient commises par méchanceté, seraient réprouvées. La séquestration des animaux afin de former les collections des jardins zoologiques, la vivisection destinée à surprendre le secret de la vie, le fonctionnement réel des organes, ne sont pas des attentats coupables à la liberté ni à l'existence.

Ils ont un but supérieur, l'instruction de l'homme, grâce à laquelle il devient capable de soigner et de guérir ses semblables, et même les animaux inférieurs. L'art du vétérinaire, comme la science du médecin, s'appuie sur l'expérience et se complète par la physiologie comparée.

2° *Animaux servant à la nourriture.* — Les conditions de travail, les lois générales de l'acquisition et de la déperdition des forces obligent l'homme à recourir à une alimentation fortifiante; il n'en est pas de plus efficace que la chair des animaux. Entre la nécessité de se sauvegarder lui-même ou de respecter la bête, l'homme n'a pas d'hésitation. Ce n'est pas d'un égoïsme bas et cruel. Sans sophisme, il peut fort bien prétendre que son existence, pendant laquelle la pensée se développe, se communique, concourt à la moralité et la perfectionne, est de beaucoup plus précieuse que celle d'une chair brute, sans honnêteté propre, indifférente à l'ordre moral, sans autre destinée que la mort plus ou moins prompte et la dissolution totale. Toutefois, répétons encore ici que, s'il est permis de se nourrir de la chair des êtres inférieurs, il est ordonné d'éviter, en leur donnant la mort ou en préparant leur viande, tout procédé cruel qui affecterait leur sensibilité d'une douleur inutile, comme d'employer à les abattre des instruments et des moyens qui prolongent leur agonie, ou d'embrocher vivant volatile ou gibier, de le mettre au feu pantelant encore, etc.

3° *Animaux utiles par instinct.* — Une dernière catégorie comprend les animaux qui, sans fournir directement à l'homme ni une nourriture, ni un vêtement, ni un travail, ne lui causent d'autre part aucun préjudice et à ce titre méritent déjà d'être laissés en vie. Il y a plus : on reconnaît qu'ils ont une utilité indirecte en détruisant des parasites, des insectes dont la pullulation rapide ruine l'agriculture et corrompt l'air que nous respirons ou les substances que nous absorbons; ils sont donc des agents de salubrité et des protecteurs de la récolte : nouveau motif de ne pas les tuer.

Souvent la laideur d'un animal, par la répulsion qu'elle inspire à notre sensibilité esthétique incite à le tuer : tel le crapaud.

Notre ignorance est cause d'une double faute; puisqu'il est non seulement inoffensif mais utile, à ce point que dans l'intérêt des cultures, les jardiniers et maraîchers des pays privés de crapauds s'en procurent et les font venir à bas prix.

De même de nombreuses espèces d'oiseaux nous protègent, nous, nos fleurs et nos fruits, en absorbant des myriades d'insectes nuisibles. Aussi de sages ordonnances de l'autorité publique proscrivent-elles la chasse de ces oiseaux, tels que la fauvette à tête noire, le loriot, le rossignol, etc.

Toutefois, il ne faut pas tomber dans un travers opposé, et consacrer aux animaux des affections, des soins disproportionnés avec leur nature inférieure. L'on a ridiculisé et blâmé avec raison certains excès commis par des âmes sensibles, mais d'une sensibilité dévoyée, qui employaient à des fondations hospitalières en faveur des chiens errants, par exemple, des sommes considérables : ces fonds eussent été beaucoup mieux attribués à des œuvres de bienfaisance ayant pour objet les êtres humains. Tant qu'il y aura de la misère parmi les hommes, misère morale, misère physique, misère matérielle, c'est là que doit d'abord porter l'effort tendant au soulagement ; l'animal n'est à considérer qu'après.

RÉSUMÉ

La charité tempère la rigueur de la justice : c'est une affection désintéressée ; elle n'est pas obligatoire de la même façon que la justice. Elle se manifeste par la bienfaisance et la bienveillance.

La bienfaisance comprend les actes positifs par lesquels nous favorisons, même à nos risques et périls, la vie et la moralité d'autrui. Ces actes suivent une gradation ascendante vers la perfection : l'aumône, le dévouement, le sacrifice.

La bienveillance est une disposition générale à accueillir avec sympathie ceux qui viennent à nous et à les aider : sa forme la plus simple et la plus obligatoire est la politesse. Rien ne contribue mieux à l'adoucissement des mœurs ; si elle n'est pas la vertu, la politesse du moins la prépare.

Le terme le plus élevé de la charité est le pardon et l'oubli des offenses, qui devient tout à fait sublime s'il nous entraîne jusqu'à rendre le bien pour le mal.

La charité nous oblige non seulement envers les hommes, mais aussi à l'égard des êtres inférieurs. Elle nous commande de respecter la sensibilité de l'animal. Notre propre dignité nous impose la même réserve.

Toutefois il est convenable de distinguer les animaux nuisibles et les animaux utiles. Il est permis d'exercer contre les premiers un droit de défense ; leur vie ne vaut pas la nôtre. A l'égard des autres, il est nécessaire, selon qu'ils servent à nos travaux ou à notre nourriture, de les protéger, de les entretenir et, lorsqu'il s'agit de les abattre, de leur épargner la souffrance. Le principe absolu est de ne jamais causer volontairement une souffrance inutile. La loi humaine sanctionne sur ce point la loi morale.

SECTION IV

Morale civique et politique.

CHAPITRE PREMIER

LA PATRIE ET L'ÉTAT

Sommaire. — 1. Ce qui constitue la patrie. — 2. L'amour de la patrie est naturel; l'éducation le fortifie. — 3. L'amour de la patrie inséparable de l'amour de la liberté. — 4. L'éducation civique. — 5. L'utopie humanitaire. — 6. L'État : sa constitution. — 7. A quelles conditions on est citoyen. — 8. L'origine de la société politique est la nécessité de la protection mutuelle. — 9. L'autorité : son fondement et son but. — 10. La constitution de l'État. — 11. Principe de la séparation des pouvoirs. — 12. La démocratie.

1. Ce qui constitue la patrie. — Le mot *patrie* veut dire *terre des aïeux;* plusieurs éléments concourent à former la patrie. Elle est tout à la fois le sol et le peuple; non seulement le lieu même de la naissance, car on peut naître à l'étranger, mais toute l'étendue de territoire où sont nés ceux dont l'origine est commune et qui parlent une langue semblable, sinon tout à fait la même. A cette communauté s'ajoute celle des mœurs, des intérêts, de la tradition historique, des aspirations et de la destinée. L'homme vit en communion avec les choses qui l'entourent; il en reçoit des impressions qui pénètrent dans son caractère; il approprie son industrie et son génie aux ressources du pays, et s'efforce d'en vaincre les inclémences et les duretés. L'hérédité transmet de génération en génération ces traits qui s'accentuent ou se modifient dans chacun. Ainsi se forme la personnalité d'un peuple; elle est inséparable de la patrie.

2. L'amour de la patrie est naturel; l'éducation le fortifie. — Instinctivement l'homme s'attache aux premiers objets qui l'ont touché : dans sa mémoire ils restent nets, et le souvenir en est doux. Il éprouve une sorte de reconnaissance pour les causes de ses premières émotions, quand même elles n'auraient pas été des plus agréables, car, quelles qu'elles soient, elles lui ont révélé son existence, et elles lui ont pris quelque chose de lui-même, comme il emporte d'elles quelque chose aussi. Voilà pourquoi à nos yeux le lieu de notre naissance paraît beau, charmant, fût-il un très humble hameau, sans beauté pittoresque, sans renom et sans monument. C'est un sentiment bien plus vif qui nous relie aux premières personnes qui ont guidé nos pas, et dès que nous dépassons le cercle de la famille où l'affection ne peut pas ne pas naître, ceux à l'existence de qui nous nous sommes associés, dont les actions et les paroles ont agi sur notre esprit, dont la langue est comprise par nous et se communique à nous, tous ceux-là s'ajoutent à la famille, nous nous retrouvons en eux, ils ne sont pas seulement nos semblables, ils sont nos *compatriotes*.

On ne peut nier cependant que cette affection-là soit encore restreinte, et si vivace qu'elle soit, elle demeure quelque temps obscure; mais, à mesure que nous apprenons ce qu'ont fait nos ancêtres pour rendre cette terre habitable, commode, agréable, ce qu'ils ont souffert pour la protéger contre la conquête, comment ils ont reçu et donné des secours d'hommes, d'armes et d'argent d'une province à l'autre, nous nous prenons à chérir religieusement cette nation dont nous faisons partie, cette terre qui nous nourrit pendant la vie et nous recouvre après la mort. Alors seulement nous *comprenons* la patrie, et nous l'aimons d'autant mieux.

3. L'amour de la patrie inséparable de l'amour de la liberté. — Pour qu'un peuple aime vraiment sa patrie, il est nécessaire qu'il soit libre, c'est-à-dire que tous les individus soient considérés comme des personnes, et que chacun sente bien qu'il a sa part de l'honneur ou du déshonneur, de la prospérité ou de la ruine du pays; qu'il contribue enfin à l'achèvement de son destin par sa participation à son gouvernement.

S'il renonce à cette liberté et à cette indépendance, un peuple perd sa patrie. Comme l'esclave, comme le serf à qui il est indifférent d'appartenir à tel maître ou à tel autre, pourvu qu'il ne porte pas double fardeau, il n'a plus qu'un pays natal. Il pourra se dévouer à un prince, et sous un autocrate habile servir d'instrument à de glorieux desseins; mais ce n'est plus lui qui agit, et qui se glorifie : sa personnalité est absorbée dans la personnalité royale.

Dès lors, l'affection individuelle pour un homme, l'intérêt et l'ambition pourront susciter de grandes entreprises, de beaux sacrifices. Ce n'est plus cet élan spontané, généreux et unanime d'une nation pour défendre son indépendance, cette abnégation du patriote qui consent à mourir pour conserver à ses frères une terre qu'il ne reverra pas.

4. **L'éducation civique.** — Aussi chacun doit-il se former pour la patrie : l'éducation civique a précisément ce but. Elle consiste à apprendre comment on sert son pays, et surtout comment on l'aime et pourquoi il faut l'aimer. S'ils savent l'aimer, les citoyens sauront le servir. Il faut connaître l'histoire, afin de se relier par l'intelligence à la pensée des ancêtres, de se retrouver dans le passé, d'y puiser la fierté légitime qu'inspire aux enfants l'honneur de leurs parents, et même sentir l'obligation de n'y point faire de tache. La gloire littéraire, artistique, militaire, est le patrimoine commun : c'est un héritage auquel on n'a pas le droit de renoncer et qu'il est nécessaire de restituer intact et, s'il se peut, accru, à nos descendants.

La géographie de la patrie nous aide à l'aimer en nous montrant ses richesses et ses beautés naturelles; la biographie des grands hommes nous en montre le génie créateur.

L'éducation civique comprend tout cela; si l'éducation en général fait de nous des hommes, celle-ci fait de nous quelque chose de plus : des *citoyens*, c'est par là que nous connaissons la place que nous occupons dans l'univers.

5. **L'utopie humanitaire.** — De soi-disant philanthropes ont opposé l'humanité à la patrie et enseigné que l'idée patriotique était étroite et mesquine en regard de l'étendue, de l'universalité de l'idée humanitaire. C'est une erreur dan-

gereuse. Les peuples ont chacun leurs mœurs, leur caractère, leur destinée; chacun est le développement d'une famille, et, pour être logiques, les humanitaires devraient demander le sacrifice de la famille à l'humanité. Arrivés là, ils s'arrêtent : l'absurde dresse un mur devant eux.

Les peuples sont frères tant qu'ils se respectent les uns les autres et n'usurpent aucun des avantages légitimes de leur voisin. Dès que l'un convoite la propriété de l'autre, il est un ennemi. Le citoyen, pour se convaincre de la fausseté de la thèse du cosmopolitisme, n'a qu'à comparer ce qu'il a reçu et ce qu'il reçoit tous les jours de sa patrie, de ses compatriotes, et ce que lui donne l'humanité. Il saura tout de suite que si l'homme est en lui-même digne du respect de l'homme, ce devoir cède devant un autre devoir, celui de la reconnaissance qui nous oblige d'abord envers ceux dont nous avons reçu le plus. Prétendre qu'on aime le monde entier n'est qu'une hypocrite excuse de n'aimer personne.

6. L'État : sa constitution. — L'État est une association politique, un organisme. Réunissez cent mille individus, empêchez qu'ils ne s'éloignent, et laissez chacun vivre à son gré sans loi, vous n'aurez pas fondé un État, quand même ces cent mille individus seraient de la même race et se joindraient par des liens de famille. L'État existe surtout par la communauté de la loi : tous ceux qui reconnaissent la même autorité, obéissent aux mêmes lois et participent aux charges communes, entrent dans l'association. Ils sont citoyens. C'est donc un contrat qui engendre l'État, la loi en est la formule. La protection réciproque des intérêts communs, voilà son but.

Aussi la différence est sensible entre la patrie et l'État.

La patrie est naturelle : on ne la choisit pas, et l'on n'en peut créer une autre.

L'État est contractuel ; il est donc possible d'adhérer successivement à plusieurs États. La naturalisation n'est pas autre chose. Un étranger peut devenir mon concitoyen, il ne sera jamais mon compatriote.

7. A quelles conditions on est citoyen. — Pour simplifier la question nous supposerons le cas le plus général : l'État et la patrie sont confondus.

Dans chaque pays la loi ou la volonté qui en tient lieu spécifie les conditions auxquelles on acquiert la qualité de citoyen. Mais au moins est-il deux conditions qui résultent de la nature même de l'association politique et de son objet : être né dans le pays de parents y étant nés eux-mêmes, et participer aux charges publiques.

Ces deux points sont nécessaires pour qu'on possède les droits du citoyen; mais l'exercice de ces droits exige de plus la capacité et l'honnêteté.

8. L'origine de la société politique est la nécessité de la protection mutuelle. — Les hommes se sont rapprochés sous une double influence : l'une morale, la *sociabilité*, le besoin d'exprimer des sentiments et des idées et le désir de connaître; l'autre physique, la *nécessité* de s'aider et de se protéger mutuellement dans les travaux indispensables à la vie.

De là vient la division du travail et la division des fonctions dans l'organisation sociale.

Avant l'association et l'échange, chacun était obligé de pourvoir à tous ses besoins : abri, nourriture, vêtement, défense contre les animaux, et aussi défense contre les hommes. L'entretien physique absorbait tous les moments, toutes les forces. Nul instant de loisir, nul regard réjoui sur la terre à laquelle l'homme est contraint d'arracher péniblement sa subsistance. Quelle révolution le jour où deux hommes s'entendirent pour échanger leurs services ! L'un, plus adroit chasseur, offrit de son gibier à l'autre, qui, plus habile constructeur, établit une hutte plus solide et plus commode. Mais tandis que l'un chassait, qui gardait sa hutte ? Un troisième eût pu l'en déposséder. Celui qui restait en devint le gardien. Le *principe d'association* était trouvé. Ce ne fut plus deux hommes, mais dix, vingt, cent, mille, qui pactisèrent ainsi : et ce pacte permit à chacun de se perfectionner dans le labeur spécial auquel il se sentait plus d'aptitude. Les uns s'adonnèrent à construire des demeures, les autres à confectionner des vêtements, les autres à capturer des animaux et à les élever, d'autres enfin se constituèrent les gardiens du travail, de la propriété et des familles. La *division du travail* était organisée, et elle engendra le progrès en toute chose.

Si quelque danger menace le petit État, soit du fait des bêtes, soit du fait des hommes, ceux qui d'habitude manient les instruments de défense combattent; cela devient leur profession, leur charge : ainsi se forme la classe des *guerriers* protégeant la classe des *travailleurs*. Un différend surgit un jour entre les membres de cette société; la force sans doute est le premier moyen auquel on a recours, mais elle n'est pas la meilleure raison, et l'issue même en peut rester douteuse : les hommes le reconnaissent; ils sont nés à la vie intellectuelle et à la réflexion. Ils sentent d'ailleurs par l'expérience la nécessité de l'ordre : la querelle a interrompu les travaux qui font vivre. On convient de s'en remettre à la décision des plus âgés; ils ont plus d'expérience, on connaît leur passé, on choisit ceux qui en toute circonstance ont témoigné le plus de courage et de prudence. Voilà une nouvelle classe : celle des *magistrats*.

L'État ainsi laborieusement enfanté est-il complet? Ses destins sont-ils assurés? Chacun peut-il librement et sans inquiétude vaquer à sa besogne? Il reste un danger à prévoir : les guerriers n'abuseront-ils pas de leur puissance? les magistrats ne commettront-ils ni erreur ni prévarication dans leurs jugements? Comment établir une commune mesure et une même base des jugements, et aussi une limite exacte des attributions?

Ou bien un seul, ayant acquis la prépondérance sur tous, impose comme règle sa volonté : c'est le *principe d'autorité*. Ou bien tous cherchent ensemble à définir la règle et s'engagent à s'y soumettre dans l'intérêt commun : c'est la *loi*.

9. L'autorité : son fondement et son but. — Dans tout corps organisé, une tête est nécessaire; un État ne peut s'en passer. Les intérêts publics sont mal gérés si personne n'est spécialement chargé d'y veiller; chacun, même ayant de la bonne volonté, s'en trouve trop facilement détourné par ses propres affaires. Voilà une raison de *nécessité*.

En outre, les intérêts publics sont compliqués, tiennent à beaucoup de choses, dépendent des actions des États voisins, et, comme le corps politique est de beaucoup plus considérable qu'un individu, de même les affaires publiques souffrent plus longtemps d'un seul jour de mauvaise administration. Il est donc plus difficile de gérer les intérêts de l'État ; par conséquent, il est sage de les confier à ceux qui ont une grande expérience et sont préparés à l'administration par une longue étude des ressources et des besoins du pays. Voilà une raison de *prudence*.

Mais ceux à qui seront confiées les affaires publiques auront besoin d'une certaine liberté d'action plus étendue que celle des simples citoyens, et il faudra les revêtir d'une autorité par laquelle ils puissent exiger qu'on fasse ce qu'ils croient utile au bien de l'État. C'est là une inégalité qui peut devenir dangereuse, si les dépositaires de cette puissance en usent mal, — à leur profit, au détriment du bien commun. Il ne suffira donc pas de choisir les plus capables, mais parmi ceux-ci les plus *justes*.

Ainsi voilà les trois bases d'une autorité légitime : l'*utilité publique*, la *capacité* et la *justice*.

10. **La constitution de l'État.** — La constitution d'un État comprend deux choses : le classement des citoyens et leur rôle ; le fonctionnement de l'autorité.

1° *Classement des citoyens.* — Nous avons vu comment la nécessité avait amené la distribution des citoyens par classes : artisans, guerriers, magistrats. Pourra-t-on passer de l'une dans l'autre ? ou sera-t-on enfermé à jamais dans celle où l'on est entré ? cette impossibilité d'en sortir s'étendra-t-elle jusqu'aux enfants nés dans l'une ou dans l'autre ? Les diverses solutions donnent naissance à autant de formes sociales. La constitution de l'État par castes définies et fermées est celle qui fut le plus longtemps adoptée par les peuples anciens et par les modernes ; elle a le grave inconvénient de créer des privilèges, de supprimer l'émulation et de priver parfois l'État des talents les plus utiles. Tel né avec de grandes aptitudes militaires pourrait devenir un excellent général et se trouve réduit à demeurer potier, ou tout au moins condamné à végéter dans un grade inférieur.

La Révolution française de 1789 a renversé les castes : le droit public de presque toutes les nations européennes admet l'accession de tous à tous les emplois, à toutes les fonctions de l'État, sous la seule condition du talent et de la moralité; il n'interdit à personne de préférer aux fonctions civiles ou militaires le commerce ou l'industrie.

Dans un État bien constitué où les idées morales dominent la politique, on ne reconnaît que deux façons de classer les citoyens : les instruits et les ignorants ; les honnêtes et les malhonnêtes. Chacun dans sa fonction et à sa place doit et peut devenir un bon citoyen.

2º *Le fonctionnement de l'autorité.* — A qui appartiendront les pouvoirs publics? La forme de l'État dépend de cette question.

Si un seul tient dans sa main l'autorité suprême, l'État est monarchique ; les citoyens sont des sujets. *La monarchie est absolue* si le prince ne reconnaît d'autre loi que sa volonté et ne doit compte à personne de ses actes. Si le pouvoir lui est conféré par le peuple à la condition d'en user d'une façon définie et de n'imposer comme lois que les décisions acceptées par les représentants de la nation, *la monarchie est constitutionnelle*. Absolue ou constitutionnelle, la monarchie a pour caractère propre d'être héréditaire.

Si, au lieu d'un seul, quelques-uns exercent l'autorité sans contrôle, on donne à cette forme le nom d'*oligarchie*. Elle offre tous les inconvénients de la monarchie absolue, en y ajoutant les dangers de la contradiction possible des volontés des *oligarques*.

Le pouvoir peut ne pas appartenir de droit à un individu ni à une famille déterminée, mais cependant ne pas sortir d'un groupe ou d'une classe, de telle sorte que toujours il sera aux mains d'un représentant du groupe ou de la classe. Une telle organisation est *aristocratique*.

Enfin, dans un pays où tous les citoyens sans exception selon leur mérite sont appelés à exercer les fonctions publiques et reçoivent du vote populaire la consécration de leur mandat, la constitution est *démocratique*.

Dans celle-là, chacun, depuis les ministres jusqu'aux infimes employés, est responsable de sa gestion. C'est celle qui a régi la France à diverses époques et qui fut définitivement établie en 1871.

Elle porte le nom de République, qui veut dire *chose publique* et rappelle ainsi à tous les citoyens qu'ils servent l'intérêt commun, le bien de tous, et non la fortune d'un seul ou de quelques-uns.

11. Principe de la séparation des pouvoirs. — Le caractère de la monarchie absolue est de concentrer dans une seule personne toutes les formes de l'autorité : celle qui ordonne ou fait la loi, *pouvoir législatif;* — celle qui veille à l'exécution des lois et exerce le droit de contrainte, *pouvoir exécutif;* — celle qui applique aux citoyens dans les cas particuliers les dispositions de la loi, *pouvoir judiciaire.*

Celui qui est investi d'une telle autorité est le maître sans conteste de la vie et de la liberté et des biens des citoyens.

Dans l'État où l'on veut établir le règne de la justice et empêcher le plus possible les abus d'autorité et les violations du droit public ou privé, la séparation des pouvoirs est un principe inscrit dans la constitution.

Les gouvernants se répartissent alors en trois catégories : le législateur, le fonctionnaire, le magistrat.

12. La démocratie. — *a. Définition.* J.-J. Rousseau, dans le *Contrat social*, établit ainsi la division des gouvernements :

« Le souverain peut, en premier lieu, commettre le dépôt du gouvernement à tout le peuple ou à la plus grande partie du peuple, en sorte qu'il y ait plus de citoyens magistrats[1], que de citoyens simples particuliers. On donne à cette forme de gouvernement le nom de *démocratie.*

« Ou bien il peut resserrer le gouvernement entre les mains d'un petit nombre, en sorte qu'il y ait plus de simples citoyens que de magistrats; et cette forme porte le nom d'*aristocratie.*

« Enfin il peut concentrer tout le gouvernement dans les mains d'un magistrat unique dont tous les autres tiennent leur pouvoir. Cette troisième forme est la plus commune et s'appelle *monarchie*, ou gouvernement royal. »

---

1. Par magistrats il entend non pas exclusivement les officiers des pouvoirs judiciaires, mais tous les fonctionnaires, même ceux dont la fonction est élective, comme les maires, les conseillers généraux, municipaux, etc.

La *démocratie* n'est pas donc nécessairement liée au système républicain ; on a vu des républiques aristocratiques, comme celles de Venise, de Gênes, et en général les petites républiques italiennes du Moyen âge et des temps modernes ; par contre, des systèmes monarchiques, comme celui du second Empire en France, fondés sur le principe démocratique.

Dans la conception pure de la démocratie, le souverain qui désigne le pouvoir et les fonctions, c'est le peuple. Tout dans l'État se fait au nom de la souveraineté nationale ; gouvernement du peuple par le peuple.

b. Postulat de la démocratie. — Se gouverner soi-même cela suppose, pour un peuple comme pour un individu, une capacité intellectuelle et morale, une certaine maturité d'expérience et de jugement. Le système démocratique ne peut convenir qu'à une nation instruite et raisonnable. De là découle le principe de l'*instruction obligatoire*. De même que les individus trop jeunes ou trop faibles d'esprit ou trop peu maîtres de leurs passions ou de leurs caprices, il arrive que tels peuples aient besoin de tutelle. La démocratie qui les affranchit inopportunément de cette tutelle ne peut que les perdre. « Un peuple qui gouvernerait toujours bien, dit J.-J. Rousseau, n'aurait pas besoin d'être gouverné... » Par réciproque, on a droit d'affirmer, dans l'intérêt même des individus, des familles, des États, qu'un peuple qui se gouverne mal, a besoin d'être gouverné.

c. Signes d'un bon gouvernement. — La première question à résoudre pour découvrir si la forme de gouvernement adoptée par un peuple est celle qui lui convient dans la période où on l'examine, est donc de reconnaître les signes d'un bon gouvernement. Sur ce point encore on peut utilement répéter et méditer la doctrine de J.-J. Rousseau. « Quand on demande quel est le meilleur gouvernement, on fait une question insoluble comme indéterminée ; ou si l'on veut, elle a autant de bonnes solutions qu'il y a de combinaisons possibles dans les positions absolues et relatives des peuples. Mais si l'on demandait à quel signe on peut connaître qu'un peuple donné est bien ou mal gouverné, ce serait autre chose, et la question de fait pourrait se résoudre... Quelle est la fin de l'association politique? c'est la conservation et la prospérité de ses membres. Et quel est le signe le plus sûr qu'ils se conservent et prospèrent? c'est leur nombre et leur population. N'allez donc pas chercher ailleurs ce signe si disputé. Toute chose d'ailleurs égale, le gouvernement dans lequel, sans moyens étrangers, sans naturalisation, sans colonies, les citoyens peuplent et multiplient davantage est infailliblement le meilleur. Celui dans lequel le peuple diminue et dépérit est le pire. Calculateurs, c'est maintenant votre affaire : comptez, mesurez, comparez. »

Il faut remarquer que la forme constitutionnelle de l'État n'est pas en cause; ce qui importe le plus c'est la façon de gouverner, quelle que soit la constitution. De nos jours on voit l'empire d'Allemagne, le royaume de la Grande-Bretagne, et la république des États-Unis d'Amérique, accroître simultanément leurs populations et les ressources de leur commerce et de leur industrie. Le contraire se produit en d'autres royaumes et en d'autres républiques.

Cependant il semblerait naturel et logique, que les États où prédomine le principe démocratique fussent les plus peuplés et les plus prospères, puisque tout y devrait tendre à améliorer de façon pratique et forte le sort de tous, et à augmenter, par le développement de la richesse nationale, le bien-être moral et matériel de chacun, et par suite exciter les citoyens à trouver la vie assez bonne pour désirer de la transmettre à de nombreux enfants.

d. Formules de la démocratie. — La Révolution française de 1789 a donné à la démocratie sa formule la plus simple : *Liberté, Égalité, Fraternité*. Elle affirmait par là que nul n'est malgré soi soumis à l'autorité personnelle d'un autre citoyen; il n'y a qu'un maître dans la démocratie, il est commun à tous, parce qu'il émane de tous : la Loi; et tous ont des droits égaux à la protection de la loi, tous sont également, en cas de faute, crime ou délit, exposés à ses rigueurs; c'est la suppression de tout asservissement personnel, et de tout privilège. La devise de la République Française enseigne aussi le sentiment d'affection mutuelle qui naît naturellement entre des hommes qui se savent et se sentent libres et égaux, liés seulement par la communauté de l'origine, des intérêts, de la destinée; des hommes qui, si le principe fondamental est honnêtement et intelligemment pratiqué, n'ont à redouter aucun empiétement de l'un sur l'indépendance, sur la propriété, sur la conscience des autres. La *fraternité* ne peut avoir d'autre signification; elle ne peut avoir de réalité en d'autres conditions. Elle ajoute l'idée d'affection à l'idée de solidarité.

Le principe de la souveraineté de la nation et le but de tous ses efforts, ont été exprimés heureusement aussi par cette formule, qu'il ne faut pas considérer ici comme celle d'un parti politique : *Tout par le peuple et pour le peuple.*

e. *Effets du principe de la démocratie dans la famille et dans l'État.* — L'esprit démocratique a profondément modifié la famille dans les pays chrétiens, non dans ses éléments constitutifs, mais dans la forme des rapports entre ses membres. Le système patriarcal ou aristocratique, attribuait au chef de famille une sorte de royauté domestique, une autorité parfois sans contrôle, sans limite; l'intérêt collectif du groupe familial paraissait infiniment supérieur à l'intérêt ou même au droit individuel de chacun de ses membres. Le droit d'aînesse en était la caractéristique la plus apparente, et, à certains égards, la plus choquante. La réforme démocratique a pour ainsi dire, nivelé la famille, restreint l'autorité paternelle à un pouvoir moral, soumis d'ailleurs au contrôle des pouvoirs publics, et qui n'a d'effet légal sur la vie propre des enfants que jusqu'à leur majorité. Le droit d'aînesse aboli, tous les enfants sont proclamés également aptes au partage des biens.

Les rapports entre maîtres et serviteurs ont suivi une voie analogue; le service est volontaire, le maître n'a de pouvoir sur son serviteur que dans la mesure de leurs libres conventions. Personne n'est plus par naissance destiné à commander, personne destiné à obéir. Le besoin seul engage, l'un à offrir ses services, l'autre à les demander ou à les accepter. Les changements de fortune renversent brusquement les rôles. Le même homme peut devenir alternativement, selon les vicissitudes de sa vie, maître et serviteur; voire le maître de celui qu'il servit, le serviteur de celui qu'il eut à son service. Cette considération doit amener dans leurs rapports moins de morgue d'une part, et de l'autre une soumission moins plate. Un serviteur ne cesse pas d'être un homme en face de celui qui emploie et rémunère ses services.

Dans la vie politique, la conséquence du triomphe des idées démocratiques fut l'abolition des privilèges, la répartition de l'impôt proportionnelle aux ressources, la suppression de toutes les entraves imposées à la liberté du travail et du commerce; l'accès des charges et fonctions publiques rendu possible à tous, comme le proclame la *Déclaration des droits de l'homme et du citoyen*, sans autres distinctions que celle du mérite et de la vertu; c'est enfin la constitution du régime parlementaire qui confie aux représentants du peuple le soin d'élaborer les lois.

Nous avons vu ailleurs ce que doit être la législation, et à quel point la séparation des pouvoirs (le législatif, l'exécutif et le judiciaire) importe à la bonne gestion des intérêts moraux et matériels de la nation, à la liberté, à la prospérité, à la vie même des citoyens. Nous n'ajouterons qu'un mot relatif au droit de suffrage des citoyens.

f. Le suffrage universel. — Le principe de la démocratie exige que tout citoyen, par cela seul qu'il est citoyen aux termes de la loi, soit électeur, sans autre exception que celle résultant de l'incapacité intellectuelle constatée par expertise médicale, ou de l'indignité morale démontrée par condamnation judiciaire. Il n'est pas un citoyen en effet qui ne contribue à l'existence de l'État et qui ne soit intéressé à manifester son opinion. Donc, que le droit électoral soit conféré à tous, cela paraît juste et raisonnable.

Mais tous sont-ils également capables d'en user de façon sage, éclairée, salutaire? Y a-t-il équité, utilité, à attribuer la même valeur, une puissance égale au suffrage de l'ignorant et de l'homme instruit? au suffrage du jeune citoyen inexpérimenté, et du citoyen mûri par l'expérience? au suffrage du célibataire et à celui de l'homme marié dont la femme n'a pas droit de vote, et qui représente deux existences, et à celui du père de famille qui en représente un plus grand nombre, à cause de quoi il supporte des charges beaucoup plus lourdes? est-il sensé que le suffrage d'un ouvrier ait exactement la même portée que celui du chef d'entreprise qui représente à lui seul une masse considérable d'intérêts, non pas exclusivement ceux de sa fortune personnelle ou d'une compagnie, mais aussi, partiellement au moins, ceux du commerce ou de l'industrie de la nation?

Ces considérations ont donné, en Belgique, naissance à un système qui sans détruire le suffrage universel, en est un correctif : le système du *vote plural*, d'après lequel un citoyen, suivant qu'il est dans telles ou telles conditions, dispose, d'un, de deux, ou de trois suffrages, voire davantage.

g. Vertus nécessaires à la démocratie. — On ne manque jamais de citer la fameuse sentence de Montesquieu : « Il ne faut pas beaucoup de probité pour qu'un gouvernement monarchique ou un gouvernement despotique se maintienne ou se soutienne. La force des lois dans l'un, le bras du prince toujours levé dans l'autre, règlent et contiennent tout. Mais dans un État populaire il faut un ressort de plus qui est la *vertu*. »

Cette vertu dont parle Montesquieu n'est sans doute pas étrangère à la commune vertu, il ne la sépare pas de la *probité*, mais il entend spécialement la *vertu politique*. De quoi se compose-t-elle? de la connaissance exacte des besoins des citoyens, de la science et de l'amour de la justice, de l'application constante à bien gouverner, c'est-à-dire à prévoir, et de fort loin, tous les changements qui peuvent survenir dans les conditions d'existence de la nation, et dans celles des nations étrangères; le contre-coup de celles-ci peut se faire sentir de diverses façons sur celles-là.

Montesquieu signale deux excès à éviter dans la démocratie : l'esprit d'inégalité qui la mène à l'aristocratie ou au gouvernement d'un seul; et l'esprit d'égalité extrême qui la conduit au despotisme d'un seul, comme le despotisme d'un seul finit par la conquête.

Il ne faut pas moins se méfier d'une forme de tyrannie

particulière aux démocraties : la tyrannie collective des assemblées populaires, d'autant plus dangereuse qu'elle reste, en quelque sorte, anonyme, et que personne n'en semble individuellement responsable.

Rappelons, pour conclure, ces observations de J.-J. Rousseau : « Il n'y a pas de gouvernement si sujet aux guerres civiles et aux agitations intestines que le démocratique ou populaire, parce qu'il n'y en a aucun qui tende si fortement et si continuellement à changer de forme et qui demande plus de *vigilance* et de *courage* pour être maintenu dans la sienne. C'est surtout dans cette constitution que le citoyen doit s'armer de *force* et de *constance*, et dire chaque jour au fond de son cœur ce que disait ce vertueux Palatin dans la Diète de Pologne : *Malo periculosam libertatem quam servitium*. J'aime mieux la liberté avec ses dangers que l'asservissement. »

RÉSUMÉ

La patrie est la terre des aïeux. Plusieurs éléments concourent à former la patrie : la communauté du sol, des mœurs, de la tradition historique, des intérêts et de la destinée.

La patrie est naturelle, l'État est contractuel : c'est une association d'hommes réunis sous la double impulsion de l'instinct social et du besoin de mutuelle protection.

L'amour de la patrie est naturel, il n'est pas contraire au respect de l'humanité; mais nous devons davantage à ceux qui nous touchent de plus près. L'éducation civique développe et règle l'amour de la patrie.

Dans l'État, il faut une autorité qui surveille et dirige les intérêts communs. Cette autorité peut revêtir différentes formes; mais, pour être légitime, elle doit toujours s'appuyer sur l'utilité publique, la capacité du gouvernant et la justice.

Dans un État bien constitué, il n'existe pas d'autre classement des citoyens que d'après leur mérite. Tous sont égaux devant la loi, qui est la formule du contrat social. Et les pouvoirs publics, l'exécutif, le législatif et le judiciaire, ne sont pas concentrés dans une seule main: la sécurité privée et publique y est intéressée.

CHAPITRE II

DEVOIRS DU CITOYEN ENVERS L'ÉTAT

Sommaire. — 1. Droits du citoyen : droits civils et droits politiques. — 2. Les citoyens forment une association dont l'État est la raison sociale. — 3. Obéissance aux lois. — 4. L'impôt. — 5. Dans quelle mesure chacun contribue-t-il aux dépenses de l'État. — 6. L'établissement de l'impôt. — 7. Le service militaire. — 8. Le service militaire pendant la guerre. — 9. Le service militaire en temps de paix : l'instruction technique. — 10. La discipline et l'esprit militaire. — 11. Le vote. — 12. Le patriotisme.

1. Droits du citoyen : droits civils et droits politiques. — Entré dans l'association politique, l'homme ne perd aucun de ses droits naturels, et il en acquiert de nouveaux. Les uns et les autres sont définis par les lois, et on les range en deux grandes classes : les droits civils et les droits politiques.

Les *droits civils* sont ceux qui concernent la vie privée et les intérêts personnels, nos relations avec notre famille et nos concitoyens en général. Ils comprennent le droit de se marier, le droit de se créer une paternité soit naturelle, soit légitime, ou par adoption, le droit de posséder, d'hériter ou de tester, d'acheter, de vendre et d'échanger, etc.

Les *droits politiques* sont ceux qui concernent la vie publique et les intérêts de l'État : tels le droit de voter, le droit d'occuper une fonction civile ou militaire, le droit de recevoir un mandat électoral, etc.

L'exercice de tous ces droits est soumis aux lois de la morale, de telle sorte que nous n'abusions pas de la légalité contre la stricte honnêteté.

Mais nous ne les possédons qu'à la condition expresse de respecter les lois qui nous les confèrent, c'est-à-dire à la condition de remplir nos devoirs.

1. Les citoyens forment une association dont l'État est la raison sociale. — Puisque l'État est une association en vue des intérêts communs, les citoyens se doivent les uns aux autres ce qu'on se doit entre associés ; on ne prend part aux bénéfices qu'à la condition de supporter les charges. Les devoirs des citoyens dans l'État ne nous obligent pas envers chacun individuellement, car ce que nous devons à chacun comme homme fait l'objet de la morale sociale ; ils nous obligent envers l'État lui-même considéré comme personne collective. Seulement ces devoirs se divisent en devoirs communs à tous les citoyens et en devoirs spéciaux à la fonction de chacun dans l'État.

2. Obéissance aux lois. — Tous les citoyens indistinctement, par cela seul qu'ils jouissent de la protection des lois, doivent respecter ces lois. Elles sont en effet la formule du contrat social qui unit l'individu à la communauté ; elles sont l'expression de l'idée de la justice, telle que la conçoit la majorité et d'après laquelle s'établissent toutes les transactions et conventions particulières. Désobéir à la loi, c'est donc renoncer injustement à l'association, car un contrat ne peut être rompu que du consentement de tous les contractants, et nul n'est admis à se décharger par sa seule volonté des conditions de l'association pour en laisser retomber le poids sur les autres.

Celui qui refuse l'obéissance à la loi semble de sa propre autorité créer à son profit une loi particulière, un privilège ; par le fait même, il impose sa volonté à ses égaux, ce qui est proprement rompre l'égalité.

Mais, dit-on, si la loi est mauvaise ? Elle peut être mauvaise de deux manières générales, soit qu'elle blesse des intérêts légitimes, soit qu'elle ordonne des actions déshonnêtes. Nous verrons quelles conditions la loi doit remplir pour être bonne. Étant admise l'hypothèse d'une loi mauvaise, quelle conduite tiendra le citoyen?

Si la loi lèse des intérêts respectables, il faut cependant lui obéir, afin d'éviter le trouble que cause dans l'État la résistance aux lois; et l'on peut considérer que le tort causé à quelques-uns, tout en étant regrettable, est cependant moins considérable et moins grave que le tort éprouvé par la communauté tout entière. Mais les citoyens pourront et même devront appeler l'attention du législateur, protester pacifiquement, car l'intérêt de l'État lui-même réside dans des lois justes, prudentes et équitables.

Si la loi ordonne des actes déshonnêtes, on peut à bon droit la considérer comme une tyrannie; elle n'est plus vraiment la loi, qui doit être la raison écrite, et dès lors il est non seulement permis, mais obligatoire de lui désobéir. Il est beau, dans ce cas, d'exposer pour la justice sa fortune, sa liberté, sa vie. Toutefois doit-on s'en tenir au simple refus d'obtempérer aux prescriptions d'un législateur immoral, ou bien est-il excusable d'agir par la force, afin de renverser un pouvoir abusif?

Pour que cette dernière solution soit acceptée, il est nécessaire que la loi qui la provoque soit manifestement contraire à la morale universelle, ou que l'abus du pouvoir compromette la sécurité et l'honneur de la nation. Mais encore faut-il rentrer dans la légalité au plus tôt.

L'obéissance à la loi est une sorte d'impôt sur la liberté et la volonté; c'est une part de notre indépendance individuelle dont nous faisons le sacrifice à la communauté, afin qu'il y ait une règle commune et fixe des actions et que par là soit protégé ce que nous n'abandonnons point volontairement.

Les citoyens sont tenus de concourir au maintien du respect des lois. Ce n'est pas tout que de ne pas violer la loi : il est de l'intérêt commun que personne ne la viole. Tous les citoyens sont solidaires du désordre introduit dans l'État par la désobéissance à la loi. Ils peuvent être requis de lui prêter main-forte. Et leur devoir est de donner le concours de leur énergie à l'autorité, lorsqu'elle y fait appel afin d'assurer la répression des crimes et des délits.

Celui qui refuse son assistance en pareil cas accorde sa complicité aux perturbateurs, aux malfaiteurs.

4. L'Impôt. — Il est trop évident que les grands travaux, les grandes entreprises ne peuvent être ni créés ni entretenus par les ressources individuelles. L'association, en réunissant les forces, qui isolées ne peuvent rien, en centuple la puissance.

On appelle impôt, d'une manière générale, la part de ses ressources que chaque citoyen apporte à l'État, pour l'exécution des travaux d'utilité publique, l'organisation et l'entretien des grandes administrations.

L'impôt peut être considéré comme une prime d'assurance contre les risques de la vie sociale et comme un abonnement à tous les grands services qui la rendent plus facile, plus agréable, plus productive.

5. Dans quelle mesure chacun contribue-t-il aux dépenses de l'État. — La justice veut que la répartition des charges soit proportionnelle aux ressources du contribuable. Rien de plus inique, rien de plus propre à provoquer les révolutions, que l'attribution de tous les bénéfices, de tous les avantages à certaines catégories de citoyens, et l'imposition de toutes les charges à certaines autres. Il est bien naturel que celui qui possède le plus, ayant bien plus à protéger, donne davantage; mais les biens qui sont purement personnels, comme la vie, la réputation, la moralité, ont sans doute un semblable prix pour tous indistinctement. La contribution exigible pour l'entretien des moyens de défense ou de protection de ces biens supérieurs, peut donc être la même pour tous; mais, quand il s'agit d'assurer la propriété sous toutes ses formes, celui qui possède un million assure en réalité dix fois plus que celui qui possède cent mille francs, et celui-ci dix fois plus que le propriétaire de dix mille francs. Il est donc nécessaire qu'à cet égard l'impôt croisse en raison du capital et du revenu. L'économie politique a pour mission de déterminer ces proportions mathématiques; la morale, d'indiquer les conditions dans lesquelles il est juste.

6. L'établissement de l'impôt. — Dans les États autocratiques, l'impôt n'a d'autre mesure réelle que la volonté du chef, et l'on ne peut en favoriser l'équitable répartition qu'en agissant sur l'esprit du maître, à qui l'on rappelle les lois de la justice et de l'humanité ; mais il manque une règle fixe, une proportion définie, et le sujet ne sait jamais d'une année pour l'autre à quelle obligation il est astreint.

Dans un État où l'autorité se concilie avec la liberté, la perception des impôts est soumise à des lois connues de tous. On ne les acquittera volontiers que si l'on sait à quoi ils servent. Or ils ne doivent servir qu'aux intérêts communs ; la nation est donc admise, même en droit naturel, à approuver ou à désapprouver l'emploi des ressources publiques.

C'est à ses représentants qu'il appartient de voter le budget, c'est-à-dire d'accepter les dépenses proposées par le gouvernement, et de pourvoir à l'alimentation du trésor public. C'est donc par une loi, expression de la volonté nationale, que les impôts doivent être établis. Chaque citoyen est dès lors tenu de payer sa contribution, car il a pour ainsi dire pris lui-même cet engagement, puisqu'il a délégué ses pouvoirs aux législateurs. Payer ses impôts, c'est simplement faire honneur à sa signature.

7. Le service militaire. — Les mêmes principes obligent les citoyens à concourir à la défense de la patrie ; le service militaire, qu'on appelle l'impôt du sang, est obligatoire pour tous, puisque tous sont également intéressés à la sécurité et à l'indépendance du pays. Jeunes, nous avons été protégés par nos aînés ; devenus vieux, nous le serons encore par les jeunes gens. Il est donc juste que, dans la force de l'âge, nous soyons à notre tour les défenseurs de ceux à qui nous devons d'être vivants et libres, et de ceux qui plus tard reprendront notre rôle.

Cette considération n'exprime que la mutualité des services ; il en est une beaucoup plus haute : c'est celle de la patrie elle-même ! Les hommes passent et se succèdent ; la patrie demeure, agrandie ou diminuée après chaque génération, selon l'effort, le courage et le dévouement que les citoyens ont dépensés.

Il faut avoir présente à l'esprit cette loi de la succession des événements : les fautes des pères sont expiées par les enfants. Mal servir son pays est donc, en même temps qu'une ingratitude envers les devanciers et envers les contemporains, une injustice dont on fait souffrir ses descendants. Rien de plus faux que de croire que la brièveté et la fragilité de la vie nous justifient de nous désintéresser de la patrie; nous revivons en elle, c'est une raison de plus de vivre pour elle.

8. Le service militaire pendant la guerre. — Quand l'ennemi armé menace de mort la patrie et foule au pied le sol sacré, qui oserait dénier son devoir et refuser de combattre? Il en est cependant qui l'osent : la patrie les renie, la loi militaire les frappe. C'est juste.

Risquer sa vie, recevoir des blessures, voilà dans le sens propre l'impôt du sang. Mais encore il s'agit de mourir utilement. Le service militaire en campagne exige deux qualités supérieures : la bravoure, qui consiste à ne pas reculer devant le danger; le sang-froid, grâce auquel nul ne s'expose mal à propos, par bravade. Le rôle de l'officier est d'épargner la vie de ses soldats ; car un homme est une force; la patrie en a besoin pour se défendre. Lui-même, sans être avare de son sang, a le devoir de ne pas se jeter sans nécessité dans le péril, car il est la tête qui commande, qui dirige. Le rôle du soldat est d'obéir ponctuellement, sans s'attarder à pénétrer le secret des ordres : il doit avoir fait d'abord le sacrifice de sa vie, mais la rendre le plus utile qu'il peut.

9. Le service militaire en temps de paix ; l'instruction technique. — Parmi ceux qui comprennent la nécessité du service militaire pendant la guerre, il en est encore beaucoup qui objectent : « Mais, en temps de paix, pourquoi astreindre les citoyens au métier des armes? Ne serait-il pas temps d'appeler les hommes quand la patrie serait en danger? »

La réponse est aisée : Sait-on jamais certainement le moment où la patrie sera en danger. Du jour au lendemain, si l'on est désarmé, l'ennemi qui se prépare à l'avance n'aura-t-il pas envahi le territoire? Si l'on attend le moment précis où la patrie est reconnue et proclamée en danger, il est trop tard pour la préserver.

Puis, comme tous les métiers, le métier militaire doit être appris. On ne s'improvise pas soldat, encore moins officier. L'habitude et l'exercice régulier sont indispensables pour rompre les hommes à la fatigue, les former au maniement des armes, à l'exécution des mouvements stratégiques. — Sinon, le jour où l'armée se réunit, ce n'est que désordre et confusion, c'est-à-dire le gage de la défaite.

10. La discipline et l'esprit militaire. — Dans une armée, la faute d'un seul peut entraîner la perte de tous. Il est nécessaire qu'une même règle inflexible plie tous les soldats au même devoir : c'est la discipline. Elle exige la soumission, l'obéissance passive, comme on dit. Cette abnégation de la volonté, il faut aussi s'y préparer et s'y accoutumer : voilà pourquoi aussi le service militaire est obligatoire en temps de paix.

Mais alors, dit-on, c'est l'abrutissement, l'abandon de sa personne! Mauvaise objection : l'obéissance n'est passive que dans la forme. Il dépend du soldat de la transformer en obéissance raisonnée : qu'il songe en lui-même combien il est nécessaire qu'il en soit ainsi; le sort de la patrie est lié à la discipline de l'armée; qu'il y adhère volontairement, qu'à chaque commandement il exécute l'ordre en répétant dans son cœur : « Pour la patrie! pour mes aïeux, mes parents, mes frères, mes amis! » Alors il sentira une joie intense à ce sacrifice de son initiative, il ne se croira plus une machine mue par un ressort indépendant d'elle-même. Il se verra l'ouvrier agissant de l'honneur et de la liberté du pays. Il ne se contentera pas d'éviter les infractions fécondes en punitions; il s'efforcera de se perfectionner dans son métier, dans son instruction technique comme dans son instruction générale; il apprendra à commander après avoir su obéir, il conservera la noble ambition de devenir officier après avoir eu la courageuse résignation du soldat.

Il ne faut pas confondre d'ailleurs, avec les passions guerrières qui poussent des peuples grossiers à la déprédation, l'esprit militaire, qui est une mâle fierté, éloignée de la forfanterie, et une disposition constante à préférer à notre fortune et notre existence particulières l'honneur commun.

11. Le vote. — Dans les États démocratiques, tous les citoyens participent à l'administration du pays, à la gestion de ses intérêts et à la confection des lois. Tous sont considérés comme également responsables, également intéressés et par conséquent également en droit de manifester leurs opinions et leurs préférences, et cela, comment? Au moyen du vote et de la délégation des pouvoirs.

Les citoyens ont donc le droit de confier à des représentants le pouvoir de faire les lois, de veiller à leur application, et par cela même ils signent pour ainsi dire l'engagement positif de respecter la loi, puisqu'ils sont censés l'avoir faite eux-mêmes. Telle est la première conséquence du droit de vote.

Pourquoi le peuple lui-même ne vote-t-il pas directement la loi? Dans les États où les électeurs sont peu nombreux, le peuple vote la loi lui-même dans ses comices, comme dans les républiques antiques; mais le peuple politique ne comprenait là que les *hommes libres*, ceux par conséquent qui d'abord ont pu recevoir une instruction et qui de plus jouissent de loisirs, grâce auxquels ils étudient les affaires, acquièrent la connaissance de l'histoire et de l'économie du pays. C'est une élite.

Dans les grands États où le suffrage est universel, la plupart ne possèdent que des idées vagues, ne conçoivent que des désirs; mais ils n'ont ni le temps ni la capacité de démêler les moyens pratiques de réaliser les unes et les autres; il est donc nécessaire que la masse, tout en manifestant ses tendances, remette à des citoyens de son choix le mandat d'exercer son droit législatif. Dès lors, on voit clairement quels sont ceux à qui la confiance populaire devra déléguer le pouvoir : ce sont les *plus dignes au double point de vue de la capacité et de l'honnêteté*.

Devoir concernant l'exercice du droit de voter. — Nous verrons quels devoirs s'imposent au législateur. Quant à l'électeur, le premier de tous est de s'appliquer à bien choisir; son bulletin déposé dans l'urne contribue au bonheur ou au malheur du pays. Sa part de souveraineté n'est pas un mot, mais une réalité, et sa responsabilité n'est pas moins réelle. Bien voter suppose donc une préparation, une connaissance générale des besoins de la patrie et une connaissance précise des aptitudes, des services, des tendances et du caractère du candidat.

En second lieu, l'électeur doit n'avoir en vue que le bien de l'État. Le droit de voter ne lui a été accordé que sous cette condition, et non pour offrir à chacun un moyen de faire prospérer ses affaires, de favoriser ses ambitions personnelles, sans souci, voire au détriment du bien commun. Outre que c'est une indignité déshonorante, c'est de plus un crime de lèse-patrie que de trafiquer de son vote, et la loi peut justement déclarer déchu de ce droit quiconque en a mésusé.

Voter est un devoir. — D'ailleurs voter n'est pas seulement un droit du citoyen, c'est un devoir. L'abstention est une faute commise contre l'État; elle provient soit de la négligence et de l'indifférence : par quels arguments se justifiera-t-on d'être indifférent au sort de son pays? Soit d'une réserve fondée sur l'impuissance à discerner le véritable intérêt de l'État; mais c'est une raison d'ignorance. Un citoyen ne doit rien ignorer de ce qui met en jeu l'honneur et la prospérité nationale; il commet la faute de ne pas voter parce qu'il a commis la première faute de ne pas s'instruire.

D'autres enfin s'abstiennent du vote dans la pensée de décliner toute responsabilité. Ils pensent seulement assurer leur tranquillité de conscience par un sophisme. On est responsable de son abstention, parce qu'on n'a pas concouru soit à faire le bien, soit à empêcher le mal.

12. Le patriotisme. — Aimer son pays, c'est bien, mais ce n'est pas assez, il faut donner la preuve de cet amour : le *patriotisme pratique*, voilà ce qu'il est nécessaire d'apprendre. C'est la forme la plus noble du courage; c'est lui qui soutient le soldat pendant la guerre et qui lui ôte l'envie de se plaindre des dangers et de ce qu'on supporte parfois moins bien que le danger, les privations, les souffrances de toutes sortes, physiques et morales, la faim et la fatigue, l'angoisse et le deuil. En temps de paix, c'est cette ardeur patriotique qui entraîne le soldat à la caserne et lui rend la discipline tolérable, et c'est elle qui attache à leurs devoirs spéciaux tous les fonctionnaires de l'État; par elle ils sont préservés de cette mesquine idée, qu'ils ne doivent travailler qu'en proportion de leurs traitements; ils aiment leur besogne et leur fonction pour l'utilité dont elle est à la patrie et considèrent comme une simple indemnité leurs émoluments. Les citoyens de tout ordre trouvent dans cette généreuse affection de la patrie ce qui les relève de l'obscure vulgarité de leur commerce, de leur industrie. Tous deviennent de véritables organes du corps social. On en vient à faire son devoir non par stricte obéissance à la loi, mais avec amour et par amour de la patrie : alors seulement on est capable de faire plus que son devoir, de sacrifier sa vie, ses affections pour l'honneur du pays, sans que ce soit un ordre de la loi. Ceux-là sont les plus méritants et les plus dignes de mémoire qui étant, soit par leur âge, soit par leur sexe, soit par les services rendus, dans une situation qui les dispense honnêtement d'affronter les périls, vont au-devant d'eux d'un mouvement spontané afin de donner l'exemple du dévouement et du sacrifice.

Plus qu'aucune autre, la nation française a le droit de se glorifier du patriotisme de ses enfants. A toutes les époques de son histoire, on trouve des pages lumineuses éclairées par la gloire du sacrifice volontaire. Pour éveiller l'écho de cette gloire, il suffit de citer Eustache de Saint-Pierre, Alain Blanchard, la Dame de La Roche-Guyon, Jeanne d'Arc, Jeanne Hachette, Bayard, d'Assas, Plélo, Michel de L'Hospital, La Tour d'Auvergne, Coriolis, Henri Regnault, et de plus humbles dont le patriotisme n'est pas moins admirable, les Debordeaux, les Debergues, les Leroy, modestes instituteurs qui se firent tuer plutôt que de montrer à l'ennemi les chemins de France, et Mlle Dodu, qui, receveuse d'un bureau télégraphique, rétablit par trois fois au risque de sa vie les communications de son bureau avec l'armée française et l'avertissait des mouvements des Prussiens.

RÉSUMÉ

Le citoyen possède deux ordres de droits, les uns civils, relatifs à la vie privée, les autres politiques, relatifs à la vie publique. Il exerce les uns et les autres conformément aux lois qui les lui confèrent et qui doivent s'inspirer du droit naturel. Ces lois sont la formule du contrat qui relie les citoyens dans cette association appelée l'État. Le premier devoir du citoyen est donc de respecter les lois et de leur obéir; il doit payer exactement l'impôt sous ses diverses formes. Il est pour ainsi dire la cotisation au prix de laquelle on s'assure à l'État comme à une compagnie contre les risques de la vie sociale.

D'ailleurs l'impôt n'est pas établi arbitrairement dans les États libres, et dans les autres la volonté qui le taxe doit le proportionner aux besoins réels du pays, et, ici comme là, il faut qu'il soit réparti équitablement.

Le service militaire est une sorte d'impôt sur la vie, sur le sang, destiné à maintenir la défense commune : chacun à son tour et tous sans distinction de rang sont obligés d'acquitter cette dette. Il importe au salut du pays que l'esprit militaire et l'éducation civique n'y dépérissent pas.

Dans l'ordre politique, les droits et les devoirs des citoyens se confondent presque. Car ils ont le devoir d'user de leurs droits, mais avec le plus de lumière et d'honnêteté possible. Dans les États où le suffrage des citoyens détermine le choix des représentants législateurs, c'est une obligation stricte pour tout électeur de voter scrupuleusement, et une faute réelle de s'abstenir.

Pour remplir tous ces devoirs et n'y point trouver d'amertume, il faut développer en soi le patriotisme, qui est l'amour sincère, sage et constant de la patrie et de son honneur.

CHAPITRE III

DEVOIRS GÉNÉRAUX DE L'ÉTAT

Sommaire. — 1. Principe de mutualité. — 2. La sécurité publique. — 3. Création des voies commerciales, etc., et propagation de l'instruction et de la moralité. — 4. Encouragement aux lettres, aux sciences et aux arts. — 5. Limite de l'intervention de l'État.

1. Principe de mutualité. — Les citoyens doivent leur concours à l'État; mais, en retour, l'État a des devoirs envers eux. On ne comprend pas les obligations des uns sans la réciprocité de l'autre. Il est faux d'ailleurs d'envisager l'État comme un être abstrait, ayant une existence indépendante de celle des individus; le jour où les citoyens sont dispersés ou divisés en factions politiques, ou encore dépouillés et maltraités par l'étranger, l'État se désorganise; les membres une fois disjoints et desséchés, le corps ne vit plus.

2. La sécurité publique. — La première obligation de l'État est d'assurer la sécurité des citoyens: contre les attaques extérieures, par sa vigilance à les prévoir et par sa vigueur à les réprimer; contre les troubles de l'intérieur, par une sage administration qui les prévienne en supprimant les abus, et au besoin par son énergie à maintenir le respect des lois.

La sécurité est le moindre avantage que les citoyens puissent exiger, leur liberté n'est pas moins précieuse; l'État a pour mission de garantir à chacun sa part légitime de liberté, ce qui comporte le double devoir pour lui: d'abord de ne pas absorber au profit de l'autorité la liberté compatible avec l'ordre public; ensuite d'empêcher les empiétements de l'un ou de l'autre sur la liberté d'autrui.

S'il est interdit de se faire justice soi-même, soit contre les individus, soit contre les États, c'est que la société à qui nous confions nos intérêts aura souci de nous défendre; elle doit donc veiller sur l'honneur commun, sur l'honneur du pays comme sur la sécurité de son territoire, de son commerce, de son industrie, etc., et aussi garantir le respect de l'honneur de chacun autant que de sa fortune et de sa personne. Comment d'ailleurs la liberté serait-elle assurée si nous n'étions préservés de l'insulte et de l'outrage? Puisqu'il se substitue à l'individu, l'État doit prendre en main tous ses droits et empêcher qu'on ne les viole, ou sévir contre les violateurs.

3. Création des voies commerciales, etc., et propagation de l'instruction et de la moralité. — L'État aura-t-il rempli sa tâche, et le but que s'est proposé l'association politique sera-t-il atteint lorsqu'ainsi le mal aura été empêché ou réprimé? Ce n'est pas suffisant; la communauté dispose des ressources que chaque membre lui apporte; elle en doit faire usage en faveur du développement intégral de la nation, pour faciliter les transactions commerciales et la production industrielle, en perçant ou en entretenant les routes, les canaux; en établissant des voies et moyens de communication rapides et en concluant avec les autres États des conventions qui protègent équitablement les intérêts des citoyens. L'État a la charge plus haute encore d'aider les citoyens dans l'accomplissement de leurs devoirs; l'instruction et l'éducation nationales doivent être par lui encouragées et favorisées; en multipliant les écoles, les bibliothèques, les musées, il donne à tous le moyen d'instruire leur esprit et de perfectionner leur moralité; il importe qu'aucune classe de citoyens ne soit dans l'impossibilité de parvenir à la connaissance de ses devoirs et réduite à ignorer comment se forme une société, quels services elle rend aux individus et en échange de quelles obligations elle acquiert le droit de les contenir et de les diriger.

4. Encouragement aux lettres, aux sciences et aux arts. — Enfin, comme il ne doit rien négliger de ce qui fait la grandeur morale d'un pays et son influence dans le monde, l'État doit sa protection la plus large aux manifestations de la pensée et du génie, aux œuvres d'art, aux travaux scientifiques, et surtout aux grandes œuvres littéraires qui, tout à la fois, répandent des idées généreuses et fécondes et portent au loin la langue et, avec la langue, l'esprit du peuple.

5. Limite de l'intervention de l'État. — L'État, c'est tout le monde ou ce n'est personne. C'est une égale utopie de vouloir sacrifier l'individu à l'État ou anéantir l'État au profit de l'individu. Sans les individus, l'État n'est qu'un être chimérique, un mot vide; sans l'État l'individu est condamné à l'impuissance et à la mort. Toutefois il est bien certain que l'État a été constitué pour le bonheur des individus. Son action a pour but de grouper les forces et de les faire servir sous une direction précise et constante à l'œuvre commune. Il doit se borner dans ce rôle et ne pas envahir la vie privée, ne pas supprimer l'initiative individuelle. Il garde un droit de contrôle; mais qu'il ne le fasse pas dégénérer en vexations, en abus d'autorité qui détruiraient la liberté. Tout ce que l'individu peut faire seul et sans nuire à personne, l'État doit le permettre, et mieux encore, si l'entreprise individuelle est utile au bien public, il doit l'aider, l'assister, mais sans l'absorber.

En laissant aux individus cette liberté d'entreprendre, l'État se préserve de cet excès des individus qui prétendent tout demander et tout obtenir de l'État.

RÉSUMÉ

L'État doit aux citoyens la protection et l'assistance en vue de quoi ils se sont associés et payent l'impôt. La bonne gestion des intérêts communs est le devoir strict des gouvernants. Ils doivent maintenir et agrandir la fortune publique et l'intelligence de la nation, mais aussi prendre garde à cet excès : de trop absorber dans l'administration et ne laisser aucune initiative aux particuliers.

CHAPITRE IV

LES POUVOIRS PUBLICS ET LES DROITS DES GOUVERNANTS

SOMMAIRE. = LE LÉGISLATEUR ET LA LOI. — 1. Le sens du mot loi. — 2. La loi positive définit des droits et des devoirs. — 3. Caractères de la loi positive. — 4. Les lois positives sont spéciales au peuple qui se les donne. — 5. Les lois positives sont sujettes à des transformations. — 6. Le législateur doit être le mandataire du peuple. — 7. Devoirs du législateur : il doit être instruit des besoins du pays et inaccessible à la corruption. — 8. Ses droits; la personne du législateur est inviolable. — 9. Le droit d'enquête, le vote de l'impôt, le vote de la paix ou de la guerre. = LE POUVOIR EXÉCUTIF : DEVOIRS ET DROITS DU GOUVERNEMENT ET DES FONCTIONNAIRES. — 10. La légalité. — 11. Le gouvernement est une tutelle. — 12. Droit de nomination et de révocation des fonctionnaires. — 13. Est-on tenu d'accepter des fonctions du gouvernement? = LE POUVOIR JUDICIAIRE. — 14. Qualités intellectuelles du magistrat : la science juridique et le discernement. — 15. Qualités morales : l'amour de la justice et l'indépendance. — 16. Substitution de la société à l'individu. — 17. Le droit de punir. — 18. C'est une convention qui établit la proportion des peines.

§ 1. — LE LÉGISLATEUR ET LA LOI.

1. Les sens du mot loi. — Dans l'ordre physique, *la loi est la formule des faits universellement constatés :* toutes les fois qu'une barre ou une sphère de métal est soumise à l'action de la chaleur, son volume augmente. On exprime ce fait constant en disant que la chaleur a la propriété de dilater les métaux. C'est une loi physique : de même pour la chute des corps, pour la tension des vapeurs, etc.

Dans l'ordre moral, *la loi est la raison humaine en tant qu'elle gouverne tous les peuples de la terre,* dit Montesquieu, et la définition est vraie si l'on y ajoute l'idée d'obligation.

Enfin, dans l'ordre politique, la loi est l'expression régulière de la volonté nationale en ce qui concerne les intérêts de l'État.

2. La loi positive définit des droits et des devoirs. — La conséquence immédiate de la loi, c'est la définition des droits et des devoirs des citoyens. Il ne faut cependant pas croire que la loi les crée. Elle leur donne une formule, elle en marque la limite, elle en réglemente l'exercice. La justice préexiste à la loi. « Dire qu'il n'y a rien de juste ni d'injuste que ce qu'ordonnent ou défendent les lois positives, c'est dire qu'avant qu'on eût tracé le cercle tous les rayons n'étaient pas égaux... » (Montesquieu.) Elles sont une confirmation des lois naturelles, leur but est d'imposer également à tous une même interprétation des principes du droit naturel, et par là d'imprimer un caractère d'unité à la vie politique de la cité. Et, dans cet ordre d'idées, *le droit est un pouvoir conféré par la loi; le devoir, une obligation imposée par la loi.*

Ainsi, en droit naturel, les hommes peuvent se marier, posséder, acquérir et transmettre des biens; en droit naturel aussi, ils se doivent une mutuelle protection, d'autant plus précise et directe que les services échangés sont plus importants et plus nombreux. La loi positive vient fixer les conditions dans lesquelles se contracteront les mariages, les achats, les ventes et se transmettront les héritages, et celles suivant lesquelles les citoyens s'acquitteront du service militaire.

3. **Caractères de la loi positive.** — Pour être bonne et valable, une loi doit revêtir plusieurs caractères, à défaut desquels elle ne saurait être obligatoire :

1° Elle doit émaner du pouvoir législatif reconnu par la constitution que le peuple a adoptée.

2° Elle doit être conforme à la loi morale et ne rien ordonner de contraire à la justice.

3° Elle doit être faite en vue de l'intérêt général et des besoins du pays et ne constituer aucun privilège spécial.

4° Enfin il faut qu'elle soit armée d'une sanction qui en assure l'exécution.

Égalité des citoyens devant la loi. — La loi n'admet pas d'exception parmi les citoyens; elle est établie pour tous, sans restriction. Dès qu'on admet des catégories de citoyens, des castes, l'unité de l'État disparaît, et avec elle sa force. Il se forme plusieurs États dans l'État. Chaque classe ne tend qu'à prédominer et à étendre ses privilèges. L'idée même de la justice est faussée.

Le principe de l'égalité des citoyens devant la loi fortifie au contraire la communauté; la loi devient un véritable lien. Et de là cette maxime des anciens que *se servir des mêmes lois est un degré de parenté entre les hommes.*

4. Les lois positives sont spéciales au peuple qui se les donne. — Par définition, la loi est l'expression de la volonté nationale : d'où suit clairement qu'elle ne peut obliger que la nation qui la vote. Elle doit correspondre aux besoins de la société qui se la donne. Son action est naturellement restreinte à cette société ; telle loi répond aux besoins du peuple français, à son génie, à son économie, et serait impraticable chez les Anglais ou les Russes. Elle n'a de vigueur que chez nous ; mais là elle étend son pouvoir sur tous, même sur les étrangers qui, jouissant de notre hospitalité et de la protection de nos lois, ont le devoir de se conformer à leurs dispositions.

5. Les lois positives sont sujettes à des transformations. — La perfection des lois positives consiste, outre les conditions nécessaires énoncées plus haut, dans l'observation des mœurs, du génie et des intérêts propres du peuple qu'elles régissent. Les conditions d'intelligence, de dignité, de moralité en un mot se modifient graduellement, comme aussi les conditions économiques de l'industrie, du commerce, etc. Dès lors, on comprend pourquoi, après une période plus ou moins longue, certaines lois tombent en désuétude et sont remplacées par d'autres mieux appropriées aux besoins d'une société nouvelle. Elles ne peuvent imiter la fatale immutabilité des lois de la nature physique qui régissent des êtres sans intelligence et sans liberté. Elles ne sont cependant pas *arbitraires* si l'on entend ce mot dans le sens de bon plaisir du législateur. Il n'édicte pas une loi parce que telle est sa volonté, mais sa volonté est telle parce que les conditions de l'existence sociale la dirigent et lui marquent le but.

6. Le législateur doit être le mandataire du peuple. — Quand la volonté nationale ne peut être exprimée par le vote direct de la population, — comme il arrive le plus souvent, — le pouvoir législatif est délégué à des mandataires. Il est nécessaire que cette délégation soit réelle et sincère ; sinon la loi perd son essence. Si c'est le gouvernement qui choisit le corps législatif, autant vaut dire qu'il érige ses volontés en lois, car il ne choisit d'autres que ses amis, ses dévoués. Il en était ainsi en 1838 au Canada, où le gouvernement anglais nommait les membres de la chambre législative, et c'est ce qui amena la révolte des colons français dans laquelle périt héroïquement le docteur Chenier.

La loi est le véritable souverain d'un pays libre.

Le suffrage populaire librement exprimé doit être la source de l'autorité du législateur. Quant au mode de suffrage, il est réglé par la constitution et les lois organiques de chaque pays.

7. **Devoirs du législateur : il doit être instruit des besoins du pays et inaccessible à la corruption.** — Autant valent ses lois, autant vaut un peuple : bonnes, elles le font grand et prospère ; mauvaises, elles l'abaissent et le ruinent. Les lois ne seront pas bonnes si le législateur n'est intelligent, instruit, sage et honnête.

Le premier devoir du citoyen qui aspire à l'honneur de représenter son pays dans l'assemblée législative est d'étudier soigneusement tout ce qui concerne l'administration, l'économie, l'histoire et la législation. Rien de ce qui touche aux intérêts de la patrie ne lui doit être ignoré. Socrate, comme nous le présente Xénophon, raille avec son ironie pénétrante ceux qu'une ambition personnelle, plus que le dévouement au bien public, pousse à solliciter les suffrages avant qu'ils aient acquis la capacité et l'expérience nécessaires. Il entreprend le jeune Glaucon, qui pérore dans les réunions électorales et, vide d'idées, jette des mots en abondance ; il lui fait avouer qu'il ne connaît rien des ressources militaires du pays, rien de la marine ni des colonies, rien des finances, pas plus des dépenses utiles ou inutiles que des revenus certains ou aléatoires, rien non plus du commerce ni de l'agriculture, rien des relations de la république avec les autres puissances, et finalement il lui demande sur quel objet il pourra bien faire une loi puisqu'il est ignorant de tout ce par quoi vit un État.

La moralité du législateur n'est pas moins nécessaire que sa compétence. Dans l'exercice de son mandat, son premier devoir est de n'en pas excéder la mesure : et s'il a été nommé, par exemple, pour élaborer seulement des lois d'ordre et d'administration, il lui est interdit de sortir de ce cadre et de changer la forme de la constitution. Il reçoit ses pouvoirs de ses mandants ou électeurs, et, s'il les dépasse, il commet un abus.

De ce même principe ressort l'obligation pour l'élu de respecter scrupuleusement le programme qu'il présenta étant candidat. C'est pour ainsi dire le contrat passé entre lui et les électeurs. S'il n'y est pas fidèle, le lien qui les unit est rompu, l'élu ne représente plus vraiment ses clients. Jamais il ne doit songer à l'avantage ou au désavantage personnel que lui apporterait une loi : l'intérêt public et la justice, voilà les deux seuls motifs qui auront du poids sur sa conscience. Il n'est rien de plus criminel, il n'est pas d'abus de confiance plus odieux que celui qu'il commettrait en faisant fléchir du côté de sa fortune la loi dont il a reçu la mission de définir l'esprit et d'écrire le texte.

Envers le pouvoir exécutif, la conduite du législateur est tracée par la nature même de sa fonction, qui est de contrôler, de contenir et de circonscrire l'action de ce pouvoir; il faut donc qu'il évite toute compromission, qu'il ne sollicite ni n'accepte du gouvernement aucune faveur qui enchaînerait sa conscience ou seulement laisserait suspecter son indépendance. Il est contraire à la moralité même du législateur qu'il soit fonctionnaire, c'est-à-dire soumis à une autorité hiérarchique; il n'est qu'une fonction non incompatible avec son mandat : c'est celle de ministre, précisément parce que dans ce cas il n'a pas de supérieur hiérarchique. En toute circonstance enfin, qu'il se souvienne qu'il n'est plus seulement lui-même, mais une fraction du peuple.

8. Ses droits; la personne du législateur est inviolable. — Il est nécessaire qu'aucune préoccupation des rivalités des individus ou des partis ne dérange l'esprit du législateur de la considération du droit. Il doit être inaccessible à la crainte et à la corruption; mais il faut aussi le garantir dans l'exercice de son mandat. L'inviolabilité de sa personne est un droit pour lui, un devoir pour tous, gouvernement et citoyens. Que seront les lois si les représentants de la nation les votent sous l'empire de la terreur, s'ils peuvent redouter que leurs biens, leur liberté, leur vie ne soient en danger, exposés aux attaques de ceux dont la loi réprime les abus ou les coupables appétits.

Il ne suffit pas que cette garantie soit donnée à leurs délibérations et que la sécurité soit assurée dans la salle où ils délibèrent. Qu'ils les retrouvent au dehors, en tous endroits et à toute heure; sinon l'inviolabilité est illusoire et la liberté de leur conscience par là même incertaine.

9. **Le droit d'enquête, le vote de l'impôt, le vote de la paix ou de la guerre.** — Parmi les autres droits des législateurs figure le droit d'enquête. C'est à eux que revient la charge de *vérifier les actes du gouvernement* et de prononcer si l'on peut ou non avoir confiance en sa sagesse. A eux aussi appartient le droit de *voter le budget*, d'approuver les dépenses et d'établir les impôts; enfin le gouvernement d'un pays libre ne peut de sa propre autorité lancer la nation dans les aventures de la guerre. Les chambres élues sont dans une question aussi grave le seul pouvoir capable de déclarer ce qu'exige le salut de la patrie : la déclaration de guerre et les traités de paix doivent être soumis à leur sanction et revêtir ainsi un caractère légal.

§ 2. — LE POUVOIR EXÉCUTIF : DEVOIRS ET DROITS DU GOUVERNEMENT ET DES FONCTIONNAIRES.

10. **La légalité.** — Le pouvoir exécutif appartient à ceux à qui la constitution remet le soin de faire exécuter les lois.

Il comprend le droit d'ordonner toutes les mesures d'ordre et de police et d'employer, en cas de besoin, la force armée.

Son caractère et ses limites sont nettement indiqués : un seul mot les résume, la *légalité*.

La loi elle-même désigne les qualités exigibles des citoyens appelés au gouvernement, les attributions de chaque ordre de fonctionnaires et par conséquent l'étendue de leurs pouvoirs respectifs et de leur responsabilité.

Le chef de l'État, les ministres et sous leur dépendance tout le personnel administratif ont pour première obligation de respecter scrupuleusement la lettre et l'esprit de la loi, puisque leur mission est de la faire respecter par tous les citoyens. Toute infraction, même la moindre, est de leur part plus grave et plus corruptrice, et cela doublement : elle est à la fois un abus de confiance, puisque les citoyens se sont fiés à eux en leur accordant l'autorité, et un exemple pernicieux, qui corrompt la moralité publique et désorganise le service des intérêts de l'État.

11. Le gouvernement est une tutelle. — Le gouvernement a pour raison d'être et pour objet le bonheur des citoyens : ceux qui en ont l'honneur et la charge ne doivent sous aucun prétexte le détourner de son but et faire servir à leurs passions, à leur fortune personnelle la puissance dont ils sont dépositaires. Ce que Platon et Cicéron disent excellemment des chefs des États s'applique exactement à tous les fonctionnaires, de quelque ordre et de quelque degré qu'ils soient. Ils doivent observer ces deux préceptes : « le premier, de se dévouer à l'intérêt de leurs concitoyens au point d'y rapporter toutes leurs actions sans jamais songer à eux-mêmes; le second, d'embrasser dans leur sollicitude tout le corps politique, afin de ne pas consacrer leurs soins à une seule partie au préjudice des autres. Il en est de l'administration de l'État comme d'une tutelle, qui doit être gérée dans l'intérêt des pupilles et non dans celui du tuteur. Ceux qui servent une partie des citoyens en négligeant les autres introduisent dans la cité le plus redoutable des fléaux, la sédition et la discorde. »

Plus la situation du fonctionnaire est élevée et son autorité étendue, plus il est nécessaire qu'il possède la notion exacte des droits de chacun, la ferme résolution d'être juste envers tous, et l'expérience des affaires, qui écarte les erreurs et les préjudices.

Le caractère moral du fonctionnaire importe beaucoup au bien de l'État : il est nécessaire qu'il soit scrupuleux observateur des règlements, mais non moins nécessaire qu'il possède la liberté d'esprit et l'indépendance personnelle, sans lesquelles il fléchirait devant les rivalités, les compétitions, les promesses, et se préoccuperait de gagner par des complaisances la faveur de ses chefs ou l'appui de quelques-uns plutôt que la reconnaissance publique par son désintéressement et son équité.

12. Droit de nomination et de révocation des fonctionnaires. — Le gouvernement a le droit de choisir ses agents, ses fidéicommissaires, mais un de ses devoirs les plus importants est de les bien choisir, ce qui implique le droit de les révoquer. La sagesse et l'honnêteté sont les règles qui doivent présider au recrutement du personnel dans toutes les branches de l'administration. Mépriser l'intrigue, fermer la porte à la brigue, oublier les affections et les intérêts individuels afin de n'avoir en vue que l'utilité commune et la récompense du mérite et des services rendus, ces devoirs sont éminemment ceux du gouvernement.

Dans un pays libre, où, sans distinction d'origine ni de fortune, tous les citoyens participent aux charges onéreuses, l'accès des emplois publics, dans l'armée et dans l'ordre civil, doit être ouvert à tous, et la préférence accordée à la supériorité du talent et de la probité.

Respect dû au pouvoir exécutif. — En retour des obligations que leur impose leur charge, les gouvernants ont droit au respect et à la reconnaissance du peuple.

Par notre respect et notre obéissance, nous leur facilitons l'accomplissement de leur tâche, dont le succès importe à l'État. Il est juste aussi de réfléchir que ceux-là ont bien mérité de nous qui, pour maintenir notre sécurité et favoriser la prospérité de nos affaires, ont volontairement renoncé à leur tranquillité, à l'accroissement de leur fortune, à leurs plaisirs, à leurs études personnelles, parfois même risqué leur salut.

13. Est-on tenu d'accepter des fonctions du gouvernement? — Le gouvernement n'est sans doute pas la Patrie, il n'est pas même l'État : on ne lui doit donc pas les mêmes choses qu'à la patrie et à l'État. Mais il les représente, et leur sort est parfois lié au sien, c'est ce qui interdit de combattre et de déconsidérer le gouvernement quand il ne cesse pas d'être fidèle exécuteur des lois. Mais sommes-nous obligés de lui prêter notre concours effectif? On peut dire en principe que tout citoyen doit faire profiter l'État et la Patrie de ses lumières et de son activité ; mais il n'est pas que les fonctions conférées par le gouvernement pour coopérer à la grandeur et au bien-être publics. D'où le droit de refuser notre aide et notre collaboration à un gouvernement qui n'a pas notre sympathie.

Seulement, une fois que la fonction a été acceptée, le devoir positif est de s'y dévouer et de ne travailler en aucune façon contre le gouvernement. Ce serait, à vrai dire, une trahison : s'il advient que sa conduite contredise nos opinions et nos sentiments, que les ordres donnés répugnent à notre conscience, le devoir est de nous démettre de nos fonctions. On n'est jamais tenu d'agir contre sa conscience, ni de l'asservir à des mesures qu'on réprouve. Redevenus libres de tout engagement par notre démission, nous recouvrons le droit, en tant que citoyens, de combattre selon les moyens légaux les actes qui nous étaient imposés comme fonctionnaires.

§ 3. — Le pouvoir judiciaire.

A côté du législateur, qui est le fondateur et le conservateur de la cité, il n'est pas dans l'État de situation plus importante ni plus auguste que celle du magistrat. Il est le gardien des lois et de la morale publique. A lui incombe la tâche de poursuivre les coupables, de découvrir la fraude, de discerner le droit de chacun et de lui rendre justice. Il est le médiateur dans les différends des individus entre eux et dans ceux entre les individus et la société : il applique la justice distributive.

Les conditions de compétence et de probité exigées du législateur ne peuvent faire défaut au magistrat : l'un comme l'autre, par leur insuffisance ou leur indignité, enlèvent de l'autorité à la loi et énervent la justice.

14. Qualités intellectuelles du magistrat : la science juridique et le discernement. — Le vrai magistrat est un homme qui connaît toutes les lois, non seulement les nouvelles, mais les anciennes, qui en a étudié les origines et les effets, qui a pénétré jusqu'au fond des institutions des divers temps, et même ne s'est pas borné à celles de son pays, mais a étendu sa science à celles des pays étrangers, afin de comparer. Il n'en a pas vu que la lettre, mais l'esprit. Et il saura débrouiller les arguties des plaideurs habiles à contourner la loi, à la fausser.

Ce n'est pas encore assez : de quoi lui servira cette science de juriste s'il ne possède en même temps un discernement exercé, l'art de découvrir à travers l'entremêlement des faits et les allégations suspectes des ayants cause la vérité pure? Une longue expérience des hommes lui est donc nécessaire, à moins que des qualités natives exceptionnelles n'y suppléent.

15. **Qualités morales : l'amour de la justice et l'indépendance.** — Intelligent, instruit, le magistrat n'est pas encore ce que la magistrature exige, s'il n'a l'amour désintéressé de la justice en toute chose. Sur son siège, le juge n'a plus ni famille ni amis; il devient impersonnel et ne connaît plus les noms de ceux qu'il juge; il n'a même plus de concitoyens; dans un débat entre un citoyen et un étranger, il ne voit que deux hommes, l'un ayant raison, l'autre ayant tort. Il ne connaît plus davantage la distinction de l'individu et de l'État, du gouverné et du gouvernement. Si l'État a outrepassé son droit, il ordonne restitution à l'individu; si le gouvernement est sorti de ses attributions, il remet sur pied le droit du gouverné : il est sans passion, sans intérêt, sans crainte. Il n'aime que la justice; on peut lui arracher la langue, on ne peut le forcer à prononcer un arrêt inique.

Le suprême devoir et le premier droit du magistrat, c'est l'*indépendance* : indépendance de caractère et de fortune, indépendance de travail. Il ne doit jamais donner naissance au soupçon : il faut qu'il plane au-dessus des luttes et des intérêts de la société, et demeure l'incorruptible arbitre, également respecté de tous. Pour cela, il faut qu'il s'abstienne de toute immixtion dans les affaires industrielles ou commerciales, qu'il ne puisse être mêlé à aucun agiotage, afin qu'aucun de ceux qu'il juge ne soit excité à révoquer en doute l'impartialité et l'incorruptibilité du magistrat. Pour la même cause, il doit vivre en dehors de toute querelle politique; indépendant envers le pouvoir exécutif comme à l'égard des simples particuliers, il ne doit cumuler aucune autre fonction; il faut qu'aucune faveur ne puisse monter jusqu'à lui.

Le magistrat qui se laisse gagner par les présents ou les promesses et rend un jugement vénal est prévaricateur. Celui qui refuse de juger commet le déni de justice : il a forfait. Devant la conscience publique comme devant les codes des nations, sa forfaiture est condamnée, et des peines sévères lui sont réservées.

16. Substitution de la société à l'individu. — Le pouvoir judiciaire concentré dans la conscience des magistrats retire aux individus le droit de se faire justice eux-mêmes; dans la personne du juge, la société se substitue à eux, dans le double but de l'ordre public et d'une meilleure distribution de la justice.

Si chacun à son gré et selon l'occasion entreprenait de régler ses différends de sa propre autorité, la vie sociale serait bientôt transformée en une guerre ouverte et continuelle. Nul arrêt; qui prononcerait le dernier jugement? Chacun se croirait toujours en arrière de son droit.

Ajoutons que l'offensé, en proie au ressentiment, ne trouverait jamais de punition assez forte pour venger son injure. La sensibilité émue corromprait fatalement son jugement : il ne saurait être impartial et par conséquent juste.

Dans l'ordre des affaires civiles, il est nécessaire qu'une décision supérieure tranche le différend; cela est si vrai que d'elles-mêmes le plus souvent les parties choisissent un arbitre. Quel arbitre sera plus sûr que la société elle-même, qui porte autant d'intérêt à l'un qu'à l'autre, puisque de chacun elle attend même service? Le juge qui la représente est l'arbitre en qui doivent avoir confiance les adversaires, puisqu'avant de lui conférer la fonction l'État a exigé de lui des garanties de savoir et d'intégrité.

17. Le droit de punir. — Dans l'ordre des affaires criminelles, la répression du mal ne peut être laissée au choix ni à l'action personnelle des individus. Dans bien des cas, elle manquerait de proportion et d'équité; dans beaucoup d'autres, elle serait impossible.

Pendant longtemps on admit l'idée que la société, en punissant les coupables, exerçait une vengeance, et l'on n'était pas loin d'accepter le principe de l'équivalence ou de la similitude des tortures, — que les Américains ont appelé loi de Lynch : — œil pour œil, dent pour dent. Cette apparente justice n'est au fond qu'une injustice, les circonstances et les causes n'étant jamais identiques.

Après de longs siècles seulement, un criminaliste milanais, Beccaria, posa le vrai principe du droit pénal : « Pour qu'une peine quelconque ne soit pas un acte de violence d'un seul ou de plusieurs contre un citoyen ou un particulier, elle doit être essentiellement publique, prompte, nécessaire, la plus légère possible eu égard aux circonstances, proportionnée au délit, dictée par les lois. »

Ce principe fait perdre à la pénalité le caractère de la passion et de la vengeance, pour lui imprimer celui de la raison et de la moralité. On ne dira pas la *vindicte publique*, mais la justice publique. En punissant les malfaiteurs, la société exerce un double droit de répression et de protection.

Tous ceux qui vivent dans un pays sont reliés entre eux par les lois de ce pays : nul n'est censé les ignorer, car tous peuvent les connaître s'ils le veulent. Parmi les lois en vigueur se trouvent les lois pénales qui spécifient les actes défendus et réputés crimes ou délits et les peines, soit afflictives, soit infamantes, ou à la fois afflictives et infamantes, attribuées à ces actes. Dès lors, quiconque transgresse la loi tombe sous le coup de la peine; il a préféré risquer le châtiment plutôt que de renoncer à sa passion. C'est un trouble pour l'État; s'il n'y met bon ordre, la loi est affaiblie; il faut que la sanction réprime l'abus et empêche l'imitation, qu'encouragerait l'impunité.

La société s'engage envers chacun de ses membres à le protéger, puisqu'elle exige de lui, dans l'intérêt de l'ordre public, l'abandon de sa vengeance personnelle. Cet engagement, elle doit le tenir; son propre salut est en jeu;

elle a donc le droit de mettre hors d'état de nuire le pervers que le frein de la loi n'arrête pas.

18. C'est une convention qui établit la proportion des peines. — Le principe posé par Beccaria écarte tout arbitraire. Il n'y aura pas de juridictions exceptionnelles, de peines imprévues, de tortures secrètes, ni débordement de cruauté. La loi établit une échelle graduée des délits et des peines. Rationnellement? Non tout à fait, mais le plus possible. Conventionnellement plutôt. Mais la convention est publique et générale ; chacun sait à quoi il s'expose.

Ainsi, est-il rationnel absolument que le vol soit puni des travaux forcés, soit à perpétuité soit à temps, ou de la réclusion, ou de la simple prison, selon les circonstances de lieu, d'heures et de moyens, tandis que la calomnie sera réprimée par des peines inférieures? Non sans doute, le législateur ne croit pas avoir découvert la formule idéale de la pénalité. Mais il a apprécié de son mieux le rapport entre l'action coupable, les circonstances où elle se produit, et la punition applicable. Il a proclamé, promulgué sa décision. La convention tient lieu de la raison, puisque tous y adhèrent implicitement.

RÉSUMÉ

La loi écrite est l'expression positive de la justice idéale; elle définit les droits et les devoirs des hommes en société. Elle est, quant à sa préparation, la formule de la volonté nationale. Comme telles, c'est seulement sur le peuple qui se les donne que ces lois règnent. Elles doivent s'approprier à ses besoins et conditions : d'où vient qu'elles sont variables.

Le législateur doit offrir des garanties de savoir et de probité. Il faut qu'il soit déclaré inviolable, afin qu'il s'élève pour l'intérêt public au-dessus de toute considération de crainte ou de faveur. Il établit la loi, et il a le droit de contrôler les actes du gouvernement; bien plus, c'est son devoir.

Le pouvoir exécutif voit ses droits et ses devoirs dans la légalité. Le gouvernement doit user du pouvoir comme d'une tutelle. Gouverner est une charge et un honneur : c'est avilir le rang suprême que d'en faire un profit. Mais les gouvernants, pour accomplir leur tâche, ont besoin de prérogatives spéciales; ils peuvent choisir leurs agents; mais ils doivent les choisir parmi les plus honnêtes et les plus capables. Ils ont droit au respect et à la reconnaissance des citoyens dans l'intérêt de qui ils gèrent les affaires publiques.

C'est toujours une faute grave que de décrier, de mépriser et d'affaiblir le gouvernement quand il n'agit pas contre la légalité.

Le pouvoir judiciaire n'est confié qu'aux magistrats : ils n'ont dû monter sur leur auguste siège qu'à cause de leur vertu et de leur science. Ils doivent apaiser les différends entre particuliers en rendant bonne et complète justice. Même contre le pouvoir exécutif, ils ont la mission de maintenir intacts les droits des citoyens et le respect absolu de la loi.

Le magistrat représente la société, qui, impartiale envers tous, rend à chacun ce qui lui est dû et punit les coupables, et se substitue à l'individu qui serait mauvais juge en sa propre cause.

SECTION V

Devoirs des nations entre elles.
Le droit des gens.

La morale internationale, ou droit des gens, est l'application des règles de justice et de charité aux rapports des nations entre elles et des États entre eux.

Le *droit des gens naturel* est fondé sur la raison universelle; il n'a d'autre sanction que l'estime ou la réprobation, et bon nombre d'attentats à ce droit condamnés par la justice la plus éclairée du genre humain ne laissent pas même quelquefois un remords aux barbares qui les ont commis.

Mais les peuples entre eux signent des traités, des conventions, se concèdent des prérogatives et des avantages, entretiennent des rapports dont le caractère est défini par un pacte. Tout cela forme comme un code des nations : c'est *le droit des gens positif*.

CHAPITRE PREMIER

DROIT DES GENS NATUREL

SOMMAIRE. — 1. Qu'est-ce qu'une nation, une race, un État? — 2. Les nations possèdent, comme les individus, des biens matériels et des propriétés morales. — 3. Droit de contrainte et de répression exercé par les nations. — 4. Lois de la guerre. — 5. Règles qui régissent la conclusion des traités de paix. — 6. Les guerres légitimes.

1. Qu'est-ce qu'une nation, une race, un État? — Une *nation* est une association d'hommes fondée depuis plusieurs générations, de sorte qu'ils sont reliés par la communauté du sang, la communauté de la langue, des intérêts, de l'histoire, et de là vient qu'ils tendent à une même destinée et que la fortune de chacun ne saurait être indifférente à aucun d'eux.

Une nation, dans l'ordre moral, est donc un être spirituel, mais collectif, une véritable personne possédant les mêmes droits, soumise aux mêmes devoirs que l'individu.

Une *race* est aussi composée d'individus issus du même sang, portant les mêmes caractères physiques héréditaires, et aussi les mêmes aptitudes ou dispositions intellectuelles et morales; mais, entre les individus d'une même race, il n'y a pas nécessairement cette association qui forme la nation ou l'État; elle peut être dispersée sur les différents points du globe sans perdre son type, pourvu que les unions contractées par les individus ne l'altèrent pas par le mélange des races, par exemple la race juive.

Un *État* est une association *politique* d'hommes qui obéissent aux mêmes lois, au même gouvernement.

La différence est grande entre l'État et la nation, en ce que la nation est d'origine naturelle, l'État d'origine contractuelle, c'est-à-dire qu'il repose sur une convention.

De là vient qu'une nation, tant qu'elle conserve son indépendance, peut constituer un État; que, même ayant perdu son indépendance, elle reste une nation.

Par contre, un État peut être constitué par l'agglomération de plusieurs nations ou de plusieurs parties de nation, selon les vicissitudes de la guerre et les traités.

2. Les nations possèdent, comme les individus, des biens matériels et des propriétés morales. — Considérée comme une personne, toute nation possède :

Des moyens matériels d'existence, qui sont :
    Son territoire et ce qu'il produit;
    Son industrie et son commerce.

Des propriétés morales, qui sont :
    Son indépendance, son honneur et son influence.

Ces propriétés doivent être respectées, et l'on commet, à l'égard des nations comme à l'égard des individus, de véritables crimes, en les dépouillant de ces biens légitimes. Le vol, la fraude, l'empêchement du travail, la diffamation, l'outrage, l'asservissement, le droit des gens les condamne, et il en permet la répression.

3. Droit de contrainte et de répression exercé par les nations. — Lorsqu'une nation méprise ou renverse les droits d'une autre, elle mérite d'être punie. La difficulté, voire l'impossibilité d'obtenir pacifiquement la réparation du dommage causé, telle est l'origine du droit de contrainte, autrement dit du *droit de guerre.*

La guerre est toutefois soumise à des lois; la morale ne la tolère que comme une nécessité pénible. Elle l'accepte au même titre que la légitime défense et ne permet pas d'oublier que, même dans les luttes les plus acharnées, ce sont encore des hommes qui combattent.

Comme il y a deux manières de faire valoir ses droits, l'une par la discussion, l'autre par la force, et que la discussion convient à l'homme et au contraire à la bête la force, il ne faut jamais en appeler à celle-ci que lorsque tout recours à l'autre est devenu impossible.

Ainsi ne doit-on entreprendre la guerre :

1° Que pour vivre en paix à l'abri de l'injure;

2° Qu'après l'avoir déclarée, de façon que les deux ennemis soient dans le cas de légitime défense.

Toute attaque qui précède la déclaration de guerre est un attentat en tous points semblable au brigandage.

4. Lois de la guerre. — Une fois la guerre commencée, il est encore des règles dont on ne peut s'écarter sans commettre des crimes. Elles concernent à la fois le caractère de ceux qui la font et la manière de la faire. Ceux-là seuls sont considérés comme belligérants qui sont régulièrement enrôlés. On comprend en effet que l'excuse des meurtres commis pendant la guerre, c'est le risque égal couru de part et d'autre.

Celui qui ne croit pas avoir affaire à un ennemi ne se tient pas sur ses gardes; il y a donc lâcheté à l'attaquer si nous l'avons trompé sur notre caractère. Le tuer est un assassinat. De là l'obligation de respecter la vie des vieillards, des femmes, des enfants, des malades et des blessés ; il est injuste de les traiter en ennemis, puisqu'ils ne peuvent pas agir comme tels.

Quant à la manière de faire la guerre, elle doit se rapprocher le plus possible des lois ordinaires de l'humanité. Il est interdit de sévir par cruauté et d'exercer des violences inutiles, telles que l'emploi d'armes secrètes et de moyens de destruction qui occasionneraient non seulement l'incapacité de combattre, mais des tortures, des mutilations, etc.

Par exemple, s'il est permis de détourner d'une ville assiégée le cours d'eau qui l'alimente de boisson, c'est un crime d'empoisonner cette eau.

De même l'humanité réprouve la barbarie raffinée qui attaque et détruit non pas les hommes dans le combat, mais leurs monuments, leurs œuvres d'art, bibliothèques, musées, etc., parce que c'est un attentat contre la pensée humaine, et c'est faire alors la guerre, non plus à un peuple, mais à l'humanité entière, à la civilisation universelle.

Le droit des gens ordonne de respecter même l'ennemi désarmé, et toutes les fois qu'un adversaire dépose les armes et offre une réparation ou un dédommagement raisonnable, conclure la paix est un devoir, puisque la guerre n'est excusable que comme un moyen d'établir et d'assurer la paix.

Enfin c'est une obligation formelle de respecter la parole donnée à l'ennemi, car tout serment est prêté au nom de la bonne foi et devant l'humanité tout entière, et il n'y aurait jamais moyen de rétablir la paix si l'on considérait comme vaine et violable la parole donnée à l'ennemi.

5. Règles qui régissent la conclusion des traités de paix. — Après la victoire, il faut épargner ceux qui n'ont été ni cruels ni barbares, ménager ceux qu'on a vaincus et n'exiger d'eux que des compensations légitimes, telles que contributions de guerre, indemnité pécuniaire ou tribut en nature, mais rien qui soit contraire à leur honneur ou à leur indépendance ; sinon un tel traité n'est pas un gage de paix, mais une semence de guerre.

6. Les guerres légitimes. — Nulle guerre n'est légitime si elle n'a été *déclarée* et si celui qui la déclare n'a laissé à son ennemi l'alternative de la lutte armée ou bien d'une concession ou réparation pacifique. Voilà la première condition.

La seconde, c'est que la guerre *ne soit pas entreprise dans un but de conquête*. Ces conditions étant remplies, nous reconnaissons comme légitimes trois espèces de guerres : les guerres *défensives*, les guerres *réparatrices*, les guerres *d'humanité*.

1° La guerre *défensive* est d'abord et évidemment celle qu'entreprend un peuple pour repousser de ses frontières un agresseur armé; elle est une protection de la propriété territoriale, et dans la même classe rentrent les guerres rendues nécessaires par les entraves apportées au commerce, à l'industrie d'un pays et à ses échanges avec les autres pays : c'est ainsi que chaque peuple peut réclamer la libre navigation sur l'Océan et défendre par les armes ce droit s'il lui est contesté. Il convient ensuite d'étendre la légitimation aux guerres qui ont pour but la défense des propriétés morales d'un État : l'influence acquise dans le monde par un peuple est un élément de sa force et de sa vie. Il a le droit de la maintenir; sa dignité y est attachée. Il ne peut s'en désintéresser sans déchéance; il est donc juste qu'il emploie sa force à la sauvegarder.

2° Il n'est pas impossible que dans une guerre le vaincu soit précisément celui qui était dans le cas de légitime défense : il a dû céder à la force, consentir un traité ruineux pour ne pas périr tout entier et tout d'un coup. Sera-t-il condamné à jamais à souffrir l'injustice, la spoliation? Non, il n'est pas contraire à la justice qu'il se prépare à revendiquer ses droits et les revendique, en effet, les armes en main, s'il n'a pu obtenir satisfaction par la persuasion. Cette guerre est *réparatrice*. C'est en somme la guerre défensive reportée à un délai; le traité qui ne rend pas justice à chaque belligérant n'est pas un véritable et sincère traité de paix. Ce n'est qu'une trêve.

3° Enfin, dans certains cas, un peuple est opprimé par un plus puissant. Seul, il est incapable de se sauver; seul, il sera détruit, absorbé. Dans la vie privée, l'homme est obligé

moralement de secourir un faible accablé par un fort. Le
même devoir s'impose aux États. Par humanité, ils doivent
protéger l'indépendance des petits peuples contre les ambitions et les cupidités des grandes puissances. Les guerres
ainsi entreprises sont légitimes, elles sont généreuses, pourvu
que les intervenants ne poursuivent pas chacun un intérêt
personnel et ne soient pas eux-mêmes disposés à prendre
leur part dans un démembrement du plus faible.

Toutefois, ici encore, il est des règles de prudence et de
sage libéralité qu'un gouvernement ne doit jamais omettre.
Le dévouement, le sacrifice admirable dans un particulier,
dans un citoyen, seraient aisément de graves fautes de la part
d'un État, qui n'est pas autorisé à compromettre et moins
encore à sacrifier sa sécurité, son existence pour le salut
d'autrui. Car les malheurs publics se répercutent de génération en génération, et nous n'avons pas le droit d'engager
sans nécessité l'avenir de nos descendants.

RÉSUMÉ

Les nations sont des personnes : elles ont des droits
et des propriétés. C'est pour elles un devoir de se
respecter mutuellement. Les injustices et les outrages
commis par l'une d'elles attirent une répression légitime, qui est la guerre. Mais il ne faut pas croire que
la guerre autorise toutes les violences; le caractère
d'humanité ne doit jamais disparaître entièrement. La
guerre est soumise à des lois dictées par la raison; le
progrès moral exige qu'on en adoucisse les rigueurs.

La bonne foi doit présider à la conclusion des traités
et à leur exécution. Ces principes constituent le droit
des gens naturel.

CHAPITRE II

DROIT DES GENS POSITIF

Sommaire. — 1. Origines de ce droit. — 2. Progrès de ce droit. — 3. Caractère sacré des ambassadeurs et des missions diplomatiques.

1. Origines de ce droit. — La nécessité fut la première origine du droit des gens positif. Aussi haut qu'on peut remonter dans l'histoire, on voit, dès que deux peuples sont en présence, que la sincérité des transactions est garantie par un gage. L'intérêt de chacun la commande.

La seconde origine de ce droit, c'est la raison. A mesure que les hommes ont davantage pris possession d'eux-mêmes et de leurs facultés, découvert la grandeur de leur destinée, l'idée de la justice a tempéré les mœurs et introduit dans les rapports des nations plus de douceur et de charité. On peut suivre le progrès moral de l'humanité à travers les perfectionnements et les adoucissements du droit des gens positif. Platon ne veut pas que les Grecs se réduisent mutuellement en esclavage; Aristote entreprend de discipliner le droit de conquête; les théologiens et les jurisconsultes du moyen âge et de la Renaissance enseignent qu'entre la guerre et le brigandage il n'est point de différence, si elle n'est purement défensive. Ils proclament les principes d'équité applicables à tout le genre humain et réclament le droit de libre navigation, défendent le droit des neutres et l'inviolabilité des ambassadeurs. Enfin le droit des gens positif forme aujourd'hui une science distincte, dont les premières bases ont été posées dès le xviie siècle par Grotius, qui publia un *Traité de la guerre et de la paix*. La formule écrite de ce droit est constituée par les traités et conventions.

2. Progrès de ce droit. — Les progrès du droit des gens positif sont marqués par le développement du commerce international. Les traités de commerce mutuellement consentis règlent les conditions de l'importation et de l'exportation et tendent à donner un libre débouché aux produits de tous les pays pour l'avantage de l'humanité. L'unification des monnaies et des tarifs de correspondance; l'admission des étrangers à être traités selon les lois appliquées aux citoyens du pays; la reconnaissance du droit des neutres qui protège ceux qui, dans un conflit entre deux nations, ne prennent parti pour aucune; l'interdiction des blocus fictifs, la suppression de la course en mer, et le principe que le pavillon neutre couvre la marchandise ennemie (traité de Paris, 1856); l'abolition de la traite des noirs; enfin la solidarité établie entre plusieurs nations pour la défense de la propriété et de la liberté des États dont la neutralité est perpétuelle : telles sont les conquêtes de la civilisation inscrites dans le droit des gens positif.

La guerre elle-même se trouve réglée par des conventions, telles que celle de Genève, qui ordonne non seulement l'inviolabilité des parlementaires, mais du pavillon international flottant sur les ambulances et sur les monuments publics (drapeau et brassard blancs à croix rouge).

Enfin l'on s'efforce de diminuer les cas de guerre par la réunion de conférences diplomatiques destinées à résoudre amiablement et sans effusion de sang les difficultés et les contestations internationales. Cette idée a même été mise au jour de constituer un tribunal arbitral où chaque nation serait représentée; il aurait pour mission de juger les différends selon l'équité et la justice, de maintenir la paix, et toutes les nations réunies exerceraient un droit de contrainte sur celle qui ne se soumettrait pas au jugement. L'impuissance d'une seule pour résister à toutes rendrait la guerre impossible; mais il faudrait, bien entendu, que le tribunal lui-même ne rendît que des décisions impartiales[1].

3. Caractère sacré des ambassadeurs et des missions diplomatiques. — Afin d'éviter les conflits et de protéger les intérêts de leurs nationaux, les peuples ont adopté la coutume d'accréditer des représentants auprès des gouvernements étrangers : ce sont les ambassadeurs, légats, minis-

---

[1]. Le Congrès de la paix tenu à La Haye, en 1899, sur l'initiative du tsar de Russie Nicolas II, a confirmé et jusqu'à certain point sanctionné les vœux des Congrès antérieurs. En plusieurs circonstances, même avant le congrès de La Haye, l'arbitrage entre nations fut pratiqué avec succès. Il n'en faut cependant pas déduire des conclusions trop optimistes, et négliger d'être fort, par une naïve confiance dans la justice et le désintéressement d'autrui.

tres plénipotentiaires, consuls, ou chargés d'affaires. Le titre du fonctionnaire est défini par la hiérarchie diplomatique et ne varie que dans le mot; le caractère est identique : l'envoyé personnifie le gouvernement et la nation qui l'envoient. Son rôle est éminemment pacifique. Son devoir est de faire respecter les droits de sa patrie et de son gouvernement, mais aussi d'aplanir les difficultés qui les mettraient aux prises avec les étrangers. Il doit donc être considéré par les habitants du pays où il réside comme inviolable, car il est chez eux sur la foi des traités, il est un hôte. Si même la guerre éclate, on peut l'inviter à quitter sa résidence; généralement, il est avant tout rappelé par son gouvernement; mais, ne le fût-il pas encore, le cas de guerre déclaré ne justifierait pas une attaque contre lui ni un mauvais traitement. Il n'est pas l'ennemi armé; il reste même en cette conjoncture le magistrat de la paix, et comme tel il est inviolable, quoi qu'il arrive.

L'ambassade, au lieu d'être permanente, serait seulement temporaire que les mêmes droits appartiendraient à l'ambassadeur et les mêmes devoirs s'imposeraient au gouvernement et au peuple près desquels il se rend. Les anciens avaient coutume, pour mieux marquer le respect dû aux légats, de les choisir parmi les vieillards; afin que les cheveux blancs, l'aspect vénérable de ces magistrats contribuassent à leur concilier la vénération.

Maltraiter un ambassadeur, c'est faire injure à la nation tout entière qu'il représente; aussi ce fait est toujours considéré comme un prélude et une cause de guerre.

RÉSUMÉ

Le droit des gens positif est constitué par les conventions écrites au moyen desquelles les nations et les États s'accordent des avantages réciproques ou se font des promesses. Il marque les progrès effectifs du droit des gens naturel. Les ambassadeurs et les agents diplomatiques sont les magistrats de la justice internationale : de là leur caractère inviolable.

SECTION VI

Les sanctions de la morale.

SOMMAIRE. — 1. La sanction est un moyen de contrainte. — 2. La sanction de la loi positive est conventionnelle dans la forme. — 3. La sanction de la loi morale doit être naturelle et proportionnelle. — 4. Divers ordres de sanctions terrestres de la loi morale. = § 1ᵉʳ. LES SANCTIONS INDIVIDUELLES. — 5. La sanction physique. — 6. La sanction intérieure. = § 2. LES SANCTIONS SOCIALES. — 7. La conscience collective ou opinion publique. — 8. La sanction légale. — 9. Quoique imparfaites, toutes ces sanctions sont valables par quelque côté. — 10. Rapport du bonheur et de la vertu. — 11. L'insuffisance des sanctions terrestres conduit à l'espérance d'une autre vie.

1. **La sanction est un moyen de contrainte.** — La sanction d'une loi est l'ensemble des peines et des récompenses qui en assurent l'exécution.

Toutefois il faut se garder de croire que c'est la sanction qui rend la loi obligatoire. Le caractère d'obligation est de l'essence même de la loi. La sanction est destinée à ramener par une sorte de contrainte ceux qui s'écartent du droit; elle n'a donc de véritable influence que sur les esprits sans vertu solide, sur ceux pour qui l'honnête n'est pas une suffisante excitation ni un but assez enviable.

La sanction ne peut que suivre l'action : violation de la loi, ou obéissance volontaire à ses conditions. Punit-elle, c'est pour faire expier la faute et détourner de la récidive. Récompense-t-elle, c'est pour encourager l'agent à persévérer; et dans l'un et l'autre cas elle a ainsi l'influence de l'exemple.

Au moins, parmi les motifs qui sollicitent l'homme, si la vertu n'est pas le plus fort, l'idée de la sanction probable la corrobore et, tout en laissant une infériorité de moralité dans l'agent, empêche au moins l'exécution de l'acte injuste ou provoque l'accomplissement de l'acte juste.

Elle laisse, disons-nous, une infériorité de moralité dans l'agent; car agir en vue de la sanction, et non en vue du bien lui-même, ressemble à un calcul d'intérêt. Assurément celui qui veut acquérir la récompense ou éviter le châtiment met à prix son action et ne fait autre chose que préférer un avantage à un autre. Aussi y a-t-il lieu de distinguer entre les sanctions de la loi positive et celles de la loi morale; leur nature diffère autant que la nature de ces lois mêmes.

2. La sanction de la loi positive est conventionnelle dans la forme. — La loi positive est œuvre humaine; dans sa forme, c'est une convention sociale. La sanction qui la garantit émane de la même source, elle est établie par la même autorité : elle est le second terme du pacte. Ce n'est pas directement de l'action elle-même ni de la loi promulguée qu'elle provient : elle est une autre loi étayant pour ainsi dire la première. Une loi, par exemple, consacre le principe de la propriété et le droit du propriétaire; une autre loi garantit ce principe et ce droit en frappant d'une peine celui qui rompt le pacte et trouble l'ordre, et le code français renferme ainsi ces articles de loi :

« Quiconque a soustrait frauduleusement une chose qui ne lui appartient pas est coupable de vol. » (Cod. pén., liv. III, chap. II, art. 379.)

« Seront punis des travaux forcés à perpétuité les individus coupables de vols commis avec la réunion des cinq circonstances suivantes, » etc. (*Ibid.*, art. 380.)

« Sera puni de la peine des travaux forcés à temps tout individu coupable de vol commis à l'aide de violence, et de plus avec deux des quatre circonstances prévues dans le précédent article. » (*Ibid.*, art. 381.)

« Sera puni de la peine de la réclusion tout individu coupable de vol commis dans l'un des cas ci-après, » etc. (*Ibid.*, art. 386.)

« Quiconque aura volé ou tenté de voler dans les champs des chevaux ou bêtes de charge, de voiture ou de monture, gros et menus bestiaux, ou des instruments d'agriculture, sera puni d'un emprisonnement d'un an au moins et de cinq ans au plus, et d'une amende de seize francs à cinq cents francs; etc. (*Ibid.*, art. 388.)

Ainsi les hommes ont classé les méfaits, et disposé comme un tarif des peines. Ce qui en fait la valeur et l'efficacité, c'est que nul n'est censé l'ignorer. Sachant à quoi il s'expose, chacun a le choix entre le crime ou délit suivi de la peine et l'abstention accompagnée de sécurité.

La sanction de la loi positive semble donc parfaite pour son objet, à la condition qu'il ne soit pas possible de lui échapper.

Mais en soi elle porte le sceau de son imperfection : elle est arbitraire, c'est-à-dire qu'elle n'est pas rationnelle; elle n'est pas dans un rapport nécessaire avec l'acte qu'elle punit.

Elle est conventionnelle. C'est une convention qui fixe la qualité de la peine : travaux forcés, réclusion, emprisonnement; c'est une convention qui en fixe la durée : perpétuité, dix ans, cinq ans, etc.

Par suite, la sanction est sujette à variation et à réforme. La loi anglaise, ou belge, ou allemande, etc., peut ne pas adopter le même système de peines que la loi française; mais l'application faite par le juge n'est pas arbitraire : c'est la loi qui la règle et la définit. Et puis elle a pour premier but de protéger la société; en second lieu, elle tend à améliorer le coupable. Mais jamais elle ne prétend au caractère d'expiation.

L'expiation est du domaine de la morale individuelle. La loi positive n'y pénètre pas. Lorsque le juge cherche par ses interrogatoires à découvrir les intentions de l'accusé, c'est afin de classer son fait dans l'une des catégories déterminées par la loi, et de reconnaître aussitôt la sanction qui y correspond.

Voilà pourquoi la loi positive ne sanctionne que l'interdiction de mal faire : elle est simplement pour la société un rempart contre le crime. Les récompenses sont laissées à l'initiative des individus et des gouvernements.

3. La sanction de la loi morale doit être naturelle

et proportionnelle. — La loi morale veut une sanction plus large, plus souple et plus exacte, qui ne laisse échapper aucun acte ni aucun agent, qui s'adapte et se proportionne aux nuances diverses de la moralité, et soit à la fois juste et équitable selon le fait et selon l'intention, et enfin ne soit pas seulement sanction armée contre la faute, mais sanction rémunératrice pour la bonne action.

La sanction parfaite doit donc être à la fois universelle et personnelle : *universelle*, en n'épargnant et n'oubliant rien ni personne; *personnelle*, en apportant *infailliblement* à chacun selon sa nature et pour chaque action selon sa valeur le châtiment ou la récompense.

Elle doit de plus suffire à expier, à laver la faute, à purger le coupable, comme aussi à assurer le bonheur de l'honnête homme. Et il faudrait enfin qu'elle sortît naturellement de l'action accomplie, qu'elle en fût la conséquence nécessaire.

4. Divers ordres de sanctions terrestres de la loi morale. — Dans la vie terrestre, la sanction de la loi morale n'est pas simple : elle dérive de différentes conditions, les unes individuelles, les autres sociales, les unes intérieures, les autres extérieures.

On les désigne ainsi :

Sanction naturelle ou physique, telle que la maladie ou la santé, la prospérité ou les revers;

Sanction intérieure ou conscience individuelle, se manifestant par le remords ou la satisfaction morale.

Ce sont les sanctions individuelles.

Sanction de la conscience publique, estime ou mépris, sympathie ou antipathie, etc.;

Sanction légale, provenant de la loi positive et des dispositions pénales.

Ce sont les sanctions sociales.

Voyons ce qu'elles valent.

§ 1er. — LES SANCTIONS INDIVIDUELLES.

5. La sanction physique. — Il est tout naturel que la façon de vivre amène dans la santé, dans les intérêts, des effets heureux ou malheureux. La vertu est conforme à la nature, à l'ordre. Bien plus, c'est la nature et l'ordre mêmes. Pratiquer la vertu, c'est en principe s'assurer l'accord avec la nature, par conséquent le bonheur; la mépriser, la violer, c'est courir vers le malheur.

Celui qui est tempérant conserve ses forces, les augmente, les règle et se maintient dans un état de santé agréable; en même temps, il garde sa présence d'esprit, ne se laisse pas emporter par la passion; il peut donc surveiller ses intérêts, n'être pas distrait de ses affaires, être toujours prêt et dispos pour saisir la bonne occasion : il prospère. La prudence, la science et l'expérience acquises, le développement de son intelligence lui font découvrir les moyens de soigner sa santé et d'agrandir ses opérations; la fermeté du caractère qu'il s'est formé l'empêche de se troubler, de consentir à des concessions ruineuses; il a donc par la vertu conquis, conservé et augmenté tous les biens extérieurs.

Au contraire, l'intempérance, l'ignorance, l'incurie, la faiblesse d'âme, autant de causes de maladie et de revers.

La possession de ces biens et les accidents contraires sont donc une première sanction de la morale.

Sa valeur, c'est d'être issue directement des actions mêmes qu'elle sanctionne. L'homme y paraît clairement l'artisan de sa fortune ou de sa misère.

Mais son grand défaut, c'est l'inconstance et l'inégalité. Il est nécessaire de tenir compte de certaines conditions que l'homme subit dès sa naissance et dont il n'est pas le maître : son tempérament, le sang qu'il a reçu de ses parents, les moyens d'action qu'il a trouvés dans la fortune ou la situation paternelles, etc., etc. Et l'on voit tel homme qui vit le plus sagement souffrir sans cesse dans son corps, être par là écarté de ses affaires, et peu à peu déchu, ruiné; tel autre, vigoureux par sa nature, s'abandonner à tous les excès sans qu'apparemment sa santé s'altère, sans que sa fortune en pâtisse; un autre, au prix des efforts les plus nobles, les plus soutenus et les plus pénibles, avec une intelligence cultivée, une existence parfaitement réglée, n'obtient que des résultats très médiocres, parce que les premiers fonds lui manquent;

il est d'origine pauvre, sans appui, tandis qu'à côté de lui un pervers, un débauché, maître d'un patrimoine, réussit scandaleusement.

Que convient-il d'en conclure?

Que les biens extérieurs ne sont qu'une imparfaite sanction de la morale; que ce n'est pas pour eux qu'il faut pratiquer le bien; et qu'ils n'ont d'ailleurs qu'une valeur apparente et toute relative à la personne qui les possède et à l'usage qu'elle en sait faire. Et qu'il ne faut pas mesurer notre estime d'après le succès. Cependant, même en fait, il y a plus de chances de les conquérir en vivant vertueusement que de ne pas les perdre en vivant vicieusement.

6. **La sanction intérieure.** — Les phénomènes de la conscience morale, étudiés à propos de la doctrine de Smith, l'estime et le mépris de soi, la satisfaction intime et le remords peuvent à bon droit être considérés comme une sanction morale. Celle-ci, comme la première, a le mérite d'être attachée à la conduite même de l'agent, d'être jusqu'à un certain point inséparable de sa moralité. La désapprobation et l'approbation de notre conscience, le remords et la satisfaction intime ne sont même pas, comme les biens matériels, à la merci des accidents, des catastrophes imprévues. Ils naissent et se développent dans l'esprit qui a conçu l'intention et décrété l'action, et sont en raison directe de l'intelligence et de la responsabilité de l'agent. On y peut donc trouver une proportion entre la faute et la punition, qui n'existe pas le plus souvent dans la sanction physique. Par exemple, dans la vie extérieure, une négligence d'un moment, un oubli, une intempérance accidentelle compromet une fortune, bouleverse une situation; ici, qu'arrive-t-il? La notion morale que possède l'agent est la base même et la mesure de la satisfaction ou du remords qu'il ressent. Si, connaissant fort bien la loi du devoir, comprenant la vertu, en discernant les nuances délicates, un homme déserte la morale et se jette dans le vice, sa conscience lui reproche nettement et vivement sa capitulation, sa lâcheté, son crime. — Au contraire, est-il moins éclairé, voit-il moins clairement le devoir, sa responsabilité est atténuée, sa faute morale est moins lourde, son intention

ayant été moins sciemment mauvaise, sa conscience par là même le trouble moins.

Mais, pour un avantage, il y a plusieurs inconvénients. L'imperfection de cette sanction est comme l'envers de cette qualité de proportion.

Vous ne savez pas ce qui est bien, ce qui est mal, et pour cela votre conscience vous laisse en repos; peut-être même irez-vous, la croyant bonne, jusqu'à vous féliciter d'une action qui est certainement mauvaise; mais il fallait savoir !

Et d'autre part une conscience raffinée s'effraye de fautes légères et tourmente cruellement un homme, honnête en somme, qui s'est laissé choir à de menues infractions et s'en crée de graves scrupules.

L'équité est absente.

Et puis n'oublions pas que dans la conscience entre un élément de sensibilité. On s'endurcit dans le mal, comme on s'accoutume au bien. Le criminel d'habitude ou de profession, le vicieux n'entend plus les appels de sa conscience, ne sent plus ses morsures; la sanction a donc disparu, bien qu'il sache son action mauvaise, et d'intention et en fait.

L'honnête homme, le vertueux, vit en paix avec sa conscience, en harmonie avec lui-même; mais il lui semble si naturel et si simple de faire le bien, qu'il n'en éprouve plus de joie positive. La satisfaction morale n'est plus chez lui un état particulièrement agréable le récompensant de son honnêteté, tandis que le moindre écart détermine en lui de pénibles remords.

La sanction cesse donc là.

§ 2. — LES SANCTIONS SOCIALES.

7. La conscience collective ou opinion publique. — Pris en masse, les hommes traduisent sous une forme générale leurs sentiments particuliers. Chacun a sa conscience; tous mettent en commun cette conscience; ils jugent et ils sentent la moralité des actions; ils manifestent leurs jugements : c'est l'opinion publique. Ils témoignent leurs sentiments : c'est la sympathie ou l'antipathie publiques.

La conscience collective est certainement une sanction de la morale; quelle est sa valeur?

Il est vrai de dire que les hommes sont plus attachés au droit et à l'honnête, quand ils sont rassemblés que lorsqu'ils sont isolés. Mille individus interrogés un à un pourront formuler mille appréciations différentes, où les intérêts et les affections de chacun introduiront plus ou moins de corruption. Les mille ensemble exprimeront le même jugement, sentiront de la même façon. Le fait est constaté : on le retrouve au théâtre, dans les grandes assemblées, dans les réunions populaires.

La conscience parle alors plus haut et plus clair. C'est en quoi réside la valeur de cette sanction. L'indignation publique poursuit un malfaiteur qui ne connaît plus le remords, l'admiration se porte parfois aussi d'un mouvement naturel vers un homme de bien qui ne croit pas avoir tant mérité.

Il n'est pas rare de voir même une assemblée d'hommes dont chacun est vicieux pour son compte, repousser et blâmer vigoureusement le vice.

Mais, encore qu'elle soit notable et dans une certaine mesure efficace, cette sanction ne laisse pas d'être incomplète et inexacte. Elle n'atteint pas toutes les actions, bonnes ou mauvaises; elle ne touche pas équitablement toutes celles qu'elle atteint.

D'abord un grand nombre d'actions restent inconnues. A la plupart de celles qui sont de la morale individuelle et de la morale religieuse, la foule demeure indifférente; puis les intentions réelles sont le plus souvent impénétrables; qu'en arrive-t-il?

C'est que les jugements de l'opinion sont faussés par le manque d'informations certaines. Les hommes sont dupes des apparences. Leur mépris ou leur estime, leur sympathie ou leur antipathie s'égarent.

Ajoutez que les intérêts et les passions, en les supposant même moins tyranniques et moins corrupteurs dans la conscience collective que dans la conscience individuelle, ne disparaissent jamais entièrement, non plus que les ignorances et les erreurs. Et il s'y joint les préjugés de classe, de profession, de parti, de secte, de nationalité.

En outre, sympathie et antipathie sont mouvements de la sensibilité, dans un groupe comme dans une personne. Si elles sont provoquées par le jugement, elles en suivent les erreurs possibles, et de plus le jugement n'en détermine pas la mesure : elles peuvent ou le dépasser ou rester en deçà. De là ces engouements de la foule, auxquels succèdent des réactions d'antipathie aussi peu justifiées.

Enfin il faut tenir compte de cette observation : c'est que l'opinion publique confond dans un même jugement les actions contraires aux mœurs générales, aux habitudes, à la tenue extérieure adoptée par la majorité et les actions contraires à la morale. Et les exemples ne sont pas rares d'hommes ayant encouru l'impopularité et le mépris public et l'antipathie pour s'être opposés à des usages sans valeur morale, tandis que l'on admirait et que l'on choyait des hommes notoirement dissolus et corrupteurs.

8. La sanction légale. — Si elle est moins vague et moins flottante que les précédentes, elle est encore plus restreinte. Faite par la société, pour la société, elle abandonne tous les actes qui n'ont pas directement et explicitement un caractère social.

Toutes les fautes contre la morale individuelle sont exemptes de châtiment légal : si la loi édicte un châtiment contre le citoyen qui se mutile afin de se soustraire au service militaire, ce n'est point parce qu'il manque au devoir de conservation, c'est parce qu'il se met hors d'état de rendre à la société ce qu'elle attend de lui. Le mensonge n'est pas puni comme dégradant la dignité humaine ; mais il l'est dans les circonstances où il cause un préjudice réel, matériel, soit à un autre homme, soit à l'État.

La morale religieuse n'attend nulle sanction de la loi humaine. Elle est du domaine de la conscience ; aucun article de code n'y peut rien. Si la loi intervient pour garantir la liberté d'un culte, ce n'est pas pour le culte ni pour l'obligation de l'homme envers Dieu, mais parce que la liberté du culte est une des formes de la liberté sociale, au même titre que la liberté du travail, du commerce, et que la liberté civile, etc.

29

La loi pénale ne frappe donc que des crimes et des délits, c'est-à-dire une partie des fautes proscrites par la morale. Ces crimes et ces délits, elle prend soin de les définir, et elle spécifie l'échelle des peines. Et elle frappe au nom de la défense sociale et de la protection de l'ordre public : elle s'appuie sur la morale sans doute, mais ne se donne pas pour mission de la sanctionner.

Nous avons vu plus haut le caractère spécial de la sanction humaine de la loi écrite. C'est secondairement qu'elle peut servir d'aide aux prescriptions de la morale.

Et même, telle qu'elle est, son imperfection au point de vue d'une sanction morale est trop évidente. Le juge connaît le fait, mais les intentions ne sont que présumées. La présomption est fondée ou sur les aveux de l'accusé, et il peut mentir, n'avouer qu'à moitié, farder ses aveux ; ou sur la perspicacité du juge, qui, à travers les réponses de l'inculpé et les dépositions des témoins, recherche la vérité ; mais il n'est pas infaillible, sa pénétration peut être en défaut, et enfin il reste toujours un large champ pour l'appréciation personnelle, c'est-à-dire autant d'espace où peut se loger l'iniquité involontaire.

9. **Quoique imparfaites, toutes ces sanctions sont valables par quelque côté.** — Elles se complètent et se corrigent les unes les autres.

De ce qu'aucune n'est parfaite en soi, il ne serait pas logique de conclure à leur rejet définitif. Chacune a quelque valeur, et, prises ensemble, elles sont capables de former une sanction déjà très salutaire. Et en tout cas, telles qu'elles sont, elles présentent déjà cet avantage de marquer par des faits que l'honnête est obligatoire, qu'on ne s'affranchit jamais impunément du devoir. Ce qui ne se rencontre ni pour le plaisir ni pour l'intérêt.

10. **Rapport du bonheur et de la vertu.** — Mais alors pratiquer la vertu n'est pas une absolue garantie de bonheur?

De quel bonheur? Là est la question.

Si l'on parle du bonheur matériel et extérieur, composé de la santé, de la fortune, des honneurs, de l'estime publique, la réponse n'est pas douteuse : non, la vertu n'en est pas le garant infaillible.

Mais aussi n'est-ce point là son but. Elle est supérieure à ce bonheur qui touche les sens; elle ne saurait être un moyen; elle est plus pure, elle est sa fin à elle-même. Il faut être vertueux pour la vertu, sous peine de n'être pas vertueux.

Il faut d'ailleurs reconnaître que le bonheur est tout personnel, tout relatif; tout le monde en a l'idée, mais chacun façonne cette idée selon ses goûts et ses aptitudes. Nous sommes impropres à décider que tel homme est heureux. Ce que nous voyons en lui et qui ferait notre bonheur, voilà sur quoi s'appuie le jugement par lequel nous le déclarons heureux. Lui-même ne le ratifie pas le plus souvent.

Mais si l'on parle du bonheur supérieur de la conscience qui se sent libre, pure, en harmonie avec la nature, avec l'ordre, oui, ce bonheur-là est la conséquence presque nécessaire de la vertu désintéressée. C'est celui que rien ni personne n'est capable de corrompre ni d'interrompre. C'est le calme, la sérénité de l'âme qu'on chercherait en vain par d'autre moyen que la vie vertueuse. Bonheur et vertu deviennent presque synonymes; et dans ce sens il n'est pas de vie plus malheureuse que celle du vicieux, encore qu'il se porte bien et dérobe l'estime et les honneurs et la fortune.

Il importe donc de revenir en cela à la distinction des stoïciens entre ce qui dépend de nous et ce qui n'en dépend pas.

Ce qui n'en dépend pas, c'est la santé, la considération des autres, les honneurs, la fortune, les plaisirs, la gloire. Le bonheur ne peut résider en des objets si fugitifs, si instables, si peu sous notre main.

Ce qui en dépend, c'est la volonté droite, c'est la résolution d'être honnêtes, c'est la vertu.

C'est là le vrai bien, le bien suprême. Le souverain bien n'est-il pas le bonheur?

Ayez la vertu, vous aurez le bonheur[1]; de même que, selon un proverbe, celui qui tient le loup tient la peau du loup.

---

1. Voir : Xénophon, *les Entretiens mémorables de Socrate*; Sénèque, *De vita beata, De tranquillitate animi* (*De la vie heureuse, De la tranquillité de l'âme*); Épictète, *Discours et Manuel*.

11. L'insuffisance des sanctions terrestres conduit à l'espérance d'une autre vie. — Variations de la conscience, erreurs du jugement de la foule, prospérité des méchants, revers des justes, imperfections de la loi pénale et de ses graduations, voilà qui démontre l'insuffisance des sanctions terrestres. Il ne se peut cependant pas que la morale, la loi pure, fondement de tout droit, soit dépourvue d'une sanction complète.

Il faut donc s'élever plus haut, à la conception de la justice divine et de la rémunération parfaite des actions morales dans une autre vie ; mais cette sanction suppose la solution de deux problèmes : 1° la survivance de l'âme ; 2° l'existence d'un Dieu personnel et parfait.

RÉSUMÉ

Une sanction est une peine ou une récompense attachée à la loi pour en assurer l'exécution.

La loi positive a pour sanction des peines conventionnelles.

La loi morale doit être sanctionnée par des peines et des récompenses naturelles, en rapport intime avec elle et équitablement proportionnées à la gravité des fautes ou au mérite des vertus.

Ces sanctions sont terrestres ou célestes :

Les premières sont tirées de la conscience soit individuelle, soit publique, des conséquences matérielles de la conduite, de la loi pénale édictée par les hommes. Les autres appartiennent à la justice divine.

La santé et la maladie, l'insuccès et la prospérité, qui sont les sanctions physiques, devraient normalement accompagner ou suivre la manière de vivre bonne ou mauvaise ; mais en fait on constate fréquemment l'inexactitude de cette sanction.

L'estime ou le mépris de soi-même ou des autres, le remords ou la satisfaction intérieure, la sympathie ou l'antipathie, telles sont les récompenses et punitions qui proviennent de la conscience. Nous avons vu combien elles sont variables et inégales (doctrine de Smith).

Quant à la sanction légale, elle laisse échapper beaucoup de coupables, et elle ne vise d'ailleurs que les coupables de certains délits.

L'imperfection, l'insuffisance et l'inexactitude de ces sanctions conduisent à la conception de la justice divine et de la rémunération parfaite des actions dans une autre existence.

TABLE DES MATIÈRES

Extrait des programmes officiels de l'enseignement secondaire... V

PREMIÈRE PARTIE

Philosophie scientifique.

Chapitre	I. — La connaissance vulgaire et la connaissance scientifique. — Rapport de la logique et des sciences..............................	1
—	II. — La science. — Classification et hiérarchie des sciences.................................	19
—	III. — Méthode des sciences mathématiques......	37
—	IV. — Méthode des sciences physiques...........	63
—	V. — Méthode des sciences naturelles. — La classification.....................................	92
—	VI. — Méthode des sciences morales et sociales...	95
—	VII. — Erreur, sophisme et préjugé...............	102

DEUXIÈME PARTIE

Philosophie morale.

LIVRE I

CONDITIONS PSYCHOLOGIQUES DE LA VIE MORALE

Chapitre	I. — Distinction des facultés..................	115
—	II. — La sensibilité...........................	120
—	III. — L'intelligence...........................	130
—	IV. — L'activité...............................	144
—	V. — Notions sommaires de psychologie comparée. — L'âme humaine et l'esprit des bêtes..	154

TABLE DES MATIÈRES

Chapitre VI. — Thèse de la liberté.................... 161
— VII. — Les systèmes contraires à la liberté. — Fatalisme. — Déterminisme. — Liberté d'indifférence........................... 171

LIVRE II

LA SCIENCE MORALE

Introduction. — Objet et division de la morale........... 185
Chapitre I. — La loi morale......................... 191
— II. — Morale du plaisir..................... 196
— III. — Morale de l'intérêt.................... 204
— IV. — Morale du sentiment................... 214
— V. — L'obligation rationnelle. — Le devoir pur et le droit des personnes. — Morale de Kant.................................. 225

LIVRE III

APPLICATION DE LA SCIENCE MORALE. — MORALE PRATIQUE.

Introduction. — Division de la morale pratique............ 267

Section I. — Morale individuelle.

Chapitre I. — La conservation personnelle............... 273
— II. — Ce qu'exige le corps.................. 276
— III. — Ce qu'on doit à l'âme................. 279
— IV. — Le respect de soi-même................ 285
— V. — L'indépendance personnelle.............. 287

Section II. — Morale domestique.

Chapitre I. — Origine et conditions du mariage.......... 299
— II. — Devoirs des époux..................... 306
— III. — Devoirs des parents envers leurs enfants.. 314
— IV. — Devoirs des enfants envers leurs parents.. 321
— V. — Devoirs des enfants entre eux............ 327
— VI. — L'amitié............................. 330
— VII. — Devoirs réciproques des supérieurs et des inférieurs, des maîtres et des serviteurs. 335

Section III. — Morale sociale. 339

Chapitre I. — Devoirs de justice..................... 340
— II. — Devoirs de charité.................... 377

SECTION IV. — **Morale civique et politique.**

CHAPITRE I. — La patrie et l'État............................. 389
— II. — Devoirs du citoyen envers l'État............ 404
— III. — Devoirs généraux de l'État................ 415
— IV. — Les pouvoirs publics et les droits des gouvernants................................. 417

SECTION V. — **Devoirs des nations entre elles. — Le droit des gens.**

CHAPITRE I. — Droit des gens naturel.................... 432
— II. — Droit des gens positif.................... 438

SECTION VI. — **Les sanctions de la morale.** 441

LIBRAIRIE HACHETTE & C⁽ⁱᵉ⁾, PARIS

SCIENCES NATURELLES

LES OUVRAGES CI-DESSOUS ONT ÉTÉ RÉDIGÉS, REVUS OU REFONDUS CONFORMÉMENT AUX DERNIERS PROGRAMMES OFFICIELS

COURS DE GÉOLOGIE, PAR A. SEIGNETTE
PROFESSEUR DE SCIENCES NAT. AU LYCÉE CONDORCET
AGRÉGÉ DE L'UNIVERSITÉ. — DOCTEUR ÈS SCIENCES

GÉOLOGIE (cl. de 4ᵉ A et de 5ᵉ B de l'Enseignement secondaire), 1 vol. in-16, avec 78 gravures, cart. .... **1 fr. 50**

CONFÉRENCES DE GÉOLOGIE (cl. de 1ʳᵉ A, B, C, D de l'Enseig. second.), 1 vol. in-16 avec 130 grav., une carte en coul., cart. .... **1 fr. 50**

LEÇONS DE PALÉONTOLOGIE ANIMALE (cl. de Philos. et mathém. de l'Enseig. second.) 1 vol. in-16, avec 70 grav., cart. .... **1 fr.**

COURS ÉLÉMENTAIRE DE GÉOLOGIE (Écoles normales primaires, Écoles prim. supér. et Enseig. second. des Jeunes Filles). Nouv. éd. avec 200 grav. 1 vol. in-16, cart. .... **2 fr. 50**

Chimie

AD. WURTZ
MEMBRE DE L'INSTITUT
AVEC LA COLLABORATION D'UNE SOCIÉTÉ DE CHIMISTES ET DE PROFESSEURS

DICTIONNAIRE DE CHIMIE PURE ET APPLIQUÉE, chimie organique et inorganique, chimie appliquée à l'industrie, à l'agriculture et aux arts, chimie analytique, chimie physique et minéralogie. 5 vol. grand in-8, avec un grand nombre de figures, brochés.......... **90 fr.**

PREMIER SUPPLÉMENT AU DICTIONNAIRE DE CHIMIE PURE ET APPLIQUÉE, publié par les mêmes, 2 vol. gr. in-8, avec un grand nombre de figures, brochés............ **38 fr. 50**

DEUXIÈME SUPPLÉMENT AU DICTIONNAIRE DE CHIMIE PURE ET APPLIQUÉE de Ad. Wurtz, publié sous la direction de Ch. Friedel et C. Chabrié. Sept vol. gr. in-8 br... **150 fr.**

La demi-reliure en veau, plats papier, se paye en sus 3 fr. 50 par vol.
LE DICTIONNAIRE DE CHIMIE et les 2 *Suppléments*, 14 volumes grand in-8, brochés.. **250 fr.**
Reliés. **300 fr.**

LIBRAIRIE HACHETTE & Cie, PARIS

Sciences Physiques et Naturelles

LES OUVRAGES CI-DESSOUS ONT ÉTÉ RÉDIGÉS, REVUS OU REFONDUS CONFORMÉMENT AUX DERNIERS PROGRAMMES OFFICIELS

LECLERC DU SABLON
PROFESSEUR
LA FACULTÉ D. SCIENCES DE TOULOUSE

LECTURES SCIENTIFIQUES sur l'HISTOIRE NATURELLE. 1 vol. in-16, cart. toile... **5 fr.**

JULES GAY
D^r ÈS SCIENCES
PROF. H^{re} AU LYCÉE LOUIS-LE-GRAND

LECTURES SCIENTIFIQUES, PHYSIQUE ET CHIMIE. 2e édit., 1 fort vol. in-16, c. toile **5 fr.**

JOLY ET LESPIEAU
MAITRE DE CONFÉRENCES A LA FACULTÉ DES SCIENCES DE PARIS

COURS ÉLÉMENTAIRE DE CHIMIE. Trois volumes in-16, brochés :

Chimie générale. — *Métalloïdes.* Nouvelle édition, refondue conformément à l'arrêté ministériel du 27 juillet 1905 (Mathématiques spéciales. — Écoles Polytechnique, Normale et Centrale), par M. LESPIEAU. 1 vol..... **5 fr.**
Métaux et Chimie organiques, nouv. édit., revue par M. LESPIEAU. 1 vol. **5 fr.**
Manipulations chimiques, nouvelle édition, 1 volume................ **2 fr. 50**
Le cartonnage toile de chaque volume se paie en plus : 50 cent.

PRÉCIS DE CHIMIE (Écoles normales prim., Écoles prim. supér. et Enseig. second. des Jeunes Filles), nouv. édit., 1 vol. in-16, avec fig., cart. toile. **3 fr.**

ED^M. PERRIER
DIRECTEUR
DU MUSÉUM D'HISTOIRE NATURELLE

ZOOLOGIE, nouvelle édition refondue (classe de sixième A et B). 1 volume in-16, avec figures, cartonné............ **3 fr.**

ED. RETTERER
PROFESSEUR AGRÉGÉ D'ANATOMIE
FACULTÉ DE MÉDECINE DE PARIS

ANATOMIE ET PHYSIOLOGIE ANIMALES. 3e édition, refondue. 1 vol. in-16, avec figures, cartonné............ **6 fr.**

M. L. MANGIN
MEMBRE DE L'INSTITUT, PROFESSEUR AU MUSÉUM D'HISTOIRE NATURELLE

COURS ÉLÉMENTAIRE DE BOTANIQUE, nouv. édit. refondue (cl. de cinquième A et B). 1 vol. in-16, avec fig., cartonné. **3 fr. 5**

PRINCIPES D'HYGIÈNE (classes de philosophie A et B et de mathématiques élémentaires A et B). 1 vol. in-16, cart....... **3 fr.**

ANATOMIE ET PHYSIOLOGIE VÉGÉTALES, nouvelle édition refondue (classes de philosophie A et B et de mathématiques élémentaires A et B), 1 vol. in-16, avec fig. et planches en couleur, cart....... **5 fr.**

www.ingramcontent.com/pod-product-compliance
Lightning Source LLC
Chambersburg PA
CBHW060515230426
43665CB00013B/1531